HEINRICH RATKE

Systematisches Handlexikon zu Kants Kritik der reinen Vernunft

FELIX MEINER VERLAG
HAMBURG

PHILOSOPHISCHE BIBLIOTHEK BAND 37b

Die Deutsche Bibliothek — CIP-Einheitsaufnahme

Ratke, Heinrich:
Systematisches Handlexikon zu Kants Kritik der reinen
Vernunft / Heinrich Ratke. — Hamburg : Meiner, 1991
  (Philosophische Bibliothek ; Bd. 37 b)
    ISBN 3-7873-1048-7
NE: Kant, Immanuel: Kritik der reinen Vernunft;
HST; GT

Vorbemerkung zur dritten Auflage

Seit ihrem Erscheinen im Jahre 1781 zählt Kants „Kritik der reinen Vernunft" zu einem der grundlegenden Werke jedes philosophischen Studiums. Ratkes „Systematisches Handlexikon" zu Kants *logischem* Hauptwerk erfüllte nicht nur im Jahre 1929 das Bedürfnis nach einem systematischen Wegweiser zur Erschließung dieses Werkes, sondern gilt bis in die Gegenwart als zuverlässiges Hilfsmittel im akademischen Unterricht. Das Lexikon kann für sämtliche Ausgaben des Kant-Textes herangezogen werden, die die Seitenzählung der beiden Originalausgaben (A 1781, B 1787) im fortlaufenden Text bezeichnen. Damit ist es universell anwendbar und bietet eine sachgerechte Ergänzung zu der von Raymund Schmidt herausgegebenen Ausgabe der „Kritik der reinen Vernunft" (PhB 37 a), 3. Auflage 1990.

Während die Seitenangaben der I. Originalausgabe durch ein vorgestelltes A gekennzeichnet werden, wird bei der II. Originalausgabe kein Zusatz verwandt. Außer dieser Ausgabe haben die Prolegomena und Kants Logik (Jäsche-Logik) eine Berücksichtigung im Lexikon gefunden. Der Paragraphenzählung in den Prolegomena wird ein „Pr." vorangestellt. Ein nachgestelltes A deutet auf eine Anmerkung zum Text hin. Des weiteren werden aus Gründen der Raumersparnis abgekürzte Formulierungen des Kantischen Textes benutzt, wörtliche Wiedergabe des Kant-Textes wird durch Anführungszeichen davon abgesetzt. Zusätze des Verfassers stehen in eckigen Klammern.

Der Verlag

A

Ableiten, abgeleitet, Ableitung.
1. Keine Ableitung philosophischer Lehren aus der Anschauung.
Die Philosophie muß „sich mit diskursiven Urteilen aus bloßen Begriffen begnügen" und kann „ihre apodiktischen Lehren wohl durch Anschauung erläutern, niemals aber daher ableiten" Pr. § 7.
2. Ableitung von Denkfunktionen und anderen Begriffen.
a) Allgemeines hierüber s. unter: Kritik der reinen Vernunft.
b) Hinsichtlich der Apperzeption: die ursprüngliche Apperzeption kann von keiner anderen Vorstellung weiter abgeleitet werden 132, vgl. 140: empirische Einheit der Apperzeption als abgeleitet.
c) Ableitung der Kategorien s. Kategorie.
d) Ableitung der Ideen s. Idee.
e) Prädikabilien als abgeleitete Begriffe s. Prädikabilien.
f) Ableitung des Besonderen aus dem Allgemeinen s. allgemein, Allgemeinheit.
3. Dem Grundsatz des Widerspruchs darf nichts zuwider sein, „obgleich eben nicht alles daraus abgeleitet werden kann" Pr. § 2.
4. Ableitung hinsichtlich allgemeiner und empirischer Naturgesetze. Die Bedingungen a priori von der Möglichkeit der Erfahrung sind zugleich die Quellen, „aus denen alle allgemeinen Naturgesetze hergeleitet werden müssen" Pr. § 17, nämlich die Grundsätze des reinen Verstandes.

Von den Kategorien hängt die Natur, bloß als Natur überhaupt, „als dem ursprünglichen Grunde ihrer notwendigen Gesetzmäßigkeit" 165 ab. „Besondere Gesetze, weil sie empirische bestimmte Erscheinungen betreffen, können davon nicht vollständig abgeleitet werden, ob sie gleich alle insgesamt unter jenen stehen" 165.
5. Ableitung der Naturerscheinungen. „Keine einzige Bestimmung, die die Existenz der Dinge betrifft", ist für den obersten

Grund anzunehmen; es ist der „Weg zur ferneren Ableitung offen zu halten" 644, 645, vgl. 643. Nicht irgendeine beliebige „Anstalt und Ordnung" 827 in der Natur darf unter Übergehung der Naturursachen einfach aus einer höchsten Vernunft abgeleitet werden 723, 827. Alle empirischen Ursachen sind abgeleitet, also ihrerseits stets wieder bedingt vgl. 645. Die Weltbetrachtung soll „ein Studium der bloßen Natur durch die Vernunft und nicht eine vermessene Ableitung ihrer Erscheinungen von einer höchsten Vernunft sein" Pr. § 58, vgl. Kr. 600, 605, 606, 698, 701, 722.

6. Ableitungsbegriff in bezug auf Seele und Gott. Man darf nicht von einer als existierend angenommenen einfachen denkenden Substanz die inneren Erscheinungen ableiten, sondern nach der bloßen I d e e eines einfachen Wesens überhaupt 701.

Man kann nicht sagen, daß „ein Urwesen aus viel abgeleiteten Wesen bestehe, indem ein jedes derselben jenes voraussetzt . . ." 607. Die Materie schickt sich „nicht zur Idee eines notwendigen Wesens als eines Prinzips aller abgeleiteten Einheit", weil alle realen Eigenschaften stets abgeleitet, bedingt notwendig sind 646.

7. Ableitung einer Wissenschaft muß aus „einem einigen obersten und inneren Zweck" erfolgen 861.

8. Ableitung der Moralität als Gesetzmäßigkeit kann „völlig a priori aus Prinzipien" stattfinden 869.

9. Ableitungsprinzipien bei Hume und Locke. Empirische Ableitung der reinen Verstandesbegriffe 5, 19, 20; 127, 128, 793, Pr. §§ 5, 27, 29.

Absolut.

1. Absolut im Gegensatz zu komparativ. Das absolut, d. i. in aller Beziehung Gültige ist „dem bloß komparativ oder in besonderer Rücksicht Gültigen" 382 entgegengesetzt; „denn dieses letztere ist auf Bedingungen restringiert, jenes aber gilt ohne Restriktion" 382.

2. Der Begriff des Absoluten als des Unbedingten s. unbedingt, Idee, Antinomie, transz. Dialektik, Paralogismen, Ding an sich.

3. Absoluter Raum. „Der Raum, vor allen Dingen, die ihn bestimmen (erfüllen oder begrenzen) . . . ist unter dem Namen des absoluten Raumes nichts anderes, als die bloße Möglichkeit äußerer Erscheinungen . . ." 457 A, also kein an sich existierender Gegenstand, s. Raum, Mathematik, Geometrie.

4. Absolute Zeit ist kein Gegenstand der Wahrnehmung 262;
s. Zeit.

5. Absolutes Objekt, absoluter Gegenstand s. Noumenon, transz.
Gegenstand, Ding an sich.

6. Absolutes (letztes) Subjekt fehlt unserer Erkenntnis Pr. § 46;
s. Subjekt, Substanz.

7. Absolute Realität. Zeit und Raum haben keine absolute
Realität 52, 56, vgl. 70. Die Voraussetzung der absoluten
Realität der Erscheinungen ist eine „zwar gemeine, aber be-
trügliche Voraussetzung" 564.

8. Absolute Möglichkeit, die in aller Absicht gültig ist, ist kein
bloßer Verstandesbegriff und kann niemals von empirischem
Gebrauch sein; dieser Begriff gehört allein der Vernunft an
285, vgl. 381, 382.

9. Absolute innere, schlechthin notwendige Ursache der Dinge
sucht „der gemeinste [naive] Menschensinn" im höchsten
Wesen 617, 618, 633 A, vgl. Pr. § 58; die absolute und innere
Ursache äußerer und körperlicher Erscheinungen ist uns unbekannt A 394, vgl. 612 ff.

10. Absolute Einheit und absolute Vollständigkeit der Erfahrung.
Absolute Einheit 700; absolute Vollständigkeit 524; vgl. 92.

11. Absolutes Ganze der Erscheinungen, der Erfahrung ist kein
Gegenstand der Wahrnehmung 512, ist „selbst keine Erfahrung
und dennoch ein notwendiges Problem für die Vernunft"
Pr. § 40.

12. Absolute Allgemeinheit (Allgemeingültigkeit) und Notwendigkeit sind „das Charakteristische aller Sätze der Geometrie" 64; s. allgemein, Allgemeinheit.

13. Absolute Wahrheit s. Wahrheit vgl. 83, 84.

14. Absolute Grenze ist im empirischen Regressus, d. i. in der
Erfahrung nicht anzutreffen 545, vgl. 547; s. Grenze.

15. Absoluter Anfang. Mit allen möglichen Wahrnehmungen
bleibt man stets „unter Bedingungen" und „kommt an nichts
Unbedingtes" in „einem absoluten Anfange der Synthesis"
511.

16. Absolute Größe der Welt; die Welt hat keine absolute
Größe vgl. 549; s. Welt, Antinomie.

17. Absolut Einfaches ist in der Erfahrung nicht anzutreffen
812, A 356; s. einfach.

18. Absolute Totalität der Bedingungen ist in der Erfahrung

nicht gegeben; der Regressus bis zum Unbedingten ist aufgegeben, nicht selber gegeben 526, 527, 536; s. Antinomie,
Idee, transz. Dialektik.

19. Absolute Grundkraft; s. Grundkraft vgl. 677, 678.

20. Absolute Selbsttätigkeit ist der Begriff der Freiheit 446;
,,absolute Spontaneität der Ursachen" 474; s. Freiheit.

21. Das Absolute als bestimmt gedacht. ,,Denn das Größeste
und Absolutvollständige läßt sich bestimmt denken, weil alle
restringierenden Bedingungen . . . weggelassen werden" 693.

22. Absolute Notwendigkeit.

a) Mathematik führt ,,durch und durch apodiktische Gewißheit, d. i. absolute Notwendigkeit bei sich" Pr. § 6.

b) Moralische Gesetze sind praktische Gesetze, die schlechthin notwendig sind 662.

c) Absolute Naturnotwendigkeit als absolut Erstes der
Reihe von Bedingungen in Ansehung des Daseins veränderlicher Dinge 446; s. Gott, Welt, Antinomie.

d) Absolute Notwendigkeit eines Dinges im theoretischen Erkenntnis könnte nur durch Begriffe a priori erkannt werden 662.

e) Absolut notwendiges Wesen ist ein reiner Vernunftbegriff, eine bloße Idee 620; s. Gott.

Abstrahieren, abstrakt, Abstraktion.

Abstrahieren = absehen, absondern, abtrennen von Bedingungen usw., abziehen. ,,Der Raum ist kein empirischer Begriff,
der von äußeren Erfahrungen abgezogen worden" 38, d. i.
abstrahiert oder entlehnt. ,,Die allgemeine Logik abstrahiert . ..
von allem Inhalt der Erkenntnis . . . und betrachtet nur die
logische Form im Verhältnis der Erkenntnisse . . ." 79; in
abstracto = durch Begriffe 762; vgl. 170, 427, 46.

Adäquat = vollkommen entsprechend, angemessen, über-
einstimmend vgl. 365, 384, 674.

Aequivoca s. generatio aequivoca.

Ästhetik s. transzendentale Aesthetik.

Affektion, affizieren.

*1. Affektion, affizieren kein psychologischer Vorgang oder Zu-
stand.* [Kant wählt diese Ausdrücke da, wo er an die gewöhn-
liche Weltansicht in didaktischer Absicht anknüpft. Affektion,
kritisch ohne psychologischen oder physiologischen Nebensinn, bedeutet nur, daß ein Etwas der äußeren oder inneren

Wahrnehmung in das Bewußtsein getreten ist. Art und Herkunft dieses Etwas sind für die Erkenntnislehre gleichgültig.]
2. Affektion, Affiziertwerden hinsichtlich äußerer Wahrnehmung. „Die Wirkung eines Gegenstandes auf die Vorstellungsfähigkeit, sofern wir von demselben affiziert werden, ist E m p f i n d u n g". 34, vgl. 33, 61, 522. „Alle Anschauungen, als sinnlich, beruhen auf Affektionen, die Begriffe aber auf Funktionen" 93.
3. Selbstaffektion [ist die Voraussetzung für die erkenntnismäßige Erfassung des Mannigfaltigen der äußeren und der inneren Wahrnehmung]. Der Verstand übt, „unter der Benennung einer transzendentalen Synthesis der Einbildungskraft, diejenige Handlung aufs passive Subjekt . . . aus, wovon wir mit Recht sagen, daß der innere Sinn dadurch affiziert werde" 153; vgl. Bestimmung des inneren Sinnes 150, 151, 152, 154, 155, 156, Beispiel der Aufmerksamkeit 156, 157 A; „innerlich affiziert werden" 152, 153; vgl. 68, 69 („von innen").
4. Affektion und Form der Anschauung. Die Form der sinnlichen Anschauung als die Art, „wie das Subjekt affiziert wird" 129, vgl. 522.
5. Affektion durch das transzendentale Objekt. Das unbekannte Etwas (Noumenon, transzendentaler Gegenstand), das unseren Sinn affiziert (A 358, nichtsinnliche Ursache der Vorstellungen 522). Die Sinnlichkeit wird von unbekannten Gegenständen „gerührt" d. i. affiziert Pr. § 36.
Affinität.
1. Als objektiver Grund aller Assoziation. [Damit Erfahrung nach bestimmten konstanten Gesetzen möglich sei, muß das Mannigfaltige der Anschauung assoziabel sein; s. Assoziation.] „Es muß . . . ein objektiver, d. i. vor allen e m p i r i s c h e n Gesetzen der Einbildungskraft a priori einzusehender Grund sein, worauf die Möglichkeit, ja sogar die Notwendigkeit eines durch alle Erscheinungen sich erstreckenden Gesetzes beruht, sie nämlich durchgängig als solche Data der Sinne anzusehen, welche an sich assoziabel und allgemeinen Regeln einer durchgängigen Verknüpfung in der Reproduktion unterworfen sind. Diesen objektiven Grund aller Assoziation der Erscheinungen nenne ich die A f f i n i t ä t derselben" A 122. Diesen Grund können wir nur in „dem Grundsatze von der Einheit der

Apperzeption in Ansehung aller Erkenntnisse, die mir angehören sollen, antreffen" A 122. Denn dieser Grundsatz eben fordert, daß alle Erscheinungen so in das Bewußtsein kommen, daß sie zur Einheit der Apperzeption, also aller Erfahrung, zusammenstimmen A 122.

„Der Grund der Möglichkeit der Assoziation des Mannigfaltigen, sofern er im Objekte liegt, heißt die A f f i n i t ä t des Mannigfaltigen" A 113. Die empirische Affinität, d. i. durchgängige Verknüpfung aller Erscheinungen ist eine bloße Folge der transzendentalen Affinität A 113, 114. (Kritik an Hume 794).

2. *Gesetz der Affinität aller Begriffe,* als Gesetz der Kontinuität, „welches einen kontinuierlichen Übergang von einer jeden Art zu jeder anderen durch stufenartiges Wachstum der Verschiedenheit gebietet" 685, 686.

3. *Affinität alles Möglichen durch die Identität des Grundes der durchgängigen Bestimmung desselben,* s. Ideal der reinen Vernunft, vgl. 600 A, 599, 600.

Affizieren s. Affektion.

Aggregat.
Die Verstandeserkenntnisse sind nur ein „zufälliges" 673 Aggregat (Summe) von Erkenntnissen, deren systematischen Zusammenhang erst die Vernunft fordert und herbeizuführen sucht vgl. 671, 672, 685. Substanzen in Gemeinschaft als Aggregat 441. Eine Anzahl von Gegenständen (Talern) als Aggregat 212. Der Raum als Aggregat 439. Aggregation und Koalition 201 A; s. System, Reihe, kollektiv, distributiv.

Akroamatisch.
Akroamatischer Beweis = diskursiver Beweis aus Begriffen (nicht durch mathematische Demonstration) 763.

Akzidenz.
Inhärenz und Subsistenz (substantia et accidens) (106, Kategorientafel). Akzidenz und Inhärenz bedeuten nicht dasselbe; Inhärenz bedeutet lediglich das Dasein der Akzidenzen 230. Akzidenzen sind das Wandelbare des Beharrlichen, der Substanz als Begriffs 227 des reinen Verstandes; ferner heißen Akzidenzen auch die realen Eigenschaften einer Erscheinung als der einzelnen e m p i r i s c h e n Substanz (phaenomenon) 227. „Die Bestimmungen einer Substanz, die nichts anderes sind, als besondere Arten derselben zu existieren,

heißen Akzidenzen. Sie sind jederzeit real ...'' 229. ,,Daher sind alle realen Eigenschaften, dadurch wir Körper erkennen, lauter Akzidenzen, sogar die Undurchdringlichkeit ...'' Pr. § 46. Das Akzidens kann bezeichnet werden ,,durch die Art, wie das Dasein einer Substanz positiv bestimmt ist'' 230. Akzidenzen einander koordiniert, der Substanz nicht subordiniert 441; s. Substanz.

Algebra.
,,Selbst das Verfahren der Algebra mit ihren Gleichungen ... ist zwar keine geometrische, aber doch charakteristische Konstruktion, in welcher man an den Zeichen die Begriffe, vornehmlich von dem Verhältnisse der Größen, in der Anschauung darlegt ...'' 762; vgl. 745 Buchstabenrechnung; s. Arithmetik, Mathematik.

All, Allheit.
1. Kategorie der Allheit ist in der Tafel der Kategorien 106 das dritte Moment der Kategorie der Quantität (Einheit, Vielheit, Allheit), gehört zur mathematischen 110 Klasse der Kategorien. Allheit (Totalität) ist ,,nichts anderes als die Vielheit als Einheit betrachtet'' 111; vgl. Pr. § 21.
2. Allheit und Zahl. Die Zahl gehört zur Kategorie der Allheit 111, [insofern als die Zahl eine gewisse jeweilige Allheit von irgend beliebigen Einheiten bedeutet].
3. All der Realität s. Ideal der reinen Vernunft.
4. All = Weltall. ,,Das All ... in empirischer Bedeutung ist jederzeit nur komparativ. Das absolute All der Größe (das Weltall) ... mit allen Fragen ... geht keine mögliche Erfahrung etwas an''. 511; s. Welt, Antinomie.
5. Allheit = universitas s. universalitas.
All der Realität s. Ideal der reinen Vernunft.
Allgemein, Allgemeinheit.
1. Allgemeine, besondere, einzelne Urteile sind in der logischen Tafel der Urteile 95, Pr. § 21 die Momente der Quantität der Urteile. Dem allgemeinen Urteil kann das einzelne Urteil gleichgesetzt werden 96.
2. Der empirische Begriff als Allgemeines. Der empirische Begriff, wie überhaupt jeder Begriff der Erkenntnis, ,,ist seiner Form nach jederzeit etwas Allgemeines und was zur Regel dient'' A 106; der empirische Begriff als ,,Regel der Anschauung'' A 106; s. Begriff.

3. Erkenntnis aus Prinzipien ist diejenige, durch welche ,,das Besondere im Allgemeinen durch Begriffe erkannt wird 357.

4. Allgemein = allgemeingültig, objektivgültig. ,,Allgemein'', ,,Allgemeinheit'' als Prädikate logischer Bedingungen der Erfahrung bedeuten: allgemeingültig, Allgemeingültigkeit, objektive Gültigkeit (vgl. 3, 4). Allgemeinheit = Gültigkeit als ,,hinreichend für alle Fälle'' Pr. § 5, also ohne Ausnahme. Objektive Gültigkeit, notwendige Allgemeinheit sind Wechselbegriffe Pr. § 19.

5. Allgemeine und besondere Naturgesetze. Die ,,allgemeinen'' Naturgesetze sind die ,,Grundsätze des reinen Verstandes'' als transzendentallogische Grundvoraussetzungen für die besonderen, d. i. empirischen Naturgesetze 165, 679, A 125 bis 128, Pr. § 36, 38; s. Natur, Schematismus, Begriff.

6. Allgemeines und Besonderes in bezug auf systematische Einheit der Natur s. Art, Gattung.

7. Das Allgemeine und das Besondere in der mathematischen Erkenntnis gegenüber der philosophischen. Die Mathematik kann das Allgemeine in concreto — in den einzelnen Anschauungen — und doch a priori erwägen, während die philosophische Erkenntnis (diskursiv) das Allgemeine in abstracto (durch Begriffe) betrachten muß 762, 763; vgl. 742, Pr. § 7.

8. Der Schematismus als Vermittelndes zwischen dem Allgemeinen und Besonderen. Der Schematismus vermittelt zwischen den Kategorien als Allgemeinem und dem anschaulich Mannigfaltigen als Besonderem; s. Schematismus.

9. Allgemeines, Besonderes und Urteilskraft s. transz. Urteilskraft.

10. Allgemeines und Besonderes im apodiktischen und hypothetischen Vernunftgebrauch 674, 675; s. Vernunft.

11. Absolute Allgemeinheit und Notwendigkeit sind ,,das Charakteristische aller Sätze der Geometrie'' 64.

12. Allgemeinheit = universalitas s. letztere.

Allgemeingültigkeit s. allgemein, Allgemeinheit.

Als ob.

1. Einheit der Erfahrung, als ob sie absolut sei 700.

2. Natur-Einheit, als ob entsprossen aus allerhöchster Vernunft 714, 716.

3. Weltbegriff, als ob die Reihe aller Reihen unendlich 713, 700.

4. Kausalität und Freiheit, als ob intelligible Ursache 713.
5. Begriff der Seele, als ob wirkliche selbständige Intelligenz 710, 711, 712, einfache Substanz 700.
6. *Gottesbegriff* 709, 701, 706, 714, 716, 699, 647. Pr. §§ 57, 58.
7. Praktischer Vernunftgebrauch 421.

Amphibolie.
Die transzendentale Amphibolie (Verwechslung, 326, Miß-deutung, Zweideutigkeit) der Reflexionsbegriffe beruht auf dem Mangel an Unterscheidung zwischen den Begriffen, die zum reinen Verstande, und den Begriffen, die zur Sinnlichkeit gehören, zwischen reinem Verstandesobjekt und der Erschei-nung, also zwischen der Erkenntnisart des Verstandes und der Anschauung 316, 317, 326, 327. Vor dieser Verwechslung soll die auf jene Unterscheidung sich richtende ,,transzen-dentale Überlegung" 317 bewahren, vgl. 325, 319.

Die Reflexionsbegriffe sind: Einerleiheit und Verschie-denheit, Einstimmung und Widerstreit, das Innere und das Äußere, das Bestimmbare und die Bestimmung (Materie und Form) 317; s. diese einzelnen Begriffe; trans-zendentale Topik, transz. Ort 324. Kritik an Leibniz 319, 329, 326ff.

Amplifizieren = erweitern 186 im Gegensatz zu restring-ieren (einschränken).

An sich, an sich selbst: 1. wie im gewöhnlichen Sinne, 2. ein Ding an sich selbst wäre ein solches, von welchem behauptet werden könnte, es existiere ,,ohne Beziehung auf unsere Sinne und mögliche Erfahrung" 521, 522; s. Ding an sich.

Analogie.
1. *Begriff der Analogie in der Mathematik und Philosophie* 222.
2. *Analogie und Ähnlichkeit.* Analogie bedeutet nicht eine unvollkommene Ähnlichkeit zweier Dinge, sondern eine voll-kommene Ähnlichkeit zweier Verhältnisse zwischen ganz unähnlichen Dingen Pr. § 58 und Anmerk.; bezüglich Gottes, Pr. §§ 58, 59.
3. *Schluß nach der Analogie* betr. Hypothese 818, 819; vgl. 594, 724, 725, 727, 728.
4. *Analogien der Erfahrung* s. diese.

Analogien der Erfahrung 218ff. sind Grundsätze des reinen Verstandes, Verstandesregeln der Erfahrung, Regeln der all-gemeinen 220 Zeitbestimmung, unter denen alle empirischen

Zeitbestimmungen stehen müssen hinsichtlich des objektiven zeitlichen Verhältnisses zwischen den Dingen; diese Grundsätze legen „alle reale Verknüpfung in einer Erfahrung überhaupt dar" 272; s. Grundsätze des reinen Verstandes.

Analysis, analytisch.

1. Analysis setzt Synthesis voraus, „denn wo der Verstand vorher nichts verbunden hat, da kann er auch nichts auflösen" 130, d. i. analysieren. „Vor aller Analysis unserer Vorstellungen müssen diese zuvor gegeben sein . . ." 103 [durch synthetisches Denken, dem das analytische Denken untergeordnet ist]; vgl. 105, 133, 134, 135, 133 A, 134 A.

2. Analytische Einheit des Selbstbewußtseins; Identität des Bewußtseins. „Also nur dadurch, daß ich ein Mannigfaltiges gegebener Vorstellungen in e i n e m Bewußtsein verbinden kann, ist es möglich, daß ich mir die Identität des Bewußtseins in diesen Vorstellungen selbst vorstelle, d. i. die a n a l y t i s c h e Einheit der Apperzeption ist nur unter der Voraussetzung irgendeiner s y n t h e t i s c h e n möglich" 133; vgl. 105, 134, 133 A, 134 A, s. Bewußtsein, Apperzeption, Identität.

3. Analytisches Urteil gegenüber dem synthetischen; Satz vom Widerspruch; Mathematik. Analytisches Urteil = Urteil durch Identität, identisches Urteil Pr. § 22; vgl. 10. „Zergliederungen der Begriffe, die wir schon von Gegenständen haben" 9 sind analytische, identische Urteile; vgl. 764, 749. Ein analytisches Urteil „bringt den Verstand nicht weiter" 314, weil ich „bei dem gegebenen Begriffe" bleibe 193, ihn bloß erläutere (Erläuterungsurteil 9, 11), während ich im synthetischen Urteile aus dem gegebenen Begriffe hinausgehe 193, um die Erkenntnis zu erweitern (Erweiterungsurteil, 11, A 8, 194, 667); vgl. Pr. § 2.

Der oberste Grundsatz aller analytischen Urteile ist der Satz vom Widerspruch 190,, s. diesen; vgl. 191, 624 A, Pr. § 2.

„Mathematische Urteile sind insgesamt synthetisch" (Pr. § 2); s. Mathematik, synthetisch, vgl. 205.

4. Analytisches Urteil und Existenzbegriff. Es können „keine Begriffe d e m I n h a l t e n a c h analytisch entspringen" 103. „In dem bloßen Begriffe eines Dinges kann gar kein Charakter seines Daseins angetroffen werden" 272; vgl. 667, s. Existenz.

5. Analytische Methode bedeutet — „sofern sie der synthetischen entgegengesetzt ist" — „daß man von dem, was gesucht wird, als ob es gegeben sei, ausgeht und zu den Bedingungen aufsteigt, unter denen es allein möglich" Pr. § 5 A; analytische Methode „könnte besser die re gres si ve Lehrart zum Unterschiede von der synthetischen oder progres si ven heißen" (ebenda).

Analytik s. Transzendentale Analytik, Logik.

Anfang, anfangen.

1. *Zweifache Bedeutung* von „anfangen": „aktiv" und „passiv" anfangen 483 A.

2. *Anfang der Erkenntnis.* „Daß alle unsere Erkenntnis mit der Erfahrung anfange, daran ist gar kein Zweifel . . ." 1 vgl. 730; s. a priori, Erfahrung, Erkenntnis.

3. *Anfang inbezug auf Zeit, Raum, Welt* s. letztere und Antinomie; vgl. 455, 482, 550, 478, 511.

4. *Anfang, anfangen, inbezug auf Freiheit, menschliche Handlungen* s. Freiheit, Charakter, Vernunft; vgl. 561, 562, 569, 582, Pr. § 53.

5. *Kausalität, Naturgesetz,* subalterner Anfang 472, 474.

6. *Gottesbegriff kein Anfangsprinzip* für den Regressus, „das Zurückgehen zu den Bedingungen des Existierens" 644, vgl. 722, 701.

Angeboren.
Zeit, Raum, Kategorien (auch Ideen vgl. Pr. § 43) sind keine als fertig angeborene Vorstellungen, sondern werden erst „bei Gelegenheit der Erfahrung entwickelt" 91; die sinnlichen Eindrücke sind „die Gelegenheitsursachen ihrer Erzeugung" 118; „Keime und Anlagen" 91; vgl. 1, 34 („bereit liegen").

Animalität s. Seele, Paralogismen, vgl. 403, A 384.

Anlagen s. Naturanlage, angeboren, Idee, Metaphysik.

Anschauung.
1. Allgemeines über Möglichkeit der Anschauung. „Der oberste Grundsatz der Möglichkeit aller Anschauung „in Beziehung auf die Sinnlichkeit . . .: daß alles Mannigfaltige derselben unter den formalen Bedingungen des Raumes und der Zeit stehe" 136. Der oberste Grundsatz der Möglichkeit aller Anschauung „in Beziehung auf den Verstand ist: daß alles Mannigfaltige der Anschauung unter Bedingungen der ursprünglich-synthetischen Einheit der Apperzeption stehe" 136. „Die empirische Anschauung ist nur durch die reine

(des Raumes und der Zeit) möglich" 206; vgl. 66, 121, 122, 148, A 127.

2. Reine Anschauung, formale Anschauung (Mathematik). Die reine Anschauung enthält nur die Mannigfaltigkeit a priori des Nebeneinander (Raum) und des Nacheinander (Zeit), „welches die Sinnlichkeit in ihrer ursprünglichen Rezeptivität darbietet" A 100; s. a priori, Mannigfaltiges, Zeit, Raum. „Raum und Zeit sind die reinen Formen derselben [Anschauung], Empfindung überhaupt die Materie" 60. „Diese reine Form der Sinnlichkeit wird auch selber r e i n e A n s c h a u - u n g heißen" 34, 35. Anschauung ist rein, „wenn der Vorstellung keine Empfindung beigemischt ist" 74; aber auch die reine Anschauung gehört zur „sinnlichen" Anschauung 146, 147; s. rein, empirisch, Empfindung. Reine Anschauung enthält „nichts als bloße Verhältnisse" 66, 67. Nur reine Anschauung gibt apodiktische 41, 64 Gewißheit als Erkenntnisquelle a priori 55 und Grundlage der Mathematik (vgl. 41, 64); der Mathematik muß reine Anschauung zugrunde liegen Pr. § 7. Raum und Zeit sind k e i n e diskursiven B e - g r i f f e, sondern reine A n s c h a u u n g e n 39, 40, 47, 50. „Anschauungen überhaupt" machen „das Feld oder den gesamten Gegenstand m ö g l i c h e r Erfahrung aus" A 95.

[Die bloßen Formen der reinen Anschauung: Raum, Zeit entfalten sich in der Bestimmung (affizieren) des inneren Sinnes durch den Verstand (transz. Synthesis der Einbildungskraft 153, 154) zu formalen Anschauungen, d. i. zu synthetischen Funktionen; vgl. 136 A, 160 A, 161 A, 155 A, 150].

3. a) Anschauung und Bewußtsein, Apperzeption. Die synthetische Einheit des Bewußtseins ist „reine objektive Bedingung aller Erkenntnis, nicht deren ich bloß selbst bedarf, um ein Objekt zu e r k e n n e n, sondern unter der jede Anschauung stehen muß, um für mich Objekt zu w e r d e n . . ." 138. Das anschaulich Mannigfaltige „gehört notwendig unter die ursprüngliche synthetische Einheit der Apperzeption, weil durch diese die E i n h e i t der Anschauung allein möglich ist" 143, weil die Synthesis der Anschauungen sonst „ein Gewühl von Erscheinungen", „gedankenlose Anschauung, aber niemals Erkenntnis" sein würde A 111, vgl. A 122, A 123; s. Apperzeption, Bewußtsein, Wahrnehmung.

b) Anschauung und Verstand, Denken, Kategorie, Synthesis.

[Die Trennung der Anschauung, Sinnlichkeit vom Verstande, Denken ist nur methodische Scheidung; Zeit, Raum werden in der transz. Logik als synthetische Funktionen der Anschauung dargestellt, vgl. 136 A, 160 A, 161 A] . . . „ohne Funktionen des Verstandes können allerdings Erscheinungen in der Anschauung gegeben werden" 122, vgl. 123; der Verstand ist „selbst kein Vermögen der Anschauungen" 153. „Der Verstand vermag nichts anzuschauen und die Sinne nichts zu denken" 75. Das Mannigfaltige der Anschauung (Materie in der Erscheinung 34, 207) wird „noch vor der Synthesis des Verstandes und unabhängig von ihr"́ gegeben 145, vgl. 122, 123, 68, 508; Anschauung ist „diejenige Vorstellung, die vor allem Denken gegeben sein kann" 132. Anschauung und Kategorie machen „die Elemente aller unserer Erkenntnis aus" 74. Kategorien sind an sich „Erkenntnisse a priori von Gegenständen einer Anschauung überhaupt" 159 vgl. 74, 75, 304, 309, 314, A 399; s. Kategorie, Synthesis.

c) Reine Vernunft hat auf Gegenstände „und deren Anschauung keine unmittelbare Beziehung, sondern nur auf den Verstand und dessen Urteile . . ." 363.

4. Anschauung und Empfindung, Affektion, Wahrnehmung. Vgl. 34, 74, 93, 207, 208, A 120.

5. Anschauung und Erscheinung, äußerer Gegenstand. Vgl. 33, 34, 47, 59, 206, 209, 355, 457 A, 747, A 381, Pr. § 13 Anm. I.

6. Anschauung und erkennen, Erkenntnis. „Durch bloße Anschauung wird gar nichts gedacht" 309, „macht gar keine Beziehung . . . auf irgendein Objekt aus" 309. „Alle unsere Erkenntnis bezieht sich doch zuletzt auf mögliche Anschauungen; denn durch diese allein wird ein Gegenstand gegeben" 747. „Gedanken ohne Inhalt sind leer, Anschauungen ohne Begriffe sind blind" 75; vgl. 74, 75, 288, 309; s. Erkenntnis.

7. Anschauung und Schematismus. Der Schematismus des Verstandes geht auf nichts anderes, „als die Einheit alles Mannigfaltigen der Anschauung in dem inneren Sinne und so indirekt auf die Einheit der Apperzeption" 185; s. Schematismus.

8. Andere, als des Menschen, mögliche Anschauung; intellektuelle Anschauung (Gott, Urwesen). „. . . denn man kann von der Sinnlichkeit doch nicht behaupten, daß sie die einzige mögliche Art der Anschauung sei" 310; vgl. 43, 68, 72, 135,

138, 139, 145, 155, 159, 283, 308, 310, 342, A 249, A 252, Pr. § 57.

9. Grenzen der Anschauung, Reichweite der Sinnlichkeit, Idealität. S. Raum, Zeit, Idealität, Existenz, Wirklichkeit, Realität, Sein, Dasein; vgl. 59, 66, 148, 121, 122, 125.

10. Intuition, intuitiv s. diese.

11. Anschauung und Ichbegriff, Selbsterkenntnis, innere Anschauung, s. Ich; vgl. 49, 50, 155, 156, 157, 158, 159. (Im praktischen Vernunftgebrauch gilt ,,unsere Wirklichkeit bestimmbar", ,,ohne dazu der Bedingungen der empirischen Anschauung zu bedürfen" 430.)

12. Form und Materie hinsichtlich der Anschauung. ,,Sind es . . . sinnliche Anschauungen . . ., so geht die Form der Anschauung (als eine subjektive Beschaffenheit der Sinnlichkeit) vor aller Materie (den Empfindungen), mithin Raum und Zeit vor allen Erscheinungen und allen datis der Erfahrung [logisch] vorher und macht diese vielmehr allererst möglich" 323, vgl. 457 A.

13. Axiome der Anschauung 202 ff.; s. Grundsätze des reinen Verstandes.

14. Anschauung und der Begriff der Einzigkeit. ,,Die Vorstellung, die nur durch einen einzigen Gegenstand gegeben werden kann, ist . . . Anschauung" 47, wie Raum und Zeit, die Anschauungen und nicht Begriffe sind 39, 47, 50; s. einzeln, einzig.

15. Anschauung und extensive Größe. ,,Alle Anschauungen sind extensive Größen" 202, in welchen ,,die Vorstellung der Teile die Vorstellung des Ganzen möglich macht (und also notwendig vor dieser vorhergeht)" 203; vgl. Punkt 13 oben.

Anschauungsvermögen s. Vermögen, Anschauung; vgl. 522.

Anthropologie VIII, 578, Pr. § 60.

Anthropomorphismus 668, 725, 728; Pr. §§ 57, 58; s. Gott, Natur, Zweck, als ob, Analogie.

Antinomie.
Antinomie oder ,,Widerstreit der Gesetze der reinen Vernunft" 434, 435, bedeutet den Zustand ,,der Vernunft" bei ihren ,,dialektischen Schlüssen" 398, in welchem sie versucht, dem bloßen Begriff einer absoluten Totalität der Reihe der Bedingungen (zu einem empirischen Gegenstand) objektive

Realität zu geben (vgl. 397). Es entstehen dann einander entgegengesetzte kontradiktorische Behauptungen, die auf beiden
Seiten (Thesis, Antithesis) mit ,,ebenso gültigen und notwendigen Gründen" 449 beweisbar sind.

Jene Behauptungen sind ,,die transzendentalen Grundsätze
einer vermeinten reinen (rationalen) Kosmologie" 435, und
das Hauptstück über die Antinomie der reinen Vernunft
432 ff. stellt diese Grundsätze vor Augen, um sie in ihrem
,,blendenden, aber falschen Scheine darzustellen" 435; es
sollen die Fragen gelöst werden 1. bei welchen Sätzen die reine
Vernunft einer Antinomie unausbleiblich unterworfen sei",
2. worauf diese Antinomie beruhe, 3. ob dennoch ,,ein Weg
zur Gewißheit offen bleibe" 449. Die Antinomie oder Antithetik 448 ff. der reinen Vernunft betrifft die ,,Weltbegriffe"
434, 447, 448, d. i. die transzendentalen Ideen, die auf die
absolute, vollendete Synthesis der Erscheinungen gehen, deren
(Synthesis) Totalität in der Erfahrung nicht anzutreffen ist
511. Diese Synthesis ist ein Regressus (Rückgang) · in aufsteigender Reihe 394 von dem Bedingten der Erfahrung zu
einem Unbedingten 436, 437, 438, 439. Gemäß den vier
Kategorien gibt es vier kosmologische Ideen 438 ff., vier
,,absolute Vollständigkeiten" 443.

Die einzelnen Thesen und Antithesen s. 454—489. Die Beweise für Thesis und Antithesis sind wesentlich indirekt ge
führt, ,,nicht etwa Blendwerke", sondern ,,aus der Natur der
Sache gezogen" 458, zumal die Vernunft ,,im kontinuierlichen
Fortgange der empirischen Synthesis notwendig" auf jene
Ideen geführt wird 490. Bei dogmatischer Auffassung erweisen sich die Ideen stets zu groß oder zu klein für den Verstand 514. Die Antinomie bleibt dann unauflösbar, vgl.
514—517. Der Fehler steckt in den Voraussetzungen 513,
518, 535. Die ganze Antinomie beruht auf dem dialektischen
Argument: wenn das Bedingte gegeben ist, so ist auch die
ganze Reihe aller Bedingungen zum Bedingten gegeben 525;
aber der Regressus ist nicht in seiner Totalität gegeben,
sondern bloß aufgegeben 526, 536, und diese Aufgabe ist
eine Idee als regulatives Prinzip 536 ff. Auflösung der kosmologischen Ideen:

I. Das Weltganze betreffend 545 ff., vgl. Pr. § 52 c.

II. Totalität der Teile betreffend 551 ff., vgl. Pr. § 52 c.

III. Totalität der Ableitung der Weltbegebenheiten aus ihren Ursachen betreffend 560ff., vgl. Pr. §§ 53, 54.

IV. Totalität der Abhängigkeit der Erscheinungen ihrem Dasein nach überhaupt 587ff., vgl. Pr. §§ 53, 54.

Antithesis = Gegenbehauptung, Negation einer Thesis; s. Antinomie.

Antithetik.

Thetik ist „ein jeder Inbegriff dogmatischer Lehren" 448. Antithetik ist aber nicht etwa bloß „dogmatische Behauptungen des Gegenteils", sondern „der Widerstreit der dem Scheine nach dogmatischen Erkenntnisse . . ., ohne daß man einer vor der anderen einen vorzüglichen Anspruch auf Beifall beilegt" 448, vgl. 433, 434, 768; s. Antinomie.

Antizipation, antizipieren.

Der Verstand kann a priori niemals mehr leisten, „als die Form einer möglichen Erfahrung überhaupt zu antizipieren" 303. „Man kann alle Erkenntnis, wodurch ich dasjenige, was zur empirischen Erkenntnis gehört, a priori erkennen und bestimmen kann, eine Antizipation nennen . . ." 208; allerdings kann man die Empfindung an sich nicht antizipieren 208; wohl aber den Begriff des Grades der Empfindung; eine solche Vorwegnahme wird im zweiten Grundsatze des reinen Verstandes erörtert, den „Antizipationen der Wahrnehmung" 207ff.; s. Grundsätze des r. Verst.

Apagogisch.

Ein apagogischer Beweis ist kein direkter, wie der ostensive 817, sondern ein solcher, der eine Behauptung dadurch beweisen will, daß ihr Gegenteil widerlegt wird (vgl. 820); er ist mehr eine „Nothilfe" 818; Ursache seines Gebrauchs 818, 819; als Blendwerk 821; s. Beweis, ostensiv, Methode, Antinomie mit ihrer indirekten Beweisart.

Apodiktisch.

1. Worterklärung: unzweifelhaft gewiß, unbedingt geltend.

2. Apodiktische Erkenntnis im allgemeinen. Apodiktische Sätze sind „mit dem Bewußtsein ihrer Notwendigkeit verbunden" 41. Erkenntnis a priori apodiktisch gewiß (Pr. III. Teil: Wie ist Metaphysik als Wissenschaft möglich?).

3. Apodiktisches Urteil. Urteilstafel 95; vgl. 100, 101.

4. Mathematik führt „durch und durch apodiktische Gewißheit, d. i. absolute Notwendigkeit" bei sich Pr. § 6.

5. Die Grundsätze des mathematischen Gebrauchs der kategorialen Synthesis sind unmittelbar evident, lauten apodiktisch 199, vgl. 200, 201.
6. Apodiktischer und hypothetischer Vernunftgebrauch 674, 675.
7. Philosophische Definition (analytisch) kann inbezug auf
Vollständigkeit nicht apodiktisch gewiß sein 758; s. Beweis,
Gewißheit, Evidenz, Mathematik, Definition, Allgemeinheit.
A posteriori.
Erkenntnisse a priori sind solche, ,,die schlechterdings von aller
Erfahrung unabhängig stattfinden'' 3, vgl. 4. Erkenntnisse
a posteriori sind empirische Erkenntnisse, ,,die ihre Quellen . . .
in der Erfahrung haben'' 2, 3, in ⸌ ,,sinnlichen Eindrücken''
1; s. a priori, Erfahrung, empirisch.
Apperzeption.
1. [ist kein Bewußtsein, kein psychologisches Vermögen des
empirischen Subjekts, sondern ein bloßer Geltungsbegriff als
Inbegriff aller transzendental-logischen Bedingungen a priori
der Erkenntnis, lediglich der höchste Einheitsbegriff des ganzen
Vernunft-Systems, für die Wechselbezüglichkeit aller Momente
a priori der Sinnlichkeit und des Denkens.]
*2. Die transz. Apperzeption als Gattungsbegriff der Kategorien,
als ursprüngliche synthetische Einheit.* [Apperzeption kein besonderes Erkenntniselement neben den Kategorien, sondern
nur deren Einheitsbegriff als transz. logischer Einheitsgrund
der reinen Verstandesgesetze.]
Durch die Kategorien werden ,,alle Gegenstände in der absoluten Einheit der Apperzeption'' erkannt A 402. ,,Die
Apperzeption ist selbst der Grund der Möglichkeit der Kategorien . . .'' A 401. Die Apperzeption als Grund ,,der Begriffe der Objekte überhaupt'' A 106, also der Kategorien;
andererseits: Einheit der Apperzeption ist nur möglich dadurch, daß alles ,,unter allgemeinen Funktionen der Synthesis stehen muß'' A 111, 112, denn die Einheit der Apperzeption kann nur ,,in der Synthesis nach Regeln [Kategorien]
stattfinden'' 263; vgl. 377, 378.
Ursprüngliche synthetische Einheit der Apperzeption s.
131—135, 133 A, 134 A (,,ich denke'', Identität, analytische,
synthetische Einheit); 136—139 oberstes Prinzip des Verstandesgebrauchs; 139, 140 objektive Einheit; 141, 142 Urteil
und Apperzeption; A 112, A 113, A 114, A 121, A 122, A 123

Assoziation, Affinität; A 125 bis A 128 Natur, Naturgesetz-
lichkeit; vgl. A 107, 108 unwandelbares Bewußtsein, Identität.
3. Apperzeption und Synthesis. Synthetische ursprüngliche
Einheit der Apperzeption = „transzendentale Synthesis des
Mannigfaltigen der Vorstellungen" 157. Einheit der Apperzeption „in der Synthesis nach Regeln" 263. „Einheit der
Synthesis nach empirischen Begriffen" gründet sich „auf einen
transzendentalen Grund der Einheit" A 111. Apperzeption
und reine Synthesis der Einbildungskraft A 118, 119, A 130;
s. Synthesis, Einbildungskraft.

[Die Einheit der Apperzeption bloß als Einheit ist noch keine
bestimmende Synthesis, die wesentlich dem Verstande zuge-
hört, wenn auch an einigen Stellen die Apperzeption der transz.
Synthesis gleichgesetzt wird vgl. 157].
4. a) Apperzeption und das A priori. „Ich nenne auch die
Einheit derselben die transzendentale Einheit des Selbstbewußtseins, um die Möglichkeit der Erkenntnis a priori aus
ihr zu bezeichnen" 132; s. a priori.
b) Apperzeption und Verstand, Denken. „Und so ist die synthetische Einheit der Apperzeption der höchste Punkt, an
dem man allen Verstandesgebrauch, selbst die ganze Logik
und, nach ihr, die Transzendental-Philosophie heften muß,
ja dieses Vermögen ist der Verstand selbst" 134 A. Die
transzendentale Apperzeption bedeutet noch nicht das Denken
selbst, vielmehr liegt allem Denken die „notwendige Apperzeption" zugrunde Pr. § 36. [Die transzendentale Apperzeption ist nicht ohne weiteres mit dem Verstande identisch, da
sie als „Bewußtsein überhaupt" Verstand (Kategorien) und Vernunft (Ideen) umschließt]; s. Verstand, Denken, Bewußtsein.
5. Apperzeption und Einbildungskraft. „Diese Apperzeption
ist es nun, welche zu der reinen Einbildungskraft hinzukommen
muß, um ihre Funktion intellektuell zu machen" A 124.
„Die Einheit der Apperzeption in Beziehung auf die Synthesis der Einbildungskraft ist der Verstand, und eben dieselbe Einheit, bzw. auf die transzendentale Synthesis der
Einbildungskraft, der reine Verstand" A 119, vgl. 153, 154;
[also Apperzeption nicht = transzendentale Synthesis der
Einbildungskraft], vgl. 157.
*6. Subjektive Einheit der Apperzeption, empirische Apperzeption,
Apperzeption und Anschauung, innerer Sinn.* Die transzenden-

tale Einheit der Apperzeption, als objektive Einheit, vereinigt die anschaulichen Vorstellungen ,,in einen Begriff vom Objekt" 139. Die subjektive Einheit, empirische Einheit 140 mit subjektiver Gültigkeit, ist eine ,,Bestimmung des inneren Sinnes", ,,dadurch jenes Mannigfaltige der Anschauung . . . empirisch gegeben wird" 139; vgl. 150, 153, 154 (Bestimmung des inneren Sinnes). Die empirische Einheit von der objektiven Einheit ,,unter gegebenen Bedingungen in concreto abgeleitet" 140, ,,jederzeit wandelbar" als empirische Apperzeption, innerer Sinn ,,nach den Bestimmungen unseres Zustandes bei der inneren Wahrnehmung" A 107. Dem empirischen Bewußtsein, der empirischen Einheit liegt die ,,reine Apperzeption" zugrunde A 116, vgl. A 115; daher gehört alles ,,mannigfaltige in einer sinnlichen Anschauung Gegebene" notwendig unter die ursprüngliche synthetische Einheit der Apperzeption 143. Synthetische objektive Einheit der Apperzeption ist ,,so gar nicht einerlei" mit dem inneren Sinn 154. Empirisches Bewußtsein A 117 Anm., vgl. A 123, 111 (Wahrnehmung).

7. Apperzeption und Zeit, Raum als synthetische Funktionen s. Zeit, Raum, vgl. 136 A, 160 A, 161 A, A 99, A 100, A 107, A 102, A 111.

8. Analytische und synthetische Einheit der Apperzeption, der Satz: ich denke. Die synthetische Einheit der Apperzeption ist die transzendentale, ursprüngliche Einheit als Möglichkeit, Ursprung für alle Erkenntnisse a priori, vgl. 132, als oberste Voraussetzung aller empirischen notwendigen Verknüpfung überhaupt 134 A. Die analytische Einheit der Apperzeption ist nur möglich durch die synthetische Einheit 133, ,,denn wo der Verstand vorher nichts verbunden hat, da kann er auch nichts auflösen . . ." 130. Das: ,,ich denke" ist 399 ,,ein Vehikel", das alle Vorstellungen begleitet, auch die transzendentalen 131, 132, vgl. 399. Das: ,,ich denke" als empirischer Satz 422 A, 423 A, 400; s. Analysis, analytisch, Begriff, Synthesis, synthetisch, Denken; vgl. 157 A.

9. Identität der Apperzeption. [Die Identität der Apperzeption selbst als ursprüngliche muß unterschieden werden von der Identität in den Vorstellungen des empirischen Bewußtseins, der schon abgeleiteten Identität]. ,,Synthetische Einheit des Mannigfaltigen der Anschauungen, als a priori gegeben, ist also der Grund der Identität der Apperzeption selbst, die a priori allem meinem bestimmten Denken vorher- geht" 134. Die reine Apperzeption = durchgängige Identität seiner selbst bei allen möglichen Vorstellungen" A 116; numerische Identität A 365, A 113; vgl. A 116; s. Identität.

10. Apperzeption und transzendentales Bewußtsein. „Alles em- pirische Bewußtsein hat . . . eine notwendige Beziehung auf ein transzendentales (vor aller besonderen Erfahrung vorher- gehendes) Bewußtsein, nämlich das Bewußtsein meiner selbst, als die ursprüngliche Apperzeption" A 117 Anm.; s. Bewußt- sein, Subjekt, Ich, transzendental.

11. Apperzeption und Notwendigkeit. „Aller Notwendigkeit [der Erkenntnisse] liegt jederzeit eine transzendentale Be- dingung zum Grunde" A 106. „Der Begriff . . ., der eine Notwendigkeit der synthetischen Einheit bei sich führt, kann nur ein reiner Verstandesbegriff sein . . ." 234; s. Not- wendigkeit, vgl. Pr. §§ 48 A, 5.

12. Apperzeption und das Ich. „Das stehende und bleibende Ich" der reinen Apperzeption A 123; aus der Einheit der Apperzeption kann nicht auf die einfache Natur einer denken- den Substanz (Seele, Ich) geschlossen werden 812; bloße Vorstellung: Ich = transzendentales Bewußtsein A 117 Anm.; vgl. A 107; s. Ich, Seele.

13. Apperzeption und Assoziation, Affinität s. letztere.

14. Apperzeption kein Ableitungsprinzip. [Die kritische, trans- zendentale Methode kennt kein höchstes Vernunftprinzip als Prinzip der unmittelbaren Ableitung der Erkenntnisfunk- tionen; das kritische Vernunftsystem ist ein System der wechselseitigen funktionalen Beziehung aller einzelnen er- kenntnistheoretischen Faktoren]; s. Ableitung.

Apprehendieren = in das empirische Bewußtsein aufnehmen 202; s. Apprehension.

Apprehension.

1. Apprehension in der 1. und 2. Auflage. Die Apprehension als sukzessive, bloß anschauliche, Zusammensetzung eines Mannigfaltigen (noch ohne notwendige Verknüpfung) ist in der 1. Auflage rein und empirisch A 99, 100. Die 2. Auflage kennt nur eine empirische Apprehension 160. An die Stelle der reinen Apprehension tritt hier die „sukzessive Synthesis der produktiven Einbildungskraft" vgl. 204.

2. Apprehension und die Synthesis a priori hinsichtlich Zeit und Raum. Die Vorstellungen des Raumes und der Zeit a priori können nur durch die „reine Synthesis der Apprehension" erzeugt werden A 99, A 100. 2. Auflage: 136 A, 161, 162, 161 A, 162 A, 206 (transz. Synthesis).

3. Apprehension (empirisch) und Zeitfolge. „Die Apprehension des Mannigfaltigen der Erscheinung ist jederzeit sukzessiv" 234, vgl. 225, 243, 162.

4. Apprehension und transzendentale Synthesis (Kategorie). Die empirische Apprehension muß „der Synthesis der Apperzeption, welche . . . a priori in der Kategorie enthalten ist, notwendig gemäß sein" 162 A, hängt von der transzendentalen Synthesis ab 164.

5. Apprehension und Einbildungskraft. Die „unmittelbar an den Wahrnehmungen ausgeübte Handlung" der Einbildungskraft heißt Apprehension A 120; s. Einbildungskraft.

6. Apprehension und Reproduktion „unzertrennlich verbunden" (A 102); s. Reproduktion.

7. Apprehension und empirisches Bewußtsein, Wahrnehmung. Durch die „Synthesis der Apprehension . . . Zusammensetzung des Mannigfaltigen in einer empirischen Anschauung" wird Wahrnehmung, d. i. „empirisches Bewußtsein derselben (als Erscheinung) möglich" 160, vgl. 162, 163, 207, 208, 209, 210.

8. Apprehension und Mathematik in ihrer Anwendung auf Erscheinungen. Was die Mathematik in reinem Gebrauche von der „Synthesis der Räume und Zeiten" beweist, das gilt notwendig auch von der Apprehension der Erscheinungen, da diese erst durch jene Synthesis a priori möglich wird 206, vgl. 207, 120, 271, A 128.

9. Apprehension und Substanzbegriff. Bei der empirischen Apprehension kann niemals bestimmt werden, ob das Mannigfaltige „zugleich sei oder nacheinander folge, wo an ihr [Erscheinung] nicht etwas zum Grunde liegt, was jederzeit ist, d. i. etwas B l e i b e n d e s und B e h a r r l i c h e s" 225; s. Substanz.

10. Apprehension und Gesetz der Kausalität. Bei der empirischen Apprehension wird das o b j e k t i v e Zeitverhältnis der einander folgenden Erscheinungen erst bestimmt durch den reinen Verstandesbegriff (Kategorie) „des Verhältnisses der Ursache und Wirkung" 234, vgl. 257, 219; s. Kausalität, Ursache, Wechselwirkung.

11. Apprehension und intensive Größe. Diejenige Größe, die nur als Einheit apprehendiert wird", heißt „intensive Größe" 210; s. intensiv, Antizipation, Grundsätze des reinen Verstandes.

A priori.

1. Zweierlei mögliches Verhältnis zwischen Gegenstand und Vorstellung: entweder macht der (dogmatisch, vorausgesetzte) Gegenstand die Vorstellung möglich oder die Vorstellung (a priori) macht den Gegenstand möglich, seiner logischen Form nach, nicht dem Dasein nach 124, 125, 126, 147, A 128, vgl. 299, 303; das letztere ist die kritische Auffassung; freilich kann der Verstand „a priori niemals mehr leisten", „als die Form einer möglichen Erfahrung überhaupt zu antizipieren" 303.

2. A priori kein psychologisches, sondern transzendentallogisches Prinzip. [Eine Erkenntnis a priori ist nicht psychologischen Ursprungs, wird nicht durch Analyse des Denkens im empirischen Subjekt gefunden, sondern durch Analyse der logischen Struktur des Gedachten (Wissenschaft); die Erkenntnisformen a priori liegen logisch, nicht zeitlich jedem Erkennen voraus, vgl. 1, 2]. Kant betont an vielen Stellen, „daß wir den Dingen a priori alle die Eigenschaften notwendig beilegen müssen, die die Bedingungen ausmachen, unter welchen wir sie allein denken" 405, vgl. XII, XIII, XIV, XVIII, XXIII, 165, 198, 241, A 125, A 126 ff.

3. Erkenntnis a priori nicht angeboren s. angeboren, Gelegenheitsursachen, vgl. 1, 118.

4. Merkmale der Apriorität; a priori und Spontaneität, reine Erkenntnisse. Erkenntnisse a priori sind solche, „die schlechterdings von aller Erfahrung unabhängig stattfinden" 3; sie sind „rein", wenn ihnen „gar nichts Empirisches beigemischt ist" 3, 34, vgl. 2. Merkmale reiner Erkenntnisse a priori: Notwendigkeit, strenge Allgemeinheit 3, 4, 5, vgl. 661, 851, A IX. [Apriorität und Spontaneität sind Wechselbegriffe; der Begriff der apriorischen Erkenntnis enthält schon den Begriff des spontanen Denkens in sich; die Ausdrücke: apriorisch, Apriorität finden sich in der Kritik Kants selbst nicht], s. rein, Spontaneität.

5. Synthetische Urteile a priori; analytische Urteile. S. Synthesis, synthetisch, Urteil, Mathematik, Grundsätze des reinen

Verstandes; die analytischen Urteile werden auch „Erkenntnisse a priori" genannt, „wenngleich ihre Begriffe empirisch sind" Pr. § 2.

6. A priori und Empfindung, empirischer Inhalt. An allen Erscheinungen ist etwas, „was niemals a priori erkannt wird, und welches daher auch den eigentlichen Unterschied des empirischen von dem Erkenntnis a priori ausmacht, nämlich die Empfindung (als Materie der Wahrnehmung) . . ." 208, 209, vgl. 34, 218; die Vorstellungen a priori bringen den Gegenstand nicht „dem Dasein nach" 125, nicht den empirischen Inhalt hervor, sondern nur die logische Form der Erfahrung, vgl. 299, 126, A 127, A 128. A priori und a posteriori als Verhältnis des Allgemeinen zum Besonderen s. Schematismus; s. a posteriori, Empfindung, Materie, Wahrnehmung.

7. A priori des Verstandes als „Gesetzgebung für die Natur". S. Natur, Verstand, vgl. 165, 198, 263, 159, A 125, A 126, A 127, Pr. §§ 36, 38.

8. Unmöglichkeit eines Beweises gegen die Möglichkeit synthetischer Erkenntnisse a priori (790, 791).

9. A priori und Moralbegriffe. „Die obersten Grundsätze der Moralität und die Grundbegriffe derselben" sind ebenfalls „Erkenntnisse a priori" 28, vgl. 835, 834, 869; s. Moral.

10. A priori und Idee. Ideen gehören zu den „Erkenntnisquellen a priori" 730; s. Idee.

11. A priori und Grenzen der Erkenntnis. Alle Erkenntnisse a priori, Zeit, Raum, Kategorien, Ideen gelten — als Erkenntnisse — nur für „das Feld möglicher Erfahrung" 730, vgl. Pr. § 59; s. Erfahrung, Erkenntnis, Verstand, Vernunft, Zeit, Raum, Kategorie, Idee.

Arbitrium = Willkür; arbitrium brutum, liberum, tierische, freie Willkür 562, 830; s. Charakter, Freiheit, Moral, Wille, Willkür, Sittlichkeit.

Archetypus (Archetypon).
Intellectus archetypus = göttlicher, a n s c h a u e n d e r Verstand, durch dessen Selbstbewußtsein zugleich auch alle Gegenstände selbst gegeben würden 723, 145, 68, 72, 135, 138, 139, 159; s. ectypus, Verstand, Anschauung, intellektuell.

Architektonik der reinen Vernunft = „Kunst des Systems" 860, „Lehre des Scientifischen" [Wissenschaftlichen] 860, der systematischen Einheit eines Ganzen einer Erkenntnis;

Idee eines Ganzen 860; architektonische Einheit eines wissen-
schaftlichen Systems 861; Gesetzgebung der menschlichen
Vernunft: Naturgesetz, Sittengesetz (Freiheit) 868; reine, em-,
pirische Philosophie 868; Einteilung der Philosophie, Metaphysik 868 ff.; Ontologie, Physiologie, Kosmologie, Theologie
873, 874; empirische Psychologie 876, 877.

Architektonisch.
,,Die menschliche Vernunft ist ihrer Natur nach architektonisch, d. i. sie betrachtet alle Erkenntnisse als gehörig zu
einem möglichen System . . .'' 502.

Aristoteles VIII, 107, 324, 882, Pr. § 39 Anm.; (Kategorien).

Arithmetik, arithmetisch.
[Raum und Zeit, als synthetische Funktionen, sind die logischen Grundlagen der Arithmetik und Geometrie; mathematische Synthesis ist reine Synthesis a priori des Mannigfaltigen a priori des Raumes und der Zeit; mathematische
Synthesis = Synthesis der produktiven Einbildungskraft].
.,Geometrie legt die reine Anschauung des Raumes zum Grunde.
Arithmetik bringt selbst ihre Zahlbegriffe durch sukzessive
Hinzusetzung der Einheiten in der Zeit zustande . . .'' Pr.
§ 10, vgl. § 2. ,,Mathematische Urteile sind insgesamt synthetisch'' Pr. § 2, Kritik 205, vgl. 14, 15, 16. Algebra als
,,charakteristische Konstruktion'' 762; Buchstabenrechnung
als ,,symbolische Konstruktion'' 745.

Art, Arten 682, 683, 684, 679, 680, 685, 686, 687; s. Gattung.
Articulatio = Gliederung, Gliederbau 90, 861, 862.
Assertion, assertorisch.
Assertion = Behauptung im Schlußsatz 361, vgl. 378;
assertorisches Urteil ein solches, in welchem das Bejahen
oder Verneinen ,,als wirklich (wahr) betrachtet wird'' 100;
s. Urteil.

Assistenz.
Lehre von der übernatürlichen Assistenz A 389, 390, 391;
Kritik Kants an den Lehren des physischen Einflusses, der
vorherbestimmten Harmonie, der übernatürlichen Assistenz
A 390 ff.

Assoziation.
[Gegenüber der sensualistischen Psychologie (Locke, Hume:
bloß empirische Verknüpfung von Wahrnehm. — Inhalten, wo-

bei die Möglichkeit, Grundlage usw. nicht weiter geprüft wird) verlangt Kant eine „durchgängige Gesetzlichkeit" des Bewußtseins, einen notwendigen Zusammenhang aller Erscheinungen = Vorstellungen nach Gesetzen a priori der Verknüpfung]. Assoziation als empirischer psychologischer Denkvorgang ist nur zufällig vgl. 792, 793, 794, also unbestimmt, enthält keine objektive Verbindung 794, hat nur „subjektive Gültigkeit" 142; s. Erörterung der drei Synthesen der Apprehension, Reproduktion, Rekognition A 99ff., vgl. A X; objektiver Grund der Assoziation ist die Affinität (s. diese) der Vorstellungen A 121, A 122ff, vgl. A 112, A 113; s. Affinität, Apprehension, Reproduktion, Rekognition, Einbildungskraft, Gegenstand, Synthesis.

Astrologie s. Pr. III. Teil: Wie ist Metaphysik als Wissenschaft möglich? (Die „wahrsagende Astrologie").

Astronomie 313, 603 A, 690, 691, Pr. § 38, III. Teil: „Wie ist Metaphysik ...?"

Asymptotisch = annähernd, 691, 729, 730.

Atheismus XXXIV, 769, vgl. 668.

Atomistik, Atomus 470.

Aufgabe, aufgegeben.

1. Fragen der reinen Vernunft sind keine unlösbaren Aufgaben Pr. § 56.

2. „Eigentliche Aufgabe der reinen Vernunft": „Wie sind synthetische Urteile a priori möglich?" 19.

3. Noumenon als Aufgabe 344, Pr. § 34, vgl. §§ 41, 56.

4. Idee als Aufgabe 380, 7, aufgegeben 697, 536, 526, 527; Regel der Fortsetzung 544; s. Frage, Transzendental-Philosophie.

Aufmerksamkeit.

Erläuterung der Selbstaffektion durch Hinweis auf den Akt der Aufmerksamkeit 156 A, 157 A.

Ausdehnung.

1. Ausdehnung und Synthesis, Anschauung, Geometrie, extensive Größe. Ausdehnung, als Begriff räumlicher Größe überhaupt, ist das „Bewußtsein des mannigfaltigen Gleichartigen in der Anschauung überhaupt, sofern dadurch die Vorstellung eines Objekts zuerst möglich wird ..." 203; dieser Begriff einer Größe (quanti) ist der Begriff der extensiven Größe 203, die zustande kommt „durch die Synthesis, wodurch die Vorstellungen eines bestimmten Raumes oder Zeit erzeugt werden" 202; gegenständliche Wahrnehmung ist nur durch dieselbe Einheit der Synthesis des Mannigfaltigen der sinnlichen Anschauung möglich, als „wodurch die Einheit der Zusammensetzung des mannigfaltigen Gleichartigen im Begriffe einer Größe gedacht wird" 203; Ausdehnung, Gestalt gehören zur reinen Anschauung 35; Geometrie als „Mathematik der Ausdehnung" 204.

2. Ausdehnung und Materie, Erscheinung 340, 646, 876, Pr. § 13 A 1.

3. Ausdehnung und Kontinuität. Kontinuität ist eine Qualität der Ausdehnung 743.

4. Ausdehnung und Wirklichkeit. Ausdehnung ist keine „auch ohne unsere Sinnlichkeit subsistierende Eigenschaft äußerer Dinge" A 384.

5. Ausgedehntes und seine Teilung 555 s. Teil, Teilung.

Ausführlichkeit macht das „Wesentliche einer Definition" aus 760, bedeutet die „Klarheit und Zulänglichkeit der Merkmale" eines Begriffes 755 A.

Äußere Anschauung, Erfahrung, Gegenstände, Äußeres und Inneres, äußere Wirklichkeit.

1. Äußere und innere Erfahrung. Nur vermittelst der äußeren Erfahrung ist innere Erfahrung möglich 276, 277, vgl. 275, 278, 279.

2. Äußere und innere Anschauung s. Anschauung.

3. Äußerer und innerer Gegenstand 333, A 367, A 368, A 370, A 374, A 373, A 375, 333.

4. Äußeres und Inneres als Reflexionsbegriffe 321, 322, 333, 334; Kritik an Leibniz 323, 330.

5. Kriterium gegen den „falschen Schein" (Betrug der Sinne) A 376, 377; s. Schein, Urteil, Sinn, Sinnlichkeit, Wirklichkeit.

Außerweltlich, außerhalb der Welt.

Weltschöpfer, höchstes Wesen, Prinzip, Absolutnotwendiges als außerhalb der Welt, von der Welt Unterschiedenes, ens extramundanum 589, 112, 645, 651, 723, 724, 725, vgl. 479, 669.

Axiom.

Axiome „sollen synthetische Sätze a priori sein" 205, sind intuitive, nicht diskursive Grundsätze 761; nur die Mathematik hat Axiome, die Philosophie nicht 760, 761; „Axiome der Anschauung" 202 ff. s. Grundsätze des reinen Verstandes.

B

Bathos
(Ebene, Niederung, Tiefland). „Mein Platz ist das fruchtbare
Bathos der Erfahrung" (Pr. Anhang: Probe eines Urteils usw. A).
Bedingung, bedingt.
[In der reinen Erkenntnislehre handelt es sich stets nur um
logische Bedingungen; erkennen heißt: ein Mannigfaltiges
unter Bedingungen der Erkenntnis stellen und begreifen].
*1. Begriff der Bedingung hinsichtlich Zeit, Raum, Kategorien,
Grundsätze, Gegenstand, Erfahrung.* Zeit, Raum als Bedingungen der Erfahrung: 42, 49, 50, 51, 66, 122, 121, 148,
511, Pr. § 11; Zeit als Bedingung der Reihen 438, 439; Bedingung in der Synthesis der Teile des Raumes 439, 440;
Kategorien als Bedingungen der Erfahrung: 197, 143, 171,
174, 230, A 111; Anschauung und Begriff als Bedingungen:
125; Grundsätze, synthetische Erkenntnis a priori als Bedingungen aller Urteile überhaupt: Pr. § 23, Gegenstand als
bedingt: 197, 490; Bedingungen der „Möglichkeit" der Erfahrung, materiale Bedingungen (Wirklichkeit): 197, A 111,
265, 196.
2. Bedingung realer Verhältnisse überhaupt ist der Verstandesbegriff (Kategorie) der Substanz 230; s. Substanz.
3. Schematismus, Urteilskraft. Sinnliche Bedingung für den
Gebrauch der reinen Verstandesbegriffe 175; Schema als Bedingung 304; „allgemeine Bedingungen" für die Urteilskraft
187.
4. a) Bedingung beim Vernunftschluß s. Vernunftschluß.
  b) Bedingung und Vernunftbegriff (Unbedingtes, Totalität).
Unbedingtes: 436, 443, 444, 511, 526; Totalität der Bedingungen: 436, 443, 444; aufsteigende, absteigende Reihe der
Bedingungen 394, 436, 437, 438; Freiheit: 447, 585.
5. Bedingung aller Einheit und doch selbst unbedingt ist das
„Selbstbewußtsein überhaupt" A 401.
6. Innere Bedingungen der Materie: 440; s. Materie.
7. Bedingung und Zufall s. Zufall, empirisch, Wirklichkeit.
8. Hypostasierung der Bedingung des Denkens: A 396, A 397,
A 350.

9. *Bedingung und Ich-Begriff:* A 397, A 398.

10. *Vernunft als Bedingung menschlicher Handlungen:* 581; s. Charakter, Freiheit, Idee.

Begreiflichkeit, Unbegreiflichkeit hinsichtlich der Gegenstände der Natur und der Vernunft 505, 641, Pr. § 56 Anm.; s. Frage.

Begriff.

1. Allgemeines. Begriffe sind entweder rein oder empirisch 3, 74; reine Begriffe sind a priori möglich, empirische nur a posteriori, durch Erfahrung 75; ,,es gibt . . . außer der Anschauung, keine andere Art, zu erkennen, als durch Begriffe'' 93; durch Anschauung wird ein Gegenstand gegeben (das Mannigfaltige), durch den Begriff gedacht 125. Begriffe gründen sich ,,auf der Spontaneität des Denkens'' 93; ein Begriff muß ,,dasjenige enthalten, was in dem darunter zu subsumierenden Gegenstande vorgestellt wird'' 176.

2. Begriff und Funktion. ,,Alle Anschauungen, als sinnlich, beruhen auf Affektionen, Begriffe aber auf Funktionen'' 93.

3. Begriff und Urteil. Von den Begriffen kann der Verstand ,,keinen anderen Gebrauch machen, als daß er dadurch urteilt'' 93, 94, A 106, [auch kategoriale Bestimmung ist ein Urteil, s. Urteil, denken]; [die empirischen Begriffe gründen sich der logischen Form nach auf synthetische Urteile a priori].

4. Begriffsbildung im kritischen Sinne. [Der wissenschaftliche Begriff ist ein Gefüge von Beziehungen, konstruktive Synthese nach einer konstanten universellen Regel; er hat Funktions-Charakter und bedeutet eine gesetzmäßige Form der Zuordnung, eine Methode und keine starre Einheit durch Verbindung gemeinsamer Merkmale der Ähnlichkeit, wie in der traditionellen Logik. Der wissenschaftliche Begriff berücksichtigt auch gerade Unterschiede nach einem Leitprinzip in abstufender Relation; er hat Bedeutungsgehalt, nicht bildhaften Vorstellungsgehalt; den sinnlichen Qualitäten werden Zahlenwerte zugeordnet.]

5. Begriff und Raum, Zeit. Raum und Zeit sind keine (diskursiven) Begriffe, sondern reine Anschauungen 39, 47, vgl. 50, 136 A.

6. Begriff und Anschauung, Gegenstand. Begriff als ,,Regel der Anschauungen'' A 106; Begriff geht nicht unmittelbar auf einen Gegenstand, sondern ,,auf irgendeine andere Vor-

stellung von demselben (sie sei Anschauung oder selbst schon
Begriff" 93; vgl. 684; ,,Gedanken ohne Inhalt sind leer, Anschauungen ohne Begriffe sind blind" 75, vgl. 345, 346.
7. Begriff und Einbildungskraft, Bild: 179, 180, vgl. 120; s.
Schematismus, Bild.
*8. Unterschied zwischen analytischem und synthetischem Be-
griff — Ursprung:* 104; s. analytisch, synthetisch.
9. Spezifische Natur des Verstandes: ,,alles diskursiv, d. i.
durch Begriffe, mithin auch durch lauter Prädikate zu denken . . ." Pr. § 46, vgl. 684.
10. Möglichkeit, Unmöglichkeit eines Begriffes: 302, 624 A,
XXVI A, Pr. § 52 b; s. Möglichkeit.
11. Begriff und Dasein, Existenz, synthetische Erkenntnis: 272,
64, 629; s. Dasein, Existenz.
12. Begriff, Ding und Bestimmung, Bestimmbarkeit: 599, 600,
601; s. Bestimmung.
13. Definition eines Begriffs = ,,Kriterium der Möglichkeit
eines Begriffs (nicht des Objekts desselben) 115; s. Definition.
14. Begriffs-Horizont und Artbegriff: 682 ff., s. Art, Gattung.
15. Reflexionsbegriff: 316 ff.; s. Amphibolie der Reflexionsbegriffe.
16. Unterschied der Begriffe in Mathematik und Philosophie
s. Mathematik.
17. Qualitative Einheit eines Begriffs: 114.
18. Qualitative Vollkommenheit, Vollständigkeit eines Begriffs:
114.
19. Objektive Perzeption ist Erkenntnis (cognitio); diese ist
entweder Anschauung oder Begriff (intuitus vel conceptus)
376, 377.
20. Folgebegriff s. diesen und Prädikabilien.
21. Idee als ,,Urbegriff": 601.
22. Weltbegriff, Naturbegriff s. diese.
Beharrlich, Beharrlichkeit.
1. Beharrlichkeit und Substanzbegriff: 224, 229, 232, 300, Pr.
§§ 15, 47; s. Substanz, Grundsätze des reinen Verstandes.
2. Beharrlichkeit und Zeit, Zeitbestimmung: modi, Dauer, Einheit der Zeit 219, 226, 229; Zeitbestimmung 226, 275, 277,
278.
3. Beharrlichkeit und Materie, Gegenstand: 232, 278, 341, 553,
554.

4. Beharrlichkeit und Begriff der Seele: 278, 415, Pr. §§ 47, 48; s. Seele, Ich, Paralogismen.

5. Widerlegung des Mendelssohnschen Beweises der Beharrlichkeit der Seele 413 ff.

Behaupten.

„Ich kann nichts be haupten, d. i. als ein für jedermann notwendig gültiges Urteil aussprechen, als was Überzeugung wirkt." 849, 850; Ideen als „vernünftelnde Behauptungen" 490; s. Überzeugung, meinen, wissen, glauben, fürwahrhalten, Überredung.

Beispiele.

Beispiele   schärfen die Urteilskraft 173; sind der „Gängelwagen der Urteilskraft" 174; erfüllen „nur selten die Bedingung der Regel" 173; über ursprünglich beabsichtigte Beispiele in der Kritik A XII.

Bejahung.

1. Bejahendes Urteil gehört zu den Urteilen der Qualität (bejahende, verneinende, unendliche Urteile) 95, Pr. § 21; unendliche Urteile im Verhältnis zu den bejahenden 97, 98.

2. Bejahung und Verneinung. „Nun kann sich niemand eine Verneinung bestimmt denken, ohne daß er die entgegengesetzte Bejahung zum Grunde liegen habe" 603; s. Negation.

3. Realität und bejahendes Urteil; Realität als bloße Bejahung. Realität ist diejenige kategoriale Bestimmung, „die nur durch ein bejahend Urteil gedacht werden kann" A 246; „Realitäten (als bloße Bejahungen)" widerstreiten einander logisch niemals 328.

4. Transzendentale Bejahung ist „ein Etwas, dessen Begriff an sich selbst schon ein Sein ausdrückt und daher Realität (Sachheit) genannt wird" 602, vgl. 182.

Beobachtung.

„Ins Innere der Natur dringt Beobachtung und Zergliederung der Erscheinungen . . ." usw. 334; vgl. 578 (Charakter).

Berkeley 71, 274, Pr. § 13 A III.

Besondere, das s. allgemein, Allgemeinheit.

Bestimmbar, bestimmen, Bestimmung.

1. Das Bestimmbare und das Bestimmende; Materie und Form; Substanzbegriff. [Erkenntnis bedeutet die Beziehung eines Bestimmbaren, zu Bestimmenden auf ein Bestimmendes, eine bestimmende Form des Denkens; das Bestimmende ist das

Denken; bestimmen = bloße Form der Erkenntnis 427].
Das Bestimmbare und das Bestimmende überhaupt (Bestimmung), im transzendentalen Verstande 322, d. i. Materie und Form sind „zwei Begriffe, welche aller anderen Reflexion zum Grunde gelegt werden" 322. [Bestimmbares: „Materie" und Bestimmendes: „Form" sind Wechselbegriffe; s. Materie, Form]; bloßes Denken bestimmt kein Objekt ohne gegebene Anschauung als zu Bestimmendes 406, vgl. XXVI A, 146; zu den Verhältnissen, in welchen gegebene Begriffe zu einander stehen können, gehört auch das Verhältnis „des Bestimmbaren und der Bestimmung (Materie und Form)" 317, vgl. 322f.; Beharrlichkeit (Substanzbegriff) ist „eine notwendige Bedingung, unter welcher allein Erscheinungen . . . bestimmbar sind" 232; Substanz als „Bedingung" aller Verhältnisse 230.

2. *Bestimmung und Verstand, Apperzeption, Einbildungskraft, Begriff, Urteil.* [Das reine Denken = Bewußtsein überhaupt = transz. Apperzeption ist nicht selbst das Bestimmende, sondern der Ursprung alles bestimmenden (synthetischen) Denkens und muß erst zum bestimmenden Denken durch ein zu Bestimmendes „eingeschränkt" werden]; der Gegenstand ist es, der die Einheit des Denkens „notwendig macht" A 105, vgl. A 104, A 368; das Denken (Verstand) wird durch den inneren Sinn eingeschränkt und erst dadurch bestimmend 179, 185, 186, 159, A 250; andererseits bestimmt der Verstand den inneren Sinn 68, 150, 152, 153, 155; der Verstand (Kategorie) allein bestimmt ohne Anschauung kein Objekt 158, 304, A 245); Bestimmung als Spontaneität 151, 158 A); Verstand bestimmend, Sinn bloß bestimmbar 151, 152; Wahrnehmung ist „Bestimmung der Apperzeption" A 368; Grundsatz der Bestimmbarkeit eines Begriffs 599, 600 vgl. 190, 191. [Bestimmen heißt: synthetisch urteilen und erfordert reine oder empirische Anschauung].

3. *Bestimmungen als Prädikate, Zustände, Akzidenzen; Bestimmungen des inneren Sinnes, Gemüts* 37, 50, 58, 156, 225, 288, A 362, A 381.

4. *Bestimmung des inneren Sinnes durch den Verstand (transz. Einbildungskraft)* 68, 150, 152, 153, 155, 156, 181 s. synthesis speciosa, Verstand, Einbildungskraft, innerer Sinn.

5. *Bestimmungen im Sinne von Verhältnissen, Relationen;*

Zeit, Raum. Innere Bestimmungen einer substantia phaenomenon 321; Bestimmung der reinen Anschauung 147; Bestimmung des Raumes Pr. § 38; s. Zeit, Raum, Mathematik,
Geometrie.

*6. Subjektiv und objektiv bestimmende Gründe (menschliche
Handlungen)* Pr. § 53; s. Charakter, Freiheit, Kausalität.

7. Bestimmendes und bestimmbares Selbst 157 A, 158 A, A 402.

*8. Grundsatz der Bestimmbarkeit 599, der durchgängigen Be-
stimmung* 599, 600, 606.

9. Bestimmung des Menschen 421, 868.

10. Bestimmung und Idee, Ideal 596, 691, 693, 708.

11. Selbstbestimmung, Bestimmung des Willens s. Freiheit,
Idee, Vernunft, Charakter, Sollen, Imperativ; vgl. 830, 831,
562, Pr. § 53.

Bewegung.

1. Bewegung eines Objekts im Raume kein reiner Begriff 58,
155 A.

2. Bewegung und Zeit, Raum. Im Raum an sich „nichts Bewegliches" 58, vgl. Pr. § 38; Begriff der Bewegung „nur durch
und in der Zeitvorstellung möglich" 48, 49, vgl. Pr. § 10
(Mechanik); Zeitbestimmung und Bewegung 277, 278.

3. Bewegung und Geometrie 154, 155, 155 A („Beschreibung
eines Raumes").

4. Bewegung und Veränderung. Bewegung eines Punktes 292,
vgl. 252; Veränderung der Örter 67, 48.

5. Reale Bewegung durch Erfahrung erst erkennbar 155 A,
vgl. 154, 155; Akzidens der Materie 230.

6. Bewegung und Materie 230, 321.

*7. Bewegung und Wirklichkeit, Bewegung als bloße Vorstellung,
ein Begriff von Verhältnissen.* Bewegung bedeutet nichts
Wirkliches, wenn man von der Sinnlichkeit absieht A 384,
A 385, A 387; die Anschauung enthält „nichts als bloße Verhältnisse" 66, 67.

8. Bewegung und Ursache (Substrat) A 387.

9. Bewegung und Sukzession 154, 155.

Beweis.

1. Dogmatische Beweisführung richtet sich gegen einen Satz
selbst, die kritische gegen die Beweisgrundlagen des Satzes
(dogmatische, skeptische, kritische Einwürfe) A 388, vgl. 263
dogmatisch beweisen: aus bloßen Begriffen; vgl. 264, 424.

2. Beweise in der Mathematik müssen „an dem Faden der reinen Anschauung, und zwar durch jederzeit evidente Synthesis fortgehen" 452; vgl. 287; s. Mathematik, Definition, Demonstration.

3. Beweismethodik hinsichtlich transzendentaler und synthetischer Sätze. Solche Beweise dürfen sich nicht geradezu auf den Gegenstand beziehen, sondern müssen „zuvor die objektive Gültigkeit der Begriffe und die Möglichkeit der Synthesis derselben a priori dartun" 810; der Beweisgrund darf nur „die Bedingungen möglicher Erfahrung enthalten, sofern sie Gesetzen a priori unterworfen ist". Pr. § 26; vgl. 187, 194, 765, 811, 813, 814, 815, 816, 817, 820, 821.

4. Beweisführung der analytischen Methode bedeutet, „daß man von dem, was gesucht wird, als ob es gegeben sei, ausgeht und zu den Bedingungen aufsteigt, unter denen es allein möglich". Pr. § 5 Anm.

5. Apagogischer und ostensiver Beweis s. apagogisch, ostensiv; vgl. 817 f.

6. Beweismöglichkeit bei einander widersprechenden und bei erdichteten synthetischen usw. Sätzen 271, 272, 449, 625, 626, 628, 629, 666, 667, 669, 769, 770, 799, 804, 824, Pr. §§ 52, 52 b, § 42.

7. Akroamatischer Beweis: „Durch lauter Worte", diskursiv (durch Begriffe, nicht mathematische Konstruktion) 763.

8. Beweise für das Dasein Gottes, Unsterblichkeit. Gott 611 ff., vgl. 669; Unsterblichkeit 769, 770; s. Gott, Kosmologie, Unsterblichkeit.

9. Beweise hinsichtlich der Freiheit. Praktische Freiheit 830, 831, 586; transzendentale Idee der Freiheit 585, 586, 831.

10. Beweise bei der Antinomie der reinen Vernunft s. Antinomie.

11. Beweis hinsichtlich des Zwecks einer Natureinrichtung 716.

Bewußtsein.

I. Bewußtsein überhaupt, transzendentales Bewußtsein, transzendentale Apperzeption.

1. Begriff des Bewußtseins überhaupt. [Nicht: psychologisches Vermögen des empirischen Einzelsubjekts, psychische Tätigkeit, empirisches Bewußtsein, Gattungsvernunft der Menschheit, sondern: Inbegriff der notwendigen, allgemeinen Bedingungen aller objektiven Erkenntnis, rein ideelle Funktion als Geltungsprinzip, Ursprungseinheit für alle Methoden des

Verstandes, der Vernunft, aller Formen der Anschauung, des Denkens]. Das Selbstbewußtsein überhaupt ist „die Vorstellung desjenigen, was die Bedingung aller Einheit und doch selbst unbedingt ist" A 401.

2. Bewußtsein überhaupt und empirisches Bewußtsein, Erkenntnis; oberstes Erfahrungsprinzip. Zur Allgemeingültigkeit eines Urteils muß das empirische Bewußtsein „in einem Bewußtsein überhaupt verknüpft" werden Pr. § 20, vgl. Kr. 141; „der synthetische Satz, daß alles verschiedene empirische Bewußtsein in einem einigen Selbstbewußtsein verbunden sein müsse, ist der schlechthin erste und synthetische Grundsatz unseres Denkens überhaupt" A 117 Anm.; alles Bewußtsein gehört „zu einer allbefassenden, reinen Apperzeption" A 123 = Bewußtsein überhaupt = transz. Bewußtsein; „die objektive Einheit alles (empirischen) Bewußtseins in einem Bewußtsein (der ursprünglichen Apperzeption) ist ... die notwendige Bedingung sogar aller möglichen Wahrnehmung ..." A 123; das „reine ursprüngliche unwandelbare Bewußtsein" geht „allen Datis der Anschauungen" vorher A 107; objektive und subjektive Einheit des Bewußtseins 139, 140; Bewußtsein überhaupt als oberstes Erfahrungsprinzip, Prinzip allgemeingültiger Urteile s. Pr. §§ 20, 22, § 29; s. Apperzeption.

3. Bewußtsein überhaupt und Zeit, Raum, Kategorien, apriorische Synthesis, Einheit des Bewußtseins. Zeit, Raum A 107, s. Zeit, Raum, a priori, Apperzeption, Synthesis; „die Einheit des Bewußtseins, welche den Kategorien zum Grunde liegt", ist „Einheit im Denken" 421, 422; s. Kategorie.

4. Bewußtsein überhaupt (Apperzeption) und das Ich s. Ich, Seele.

5. Bewußtsein überhaupt als unbedingt A 401, s. Vernunft, Freiheit.

II. Empirisches Bewußtsein.

1. Empirisches Bewußtsein, als allgemeingültiges Erfahren, durch Bewußtsein überhaupt (Apperzeption) allein möglich. Alles empirische Bewußtsein in notwendiger Beziehung „auf ein transzendentales (vor aller besonderen Erfahrung vorhergehendes) Bewußtsein ... als die ursprüngliche Apperzeption" A 117 Anm.; Einheit des Bewußtseins macht allein objektive Gültigkeit der Beziehung der Vorstellungen auf einen Gegenstand aus 137; vgl. Pr. §§ 20, 22, 29, Bestimmung des inneren

Sinnes erforderlich 150, 153, 155, Notwendigkeit der Beziehung bloßer Anschauung, Wahrnehmung auf ein objektivierendes Bewußtsein (Apperzeption) 139, 140, 143, 160, 161, 226, 234, 257, 420, A 99, A 103, A 107, A 120, A 123.
2. Empirisches Bewußtsein und innerer Sinn. [In der 1. Auflage wird der innere Sinn dem empirischen Bewußtsein gleichgestellt. Innerer Sinn = empirische Apperzeption A 107; in der 2. Auflage ist die empirische Apperzeption 140 die „subjektive Einheit des Bewußtseins" in Bestimmung des inneren Sinnes" 139, vgl. 150, 153, 155, durch die transz. Synthesis der Einbildungskraft (Verstand, 153, 154).]
3. Identität des Bewußtseins. Nur durch die Identität des Bewußtseins sind die Vorstellungen „meine Vorstellungen", sonst würde ich „ein so vielfarbiges verschiedenes Selbst haben, als ich Vorstellungen habe" 134, vgl. 133, 135; Identität des Bewußtseins als „formale Bedingung meiner Gedanken und ihres Zusammenhangs" A 363; s. Identität.
4. Bewußtsein seiner selbst noch keine Selbsterkenntnis 157, 158, 428, 429, 430; s. Erkenntnis, Ich.
5. Innere Erfahrung nur durch äußere Erfahrung möglich, s. „Widerlegung des Idealismus" 274 ff.
6. Bewußtsein und intensive Größe, Grad 414, vgl. Pr. § 24.
7. Zeugnis des Selbstbewußtseins für die Wirklichkeit meiner selbst und der äußeren Gegenstände s. Dasein.

Beziehung, beziehen [ist die allgemeine Grundfunktion alles Denkens und Anschauens überhaupt; auf diesen beziehentlichen Charakter deuten die kritischen Termini: Synthesis, Verbindung, Vereinigung, Verknüpfung. In der notwendigen Wechselbeziehung aller besonderen Funktionen beruht die Einheit des Denkens, des Bewußtseins überhaupt].
1. Beziehung und Apperzeption, Kategorie, Sinnlichkeit, empirisches Bewußtsein. „Die Einheit der Apperzeption in Beziehung auf die Synthesis der Einbildungskraft ist der Verstand . . ." A 119; Möglichkeit und Notwendigkeit der Kategorien „beruht auf der Beziehung, welche die gesamte Sinnlichkeit, und mit ihr auch alle möglichen Erscheinungen auf die ursprüngliche Apperzeption haben . . ." A 111; notwendige Beziehung der „Vorstellungen der Sinnlichkeit auf ein Bewußtsein" Pr. § 36; „alle Vorstellungen haben eine notwendige Beziehung auf ein mögliches empirisches Bewußt-

sein ...", das seinerseits eine „notwendige Beziehung auf ein transzendentales Bewußtsein ..." hat A 117 Anm.; die Apperzeption ist „Vorstellung desjenigen, worauf alles Denken in Beziehung ... steht" Pr. § 46 A; Denken ist soviel als „Vorstellungen auf Urteile überhaupt beziehen" Pr. § 22.

2. Beziehung der Kategorien auf mögliche Erfahrung s. Kategorie, Erfahrung; vgl. 126, 127, 185, 187, 194—197, 146, 342.

3. Beziehung der Vorstellung auf einen Gegenstand s. Gegenstand, Vorstellung; vgl. 63, 137, 195, 242, 243.

4. ·Bei der Freiheit ist „eine Beziehung auf eine ganz andere Art von Bedingungen [als Naturkausalität] möglich" 585; vgl. Pr. § 53.

Bild.

1. Schema und Bild eines „sinnlichen Begriffes" 179, 180, 181, 182, vgl. A 120.

2. Bild und Einbildungskraft in der Wahrnehmung A 120, A 121.

3. „Das reine Bild aller Größen (quantorum) vor dem äußeren Sinne ist der Raum; aller Gegenstände der Sinne aber überhaupt, die Zeit" 182.

4. Urbild aller Vernunft, Ideal, Prototypon, 606, 700, 701.

5. Ideal der Sinnlichkeit als Urbild s. Ideal; vgl. 598, 599.

Buchstabenrechnung eine „symbolische Konstruktion" 745; s. Algebra, Arithmetik, Konstruktion.

Buchstabieren.

Die reinen Verstandesbegriffe (Kategorien) „dienen gleichsam nur, Erscheinungen zu buchstabieren, um sie als Erfahrung lesen zu können" Pr. § 30, vgl. Kritik 370, 371.

Bürger einer „besseren Welt" 425, 426.

C

[Unter C fehlende Termini s. unter K.]

Cartesius s. Descartes.

Casus.

„In mundo non datur casus" 280; vgl. 281, 282, s. Zufall.

Causa.

Das handelnde menschliche Subjekt als causa phaenomenon 573; s. Freiheit, Kausalität, intelligibel, Charakter, Noumenon.

Charakter.

1. Der empirische und der intelligible Charakter des mensch-
lichen Subjekts. Der Mensch, das ,,Subjekt der Sinnenwelt'',
hat einen empirischen und einen intelligiblen Charakter 567;
hinsichtlich des empirischen Charakters stehen die Handlungen
des Menschen, als Erscheinungen in der Sinnenwelt, mit anderen Erscheinungen durchaus nach empirischen Naturgesetzen
im Zusammenhang. Erscheinungen haben aber keine ,,ab-
solute Realität'' 564, sind nur Vorstellungen. ,,Denn sind
Erscheinungen Dinge an sich selbst, so ist Freiheit nicht zu
retten'' 564; da aber Erscheinungen bloße Vorstellungen
sind, so müssen sie noch Gründe haben, die selbst nicht Erscheinungen sind (s. Erscheinung, Ding an sich, Substrat).
Solche Gründe können intelligible Ursachen heißen 565; daher wird auch der empirische menschliche Charakter, als
Erscheinung, einen intelligiblen Grund haben, einen intelligiblen Charakter, der als wenigstens d e n k b a r 568, vgl. XXIX
eingeräumt werden muß. Durch diesen intelligiblen Charakter
ist der Mensch zwar die Ursache seiner Handlungen, als Erscheinungen; aber der intelligible Charakter selbst ist nicht
Erscheinung, untersteht keiner sinnlichen Bedingung, auch
nicht der Zeit 579, 581, 584, vgl. 561, 565; freilich kann der
intelligible Charakter niemals unmittelbar erkannt werden;
er muß aber doch als dem empirischen Charakter gemäß 568
gedacht werden, der seinerseits nur die Erscheinung des intelligiblen Charakters ist 569, 580, vgl. 572, 574, 576, 577,
579. Der Mensch, seinem empirischen Charakter nach sinnlichen, empirischen Antrieben unterworfen, muß seinem intelligiblen Charakter nach als f r e i b e t r a c h t e t werden 569;
der Mensch kann nach seinem intelligiblen Charakter Handlungen von selbst (ohne empirische Antriebe) anfangen, ohne
daß die Handlungen im (zeitlosen) intelligiblen Charakter
von selbst anfangen 569; bei derselben Handlung können
somit Naturkausalität und Freiheit als gültig 569 bestehen
bleiben, je nachdem man die Handlung auf den empirischen
oder auf den intelligiblen Charakter b e z i e h t, ,,mit ihrer
intelligiblen oder sensiblen Ursache vergleicht'' 569; diese
Bezugnahme aber berührt die Rücksicht auf den empirischen
Charakter als den ,,obersten Erklärungsgrund'' 574 für die
Erscheinungsreihe menschlicher Handlungen keineswegs; der

intelligible Charakter wird ja nicht in der Erfahrung angetroffen, ist als ,,transzendentale Ursache'' 574 eben nur denkbar, vgl. 571, 568.

2. Empirischer Charakter als ,,sinnliches Zeichen'' 574, als
Erscheinung des intelligiblen Charakters 569; Naturbedingun-
gen betreffen nicht die intelligible Willkür der Vernunft 576;
empirischer Charakter ist beständig 577; Möglichkeit, alle
Handlungen des Menschen vorauszusehen 578, vgl. 568;
empirischer Charakter ohne Freiheit 578, 579; Zurechnung
menschlicher Handlungen 579 A; jede Handlung bestimmt,
ehe sie geschieht 581, vgl. 584; wir beurteilen Handlungen,
als ob Vernunft Freiheit habe 583, 584; Beziehung an sich
584, 585 des intelligiblen Charakters zum empirischen unbekannt; empirische Handlung Wirkung des intelligiblen
Charakters 581.

3. Charakter überhaupt einer Ursache = ,,Gesetz ihrer Kausalität'' (des Zustandes, in dem sie wirkt); s. Kausalität, 567, 568.

4. Charakter der Wirklichkeit. Wahrnehmung ist ,,der einzige Charakter der Wirklichkeit'' 273.

5. ,,*Alle anderen Naturdinge*'' haben einen empirischen Charakter; bei der ,,leblosen oder bloß tierischbelebten Natur'' kein
Grund, intelligiblen Charakter einzuräumen; hier ist das Vermögen ,,bloß sinnlich bedingt'' 574 anzunehmen.

Chemie, Chemiker.
Vergleich kritischer Untersuchung mit Experimental-Chemie
XXI A; Befragung der Natur nach Ideen 673, 674, vgl. 870.

Coacervatio bloße Häufung (Aggregat) von Erkenntnissen 861.

Cogito, ergo sum s. Ich denke, Apperzeption, Descartes;
vgl. 405, 422 A, 423 A, A 367.

Cognitio = Erkenntnis; diese ist entweder Anschauung
oder Begriff, intuitus vel conceptus 376, 377; cognitio ex datis,
ex principiis 863, 864.

Commercium.
1. In kritischer Bedeutung: Dynamische Gemeinschaft der
Substanzen (Gegenstände) im Raume 260, wechselseitige
Kausalität zwischen den Substanzen, reale Gemeinschaft
302, 261.

2. In der rationalen Seelenlehre: Verhältnis der Seele zu den
Gegenständen im Raume, auch zum Körper des menschlichen Subjekts 403, 409, A 384, 385, 386.

Communio spatii = bloß räumliche (lokale) Gemeinschaft der Gegenstände ohne dynamische Beziehungen 260; Gemeinschaft (communio) der Apperzeption 261.

Compositio, compositum.
Verbindung 201 A; Raum als compositum ideale, nicht reale 466, vgl. 261, 262 (Erscheinungen).

Conceptus.
1. Conceptus communis 133, 134 A, 376, 377, 683.
2. Conceptus comparationis 318 s. Reflexionsbegriffe, Amphibolie.
3. Conceptus ratiocinati, ratiocinantes richtig geschlossene Begriffe, vernünftelnde Begriffe der reinen Vernunft 368.
4. Conceptus cosmicus der Philosophie = Weltbegriff der Philosophie 866, 867.

Conclusio = Schlußsatz 360, 361; s. Vernunftschluß.

Concreto, in hinsichtlich: der Mathematik 762, Pr. §§ 5, 7; der Einfachheit der Seele 799; der reinen Verstandesbegriffe 595; des Einfachen 497; der Realität 270.

Correlatum s. Korrelat.

D

Darstellen (einen Begriff) heißt: einem Begriff die ihm korrespondierende Anschauung geben; einen Gegenstand als Begriff geben, ihn „unmittelbar in der Anschauung darstellen, ist nichts anderes, als dessen Vorstellung auf Erfahrung (es sei wirkliche oder doch mögliche) beziehen" 195, vgl. 749; mathematische Begriffe darstellen Pr. § 7, Kritik 741.

Dasein.
1. Begriff des Daseins als Kategorie. Der reine Verstandesbegriff (Kategorie) des „Daseins" mit dem Korrelat des „Nichtseins" ist in der Kategorientafel 106, Pr. § 21 das zweite Moment der Kategorie der Modalität und gehört zur dynamischen Klasse 110 der Kategorien.
2. Dasein und Substanzbegriff (Beharrliches), Dauer. Die Beharrlichkeit als Substanzbegriff ist „weiter nichts, als die Art, uns das Dasein der Dinge (in der Erscheinung) vorzustellen" 229; der Begriff der Substanz liegt „aller Bestimmung des Daseins" zum Grunde Pr. § 25, vgl. Kr. 225; „durch das

Beharrliche allein bekommt das Dasein in verschiedenen Teilen der Zeitreihe nacheinander eine Größe, die man Dauer nennt" 226; s. Dauer, Substanz.

3. Zweites Postulat des empirischen Denkens überhaupt. Bedingungen der Wirklichkeit 266, 272 ff.; s. Grundsätze des reinen Verstandes.

4. Dasein und die Dinge, Bedingungen gegenständlicher Erfahrung. „Natur ist das Dasein der Dinge, sofern es nach allgemeinen Gesetzen bestimmt ist" Pr. § 14; „das Dasein der Erscheinungen kann a priori [aus bloßen Begriffen] nicht erkannt werden" 221; „Notwendigkeit im Dasein" nur für Erfahrung geltend 280; Dasein der Gegenstände und Bewußtsein meiner selbst 274 ff.; „in dem bloßen Begriffe eines Dinges kann gar kein Charakter seines Daseins angetroffen werden" 272; Wahrnehmung der „einzige Charakter der Wirklichkeit" 273, vgl. 272, 748, 749, 751 (Empfindung), 752; vom Dasein eines Gegenstandes kann man aus bloßen Begriffen nicht auf das Dasein eines anderen Gegenstandes kommen 264, vgl. 793; Begriffe a priori erzeugen den Gegenstand der Erfahrung nur der Form des Denkens nach, „nicht dem Dasein nach" 125, 126, 196, 303, vgl. A 128, A 129, A 130.

5. Das Dasein meiner selbst und dessen Bestimmung 157, 158, 157 A, 158 A, 274 ff.; XXXIX A; A 370, A 371.

6. Dasein und dynamische Vernunftbegriffe 563.

7. Dasein eines höchsten Wesens als moral-gesetzliches Postulat (661, 662, vgl. 635 absolute Notwendigkeit ein (unbeweisbares) Dasein aus bloßen Begriffen).

8. Dasein und der Begriff des Zufälligen 447; s. Zufall, Notwendigkeit, empirisch, Bedingung.

Datum, data bezeichnen Bewußtseinsinhalte als Gegebenes durch Anschauung oder Denken. Sinnliche data A 107, A 250; 296, 298,; praktische data XXI, XXII; s. Gegebenheit, gegeben.

Dauer.

1. Dauer im Zeitbegriff. „Keine Dauer als bloß in der Zeit" 799; „die drei modi der Zeit sind Beharrlichkeit, Folge und Zugleichsein" 219.

2. Dauer und Substanzbegriff. „Durch das Beharrliche allein bekommt das Dasein in verschiedenen Teilen der Zeitreihe

nacheinander eine G r ö ß e, die man D a u e r nennt" 226.
Beharrlichkeit bedeutet „ein Dasein zu aller Zeit" [in bezug
auf den Substanzbegriff und seine Definition] 300.
3. Dauer und Notwendigkeit, Ewigkeit. „Das Schema der
Notwendigkeit ist das Dasein eines Gegenstandes zu aller
Zeit" 184. Dauer, Notwendigkeit und Ewigkeit vgl. 641.
4. Fortdauer der Seele s. Unsterblichkeit, Leben, künftig.

Deduktion.
1. Begriff einer Deduktion in der Rechtslehre: quid juris, quid
facti 116.
2. Der kritische Begriff einer Deduktion bedeutet den Nachweis der „Rechtmäßigkeit" 117 eines reinen Gebrauchs a
priori 117 gewisser Formen, Begriffe der Erkenntnisse für
die Möglichkeit der Erfahrung, den Nachweis ihrer objektiven Gültigkeit, „wie diese Begriffe sich auf Objekte beziehen
können" 117, obwohl sie „völlig unabhängig von aller Erfahrung" sind 117.
*3. Begriff der transzendentalen gegenüber der empirischen De-
duktion* 117.
4. Metaphysische Deduktion nennt Kant die Ableitung der
Kategorien aus der Urteilsfunktion 159.
5. Transzendentale Deduktion von Zeit, Raum, Kategorien.
Der wesentlich für die Kategorien geltende Begriff der transzendentalen Deduktion wird auch hinsichtlich des Raumes
gebraucht 121; s. Zeit, Raum; transzendentale Deduktion
der Kategorien s. unter Kategorie.
6. Über Deduktion diskursiver und intuitiver Grundsätze 761.
7. Objektive Deduktion von Ideen, heuristischen Grundsätzen
nicht möglich; Ideen 393, 697, vgl. 691, 692; heuristische
Grundsätze 691, 692.

Definieren, Definition.
*1. Was bedeutet definieren und welche Begriffe können definiert
werden?* „Definieren soll ... eigentlich nur soviel bedeuten,
als den ausführlichen Begriff eines Dinges innerhalb seiner
Grenzen ursprünglich darstellen" 755; Ausführlichkeit 755 A;
empirischer Begriff im strengen Sinne nicht definierbar 755,
756, vgl. 758, 760; auch Begriffe a priori (Substanz, Ursache)
„genau zu reden", nicht definierbar 756, 757; nur mathematische
Begriffe (willkürliche Synthesis" 757) definierbar.
2. Mathematische Definitionen. „Die Gründlichkeit der Mathe-

matik beruht auf Definitionen, Axiomen, Demonstrationen''
754; s. Mathematik.

3. Begriff der Realdefinition A 241, A 242 Anm.

4. Realdefinition einer Kategorie 300, vgl. A.241. S. auch Erklärung, Exposition, Explikation.

Deismus, Deist.
Deismus ist transzendentale Theologie (Gotteslehre) 659;
diese denkt sich ihren Gegenstand ,,bloß durch reine Vernunft,
vermittels lauter transzendentaler Begriffe'' 659; ihr Anhänger heißt Deist; der Deist nimmt aus bloßer Vernunft
ein Urwesen an von aller, aber unbestimmbarer Realität
659, eine ,,Welturaache'' (überhaupt einen Gott), aber keinen
persönlichen ,,Welturheber'' 659, 661, nur ,,die Idee von
Etwas'', worauf alle empirische Realität sich gründet 703;
vgl. 660, Pr. §§ 57, 58.

Deklaration s. Erklärung, Definition, Exposition, Explikation.

Dekomposition = fortgehender Regressus in der Teilung
552—554; s. Teil, Teilung.

Demonstration = apodiktischer intuitiver Beweis 762;
s. Mathematik; vgl. 769 keine evidente Demonstration des
Gottesdaseins.

Denken.
*1. Denken und Synthesis, Spontaneität, Urteilen, reines Den-
ken, Apperzeption.* ,,Die Sache der Sinne ist, anzuschauen;
die des Verstandes, zu denken. Denken aber ist: Vorstellungen in einem Bewußtsein vereinigen'' Pr. § 22; [dieses Vereinigen ist Synthesis; alle besonderen Funktionen des Denkens sind Teilfunktionen der Synthesis als Verknüpfung
— nicht schon der Synthesis überhaupt 104; die verknüpfende
Synthesis vollzieht sich im Bewußtsein überhaupt = ursprünglicher synthetischer Einheit der Apperzeption]; die
ursprüngliche spontane Handlung des Denkens ist Synthesis
102, 428 als objektivierende Verknüpfung eines Mannigfaltigen, vgl. 130, 135, 145, s. Spontaneität, Synthesis; Denken
ist ,,soviel als Urteilen oder Vorstellungen auf Urteile überhaupt beziehen'' Pr. § 22; das Vermögen zu urteilen ist ,,eben
so viel, als das Vermögen zu denken'' 106; die Apperzeption
liegt allem Denken zugrunde Pr. § 36; das Denken besteht
,,in der Handlung, die Synthesis des Mannigfaltigen . . . zur

Einheit der Apperzeption zu bringen" 145; reines Denken s. Kategorie, Apperzeption, Bewußtsein, Synthesis.

2. Denken und Zeit, Raum, Anschauung, Sinnlichkeit. Zeit und Raum als synthetische Funktionen (das Denken als Moment bereits in der Anschauung) s. Zeit, Raum, vgl. 136 A, 160 A, 161 A; „die Anschauung bedarf der Funktionen des Denkens auf keine Weise" 123; „ohne Funktionen des Verstandes können allerdings Erscheinungen in der Anschauung gegeben werden" 122, „ohne daß sie sich notwendig auf Funktionen des Verstandes beziehen müssen" 122; [diese methodische Trennung von Denken und Anschauung wird in weiteren Erörterungen berichtigt, ergänzt]; „alles Denken aber muß sich . . . zuletzt auf Anschauungen, mithin bei uns auf Sinnlichkeit beziehen . . ." 33; die Sinnlichkeit „allein liefert uns Anschauungen; durch den Verstand aber werden sie gedacht . . ." 33, vgl. 29, 74, 75, 87; „die Möglichkeit der Gegenstände der Sinne ist ein Verhältnis derselben zu unserem Denken" 609; „das Denken ist die Handlung, gegebene Anschauung auf einen Gegenstand zu beziehen" 304; das Mannigfaltige der Anschauung muß „noch vor der Synthesis des Verstandes und unabhängig von ihr gegeben sein" 145, „ohne Spontaneität" [des Denkens] 68, „unabhängig von unseren Begriffen" 508, vgl. 122, 609; „durch bloße Anschauung wird gar nichts gedacht" 309; das Denken ist „ohne Beitritt der Sinnlichkeit" ohne Objekt 343, vgl. 305; „Gedanken ohne Inhalt sind leer, Anschauungen ohne Begriffe sind blind" 75.

3. Postulate des empirischen Denkens überhaupt s. Grundsätze des reinen Verstandes.

4. Denken und Erkennen, Gegenstand. „Denken ist das Erkenntnis durch Begriffe" 94; „sich einen Gegenstand d e n k e n und einen Gegenstand e r k e n n e n, ist also nicht einerlei" 146, da zum Erkennen noch gegebene Anschauung gehört 146; „d e n k e n kann ich, was ich will, wenn ich mir nur nicht selbst widerspreche" XXVI A; „wir können uns keinen Gegenstand d e n k e n, ohne durch Kategorien; wir können keinen gedachten Gegenstand e r k e n n e n, ohne durch Anschauungen, die jenen Begriffen entsprechen" 165, vgl. 166, 166 A, 146, XXVI A; „nicht dadurch, daß ich bloß d e n k e, erkenne ich irgendein Objekt, sondern nur dadurch, daß ich

eine gegebene Anschauung in Absicht auf die Einheit des
Bewußtseins . . . bestimme . . ." 406; s. Erkennen.

5. Denken und Idealität der Sinnenwelt, Körperwelt s. Idealität.

6. Denken und seine Grenzen, Einschränkung, Ursprung s.
Verstand, Vernunft, Erkennen, Erfahrung, Zeit, Raum, Kategorie, Idee, Einschränkung.

7. Denken und Ichbegriff, Seele, Selbsterkenntnis s. Ich, Seele,
Bewußtsein, Apperzeption, vgl. 157, 158, 401, 406, 420, 422 A,
428, 429, 430.

8. Denken und Wahrheit, Irrtum, Schein s. letztere.

9. Andere denkende Wesen. Vorstellung hinsichtlich anderer
denkender Wesen (Menschen) 405, A 357, hinsichtlich et-
waiger anderer denkender Wesen, als Menschen 72.

Dependenz oder Wirkung ist das Korrelat zur Kategorie
106, Pr. § 21 der Kausalität; dynamische Kategorie-Klasse
110; s. Wirkung, Kausalität, Ursache; der Ausdruck Dependenz steht nur an wenigen Stellen 393.

Descartes.
Cogito, ergo sum 405, 422 A, A 355, A 367; vgl. Pr. §§ 13 Anm.
III, 49; Cartesianischer (ontologischer Gottesbeweis 630).

Dialektik.
Wenn man bloß mit der formalen Logik wagt, ,,über Gegenstände zu urteilen" ohne anderweitige ,,gegründete Erkun-
digung" 85, so entsteht eine ,,scheinbare Kunst" des Denkens als ,,Blendwerk" von vermeintlich objektiven Behauptungen, eine Dialektik als ,,Logik des Scheins" 86; ferner
auch, wenn man sich der reinen Verstandesbegriffe und Grundsätze über die Grenzen der Erfahrung bedienen will 87; ,,leere
Vernünfteleien" beim ,,materialen Gebrauch" der bloß formalen Verstandesprinzipien 88; die transzendentale Dialektik der Kritik der reinen Vernunft deckt diesen dialektischen
170, 349 Schein auf 354; sie ist eine ,,Kritik des dialektischen
Scheins" 86, [der dogmatischen Metaphysik hinsichtlich des
Seelen-, Welt- und Gottesbegriffs]; s. Transzendentale Dialektik. ,,Von der Endabsicht der natürlichen Dialektik der
menschlichen Vernunft" 697 ff., s. Endabsicht.

Dialektisch.
1. Dialektische Richtung überhaupt des Vernunftgebrauchs. Die
menschliche Vernunft ist ,,schon durch die Richtung ihrer
Natur dialektisch" 877, 805, weil sie über die Erfahrung

hinaus in verschiedener Hinsicht das Unbedingte 390 ff. sucht und in diesem einen vermeintlichen Gegenstand zu erkennen glaubt, Illusion 353, 354, 399, 610, Sophistikation 397, unvermeidlicher Schein 397, 449.

2. *Ursprung des dialektischen Scheins, Fälle des dialektischen Vernunftgebrauchs.* Der dialektische Schein entspringt als Widerstreit daher, „daß man die Idee der absoluten Totalität, welche nur als eine Bedingung der Dinge an sich selbst gilt, auf Erscheinungen angewandt hat ...“ 534; s. Idee, Vernunft, transzendentale Dialektik; drei Fälle des dialektischen Vernunftgebrauchs A 397; drei Klassen dialektischer Vernunftschlüsse 397, 398.

Diallele, Diaiele, Dialexe = Trugschluß, Zirkelschluß; „die alte und berühmte Frage“: was ist Wahrheit? ... 82.

Dichotomie = Zweiteilung, Zweiteiligkeit 110.

Dignität = Würde, Ansehen, transzendentallogischer Geltungswert, Erkenntniswert 124, 175, 242.

Dilemma = hypothetisch-disjunktiver Vernunftschluß oder hypothetischer Schluß [polemische Form der Widerlegung]. Jäsche, Kants Logik § 79.

Dimension.
Die Zeit „hat nur eine Dimension“ 47, 50; s. Zeit, Raum.

Ding, dinglich.
[Die Kritik verwandelt den dogmatischen Dingbegriff in ein rein logisches System von Relationen, Erkenntnisbedingungen.] Vor allem ist zu beachten, daß in der Kritik „nicht die Natur der Dinge, ... sondern der Verstand, der über die Natur der Dinge urteilt, und auch dieser wiederum nur in Ansehung seiner Erkenntnisse a priori den Gegenstand ausmacht ...“ 26; die „veränderte Methode der Denkungsart“ [die kritische] lehrt, „daß wir nämlich von den Dingen nur das a priori erkennen, was wir selbst in sie legen“ XVIII, vgl. XII, XIII, XIV, XXIII, 165, 198, 241, A 125, A 126 f.; dinglich = gegenständlich; verdinglichen: einen bloßen Begriff zu einem Dingbegriff machen (hypostasieren); s. Gegenstand, Erscheinung, Objekt, Ding überhaupt, Ding an sich, hypostasieren.

Ding an sich.
1. Die äußeren Gegenstände sind nicht Dinge an sich, also nicht unabhängig von den Bedingungen der Erkenntnis. Unsere Anschauung ist nicht von der Art, „daß sie Dinge vorstellte,

so wie sie an sich selbst sind ..." — Es wäre ,,auch alsdann unbegreiflich, wie die Anschauung einer gegenwärtigen Sache mir diese sollte zu erkennen geben, wie sie an sich ist, da ihre Eigenschaften nicht in meine Vorstellungskraft hinüberwandern können ..." Pr. § 9, vgl. § 49; ,,wären die Gegenstände, womit unsere Erkenntnis zu tun hat, Dinge an sich selbst, so würden wir von diesen gar keine Begriffe a priori haben können" A 128, Pr. § 9; ,,dagegen, wenn wir es überall nur mit Erscheinungen [Vorstellungen] zu tun haben, so ist es nicht allein möglich, sondern auch notwendig, daß gewisse Begriffe a priori vor der empirischen Erkenntnis der Gegenstände vorhergehen" A 129, Pr. § 9; wir können von keinem Gegenstande als Ding an sich selbst, ,,sondern nur sofern er Objekt der sinnlichen Anschauung ist, d. i. als Erscheinung, Erkenntnis haben" XXVI; Erscheinungen sind nicht ,,in derselben Qualität, wie sie in uns sind, auch als außer uns für sich bestehende Dinge" A 386 vorhanden; s. Erscheinung, vgl. 59, 66; 518, 519, A 386, A 391 Dualismus.

2. Ding an sich als logisch gefordert durch den Begriff der Erscheinung. Erscheinungen setzen ,,jederzeit eine Sache an sich selbst" voraus und tun ,,darauf Anzeige" Pr. § 57; ,,es folgt auch natürlicherweise aus dem Begriffe einer Erscheinung überhaupt, daß ihr etwas entsprechen müsse, was an sich nicht Erscheinung ist ..." A 251; vgl. A 252, Pr. §§ 32, 57, XXVI, XXVII, 565, 594.

3. Ding an sich als die andere Seite der Erscheinung XXVI, XXVII (wir können uns ,,eben dieselben Gegenstände auch als Dinge an sich selbst ... denken ..."); 55 Erscheinung hat ,,jederzeit zwei Seiten ..."; vgl. 60; Pr. § 13 Anm. I, II; handelndes Subjekt 566.

4. Ding an sich als Korrelat der Erscheinung 45.

5a) Ding an sich und sinnliche Vorstellungsart. Die Dinge, die wir anschauen, sind nicht das an sich selbst, ,,wofür wir sie anschauen ..." 59, vgl. 60, 61, 62, Pr. §§ 9, 10, 13 Anm. I.

5b) Ding an sich in seinem Einfluß auf die Sinnlichkeit 235, A 358, Pr. § 13 A II, § 32.

6. Ding an sich und Zeit, Raum. Zeit und Raum sind selbst keine Dinge an sich selbst und haben auch in bezug auf solche keine Gültigkeit 56, 332, 520, 522, 563, vgl. 51, Pr. § 11.

7. Ding an sich und Materie A 360, A 391.

8. Ding an sich als unbekannte Seite des einzelnen Gegenstandes A 391 f., vgl. Pr. § 13 A II.

9. Erscheinungen als Vorstellungen der Dinge an sich 164 vgl. 235, A 252.

10. Ding an sich „ein von der Sinnlichkeit unabhängiger Gegenstand" A 252.

11. Ding an sich unbekannt, unerforschlich 59, 60, 164, 332, 333, A 391, Pr. § 13 A II, § 57.

12. Ding an sich notwendig, weil unsere Erkenntnisart nicht die einzig mögliche sein kann Pr. § 57.

13. Ding an sich als Grund, intelligible Ursache der Erscheinung 522, 565, Pr. § 57.

14. Ding an sich und Freiheit. „Denn sind Erscheinungen Dinge an sich selbst, so ist Freiheit nicht zu retten" 564.

15. Ding an sich in Berührung mit dem Begriff des Noumenon und des transzendentalen Objekts, obzwar diese drei Begriffe doch n i c h t gleichbedeutend sind 310, 312, 315, 344, 345, 522, 641, 642, 63, Pr. § 59.

16. Ding an sich und der Mensch 566, 569, 574.

17. Ding an sich und All der Realität 604.

18. Dinge an sich im Plural 43, 164, Pr. § 13 A I, II, §§ 36, 57 (drei Stellen), 59.

19. Ding an sich nach dem gewöhnlichen Sprachgebrauch 45, 62, vgl. 63, Pr. §§ 11, 13 A II; A 393.

Ding überhaupt.

„Die reinen Kategorien sind aber nichts anderes, als Vorstellungen der Dinge überhaupt, sofern das Mannigfaltige ihrer Anschauung durch eine oder andere dieser logischen Funktionen gedacht werden muß" A 245; der einzige Begriff, der den „empirischen Gehalt der Erscheinungen vorstellt [a priori], ist der Begriff des Dinges überhaupt, und die synthetische Erkenntnis von demselben a priori kann nichts weiter, als die bloße Regel der Synthesis desjenigen, was die Wahrnehmung a posteriori geben mag . . . liefern . . ." 748, vgl. 594; die reine Kategorie drückt nur „das Denken eines Objekts überhaupt nach verschiedenen modis" aus 304.

Discretum.

Die Spezies (Arten einer Gattung) in der Natur machen „an sich ein quantum discretum" aus 689; Erscheinung als abgesonderter Teil ein quantum discretum 554, 555.

Disjunktiv.

1. Disjunktives Urteil, Urteilstafel 95, Pr. § 21; vgl. Pr. § 43 A; Erörterung dieser Urteilsart 99.

2. Disjunktive Schlüsse sind solche, bei denen der Obersatz ein disjunktives Urteil ist, vgl. 361.

3. Unbedingtes der disjunktiven Synthesis (Ideenlehre) 379.

Diskursiv.

1. Zeit, Raum keine (diskursive) Begriffe, sondern reine Anschauungen 39, 47.

2. Die „spezifische Natur unseres Verstandes" besteht darin, „alles diskursiv, d. i. durch Begriffe, mithin auch durch lauter Prädikate zu denken . . ."* Pr. § 46, vgl. 746, 747, Pr. § 57; diskursive Erkenntnis 283, 762; diskursive Urteile Pr. § 7.

3. Diskursiver Beweis 763.

4. Diskursive = logische Deutlichkeit A XI.

Distributiv.

Der Verstand schafft nur distributive Einheit von Erkenntnissen (Aggregat); die Vernunft fordert kollektive systematische Einheit nach regulativen Prinzipien (Ideen) 610, 672, 673.

Disziplin der reinen Vernunft bedeutet als „negative Gesetzgebung" 739, als „warnende Negativlehre" 740 den „Zwang, wodurch der beständige Hang, von gewissen Regeln abzuweichen, eingeschränkt und endlich vertilgt wird" 737; ein „System der Vorsicht und Selbstprüfung" 739 zur Vermeidung von „Täuschungen und Blendwerken" 739, vgl. 421.

Disziplin der reinen Vernunft: 1. im dogmatischen Gebrauche 740 ff. — 2. im polemischen Gebrauch 766 ff. — 3. in Ansehung der Hypothesen 797 ff. — 4. in Ansehung ihrer Beweise 810 ff.

Dogma, dogmatisch, Dogmatismus.

1. Dogma, dogmatisches Verfahren, dogmatische Wissenschaft. „Ein direkt-synthetischer Satz aus Begriffen ist ein Dogma" 764; „nun enthält die ganze reine Vernunft in ihrem bloß spekulativen Gebrauche nicht ein einziges direkt-synthetisches Urteil aus Begriffen" 764; [also ist ein Dogma kein ohne weiteres gewisses apodiktisches Urteil]; im spekulativen Gebrauche der reinen Vernunft gibt es „auch dem Inhalte nach gar keine Dogmate" 765; „Dogmatismus ist . . . das dogmatische Verfahren der reinen Vernunft, ohne voran-

gehende Kritik ihres eigenen Vermögens." XXXV,
vgl. XXX, 7, 514, 786, 791, 796; ,,dem dogmatischen Verfahren der Vernunft in ihrem reinen Erkenntnis als Wissenschaft" ist die Kritik nicht entgegengesetzt; ,,denn diese
muß jederzeit dogmatisch, d. i. aus sicheren Prinzipien a
priori strenge beweisend sein" XXXV; die Wissenschaft des
Dogmatikers ist eine solche, die ,,ohne ein Mißtrauen auf
seine ursprünglichen objektiven Prinzipien", d. i. ohne Kritik
791 den Gang fortsetzt, die Sphäre des Verstandes nicht ausgemessen, ,,mithin die Grenzen seiner möglichen Erkenntnis
nicht nach Prinzipien bestimmt hat" 796.
2. Der dogmatische Einwurf ist, der wider einen Satz, der
kritische, der wider den Beweis eines Satzes gerichtet ist
A 388.
3. Dogmatismus und Empirismus s. Empirismus, vgl. 499.
4. Unzulänglichkeit dogmatischer Beweismethode 263, 264, 434.
5. Dogmatischer Eigendünkel 785, Traum 785, Wust 514,
dogmatische Blendwerke A 395, Methode unschicklich 765,
wurmstichiger Dogmatismus A IV. — Vgl. Pr. §§ 4, 50 (dogmatischer Schlummer der Philosophie) s. Hume; dogmatischer
Idealist A 377.
Doktrin bedeutet eine Lehre, die ,,dem Verstande im Felde
reiner Erkenntnisse a priori Erweiterung verschafft 174;
die ,,Transzendentale Doktrin der Urteilskraft 176 ff. enthält
den ,,Schematismus" und das System der Grundsätze des
reinen Verstandes 175; vgl. 25, 169, 171; s. Disziplin.
Doktrinal.
Doktrinaler Grundsatz (Regel) 544; doktrinaler Glaube 853,
854, 855 s. Glaube.
Dualismus, Dualist.
Die ,,Behauptung einer möglichen Gewißheit von Gegenstän-
den äußerer Sinne" heißt Dualismus A 367; der Dualismus
nimmt Materie und denkende Wesen ,,als für sich existierende
Dinge" in seinen Lehrbegriff auf A 380, vgl. A 379, A 391,
A 389.
Dummheit 172 A, 173 A.
Dynamisch.
*1. Der Begriff des Dynamischen betrifft die Verhältnisse im
Dasein der Dinge.* ,,In Ansehung des Verhältnisses der Er-
scheinungen, und zwar lediglich in Absicht auf ihr Dasein,

ist die Bestimmung dieses Verhältnisses nicht mathematisch, sondern dynamisch . . ." Pr. § 25; [der kritische Begriff: dynamisch betrifft nur ein logisches Verhältnis, nicht ein solches in physikalischem Sinne].

2. Dynamisch und a priori. Die Möglichkeit dynamischer Verknüpfung im empirischen Sinne kann a priori nicht erkannt werden. Die Kategorie der Relation dient nur dazu, solche Verknüpfung ,,wo sie in der Erfahrung angetroffen wird, zu verstehen" 798.

3. Mathematische und dynamische Klasse der Kategorien 110, vgl. 199.

4. Mathematische und dynamische Grundsätze 199, 200, 201, 201 A, 260, 262, 280, 296, vgl. 281.

5. Art der Gewißheit im mathematischen und dynamischen kategorialen Verstandesgebrauch 199, 200, 201.

6. Dynamische Einheit der Zeitbestimmung 262.

7. Objektivierung der dynamischen Verbindung 233, 234, 244, 245, 259, 261, 262, vgl. 201 A.

8. Dynamischer Regressus 587, 588, 534.

9. Dynamisch-transzendentale und mathematisch-transzendentale Ideen 563, 556 ff.

10. Die Welt als mathematisches und als dynamisches Ganze 446, 447 s. Welt, Weltbegriff.

11. Dynamische Gemeinschaft, Verhältnisse 260, 262.

E

Ectypon.
,,Das Ideal [der reinen Vernunft] ist ihr also [der Vernunft] das Urbild (Prototypon) aller Dinge, welche insgesamt, als mangelhafte Kopien (ectypa), den Stoff zu ihrer Möglichkeit daher nehmen . . ." 606; s. Ideal der reinen Vernunft, All der Realität.

Ectypus.
Der intellectus ectypus ist der menschliche, nur diskursiv (begrifflich) denkende endliche, nicht anschauende, Verstand gegenüber dem intellectus archetypus 723, dem göttlichen Verstande 72, vgl. Pr. § 57; s. archetypus, Verstand, Anschauung.

Eigenschaft.

1. Eigenschaft in bezug auf Zeit, Raum 42, 50, Pr. § 38.

2. Eigenschaft der Empfindung: Grad 218.

3. Eigenschaft in bezug auf Körper (Substanz) Pr. § 13 A II, § 46, § 9, Kritik 321.

4. Seele 710, 711.

5. Beilegung a priori von Eigenschaften 405.

6. Eigenschaft des Willens XXVIII.

7. Primäre und sekundäre Eigenschaften Pr. § 13 A II, A 28, 29; s. Qualität, Gefühl, Empfindung, primär.

8. Eigenschaft und Gottesbegriff Pr. §§ 57, 58.

9. Intelligible Eigenschaften der Dinge 800.

10. Eigenschaften = Bestimmungen s. Bestimmung, Akzidenz.

Einbildungskraft.

1. Einbildungskraft nicht psychologische, sondern logische Funktion. [Die Einbildungskraft im Sinne der kritischen Erkenntnislehre hat keinen psychologischen Nebensinn, sondern bedeutet eine notwendige transzendentallogische Grundvoraussetzung (Gesetz) für alle objektivierende Relationen der Anschauung und des Denkens. In der 1. Auflage erscheint die Einbildungskraft (als reproduktive) nicht als ganz rein logische Funktion, während die 2. Auflage die Einbildungskraft, abgesehen von einzelnen Abweichungen 195 und Hinweisen auf die empirische Einbildungskraft 104, 151 lediglich als transzendentallogisches Moment gelten läßt.]

2. Allgemeiner Unterschied der reinen produktiven Einbildungskraft und der empirischen reproduktiven. ,,Es sind drei subjektive Erkenntnisquellen [für Möglichkeit der Erfahrung] . . . Sinn, Einbildungskraft und Apperzeption; jede derselben kann als empirisch . . . betrachtet werden, alle aber sind auch Elemente oder Grundlagen a priori . . .'' A 115; vgl. A 102; die Einbildungskraft ist eine Synthesis a priori, transzendentale Funktion, ,,sofern sie in Ansehung alles Mannigfaltigen der Erscheinung nichts weiter, als die notwendige Einheit in der Synthesis derselben zu ihrer Absicht hat'' A 123 und von der transzendentalen Apperzeption abhängt A 118, A 119; ,,obgleich a priori ausgeübt'' ist die Synthesis der Einbildungskraft ,,dennoch jederzeit sinnlich, weil sie das Mannigfaltige nur so verbindet, wie es in der Anschauung e r s c h e i n t . . .'' A 124; die reine Einbildungskraft macht den empirischen

Gebrauch der reproduktiven erst möglich A 115, A 123, A 125; s. Assoziation, Affinität.

3. Einbildungskraft und Apperzeption. „Die Einheit der Apperzeption in Beziehung auf die Synthesis der Einbildungskraft ist der Verstand, und eben dieselbe Einheit, bzw. auf die transzendentale Synthesis der Einbildungskraft, der reine Verstand". A 119, vgl. A 118, A 123, A 124, A 125; synthetische Einheit erteilt der Verstand „der Synthesis der Einbildungskraft in Beziehung auf die Apperzeption ursprünglich und von selbst" 296; die synthetische Einheit der Synthesis der Vorstellungen mittels der Einbildungskraft beruht auf der Einheit der Apperzeption 194; s. Apperzeption, vgl. 150, 151, 152, 153, 154, 164.

4. Einbildungskraft und Verstand. [In der 1. Auflage hat die Einbildungskraft eine selbständigere Funktion, als in der 2., wo sie als produktive vom Verstande abgeleitet ist, bzw. wo dieser selbst als transzendentale Synthesis der Einbildungskraft dargestellt wird 153, 154; die produktive Einbildungskraft ist in der 2. Auflage der Verstand selbst, sofern er eine notwendige Beziehung zur Anschauung (rein oder empirisch) haben soll, vgl. 150]; s. Verstand; vgl. 162 A, 164, 296, A 118, A 119, A 124.

5. Einbildungskraft und Zeit, Raum, Mathematik. [Die produktive Einbildungskraft als transzendentale Synthesis geht auf das Mannigfaltige a priori der reinen Anschauung vgl. 150, 153, A 118, ist das Grundmoment in der formalen Anschauung für Zeit und Raum als synthetische Funktionen 136 A, 160, 161, 160 A, 161 A, A 102, A 107, somit auch für die Mathematik 155 A, 196, 198, 199, 741, 751, 752, 757]; s. Zeit, Raum, Mathematik, Geometrie, Arithmetik, Zahl.

6. Einbildungskraft und Anschauung, Sinnlichkeit, Wahrnehmung, Erfahrung. „Denn an sich selbst ist die Synthesis der Einbildungskraft, obgleich a priori ausgeübt, dennoch jederzeit sinnlich, weil sie das Mannigfaltige nur so verbindet, wie es in der Anschauung erscheint, z. B. die Gestalt eines Triangels" A 124; und dies wäre auch nur ein „Hirngespinst", 196 wenn nicht die Einbildungskraft mittels Raum- und Zeitform sich auf Erscheinungen, als den „Stoff zur äußeren Erfahrung" bezöge 196; so ist also die Einbildungskraft „ein notwendiges Ingredienz der Wahrnehmung selbst" A 120 Anm.;

vgl. A 123 (Apperzeption); ,,beide äußersten Enden, nämlich Sinnlichkeit und Verstand, müssen vermittelst dieser transzendentalen Funktion der Einbildungskraft notwendig zusammenhängen . . .'' A 124; [diese logische Forderung ist das eigentliche kritische Moment und Charakteristikum der Einbildungskraft]; Verstand als transzendentale Synthesis der Einbildungskraft gegenüber der Anschauung 150 ff., besonders 150, 153, 154; ,,durch das Verhältnis des Mannigfaltigen aber zur Einheit der Apperzeption [132, 143, 144] werden Begriffe, welche dem Verstande angehören, aber nur vermittelst der Einbildungskraft in Beziehung auf die sinnliche Anschauung zustande kommen können'' A 124 [sinnliche Anschauung ist 147 rein oder empirisch]; die Einbildungskraft tritt dem Mannigfaltigen noch ,,vor der Apperzeption'' A 118, d. h. unmittelbarer entgegen; ,,unmittelbar an den Wahrnehmungen ausgeübte Handlung'' A 120 der Einbildungskraft; aber Einbildungskraft als solche schafft keine objektive Gültigkeit der Erfahrung; das bewirkt erst die Kategorie (vgl. 233, 234, 257, Grundsätze des reinen Verstandes).

7. Reproduktive Einbildungskraft wird nur in der (subjektiven) Deduktion der 1. Auflage A 98 bis A 114 als erkenntnistheoretisches Prinzip erörtert. Schon in der zweiten Fassung der Deduktion der 1. Auflage A 115 ff. heißt es: ,,Es kann aber nur die pro d u k t i v e [transzendentale] Synthesis der Einbildungskraft a priori stattfinden; denn die reproduktive beruht auf Bedingungen der Erfahrung A 118; in der 2. Auflage ist die reproduktive Einbildungskraft als Erkenntnisbedingung ganz fortgelassen, der Psychologie zugewiesen, weil ,,deren Synthesis lediglich empirischen Gesetzen, nämlich denen der Assoziation, unterworfen ist . . .'' 152; die reproduktive Einbildungskraft ist das ,,empirische Vermögen der produktiven Einbildungskraft'' 181; Zeit, Raum als Schema in bezug auf die reproduktive Einbildungskraft, ,,welche die Gegenstände der Erfahrung herbeiruft'' vgl. 195; Synthesis der Reproduktion A 100 bis A 102 s. Reproduktion.

8. Einbildungskraft und Apprehension s. Apprehension; vgl. A 99, A 100, A 120, 160, 161, 162, 162 A, 164.

9. Einbildungskraft und Schematismus s. Schematismus.

10. Einbildungskraft und Assoziation, Affinität s. letztere.

11. Synthesis speciosa. [species im Sinne von anschaulicher

Vorstellung, Bild; die Bezeichnung: speciosa deutet auf Gestalten im Raume hin, räumliche Beziehungen, daher „figürliche" Synthesis 151; diese bedeutet die Durchdringung der reinen Anschauung, auch der bloß raumzeitlichen Synopsis, Zusammensetzung des anschaulich Mannigfaltigen mit dem Verstande, der kategorialen Funktion; die speciosa entfaltet in Bestimmung des inneren Sinnes 150, 152, 153, 154, 155 die bloßen Formen: Raum, Zeit zur formalen Anschauung, zu synthetischen Funktionen, vgl. 136 A, 160, 161, 160 A, 161 A; Schematismus und speciosa (Bestimmung des inneren Sinnes) vgl. 181].

12. Synthesis intellectualis ist die Synthesis, „welche in Ansehung des Mannigfaltigen einer Anschauung überhaupt in der bloßen Kategorie gedacht würde" 151; sie ist transzendental, wie auch die speciosa 151; „bloß intellektuelle Verbindung" 151; „ohne alle Einbildungskraft" 152; „intellektuelle Synthesis" 164; bloß transzendentaler Gebrauch der Kategorie 304; [bloße Einheitsfunktion; kein eigentlich gegenstand-gestaltendes Moment; gehört nicht zur Einbildungskraft 152; in der Bestimmung des inneren Sinnes vollzieht sich die Überleitung von der synthesis intellectualis zur speciosa].

13. Einbildungskraft im gewöhnlichen Sprachgebrauch. „Einbildungskraft ist das Vermögen, einen Gegenstand auch ohne dessen Gegenwart in der Anschauung vorzustellen" 151; Kriterium des Unterschieds zwischen Einbildung und Wirklichkeit vgl. 279, 798, A 376; s. Schein, Trug, Irrtum, Urteil, Sinn, Sinnlichkeit, Wirklichkeit.

Eindruck.

„Roher Stoff sinnlicher Eindrücke" 1; „Gelegenheitsursachen" der Erfahrung 118; alles Empirische bezieht sich auf den Eindruck der Sinne 400; die Form der Sinnlichkeit geht allen wirklichen Eindrücken vorher Pr. § 9, vgl. § 11; Einbildungskraft und Eindrücke A 120; s. Sinn, Sinnlichkeit, datum, data.

Einerleiheit und Verschiedenheit von Vorstellungen kann erst dann richtig bestimmt werden, wenn vor einer solchen Vergleichung festgestellt wird: „in welchem Erkenntnisvermögen gehören sie zusammen?" 316; es ist dies die transzendentale Überlegung 317, 325, „ob sie der reine Verstand denkt oder die Sinnlichkeit in der Erscheinung gibt" 325; es kommt hier auf den Inhalt der zu vergleichenden Begriffe an 318, deren „transzendentaler Ort" 324 — ob Verstand oder Sinnlichkeit — zu bestimmen ist. Die Unterlassung derartiger Bestimmung führt zu Irrtümern, z. B. bezüglich der numerischen Verschiedenheit von Gegenständen 319, 320; vgl. Kritik am System von Leibniz 326 ff.

Eines, Eins.

„Das reine Schema der Größe . . . (quantitatis), als eines Begriffs des Verstandes, ist die Zahl, welche eine Vorstellung ist, die die sukzessive Addition von Einem zu Einem (Gleichartigen) zusammenbefaßt" 182, A 103; „den Begriff der Größe überhaupt kann niemand erklären, als etwa so: daß sie die Bestimmung eines Dinges sei, dadurch, wie vielmal Eines in ihm gesetzt ist, gedacht werden kann". 300; s. einfach, Einheit, einzeln, einzig, Individuum.

Einfach.

1. Der Begriff des Einfachen in bezug auf Zeit, Raum. „Raum und Zeit bestehen also nicht aus einfachen Teilen" 468; kein „totum substantiale phaenomenon" (äußerer Gegenstand) ist in seinen Teilen einfach, „darum, weil kein Teil des Raumes einfach ist" 469; vgl. 552 ff.; „Raum und Zeit sind quanta continua . . ." 211, vgl. 253, 254, 466; der Raum besteht „nicht aus einfachen Teilen, sondern aus Räumen" 463; mathematischer Punkt ist „einfach, aber kein Teil, sondern bloß die Grenze eines Raumes" 467, vgl. 419.

2. In bezug auf Materie. Die absolute Totalität der Teilung kann nicht anders stattfinden, „als durch eine vollendete Teilung, dadurch die Realität der Materie entweder in Nichts oder doch in das, was nicht mehr Materie ist, nämlich das Einfache verschwindet" 440.

3. In keiner Erfahrung wird das Einfache angetroffen 410, 497, 800, A 361, 812, 419, 465.

4. Das Einfache und der Begriff der Teilung (regressive Synthesis) s. Teil, Teilung, vgl. 462 ff.; 551 ff.

5. In bezug auf den Begriff der Seele. „Die Einfachheit aber der Vorstellung von einem Subjekt ist darum nicht eine Erkenntnis von der Einfachheit des Subjekts selbst . . ." A 355; s. Seele, Ich; vgl. 710, 711, 800, 799, A 356.

6. In bezug auf den Gottesbegriff. „Das Ideal des Urwesens" muß als „einfach gedacht werden" 607, vgl. 608.

Einfluß.

Kritik Kants an den Lehren des physischen Einflusses, der vorherbestimmten Harmonie, der übernatürlichen Assistenz A 389 ff., 331, vgl. 167, 168 (Präformation).

Einheit.

I. Einheit als Kategorie ist in der Kategorientafel 106, Pr. § 21 das erste Moment der Kategorie der Quantität (Einheit, Vielheit, Allheit); gehört zur mathematischen Klasse 110; Vielheit, als Einheit betrachtet, ergibt Allheit 111.

II. Einheit des Bewußtseins überhaupt s. Apperzeption, Bewußtsein.

a) Verstandeseinheit s. Synthesis, Kategorie, Verstand.

b) Vernunfteinheit s. Vernunft, Idee, System.

III. Einheit als mathematischer Begriff s. Mathematik, Arithmetik, Zahl, Unendlichkeit.

IV. Sonstige Begriffe von Einheit: 1. Zeit, Raum 229, 231, 232, 136 A, 160, 161, 160 A, 161 A, A 99, A 100, A 107. — 2. Empfindung, intensive Größe 210. — 3. Anschauung, Mannigfaltiges A 99, 143. — 4. Einheit der Erscheinungen 281, 646. — 5. Einheit der Erfahrung s. Erfahrung, Substanz, Natur, vgl. 280, 281, 282, 229, 231, 232, 700, Pr. § 56. — 6. Synthetische Einheit s. Synthesis, synthetisch, vgl. 130. 132—135. — 7. Analytische Einheit s. Verstand, Apperzeption, Analysis. — 8. Objektive, ursprüngliche Einheit s. Apperzeption. — 9. Grund der Einheit beim Zählen 104. — 10. Einheit der Regel s. Regel. — 11. Regel der Einheit 181 s. Kategorie. — 12. Einheit der Natur s. Natur, vgl. 263, 281, 714, 719, 728, 843, 844, A 125, A 114. — 13. Einheit des Weltganzen 265 A. — 14. Unendlichkeit und Einheit 111. — 15. Einheit und Systembegriff s. System, Vernunft, Wissenschaft, Idee, Architektonik der reinen Vernunft. — 16. Distributive und kollektive Einheit 610, 672. — 17. Qualitative Einheit 114. — 18. Einheit und Vollkommenheit 722. — 19. Projektierte Einheit 675. — 20. Zweckeinheit, Einheit der Zwecke s. Zweck, Natur. — 21. Moralische, sittliche Einheit 835, 842, 843. — 22. Einheit des Ich s. Ich, Seele, vgl. 408, A 353, A 362, A 363, A 364, 402 ff. — 23. Absolute Einheit s. absolut, unbedingt, Totalität, Idee, Gott, Welt.

Einschränkung.

1. Einschränkung als Kategorie s. Limitation.

2. Einschränkung der Sinnlichkeit, Anschauung s. Sinn, Sinnlichkeit, vgl. 43, A 251, 185, 186.

3. Einschränkung des Verstandes, der Erkenntnis a priori s. Verstand, a priori, vgl. 75, 92, 122, 158, 159, 166, 166 A, 178, 179, 185, 186, 266, 300, 303, 342, 343, A 246.

4. Einschränkung der Ideen auf objektive, aber unbestimmte Gültigkeit 708, 717, 691, 697.

5. Einschränkung des Raumes und der Zeit durch Vorstellung ihrer Teile 39, 47, 48, 211, 606, 647.

6. Die Dinge der Welt als Einschränkungen bzw. Folge eines Inbegriffs s. All der Realität 606, 607, 610.

Einstimmung und Widerstreit gehören zu den Reflexionsbegriffen 316 ff. und bedeuten ein Verhältnis zwischen Vorstellungen, das erst dann richtig zu bestimmen ist, wenn durch transzendentale Überlegung 317, 325 festgestellt ist, zu welcher Erkenntniskraft die zu vergleichenden Begriffe gehören 316, 317, 324, 325, ob zum Verstande oder zur Sinnlichkeit. Widerstreit des Realen in der Erscheinung 320, 321; Kritik an Leibniz 328, 329, 330. — S. Amphibolie der Reflexionsbegriffe.

Einzeln, einzig.

1. Einzelne Urteile s. Urteil, vgl. 95, 96, Pr. § 21.

2. Einzig, Einzelnheit und Anschauung, Mathematik 47, 136 A, 741, 377, 209, 210, A 99, A 120.

3. Einzelheit und Zeit, Raum 136 A, 328, 319, 320 (Einerleiheit, Verschiedenheit).

4. Nur Einzelnes oder Einziges in der Natur würde den Gattungsbegriff usw. unmöglich machen 681, 682.

5. Einzelheit und Idee, Ideal 596, 604.

6. Einziger Beweis für Sätze aus reiner Vernunft s. Beweis.

Elementarbegriffe keine abgeleiteten Begriffe 89, sondern solche des reinen Verstandes, Kategorien 89, 109; Zeit und Raum als „reine Elementarbegriffe der Sinnlichkeit" Pr. § 39.

Elementarlehre.

Die Kritik der reinen Vernunft hat zwei Hauptteile: die „Transzendentale Elementarlehre" und die „Transzendentale Methodenlehre". Die Elementarlehre umfaßt die „Transzendentale Ästhetik" und die „Transzendentale Logik"; letztere enthält die „Transzendentale Analytik" und „Transzendentale Dialektik".

Elementarlogik ist eine Logik des „allgemeinen Verstandesgebrauchs", „enthält die schlechthin notwendigen Regeln des Denkens . . . unangesehen der Verschiedenheit der Gegenstände" 76.

Elemente der Erkenntnis 74, 89, 103, 166, A 115.

Elenchus = Widerlegung; ignoratio elenchi 637.

Empfänglichkeit s. Rezeptivität 129.

Empfindung.

1. [Empfindung kein physiologischer oder psychologischer Vorgang, sondern als stets „zufälliges" bedingtes Mannigfaltiges empirischer Anschauung das Problem überhaupt, daß ein noch zu Bestimmendes (X) in das Bewußtsein getreten ist, vgl. 207, 208]; Empfindung ist nur der Begriff von etwas innerhalb der Erfahrung, von welchem wir „nichts a priori haben, als unbestimmte Begriffe der Synthesis möglicher Empfindungen, sofern sie zur Einheit der Apperzeption (in einer möglichen Erfahrung) gehören" 751; „eine Perzeption, die sich lediglich auf das Subjekt als die Modifikation seines Zustandes bezieht, ist Empfindung (sensatio)" 376.

2. Empfindung und Zeit, Raum. In der Empfindung, die „an sich gar keine objektive Vorstellung ist" 208, wird „weder die Anschauung vom Raum noch von der Zeit angetroffen" 208, vgl. Pr. §§ 24, 26; „die Apprehension, bloß vermittelst der Empfindung, erfüllt nur einen Augenblick" 209, vgl. 210, A 99.

3. Empfindung und Synthesis, Kategorie, Verstand, Apperzeption. Betreffs der Empfindung können wir „nichts a priori haben, als unbestimmte Begriffe der Synthesis m ö g l i c h e r Empfindungen . . ." 751; Empfindungen (als Mannigfaltiges) werden unabhängig von den Funktionen des Verstandes gegeben 68, 122, 123, 132, 145, 508; Empfindung ist „an sich gar keine objektive Vorstellung" 208; für Empfindung als solche kommt der Begriff der Synthesis nicht in Betracht, da jene nur einen Augenblick erfüllt, vgl. 209, 210, A 99.

4. Empfindung und Bewußtsein, Wahrnehmung, Apprehension. „Zur Möglichkeit eines bestimmten Bewußtseins unserer selbst" wird „die Existenz äußerer Gegenstände" erfordert 278, also Empfindung; „Wahrnehmung ist das empirische Bewußtsein, d. i. ein solches, in welchem zugleich Empfindung ist" 207, vgl. 147; Erscheinungen enthalten „die Ma-

terien zu irgendeinem Objekte überhaupt . . ., d. i. das Reale
der Empfindung. . . ., von der man sich nur bewußt werden
kann, daß das Subjekt affiziert sei . . ." 207, vgl. 208, 376;
Empfindung ist die ,,Materie der Wahrnehmung" 209, Materie
der Anschauung 60; ,,Wirkung eines Gegenstandes auf die
Vorstellungsfähigkeit" 34; in bezug auf Apprehension s. letztere,
vgl. 210, 209

5. Empfindung und Gegenstand, Objekt. ,,Erscheinungen, als
Gegenstände der Wahrnehmung, . . . enthalten also über die
Anschauung noch die Materien zu irgendeinem Objekte überhaupt . . ." 207; Empfindung bezieht man auf ein Objekt
überhaupt 207, 208; Empfindung an sich ist noch ,,gar
keine objektive Vorstellung" 208; Materie, sofern sie noch
nicht empirisch bestimmt ist = Gegenstand der Empfindung
überhaupt Pr. § 39; s. Gegenstand.

6. Empfindung und Qualität. Empfindungen machen die
eigentliche Qualität aller empirischen Vorstellungen aus Pr.
§ 24; Empfindung ist die Qualität einer empirischen Anschauung Pr. § 26; Empfindung und Geschmack, Farbe, Wärme usw.
217, A 28, A 29, A 374, Pr. § 13 Anm. II, § 24, 26.

7. Empfindung und Reales, Realität. Empfindungen machen das
Reale aller Erscheinungen aus Pr. § 24; das Reale ist ,,ein Gegenstand der Empfindung" 207, bedeutet die ,,Materien zu irgendeinem Objekte überhaupt" 207; Realität bezieht sich auf
Empfindungsvorstellung Pr. § 24, vgl. 270, A 373.

8. Empfindung und Materie s. Materie, vgl. 609, 34, 751,
209, Pr. § 39.

9. Empfindung und Erfahrung, Wirklichkeit. Die sinnlichen
Eindrücke sind der ,,Grundstoff" der Erfahrung 1, 2,; Empfindung als ,,Materie der Erfahrung" 270, ,,was mit den
materialen Bedingungen der Erfahrung (der Empfindung)
zusammenhängt, ist wirklich" 266; Empfindung setzt die
wirkliche Gegenwart des Gegenstandes voraus 74; s. Erfahrung, Wirklichkeit, vgl. 147, 272.

10. Empfindung und Mathematik. Daß alle Empfindungen
(mithin das Reale aller Erscheinung) einen Grad haben, ist
ein Grundsatz a priori, der eine Anwendung der Mathematik
auf Naturwissenschaft bedeutet Pr. § 24; Empfindung als
,,Größe der Wahrnehmung" Pr. § 26.

11. Empfindung und extensive, intensive Größe. ,,In allen

Erscheinungen hat das Reale, was ein Gegenstand der Empfindung ist, intensive Größe, d. i. einen Grad" 207, aber keine
extensive Größe 209; Erscheinungen sind aber sowohl extensive, als intensive Größen 212, Pr. § 26; s. intensiv, extensiv,
Grundsätze des reinen Verstandes.

Empirisch, Empirismus.

1. Empirisches Bewußtsein. Die empirische Einheit des Bewußtseins ist „ganz zufällig" 140, ist als „subjektive Einheit
des Bewußtseins" 139 eine Bestimmung des inneren Sinnes
139, 150, 152, 153, 155, 68, „nicht notwendig und allgemein
geltend" 140; „Wahrnehmung ist das empirische Bewußtsein,
d. i. ein solches, in welchem zugleich Empfindung ist" 207,
vgl. 160; s. Bewußtsein.

2. Empirische Anschauung, Erfahrung, Erkenntnis, Wahrheit.
Anschauung ist rein oder empirisch; empirisch, wenn Empfindung „darin enthalten ist" 74, vgl. 147, 33, 34, 35, 3, 4;
„empirisch außer mir ist das, was im Raume angeschaut
wird" Pr. § 49; alles Empirische bezieht sich auf den Eindruck
der Sinne 400; empirische Anschauung ist nur a posteriori
möglich 75; Erkenntnisse heißen empirisch, wenn sie „ihre
Quellen a posteriori, nämlich in der Erfahrung, haben" 2;
empirisches Erkenntnisvermögen A 115, 863, 147; Postulate
des empirischen Denkens überhaupt 265 ff.; bloße empirische
Erkenntnis kann „niemals notwendige und apodiktische
Sätze geben" 749; alles, was geschieht, gehört zum Empi-
risch-Zufälligen 663; die gezeichnete geometrische Figur empirisch und zugleich a priori 741, 742; empirische Realität
s. Zeit, Raum. Realität; „Merkmal empirischer Wahrheit"
679, 520, 521, s. Wahrheit, Wirklichkeit, Traum, Einbil
dungskraft.

3. Transzendentale und empirische Wahrheit 185, 269.

4. Empirische Deduktion s. Deduktion.

5. Empirische und intelligible Ursache s. Ursache, Kausalität,
Erscheinung, Substrat, intelligibel.

6. Empirischer und intelligibler Charakter s. Charakter, vgl. 574.

*7. Empirische Ableitung von Verstandesbegriffen durch Locke
und Hume* 5, 19, 20, 127, 128, 793, Pr. §§ 2, 5, 27, 29.

8. Empirischer Idealismus s. Idealismus.

9. Empirischer Gebrauch s. Verstand, Vernunft, Kategorie,
Idee, Gebrauch.

10. Der Empirismus als philosophische Methode 496, 497, 498, 499, 501, 502, 493, 494, 882.

Endabsicht der natürlichen Dialektik der menschlichen Vernunft 697 ff. — Die Endabsicht der reinen Vernunft geht auf das Praktische (Sittlichkeit, Freiheit) XXXVIII, betrifft drei Gegenstände: Freiheit des Willens, Unsterblichkeit, der Seele, Dasein Gottes 826.

Endursache s. Zweck.

Endzweck.
Der höchste und als solcher einzige Zweck, Endzweck ist „kein anderer als die ganze Bestimmung des Menschen, und die Philosophie über dieselbe heißt Moral" 868, vgl. 425.

Ens realissimum, summum, originarium, entium s. Gott, Urwesen, All der Realität; realissimum 604; originarium, summum, ens entium 606, 607; prototypon transcendentale 599, 606; All der Realität 603, 604; Inbegriff aller Prädikate der Dinge überhaupt 600; das gemeinschaftliche Korrelatum aller Dinge überhaupt 600 A; Grund aller Dinge 607; vgl. 610, 611 (realisieren, hypostasieren, personifizieren); ens extramundanum 589.

Entstehen.
1. In der Kritik der reinen Vernunft ist „nicht von dem Ent stehen der Erfahrung die Rede", sondern „von dem, was in ihr liegt" Pr. § 21 a.
2. In bezug auf Substanz, Kausalität. Das Entstehen trifft nicht die Substanz, sondern ihren Zustand, die Akzidenzen 251; gigni de nihilo nihil, in nihilum nil posse reverti 229; Naturkausalität 560, vgl. 447, 570; Kausalität der Vernunft 579, 580, 567, 568; s. Substanz, Kausalität, Schöpfung, Ursache.

Epigenesis der reinen Vernunft, gleichsam als „System", bedeutet: „daß ... die Kategorien von Seiten des Verstandes die Gründe der Möglichkeit aller Erfahrung überhaupt enthalten" 167, daß also nicht die Erfahrung die Begriffe (Kategorien), sondern die Begriffe die Erfahrung möglich machen vgl. 166, 127, 124, 125.

Epikur der „vornehmste Philosoph der Sinnlichkeit" 881, 882; Prolepsis 208; Epikureismus und Platonismus 499, 500.

Episyllogismos ist ein Vernunftschluß in „absteigender Reihe" der Folgerungen auf der Seite des Bedingten (nicht der Bedingungen, wie beim Prosyllogismos), ein „potentialer Fortgang" in einer werdenden, nicht schon ganz vorausgesetzten oder gegebenen Reihe; wieweit sich „dieser Fortgang a parte posteriori erstrecke", kann der Vernunft gleichgültig sein 388, 389, s. Prosyllogismos.

Erfahrung.

1. Begriff der Erfahrung im allgemeinen. [Erfahrung bezeichnet sowohl den Gegenstand als die Methode der Erkenntnis, den denkgesetzlichen Zusammenhang aller Funktionen der Erkenntnis. Der Gegenstand der Erfahrung ist in kritischem Sinne — der logischen Form nach — das reine Korrelat der synthetischen Funktionen, zu denen auch Zeit und Raum gehören. Erfahrung bedeutet kein abschließbares Ganze, sondern einen stets fortschreitenden Erkenntnisprozeß. Als Realisierung der Grundsätze des reinen Verstandes ist Erfahrung empirische und zwar objektivgültige Erkenntnis. In der Kritik ist „nicht von dem Entstehen der Erfahrung die Rede, sondern von dem, was in ihr liegt" Pr. § 21 a.] — Erfahrung: „ein empirisches Erkenntnis, d. i. ein Erkenntnis, das durch Wahrnehmungen ein Objekt bestimmt" 218, „besteht in der synthetischen Verknüpfung der Erscheinungen (Wahrnehmungen) in einem Bewußtsein, sofern dieselbe notwendig ist" Pr. § 22, „eine kontinuierliche Zusammenfügung (Synthesis) der Wahrnehmungen" Pr. § 5, „Produkt der Sinne und des Verstandes" Pr. § 20, vgl. Kritik 1, empirische Synthesis 196, „Erkenntnis durch verknüpfte Wahrnehmungen" 161, Synthesis der Wahrnehmungen 792, vgl. 12, 218, das einzige Erkenntnis, „worin uns Gegenstände gegeben werden" 283, betseht aus „der Apprehension, Assoziation (Reproduktion), endlich der Rekognition der Erscheinungen" A 124, „alle unsere objektivgültige Erkenntnis" 722, „Erkenntnis der Objekte durch Wahrnehmungen" 219. — „Es ist nur eine Erfahrung" A 110; „mein Platz ist das fruchtbare Bathos der Erfahrung ..." Pr. Anhang: Probe eines Urteils usw.; Erscheinungen nach synthetischer Einheit buchstabieren 370, 371, Pr. § 30.

2. Ursprung der Erfahrung. Der Verstand ist durch seine Begriffe (Kategorien) „selbst Urheber der Erfahrung" 127; „Erfahrung ist nur durch die Vorstellung einer notwendigen Verknüpfung der Wahrnehmungen möglich" 218, vgl. 219;

beruht „auf der synthetischen Einheit der Erscheinungen,
d. i. auf einer Synthesis nach Begriffen vom Gegenstande der
Erscheinungen überhaupt" 195; „die Bedingungen a priori
einer möglichen Erfahrung überhaupt sind zugleich Bedingungen der Möglichkeit der Gegenstände der Erfahrung"
A 111, vgl. 197, 517, 195, 196; Erfahrung enthält „eine M a t e r i e
zur Erkenntnis aus den Sinnen und eine gewisse F o r m , sie
zu ordnen, aus dem inneren Quell des reinen Anschauens und
Denkens" 118, Anschauungen und Urteile Pr. § 21 a;) Verstand als Urheber der Erfahrung 127, der Natur s. Verstand,
vgl. XII, XIII, XIV, XVIII, XXIII, 165, 198, 241, A 125,
A 126 ff. (was wir selbst a priori in die Dinge legen).
3. Erfahrung und Zeit, Raum, Sinnlichkeit, Empfindung,
Wahrnehmung. Zeit und Raum sind „die Bedingungen der
Anschauung" zu einer möglichen Erfahrung A 111; die Gegenstände der Erfahrung müssen „den formalen Bedingungen"
des Raumes und der Zeit gemäß sein 122, 123, 271; die Anschauungen überhaupt, Zeit und Raum, machen „das Feld
oder den gesamten Gegenstand möglicher Erfahrung" aus
A 95; der Raum „eine formale Bedingung a priori von äußeren Erfahrungen" 271; der Raum und die Kriterien der Erfahrung Pr. § 49; Raum und Zeit sind keine empirischen Begriffe, die von äußeren Erfahrungen 38, von irgendeiner Erfahrung 46 abgezogen worden; „Raum und Zeit gelten, als
Bedingungen der Möglichkeit, wie uns Gegenstände gegeben
werden können, nicht weiter, als für Gegenstände der Sinne,
mithin nur der Erfahrung" 148; Raum und Zeit „ein bloßes
Schema" für die Erfahrung 195; „der Zeit nach geht also
keine Erkenntnis in uns vor der Erfahrung vorher, und mit
dieser fängt alle an" 1; Erfahrung liefert den „rohen Stoff
sinnlicher Eindrücke" 1; die sinnlichen Eindrücke sind der
„Grundstoff" der Erfahrung 1; s. Sinn, Sinnlichkeit, Gelegenheitsursachen; Empfindung ist die Materie der Erfahrung
270; s. Empfindung; Erfahrung ein Erkenntnis, „das durch
Wahrnehmungen ein Objekt bestimmt" 218, eine Synthesis
der Wahrnehmungen 218, vgl. 219, 161, 12, 792, 195, Pr.
§§ 22, 5, A 124, A 110.
4. Erfahrung und Erkenntnis a priori, Synthesis, Verstand,
Kategorie, Apperzeption, Grundsätze. — Erörterung der zwei
möglichen Fälle: „Entweder wenn der Gegenstand die Vor-

stellung oder diese den Gegenstand allein möglich macht"
124, 125, vgl. 166, 167. „Die Erfahrung hat also Prinzipien
ihrer Form a priori zum Grunde liegen . . ." 196; die Verstandesgrundsätze, als synthetische Erkenntnisse a priori,
antizipieren die Erfahrung 303, 790; alles, was der Verstand
a priori „aus sich selbst schöpft, ohne es von der Erfahrung
zu borgen" 295, hat er nur zum Erfahrungsgebrauch; wir
können „von den Dingen nur das a priori erkennen, was wir
selbst in sie legen" XVIII, vgl. XII, XIII, XIV, XXIII,
165, 198, 241, A 125, A 126 ff., s. a priori; Erfahrung und
Synthesis s. Synthesis, synthetisch, vgl. 218, 219, 12, 161,
195, 792, A 110, A 125, Pr. §§ 5, 22; „alle Grundsätze des
reinen Verstandes sind nichts weiter, als Prinzipien a priori
der Möglichkeit der Erfahrung . . ." 294, Pr. § 22 ff; der Verstand antizipiert „die Form einer möglichen Erfahrung überhaupt" 303; „zu aller Erfahrung und deren Möglichkeit gehört Verstand", der die „Vorstellung eines Gegenstandes
überhaupt möglich macht" 244; Erfahrung bedarf „einer
reinen Verstandeseinheit" Pr. § 26; die „Kategorien sind nichts
anderes, als die Bedingungen des Denkens in einer möglichen
Erfahrung" A 111; sie „dienen gleichsam nur, Erscheinungen
zu buchstabieren, um sie als Erfahrung lesen zu können"
Pr. § 30, vgl. 370, 371; die transzendentale Deduktion zeigt
die Kategorien „als Bedingungen a priori der Möglichkeit
der Erfahrung" 126; das oberste Prinzip aller synthetischen
Urteile a priori 197; Form der Erfahrung: synthetische Einheit nach Begriffen (Kategorien) A 110; ein Erfahrungsbegriff
ist „nichts als ein Verstandesbegriff [Kategorie) in concreto"
595; Apperzeption als höchstes Prinzip der Erfahrung s.
Apperzeption.

5. Erfahrung und Wirklichkeit, Realität s. Wirklichkeit, Realität, objektive Gültigkeit, Wahrheit, Traum, Erkenntnis, Verstand, Kontext, vgl. 147, 195, 196, 245, 270, 272, 273, 339 A,
521, 523, 524, 527, 610, 628, 629, 766, A 373, A 374, A 375.
6. Einheit der Erfahrung dem Verstande nach [wird gewähr-
leistet durch den Oberbegriff der durch Gesetze bestimmten
reinen Synthesis, als der umfassenden Grundfunktion, von
welcher Sinnlichkeit (Zeit, Raum) und Verstand nur metho-
disch getrennte Richtungen oder Entfaltungen sind; s. Apperzeption, Synthesis]. Es ist die „einige allbefassende Er-

fahrung", worin das Reale aller Erscheinungen gegeben ist 610, A 110; Einheit der Erfahrung, Einheit der Zeit 229, 231, 232; vgl. 700, 251; s. Verstand.

7. *Erfahrung und Notwendigkeit, Allgemeinheit, Zufälligkeit* s. letztere, vgl. 3, 4, 65, 383, 490, 575, 661, 662, 709, 762, A 112, Pr. §§ 14, 57; s. Bedingung.

8. *Innere und äußere Erfahrung.* Selbst unsere innere Erfahrung ist „nur unter Voraussetzung äußerer Erfahrung möglich" 275; zur Möglichkeit eines bestimmten Bewußtseins unserer selbst" wird die Existenz äußerer Gegenstände erfordert 278; Beweis hierfür s. „Widerlegung des Idealismus" 274 ff., vgl. hierzu XXXIX Anm.

9. *Mögliche Erfahrung, Möglichkeit der Erfahrung, Erfahrung überhaupt.* „Mögliche Erfahrung" bedeutet den Inbegriff aller „Synthesis, die zur Erkenntnis der Objekte erfordert wird" 267, „Erfahrung überhaupt", d. i. die objektivierende Form der Erfahrung. „Die Möglichkeit der Erfahrung überhaupt ist also zugleich das allgemeine Gesetz der Natur, und die Grundsätze der ersteren sind selbst die Gesetze der letzteren" Pr. § 36; hinsichtlich der Erfahrung „ist Natur und mögliche Erfahrung ganz und gar einerlei" Pr. § 36; „die Bedingungen der Möglichkeit der Erfahrung überhaupt sind zugleich die Bedingungen der Möglichkeit der Gegenstände der Erfahrung . . ." 197, vgl. 195, 196; die Kategorien sind es, „deren Beziehung auf mögliche Erfahrung alle reine Verstandeserkenntnis a priori ausmachen muß" 187; die Kategorien sind „die Bedingungen des Denkens in einer möglichen Erfahrung" A 111; die Grundsätze des reinen Verstandes sind „Prinzipien a priori der Möglichkeit der Erfahrung" 294; vgl. 799; [an einzelnen Stellen wird „mögliche Erfahrung" und „Möglichkeit der Erfahrung" im gewöhnlichen Sinne gebraucht]. Mögliche Erfahrung durch Prinzipien der reinen Vernunft (objektive Realität der moralischen Welt) s. Moral, vgl. 835, 836.

10. *Erfahrung und Natur, Naturgesetz, Welt* s. letztere, vgl. Pr. §§ 36, 14, 16, 17, 23.

11. *Das Ganze der Erfahrung.* „In dem Ganzen aller möglichen Erfahrung liegen . . . alle unsere Erkenntnisse, und in der allgemeinen Beziehung auf dieselbe besteht die transzendentale Wahrheit, die vor aller empirischen vorhergeht und

sie möglich macht" 185; „jede einzelne Erfahrung ist nur ein Teil von der ganzen Sphäre ihres Gebietes; das absolute Ganze aller möglichen Erfahrung ist aber selbst keine Erfahrung und dennoch ein notwendiges Problem für die Vernunft . . ." Pr. § 40; s. Vernunfteinheit unter: Vernunft, kollektiv, distributiv; mögliche Erfahrung „in ihrer absoluten Vollständigkeit" 524; dialektische Verwandlung der distributiven Einheit des Erfahrungsgebrauchs des Verstandes in die kollektive Einheit eines Erfahrungsganzen 610; Idee und das Ganze der Erfahrung 378, 383, 673, 860, vgl. 362, Pr. § 56.

12. Einheit der Erfahrung der Vernunft nach s. Vernunft (Vernunfteinheit), kollektiv, Idee, System, Wissenschaft, Architektonik der reinen Vernunft.

13. Einheit der Erfahrung und Theologie, Gottesbegriff 700, als ob . . .

14. Erfahrung und Freiheit 830, 831.

15. Reichweite, Grenzen der Erfahrung; Erfahrung und Vernunft, Idee. Erkenntnis kann niemals mit den Elementen a priori „über das Feld möglicher Erfahrung hinauskommen" 730, vgl. 344, 345; die Grundsätze des reinen Verstandes reichen nur „auf Gegenstände möglicher Erfahrung" XXX; Erfahrung ist das einzige Erkenntnis, „worin uns Gegenstände gegeben werden" 283; durch Erfahrung allein werden uns Gegenstände gegeben 272; „alle Gegenstände einer uns möglichen Erfahrung sind nichts als Erscheinungen, d. i. bloße Vorstellungen 518; die Gegenstände der Sinne existieren nur in der Erfahrung und haben keine „eigene, für sich bestehende Existenz" Pr. § 52c; Vernunft gibt uns „durch alle ihre Prinzipien a priori niemals etwas mehr als lediglich Gegenstände möglicher Erfahrung" Pr. § 59; Raum und Zeit gelten nur für Gegenstände der Erfahrung 148; Erfahrung bietet niemals mehr dar, als Phänomena (Erscheinungen) 339 A; „objektive" Grenze der Erfahrung Pr. § 59; Erfahrungsgrenze hinsichtlich der Kategorien (Verstand) vgl. 147, 166 A, 185, 186, 295, 298, 303, 304, 342, 343, 365, 724, A 250, 246, Pr. §§ 39, 57; Vernunft sucht alle Erfahrungsbegriffe bis zum Unbedingten zu führen 383; doch kann einem Vernunftbegriff (Idee) „niemals irgendeine Erfahrung kongruieren" 649, wenngleich die Vernunft von dem Felde der Erfahrung anhebt 491; vgl. 384, 490, Pr. §§ 56, 57; s. Vernunft, Idee.

Erfahrungsurteil ist möglich dadurch, daß ich nicht bloß die Wahrnehmungen vergleiche und in einem zufälligen Zustande meines Bewußtseins, sondern sie „in einem Bewußtsein überhaupt verbinde" Pr. § 20, [d. h. den Inhalt des bloß wahrnehmenden Urteilens in einen für jederman gültigen objektiv gesetzlichen Verknüpfungszusammenhang einordne]. Die objektive Gültigkeit des Erfahrungsurteils beruht „auf einem reinen Verstandesbegriff" Pr. § 19; erst in einem solchen Urteil — statt des bloß subjektiv zufälligen Ablaufs von Sinnesvorstellungen — wird „die synthetische Einheit der Wahrnehmungen als notwendig und allgemeingültig vorgestellt" Pr. § 22; [der Inhalt des Urteils an sich wird dadurch nicht vermehrt, sondern nur einer anderen Art der Beurteilung unterzogen]. s. Pr. §§ 18, 19, 20, 21, 22, 25.

Erkennen, Erkenntnis.
1. Allgemeiner Begriff der Erkenntnislehre, des Erkennens, der Erkenntnis. — Gegenstand der kritischen Erkenntnislehre sind nicht „gegebene" Dinge, sondern die grundlegenden Bedingungen zur bestimmten Erkenntnis der Dinge, d. i. „der Verstand, der über die Natur der Dinge urteilt, und auch dieser nur in Ansehung seiner Erkenntnis a priori . . ." 26; unter Erkenntnis ist in der Kritik wesentlich die gegenständlich-anschauliche Erkenntnis zu verstehen; so sind „mathematische Begriffe für sich" nicht Erkenntnisse, „außer sofern man voraussetzt, daß es Dinge gibt, die sich nur der Form jener reinen sinnlichen Anschauung gemäß uns darstellen lassen" 147; Erkenntnis ist „ein Ganzes verglichener und verknüpfter Vorstellungen" A 97; [verknüpfen heißt: durch synthetische Urteile a priori bestimmen]; „wir erkennen den Gegenstand, wenn wir in dem Mannigfaltigen der Anschauung synthetische Einheit bewirkt haben" A 105; „alle unsere Erkenntnis hebt von den Sinnen an, geht von da zum Verstande und endigt bei der Vernunft, über welche nichts Höheres in uns angetroffen wird" 355, vgl. 730; Materie und Form der Erkenntnis s. Form; die Erkenntnis erzeugt den Gegenstand bzw. die Erfahrung der logischen Form, nicht „dem Dasein nach" 125, vgl. 126, A 130, 196, 299, 303, A 110, A 125, A 128.
2. Erkenntnisse a priori und a posteriori s. a priori, a posteriori; von den Dingen erkennen wir das a priori, „was wir

selbst in sie legen" XVIII, vgl. XII, XIII, XIV, XXIII, 165, 198, 241, A 125, A 126 ff.

3. Erkenntnis und Sinnlichkeit, Verstand, Vernunft. „Alle unsere Erkenntnis hebt von den Sinnen an, geht von da zum Verstande und endigt bei der Vernunft . . ." 355, vgl. 730; „die Sinnlichkeit, dem Verstande untergelegt, als das Objekt, worauf dieser seine Funktion anwendet, ist der Quell realer Erkenntnis" 351 A; „zwei Stämme der menschlichen Erkenntnis": Sinnlichkeit, Verstand 29; „drei subjektive Erkenntnisquellen": Sinn, Einbildungskraft, Apperzeption A 115; „zwei Grundquellen des Gemüts": „Rezeptivität der Eindrücke" und „Spontaneität der Begriffe" 74; die „allgemeine Wurzel unserer Erkenntniskraft" wirft zwei Stämme aus, „deren einer Vernunft ist" 863; die „oberen" Erkenntnisvermögen: Verstand, Urteilskraft, Vernunft 169; Erkenntnisquellen: Sinnlichkeit, Verstand 350; der Verstand „für sich" erkennt ohne sinnliche Anschauung gar nichts 145; es „können keine Erkenntnisse in uns stattfinden" ohne die Einheit der Apperzeption A 107; s. Sinnlichkeit, Verstand, Apperzeption, Vernunft.

4. Erkenntnis und Anschauung, Erfahrung. „Alle unsere Erkenntnis bezieht sich doch zuletzt auf mögliche Anschauungen; denn durch diese allein wird ein Gegenstand gegeben" 747, vgl. 33, 74, 75, 146, 147, 158, 730; „zwei Bedingungen, unter denen allein die Erkenntnis eines Gegenstandes möglich ist": Anschauung und Begriff 125; „daß alle unsere Erkenntnis mit der Erfahrung anfange, daran ist gar kein Zweifel . . ." 1; die „Eindrücke der Sinne" geben den ersten Anlaß, die ganze Erkenntniskraft in Ansehung der Begriffe a priori „zu eröffnen" 118.

5. Erkennen und Denken. „Sich einen Gegenstand denken und einen Gegenstand erkennen, ist also nicht einerlei" 146; „denken kann ich, was ich will, wenn ich mir nur nicht selbst widerspreche", aber „einen Gegenstand erkennen, dazu wird erfordert . . ." XXVI A; vgl. 165, 166, 166 A; „nicht dadurch, daß ich bloß denke, erkenne ich irgendein Objekt; sondern nur dadurch . . . "406.

6. Erkenntnis und Synthesis, Kategorie, Urteil. Eine Erkenntnis von Gegenständen beruht „lediglich auf der Synthesis der Vorstellungen" 194; „synthetische Einheit bewirkt" A 105;

bloße Begriffe geben keine synthetische Erkenntnis 64, s. Begriff, synthetisch, Existenz, Wirklichkeit; ,,zu aller empirischen Erkenntnis gehört die Synthesis des Mannigfaltigen . . .'' 246; Erkenntnis als Urteil, durch Urteilen s. Urteil, Denken, Bestimmen; Erkenntnis und Kategorie s. Kategorie.

7. Erkenntnis und Objekt. Erkenntnisse ,,bestehen in der bestimmten Beziehung gegebener Vorstellungen auf ein Objekt'' 137; s. Gegenstand, Objekt.

8. Erkenntnis seiner selbst s. Bewußtsein, Apperzeption, Ich, Seele, Denken, vgl. 157, 158, 159.

9. Erkennen und Schließen. ,,Man macht einen Unterschied zwischen dem, was unmittelbar erkannt, und dem, was nur geschlossen wird'' 359; wir halten ,,oft, wie bei dem sogenannten Betruge der Sinne, etwas für unmittelbar wahrgenommen, was wir doch nur geschlossen haben'' 359, vgl. 350, 351.

10. Erkenntnis und Gefühl. Gefühle und Wille sind ,,gar keine Erkenntnisse'' 66, vgl. 29, 829 A.

11. Erkenntnis auf dem Gebiet des Praktischen (Sittlichkeit, Freiheit). Objektive Gültigkeit eines Begriffes ,,braucht eben nicht in theoretischen Erkenntnisquellen gesucht zu werden, es kann auch in praktischen liegen'' XXVI A; vgl. 835, 836.

12. Historische und rationale Erkenntnis s. historisch, vgl. 863, 864.

13. Grenzen der Erkenntnis; andere mögliche Erkenntnis, als menschliche. Obwohl die Erkenntnis hinsichtlich der Anschauung, der Begriffe und der Ideen drei Quellen a priori hat, so kann dennoch die Vernunft ,,im spekulativen Gebrauche mit diesen Elementen niemals über das Feld möglicher Erfahrung hinauskommen'' 730; vgl. 344; ,,die spezifische Natur unseres Verstandes'' besteht darin, ,,alles diskursiv, d. i. durch Begriffe, mithin auch durch lauter Prädikate zu denken, wozu also das absolute Subjekt jederzeit fehlen muß'' Pr. §§ 46, 57, vgl. Kritik 684; Metaphysik führt in den dialektischen Versuchen der reinen Vernunft auf Grenzen, indem die Ideen sich niemals realisieren lassen Pr. § 57; über Schranken und Grenzen der Erkenntnis in Mathematik und Naturwissenschaft s. Pr. § 57; vgl. Grenzen der Erkenntnis unter: Zeit, Raum, Kategorie, Verstand, Vernunft, Idee, Ding an sich. — Es wäre eine Ungereimtheit, wenn wir ,,unsere Anschauung in Raum und Zeit für die allein mögliche Anschauung, unseren diskursiven Verstand aber für das Urbild von jedem möglichen Verstande ausgeben wollten" Pr. § 57.

14. Theoretische und praktische Erkenntnis. Die theoretische Erkenntnis ist eine solche ,,wodurch ich erkenne, was da ist, die praktische aber, dadurch ich mir vorstelle, was dasein soll" 661, vgl. 868, 575, 830; s. praktisch, Sollen, Moral, Freiheit.

Erkenntnisquellen.
Außer den beiden Erkenntnisquellen der Sinne und des Verstandes haben wir keine anderen 350; es sind ,,drei subjektive Erkenntnisquellen": Sinn, Einbildungskraft und Apperzeption A 115; Gefühle gehören ,,zu empirischen Erkenntnisquellen" 29, vgl. 66; s. Quell, Ursprung.

Erkenntnisvermögen.
Die ,,oberen" Erkenntnisvermögen sind: Verstand, Urteilskraft, Vernunft 169; s. Vermögen.

Erklärung.
1. ,,Die deutsche Sprache hat für die Ausdrücke der Exposition, Explikation, Deklaration und Definition nichts mehr als das eine Wort: Erklärung" 758.

2. Metaphysische und transzendentale Erörterung 38, 40 s. Zeit, Raum.

3. Philosophische und mathematische Definition 758, 759, 760, 754, 755.

4. Erklärung von Erscheinungen (Natur) 511, 512, 800, 801, Pr. § 57; s. Definition, expositio, Ableitung, Frage, Beweis, Gewißheit, Transzendental-Philosophie.

Erläuterungsurteil s. analytisch, synthetisch, Urteil.

Erörterung. s. Erklärung.

Erscheinung.
1. Allgemeines. Erscheinung heißt in der Kritik wesentlich der Gegenstand der äußeren Erfahrung, der empirischen Erkenntnis 666, 299, das durch kategoriale Synthesis zum Objekt bereits geformte ,,Phaenomenon" 339 A, 321, 294 ff., s. Phänomen; ,,Erscheinungen, sofern sie als Gegenstände nach der Einheit der Kategorien gedacht werden, heißen Phaenomena" A 249; an einigen Stellen wird auch das nur in Zeit und Raum (in der bloßen Synopsis) zusammengesetzte Mannigfaltige der äußeren Anschauung bereits ,,Er-

scheinung" 34 genannt: „. . . mithin können uns allerdings Gegenstände erscheinen, ohne daß sie sich notwendig auf Funktionen des Verstandes beziehen müssen . . ."; „denn ohne Funktionen des Verstandes können allerdings Erscheinungen in der Anschauung gegeben werden" 122; „die Anschauung bedarf der Funktionen des Denkens auf keine Weise" 123; [diese schroffe methodische Unterscheidung wird später berichtigt, vgl. 143, 136 A, 160, 161, 160 A, 161 A]; auch auf dem Papier gezeichnete Figuren heißen Erscheinungen vgl. 299.

2. Erscheinung und Zeit, Raum, Anschauung, Materie. Raum und Zeit sind reine Anschauungen, „welche die Bedingung der Möglichkeit der Gegenstände als Erscheinungen a priori enthalten . . ." 121, 122; Gegenstände der sinnlichen Anschauung (Erscheinungen) müssen „den formalen Bedingungen der Sinnlichkeit gemäß sein" 122, 123, s. Zeit, Raum, Geometrie; „die Synthesis der Räume und Zeiten" macht die „Apprehension der Erscheinung möglich" 206; „die Zeit ist die formale Bedingung a priori aller Erscheinungen überhaupt", während der Raum „als Bedingung a priori bloß auf äußere Erscheinungen eingeschränkt" ist 50; Substanzen in der Erscheinung sind die „Substrate aller Zeitbestimmungen" 231; Erscheinungen können nicht durch leere Zeit oder leeren Raum begrenzt werden 461, 455, vgl. 548, 549; Übertragung der „Zeitordnung auf die Erscheinungen und deren Dasein" 244, 245; in der Erscheinung sind „zwei Stücke": Form der Anschauung: Raum, Zeit und die Materie (das Physische) oder der Gehalt . . ." 751, vgl. 207; die bloße Anschauung an allen Erscheinungen ist entweder der Raum oder die Zeit 203; alle Erscheinungen sind in der Zeit 224, vgl. 50; Erscheinung ist nicht gleichbedeutend mit Anschauung: Anschauung ist das, was sich in der Erscheinung „unmittelbar auf den Gegenstand bezieht" A 109; der „unbestimmte Gegenstand einer empirischen Anschauung heißt Erscheinung" 34; die Materie der Erscheinungen kann nur a posteriori vorgestellt werden; der einzige Begriff a priori von diesem „empirischen Gehalt" ist „der Begriff des Dinges überhaupt" 748; Materie in der Erscheinung ist „das, was in ihr Empfindung ist" Pr. § 11; Materie aller Erscheinung nur a posteriori 34; in der Erscheinung ist „das, was der Empfindung korrespondiert, die Materie derselben" 34; vgl. 321, 333; die Erscheinungen (Natur) werden uns der Materie nach „unabhängig von der Synthesis des Verstandes" gegeben 145, vgl. 68, 122, 123, 508, A 127; s. Materie, real, Empfindung, Denken, Zeit, Raum.

3. Erscheinung und Kategorie, Synthesis, Verstand, Apperzeption, Bewußtsein. „Alle Erscheinungen liegen also als mögliche Erfahrungen eben so a priori im Verstande und erhalten ihre formale Möglichkeit [durch kategoriale Synthesis] von ihm, wie sie als bloße Anschauungen in der Sinnlichkeit liegen und durch dieselbe der Form nach allein möglich sind" A 127; alle sinnlichen Anschauungen = Erscheinungen „stehen unter den Kategorien" 143; die noch unbestimmte Erscheinung wird, um Objekt zu werden, nicht unter die Kategorie schlechthin, sondern unter die Schemate subsumiert 223, s. Schematismus; alle Erscheinungen haben eine „notwendige Beziehung auf den Verstand" A 119; Substanz, Kausalität sind die „Kategorien des realen Verhältnisses unter den Erscheinungen" 441; Verstand „in den Kategorien das Gesetz der synthetischen Einheit aller Erscheinungen" A 128, vgl. A 125, A 130; Kategorien sind „Grundbegriffe, Objekte überhaupt zu den Erscheinungen zu denken" A 111; Kategorien schreiben den Erscheinungen Gesetze a priori vor 163; Synthesis der Räume und Zeiten macht die Apprehension der Erscheinung möglich 206; Apperzeption ist „der transzendentale Grund der notwendigen Gesetzmäßigkeit aller Erscheinungen" A 127; Erscheinung, wenn sie mit Bewußtsein verbunden ist, heißt Wahrnehmung A 120, vgl. 160; s. Kategorie, Synthesis, Verstand, Apperzeption, Bewußtsein.

4. Erscheinung als Vorstellung; Idealität der Erscheinungswelt, s. Idealität, vgl. 59, 66, 164, 235, 236, 518, 519, 527, 533, 534, 535, 553, 554, 591, 339 A, A 104, A 373, A 375, A 384, A 385, A 386, A 391, Pr. §§ 9, 10, 13 Anm. II, III, 49, 57.

5. Erscheinung als Substanz im Raume, substantia phaenomenon 321, 333, vgl. 798, 799, 800, 553, 554 beharrliches Objekt, Bild der Sinnlichkeit; A 349 jedes Ding kann Substanz heißen, s. Substanz.

6. Erscheinung und Erfahrung, Wirklichkeit, kein Schein. Die Kategorien „dienen gleichsam nur, Erscheinungen zu buchstabieren, um sie als Erfahrung lesen zu können" Pr. § 30, vgl. Kritik 370, 371; Erfahrung bietet niemals mehr dar,

als Phaenomena = Erscheinungen 339 A; an sich selbst sind
die Erscheinungen, ,,als bloße Vorstellungen, nur in der Wahrnehmung wirklich ...'' 521; s. Erfahrung, Wirklichkeit;
Erscheinungen sind kein bloßer Schein s. Schein, vgl. 69,
Pr. § 13 Anm. II, III.

7. Erscheinung als bloße Größe. ,,Alle Erscheinungen überhaupt
sind ... kontinuierliche Größen, sowohl ihrer Anschauung
nach als extensive, oder der bloßen Wahrnehmung (Empfindung und mithin Realität) nach als intensive Größen''
212; vgl. 203, 204, 208, s. quantum, extensiv, intensiv.

8. Affinität der Erscheinungen s. Affinität.

9. Erscheinung und ihr Substrat. Das ,,stets bedingte Dasein
der Erscheinungen fordert uns auf, uns nach etwas von allen
Erscheinungen Unterschiedenem, mithin einem intelligiblen
Gegenstande, umzusehen, bei welchem diese Zufälligkeit
aufhöre'' 594, vgl. XXVI, XXVII, 565, 594, A 251, A 252,
Pr. §§ 32, 57, 59; s. Ding an sich, Substrat, intelligibel, Noumenon.

10. Erscheinung und intelligible Welt s. intelligibel, Freiheit,
Kausalität.

11. Einheit der Erscheinungen. ,,In der Tat ist auch Ausdehnung und Undurchdringlichkeit (die zusammen den Begriff
von Materie ausmachen) das oberste empirische Prinzipium
der Einheit der Erscheinungen ...'' 646; der Verstand ist
ein ,,Vermögen der Einheit der Erscheinungen mittels der
Regeln'' 359; die Erscheinung ist ,,als Einheit ein Quantum,
und als ein solches jederzeit ein Continuum'' 212.

12. Kontinuität der Erscheinungen s. Kontinuität, vgl. 212,
281, 282 non datur saltus, non datur hiatus.

13. Die Beweisart der Grundsätze des reinen Verstandes geht
,,nicht geradezu auf Erscheinungen und ihr Verhältnis, sondern auf die Möglichkeit der Erfahrung ...'' Pr. § 26.

14. Erscheinung und Seele, Ich, Mensch s. letztere, vgl. 155,
156, 157, 158, 275ff., 580, 581, 574, 575, 577, 710.

Erweiterungsurteil s. synthetisch, Urteil.

Erzeugung.
1. Erzeugung der reinen Anschauungen und Begriffe 118.
2. Zeit, Raum, Zahl, Menge, Geometrie. Zeit, Raum 182,
202, 203, 211, A 99, A 100; Zahl 182, A 103; Menge A 103;
Geometrie 203, 204, 287, 751, 758 vgl. 759.

3. Gegenstand 125 (nicht dem Dasein nach hervorbringen).

4. Quantum 115.

5. Ideen 396, 435, 436.

6. Generatio aequivoca 167, 863.

Etwas.

Der höhere Begriff zu der Einteilung: etwas oder nichts ist der Begriff von einem Gegenstande überhaupt 346; die Kategorie der Realität enthält den Begriff von ,,Etwas", die der Negation den Begriff von ,,Nichts" (Mangel eines Gegenstandes) 347; s. Nichts, Realität, Negation.

Euthanasie (sanftes Sterben) der reinen Vernunft ist der ,,Schlummer einer eingebildeten Überzeugung" 434.

Evident, Evidenz.

1. In der Mathematik gehen die Beweise ,,durch jederzeit evidente Synthesis" fort 452; mathematische Axiome sind evident 761, unmittelbar gewiß 760; reine Mathematik stützt sich auf ihre eigene Evidenz Pr. § 40; unmittelbare Evidenz aller geometrischen Erkenntnis in der Sinnenwelt 120; man kann die Evidenz der Mathematik nicht ,,weg vernünfteln" 467.

2. Aus Begriffen a priori in bloß diskursiver Erkenntnis kann ,,niemals anschauende Gewißheit, d. i. Evidenz entspringen . . ." 762.

3. Evidenz der mathematischen Grundsätze des reinen Verstandes 200, 201.

4. Evidenz in Beweisen (apagogischer Beweis) 818, s. Beweis, Gewißheit, apodiktisch, Mathematik.

Ewigkeit.

Die Ewigkeit ,,mißt nur die Dauer der Dinge, aber trägt sie nicht" 641, vgl. 454, 460; der Gedanke eines Urwesens ,,von Ewigkeit zu Ewigkeit" 641, s. Unendlichkeit, Zeit, Raum, Antinomie 454 ff.

Existenz.

1. Der transzendentale Idealismus der kritischen Ansicht bezweifelt nicht die ,,Existenz der Sachen"; denn: ,,die zu bezweifeln, ist mir niemals in den Sinn gekommen" Pr. § 13 Anm. III; s. Idealismus.

2. Existenzialsatz ist synthetisch, Existenz und Gesamterfahrung. Jeder Existenzialsatz ist synthetisch 626; analytisch aus bloßen Begriffen kann keine Aussage über Existenz gerechtfertigt werden 272, 586, 64, man muß ,,der empirischen

Verknüpfung folgen", um synthetisch urteilen zu können
667; a priori kann man über Existenz nicht urteilen 279;
durch die Existenz wird der Begriff eines Gegenstandes „als
in dem Kontext der gesamten Erfahrung enthalten gedacht"
628, 629; das Bewußtsein aller Existenz „gehört ganz und
gar zur Einheit der Erfahrung" 629; außerhalb der Erfahrung
existieren keine Gegenstände der Erfahrung 521.

3. Existenz und Anschauung, Wahrnehmung. Notwendigkeit
der Existenz kann nur aus der Verknüpfung mit Wahrnehmung erkannt werden 279, da diese „der einzige Charakter
der Wirklichkeit" ist 273, falls nicht etwa Einbildungskraft
im Spiele ist 278; durch bloße Kategorie, also ohne Anschauung,
kann man Existenz nicht denken 629.

4. Existenz und Mathematik. ˋIn den mathematischen Aufgaben „ist von der Existenz gar nicht die Frage" 747; ein
Dreieck ist „nichts mehr, als das Etwas, davon der Begriff
eine solche Notwendigkeit der Synthesis ausdrückt" A 106,
vgl. A 105.

5. Existenz und der Seinsbegriff. „Sein ist offenbar kein
reales Prädikat, d. i. ein Begriff von irgendetwas, was zu
dem Begriffe eines Dinges hinzukommen könne" 626, vgl.
627, 272, s. Sein.

6. Existenz und Substanzbegriff. Substanz als „Substrat alles
Realen, d. i. zur Existenz der Dinge Gehörigen . . ." 225; s.
Substanz, Dasein.

7. Existenz der äußeren Gegenstände und meiner selbst. „Das
bloße, aber empirisch bestimmte, Bewußtsein meines eigenen
Daseins beweist das Dasein der Gegenstände im Raume außer
mir" 275, Beweis 275 ff.; die „Existenz äußerer Gegenstände
zur Möglichkeit eines bestimmten Bewußtseins unserer selbst
erfordert" 278; vgl. 409; Widerlegung des Idealismus 274 ff.

8. Existenz und der Satz: ich denke. Vgl. 420, 422 A, 423 A,
s. Apperzeption, Ich, ich denke.

9. Existenz und Notwendigkeit. „Dessen Zusammenhang mit
dem Wirklichen nach allgemeinen Bedingungen der Erfahrung
bestimmt ist, ist (existiert) notwendig" 266; „die unbedingte Notwendigkeit der Urteile aber ist nicht eine absolute
Notwendigkeit der Sachen" 621; vgl. 279, 280, 589.

10. Fortdauer unserer Existenz s. Unsterblichkeit.

11. Existenz und durchgängige Bestimmung 601, vgl. 600 ff., 597.

12. Existenz eines höchsten Wesens s. Gott, vgl. 605, 606, 647.

Experiment.
Die Natur nötigen, auf Fragen zu antworten XIII; Experiment der reinen Vernunft im Vergleich mit Experimentalchemie usw. XVIII, XIX Anm., XXI, XXII Anm.

Explicatio, explizieren s. Erklärung, Definition.

Exponent 198, 441, 387, 263.

Exponieren, Exposition = deutliche, wenngleich nicht ausführliche Darstellung dessen, was zu einem Begriffe gehört 38, vgl. 443, 757, 303, 536, A 250.

Extensiv.
,,Eine extensive Größe nenne ich diejenige, in welcher die Vorstellung der Teile die Vorstellung des Ganzen möglich macht‘‘ (und also notwendig vor dieser vorhergeht) 203; Erzeugung einer Linie 203; ,,alle Anschauungen sind extensive Größen‘‘ 202, rein oder empirisch, vgl. 203, 204, 162 (Beispiel an einem Haus); alle Erscheinungen (äußere Gegenstände) sind extensive 203 und auch intensive 212 Größen; vgl. 213, 414, Pr. § 24, § 26; s. intensiv, Kontinuität, Axiome der Anschauung (Grundsätze des reinen Verstandes).

Extramundan s. außerweltlich; vgl. 589.

F

Faktum.
1. Die Wirklichkeit, das Faktum der ,,reinen Mathematik und allgemeinen Naturwissenschaft‘‘ widerlegt die empirische Ableitung reiner Verstandesbegriffe durch Locke und Hume 127, 128; vgl. 20 Pr. § 4.

2. Empirische Deduktion betrifft das Faktum 117 *von Begriffen* (quid facti 116), wodurch der Besitz entsprungen 117.

Falschheit.
,,In den Sinnen ist gar kein Urteil, weder ein wahres noch ein falsches‘‘ 350; bezüglich des Satzes vom Widerspruch 190.

Fatalismus = Begriff einer blinden Naturnotwendigkeit, berührt sich mit dem Materialismus Pr. § 60, Kritik XXXIV.

Fatum.
Ein Naturgesetz 280 a priori: non datur fatum; ,,keine Not-

wendigkeit in der Natur ist blinde, sondern bedingte, mithin verständliche Notwendigkeit" 280, vgl. 282.

Figur.
1. Die mathematischen Figuren sind ,,nur als verschiedene Arten, den unendlichen Raum einzuschränken, möglich" 606, vgl. 268, 181, 741, 742.
2. Die vier syllogistischen Figuren (Schlußarten) 141 A.

Fiktion.
In Beziehung auf Vernunftbegriffe, Ideen, als ,,heuristische Fiktionen" können ,,regulative Prinzipien des systematischen Verstandesgebrauchs im Felde der Erfahrung" gegründet werden 799.

Fließen, fließend.
1. In bezug auf Zeit, Raum: ,,fließende Größen" 211, vgl. 291, 439, s. Zeit.
2. In bezug auf das Ich, das als beharrlich nicht beweisbar ist A 363, A 364.

Focus imaginarius.
Täuschende Richtungslinien (transzendentale Idee) 672, 673.

Folge.
Zeit 219, 224, 226, 232, 249, Kausalität 249, 560, 794, Begebenheit 241, Bedingung 437 vgl. 394, Synthesis der Erscheinungen 243, Wahrnehmung, Apprehension 233, 234, subjektiv 239, objektiv 238, 240; Schlußfolge s. Vernunftschluß; vgl. Grund.

Folgebegriff.
Die Begriffe der Kraft und der Handlung sind Folgebegriffe des Begriffs der Verknüptung von Ursache und Wirkung Pr. Vorrede, vgl. Kritik 107, 108, s. Prädikabilien.

Form.
1. Form und Materie der Erkenntnis im allgemeinen. [Form und Materie sind keine selbständigen Elemente vor der Bestimmung des Gegenstandes; ihre methodische Trennung ist keine sachlich absolute; sie bedingen sich wechselseitig in notwendiger Beziehung, und nur hierauf beruht ihre Geltung; Form kann nur durch den Begriff der Materie, als Bestimmendes durch ein Bestimmbares, definiert werden und umgekehrt ebenfalls; unter Formen im kritischen Sinne sind die grundlegenden synthetischen Erkenntnismittel der Verknüpfung eines Mannigfaltigen zum Gegenstand zu verstehen, die Grund-

arten der transzendentallogischen Gesetzlichkeit, die auf den Inhalt der Erkenntnis geht. Die ,,allgemeine Logik abstrahiert ... von allem Inhalt der Erkenntnis d. i. von aller Beziehung derselben auf das Objekt, und betrachtet nur die logische Form im Verhältnisse der Erkenntnisse aufeinander, d. i. die Form des Denkens überhaupt'' 79. Den Form-Elementen als den Grundordnungen der Erkenntnis stehen gegenüber die jeweiligen nur zufälligen materialen Elemente des empirischen Gehalts 748, das ,,Physische'' 751, mit welchem sich die Formen in stetem (logisch nicht eindeutigem) Wechsel der wirklichen Erfahrung erfüllen.]

2. Form und Urteil s. Urteil, Kategorie, Verstand, Logik, vgl. 95, 105, 140, 141, 142, Pr. §§ 20, 21.

3. Form und Funktion sind im wesentlichen identische Begriffe; die Formen sind synthetische Funktionen: Zeit, Raum, Kategorien; auch Ideen (diese ohne einen Gegenstand bestimmen zu können); Zeit, Raum sind Formen der Sinnlichkeit, der reinen Anschauung; Kategorien sind Gedankenformen, Formen des reinen Denkens; s. Zeit, Raum, Kategorie, Idee, Funktion.

4. Form und Apperzeption, Bewußtsein. ,,Der formale Satz der Apperzeption: Ich denke ... ist ... die Form der Apperzeption, die jeder Erfahrung anhängt und ihr vorhergeht ...'' A 354; die Einheit des Bewußtseins liegt ,,allem Bestimmen, als der bloßen Form der Erkenntnis, zum Grunde'' 427; in der ,,Einheit des möglichen Bewußtseins'' d. i. Apperzeption ,,besteht auch die Form aller Erkenntnis der Gegenstände'' A 129; s. Apperzeption, Bewußtsein.

5. Raum, Zeit, Kategorien, Ideen als Formen. Raum, Zeit: Formen der Sinne, der Sinnlichkeit 43, 35, 49, 522, 342, Pr. § 9 vgl. § 10; Formen der Erscheinung 34, 36, 42, Pr. § 39; Formen der Anschauung 47, 56, 67, 68, 72, 120, 129, 160, 164, 202, 298, 323, 751, A 373, Pr. § 10; Formen möglicher Gegenstände 459; Formen der Materie der Erkenntnis 118; Kategorien: Gedankenformen 148, 288, 305, des Denkens 309, Pr. § 57; Formen der Erfahrung 303, 367, A 110. Ideen als bis zum Unbedingten erweiterte 436 Kategorien, als regulative Prinzipien sind als Formen der systematischen Einheit des Verstandesgebrauchs zu betrachten.

6. Form der Erscheinungen, äußeren Gegenstände. ,,Die empirische Anschauung ist nur durch die reine (des Raumes und der Zeit) möglich; was also die Geometrie von dieser sagt, gilt auch ohne Widerrede von jener . . ." 206; s. Zeit, Raum, Geometrie, Gegenstand, Erscheinung, vgl. 120, 121, 122, 196, 206, 271, 160, 162, 162 A, 164, A 128, Pr. § 13 A I.

7. Form und Erfahrung. Die Formen der Erkenntnis erzeugen die Erfahrung und ihre Gegenstände nur der logischen Form (und nicht dem Dasein nach), vgl. 125, 126, 147, 299, 367, 196, 303, A 110, A 125, A 127, A 128, A 129; s. Erfahrung, Pr. §§ 23, 26.

8. Form und Materie als Reflexionsbegriffe s. Amphibolie der Reflexionsbegriffe; vgl. 322 ff., s. Gestalt, Figur, Mathematik, Geometrie.

Formal.

1. Formale Anschauung s. Zeit, Raum, Anschauung, Mathematik, Geometrie.

2. Formale Prinzipien des Denkens, des reinen Verstandes 88, s. Verstand, Kategorie, Logik, Prinzip, Denken.

3. Formale Einheit in der Synthesis A 125 s. Synthesis, Kategorie.

4. Formale Bedingungen der Erfahrung 666 s. Erfahrung.

5. Das Formale aller Wahrheit 350 s. Wahrheit, Verstand.

6. Natura formaliter spectata s. Natur, Verstand.

7. Formale Bedingung der Urteilskraft 304, 305 = Schema, s. Schematismus.

8. Formaler Idealismus wird der transzendentale, kritische Idealismus (Kants) genannt 519 A; Pr. § 49.

Forschung.

„Bis zu der tiefsten Erforschung" der Gegenstände „überall in der Sinnenwelt" haben wir es bloß mit Erscheinungen zu tun 62, 63; die Naturforscher müssen „die Natur nötigen", auf die Fragen der Vernunft — mit ihren Prinzipien in einer Hand, mit dem Experiment in der anderen — zu antworten XIII, s. Naturforschung, Naturwissenschaft, Wissenschaft, Natur, Idee, Beweis, Gewißheit, Frage, System.

Frage, fragen.

1. Fragen überhaupt. „Es ist schon ein großer und nötiger Beweis der Klugheit oder Einsicht, zu wissen, was man vernünftigerweise fragen solle" 82.

2. Fragen der Transzendentalphilosophie, der reinen Vernunft:

„Wie sind synthetische Urteile a priori möglich?" 19; wie ist reine Mathematik, reine Naturwissenschaft, Metaphysik als Naturanlage, möglich? 20, 21, 22, vgl. Pr. § 5: wie ist Metaphysik überhaupt, wie ist Metaphysik als Wissenschaft möglich? Pr. § 36: „wie ist Natur selbst möglich? Alle Fragen der reinen Vernunft gehen auf unbedingte Totalität 787, 788; sind „einheimische" Fragen, quaestiones domesticae 508; erlauben „nur transzendentale Antworten", aus Begriffen a priori 665; sind durch Vernunft selbst aufgegeben A I; müssen aufgelöst werden können. 504 vgl. 723, 505, 791 vgl. 22, 449, 507 A, Pr. § 56.

3. Befragung der Natur s. Forschung, Natur, vgl. XIII, 673, 674.

4. Fragen über Natur und Leben hinaus 334, 421.

5. Frage, Nachfrage in bezug auf Noumenon 344, auf Dinge an sich selbst Pr. § 57.

Freiheit.

1. Die Gesetzgebung der menschlichen Vernunft hat „zwei Gegenstände, Natur und Freiheit" 868, enthält also Naturgesetz und Sittengesetz. „Die Philosophie der Natur geht auf alles, was da ist, die der Sitten nur auf das, was da sein soll" 868; vgl. 830, 575, 661; hinsichtlich des Prinzips der Freiheit sind zu unterscheiden a) die Freiheit im kosmologischen Verstande 561 und b) die Freiheit im praktischen Verstande, die sich auf die transzendentale Idee der (kosmologischen) Freiheit gründet 561.

2. Freiheit im kosmologischen Verstande bedeutet „das Vermögen, einen Zustand von selbst anzufangen, dessen Kausalität also nicht nach dem Naturgesetze wiederum unter einer anderen Ursache steht, welche sie der Zeit nach bestimmte" 561, vgl. 579, 580, 581, 582, 584; der intelligible Charakter einer solchen Kausalität ist zeitlos, steht „unter keinen Bedingungen der Sinnlichkeit" 567, d. i. Zeit und Raum; vgl. Pr. § 53; eine Naturursache ist stets eine bedingte 447; die Kausalität einer Ursache ist deren Zustand, in welchem sie wirkt Pr. § 53; das Verhältnis einer Handlung aus objektiven Gründen reiner Vernunft zu diesen Gründen ist kein Zeitverhältnis Pr. § 53; diese Freiheit, einen Zustand von selbst anzufangen, ist nur eine Idee der Vernunft, aber doch denkbar, XXVIII, XXIX, als absolute Selbsttätigkeit

446, Spontaneität 474, 476, der Vernunft. Die Voraussetzung
für die widerspruchsfreie Annahme einer solchen Freiheit
beruht auf der Einsicht, daß Erscheinungen nicht Dinge an
sich selbst sind, sondern bloße Vorstellungen, vgl. 59, 66,
164, 235, 236, 518, 519, 527, 533, 534, 535, 553, 554, 564, 591,
339 A, A 104, A 373, A 375, A 384, A 385, A 386, A 391;
sind Erscheinungen Dinge an sich selbst, ,,so ist Freiheit nicht
zu retten'' 564 vgl. Pr. § 53; dann entsteht ein unlösbarer
Widerstreit zwischen Kausalität und Freiheit; s. Antinomie:
Thesis und Antithesis 472 ff.; dieser Widerspruch löst sich auf,
wenn Naturnotwendigkeit bloß auf Erscheinungen und Freiheit
bloß auf Dinge an sich selbst bezogen wird; ,,Auflösung der
kosmologischen Idee von der Totalität der Ableitung der
Weltbegebenheiten aus ihren Ursachen'' 560 ff. ,,Möglichkeit
der Kausalität durch Freiheit . . .'' 566 ff.; ,,Erläuterung der
kosmologischen Idee einer Freiheit . . .'' 570 ff.; vgl. Pr. § 53.
3. Die Freiheit im praktischen Verstande gründet sich auf die
transzendentale (kosmologische) Idee der Freiheit und bedeutet ,,die Unabhängigkeit der Willkür von der Nötigung
durch Antriebe der Sinnlichkeit'' 561, 562; praktische Freiheit ist ,,diejenige, in welcher die Vernunft nach objektiv
bestimmenden Gründen Kausalität hat'' Pr. § 53; an sich
selbst ist die Vernunft stets frei und kann nicht durch Sinnlichkeit bestimmt werden Pr. § 53; freie Willkür, arbitrium
liberum, nicht freie Willkür arbitrium brutum 562, 830; die
praktische Freiheit ist jederzeit durch Erfahrung beweisbar
830, 831; der Mensch kann in der Tat sich unabhängig von
sinnlichen Antrieben durch Vernunftprinzipien von selbst bestimmen 562, 830, einen Zustand ,,von selbst'' anfangen 561;
freilich ist nur die Kausalität als intelligibel zu denken, die
,,Ursache'' bleibt ein Phaenomenon 589; aber es heißen auch
Gründe des Handelns ,,intelligible Ursachen'' 826, 565, 566;
Erscheinungen müssen noch ein gewisses der theoretischen
Erkenntnis allerdings unzugängliches Substrat A 379, einen
,,transzendentalen Gegenstand zum Grunde'' haben 565,
566, 826; eine menschliche Handlung, als Erscheinung, kann
ohne Widerspruch hinsichtlich ihrer intelligiblen Ursache als
frei und zugleich als Erscheinung dennoch als empirisch bedingt beurteilt werden 564, 565, 579, 580, 577, 826, Pr.
§ 53; über Beweisbarkeit, Problematik, denkbare Widerspruchs-

losigkeit der Freiheit vgl. 831, 586, 476, 830, 585, s. Charakter, Beweis.

4. Freiheit und Kausalität, Ursache s. letztere.

5. Freiheit und Materie s. Materie.

6. Freiheit und menschlicher Charakter s. Charakter.

7. Freiheit und der Begriff des Sollens s. Sollen, Imperativ, Moral, Sittlichkeit.

8. Freiheit und der Begriff des Intelligiblen s. intelligibel.

9. Freiheit und Psychologie 563.

10. Freiheit und „lebLose oder bloß tierischbelebte Natur" 574.

11. Freiheit und Zurechenbarkeit (Imputabilität) 476, 579 A, Beispiel am Lügner 582 ff.

Fürwahrhalten „eine Begebenheit in unserem Verstande, die auf objektiven Gründen beruhen mag, aber auch subjektive Ursachen im Gemüte dessen, der da urteilt, erfordert" 848; ein Fürwahrhalten aus subjektiven nicht für jedermann gültigen Gründen heißt „Überredung", hat nur „Privatgültigkeit" 848; ein Fürwahrhalten (neben subjektiven Ursachen) aus objektiven Gründen heißt „Überzeugung" 848, läßt sich mitteilen; das Fürwahrhalten in bezug auf Überzeugung (objektiv geltend) hat „drei Stufen: Meinen, Glauben, und Wissen" 850, s. letztere.

Funktion.

1. Begriff einer Funktion überhaupt. Funktion bedeutet „die Einheit der Handlung, verschiedene Vorstellungen unter einer gemeinschaftlichen zu ordnen" 93; „alle Anschauungen, als sinnlich, beruhen auf Affektionen, die Begriffe . . . auf Funktionen" 93; Funktionen des Verstandes, der Urteilskraft, der Vernunft vgl. 100 A.

2. Funktion und Form [in bezug auf Anschauung und Denken bedeuten dasselbe, sofern sie Einheiten einer Synthesis sind.]

3. Funktion und Urteil, Vernunftschluß. Alle Urteile sind „Funktionen der Einheit unter unseren Vorstellungen" 94; durch die logischen Funktionen in allen möglichen Urteilen ist der Verstand in seinem Umfange „völlig erschöpft und sein Vermögen dadurch gänzlich ausgemessen" 105; 131, vgl. Pr. §§ 21, 21a, 22; „die Funktion der Vernunft bei ihren Schlüssen besteht in der Allgemeinheit der Erkenntnis nach Begriffen" 378, vgl. 361, 364, s. Urteil, Vernunftschluß.

4. Raum und Zeit als synthetische Funktionen s. Raum, Zeit, Synthesis, synthetisch, Verstand, Anschauung.

5. Kategorien als synthetische Funktionen des Denkens. Für sich selbst sind die Kategorien nichts als logische Funktionen Pr. § 39; ohne Schemate sind die Kategorien nur „Funktionen des Verstandes zu Begriffen" (ohne Objekt) 187; vgl. 94, 104, 105, 122, 123, 143, A 245, A 349, A 356; s. Kategorie.

6. Ideen als Funktionen der reinen Vernunft. Die Ideen, Vernunftbegriffe sind Funktionen der Vernunft, da sie „eigentlich nichts als bis zum Unbedingten erweiterte Kategorien" 436 sind, aus den Funktionen der Vernunftschlüsse abgeleitet 378 ff., Pr. § 43 sind, ferner regulative Einheitsprinzipien für den systematischen Verstandesgebrauch darstellen, s. Idee, Vernunft, Verstand.

G

Galilei XII, XIII; Prinzipien-Methodik der Naturforschung.

Ganzes, das Ganze.

1. Raum kein Compositum, sondern ein Totum 466.

2. Ganzes und Teil, Teilung. Extensive Größe 203; Teile, Teilung eines Ganzen 462 ff., 540—543, 551 ff.

3. Das Ganze der möglichen Erfahrung 185, *Erkenntnis als Ganzes* A 97, das Erfahrungsganze 610.

4. Das Ganze der Erkenntnis als Idee systematischer Einheit 383, 378, vgl. 362, Pr. § 56, Kritik 673, 860.

5. Das Weltganze, Natur, Weltschöpfer 112, 265 A, 434, 446, 511, 512, 546—549, vgl. 550, 551, Pr. § 40.

6. Das kritische System als Ganzes XXXVIII.

Gattung.

1. Logisches und transzendentales Prinzip der Gattung. „Systematische oder Vernunfteinheit der mannigfaltigen Verstandeserkenntnis" 676 ist ein l o g i s c h e s Prinzip „als Methode" 676; daß alle, auch empirischen, Erkenntnisse „unter gemeinschaftlichen Prinzipien" 676 stehen, daß die „systematische Einheit, als den Objekten selbst anhängend, a priori als notwendig angenommen wird" 678, 679, ist ein „t r a n s - z e n d e n t a l e r Grundsatz der Vernunft" 676. Das logische Prinzip (Schulregel der „Einhelligkeit" in der Natur 680),

der ,,Vernunfteinheit der Regeln'' 678 setzt ein transzendentales Prinzip voraus 678, 679, 682, welches die Einhelligkeit
der Natur nach Arten ,Gattungen, Geschlechtern 679, 680
postuliert, vgl. 676, 682, 688. Prinzip der Gleichartigkeit
als Prinzip der Homogenität 685, 686, vgl. 687, 688, 690,
synthetischer Satz a priori 691, heuristischer Grundsatz 691
von ,,objektiver, aber unbestimmter Gültigkeit'' 691, vgl.
697, 708; Prinzip der Arten 682; s. Homogenität, Spezifikation.
Kontinuität, Arten.

2. Prinzip ,,einer einzigen obersten'' Gattung 686, 687.

Geben, gegeben, Gegebenheit.

1. A priori Gegebenes. Das Mannigfaltige der Anschauung a
priori 137; die reine Form der Zeit enthält ,,ein gegebenes
Mannigfaltige'' 140; Raum und Zeit als bloße Form a priori
gegeben 748, vgl. 102, 161, 134, 160 A, 161 A.

2. Empirische Gegebenheit. Einen Gegenstand geben 195;
durch die Sinnlichkeit Gegenstände gegeben 29; ohne Funktionen des Denkens Gegenstände gegeben 122; durch Anschauung gegeben A 399, vgl. 120, 147, 272, 283, 747, A 374,
A 375; das Mannigfaltige unabhängig von der Synthesis des
Verstandes gegeben 145, vgl. 68, 122, 123, 132, 508, 610,
A 127.

Gebrauch der oberen Erkenntnisvermögen.

*1. Logischer und realer Gebrauch des Verstandes und der Ver-
nunft.* Logischer Gebrauch: des Verstandes das Urteilen
94, der Vernunft das Schließen 355, 386. Realer Gebrauch:
des Verstandes als des Vermögens der Begriffe, die sich a priori
auf Gegenstände beziehen 81, vgl. 80, 105, 104; realer Gebrauch der Vernunft: Erzeugung 355, 396 der Ideen (Einheit der Verstandesregeln unter Prinzipien, 359).

2. Verstandesgebrauch. Oberstes Prinzip 136; Erfahrungsgebrauch, objektiv, empirisch 146, 200, 223, 295, 297, 298,
353, 342; immanenter 664, 353, 365, 383, Pr. § 40; transzendentaler 303, 304, 305, 352, 353, 543, vgl. 297, 298, A 403,
materialer 88; transzendenter 664, 788, 809, vgl. 352, 353.

3. Verstandesgebrauch gegenüber Vernunftgebrauch 383.

4. Vernunftgebrauch: empirischer 592, 593, 671; immanenter
671, 847; reiner und spekulativer 730, 764, 797, 823, 824;
theoretischer 661; transzendentaler 170, vgl. 543; objektiver
383; transzendenter 383, 847, 671; dialektischer A 397; regu-

lativer 672; praktischer, moralischer XXV, 421, 661, 824, 825, 828, 836, 844; apodiktischer, hypothetischer s. apodiktisch, hypothetisch; polemischer 766 ff.; dogmatischer 740 ff. — S. Urteilskraft.

Geburtsort der Begriffe a priori ist allein der Verstand 90.

Gedanke.

1. Gedanke und Anschauung. „Gedanken ohne Inhalt sind leer, Anschauungen ohne Begriffe sind blind" 75, vgl. 87; „gedankenlose Anschauung" A. III.

2. Gedanken und das Subjekt A 353.

3. Problematischer Gedanke 315 (intelligible Gegenstände).

Gedankending, Gedankenwesen.

Vernunftbegriffe (Ideen) als bloße Gedankendinge 799, vgl. 497; „idealische Wesen" 702; Noumena als Gedankenwesen Pr. § 45; Gedankending und Unding 348; vgl. Pr. §§ 16, 57.

Gedankenformen.

Die Kategorien für sich sind bloße Gedankenformen 148, 150, 288, 305, 309, Form des Denkens 309, Pr. § 57, Gedanke der Form nach 146, Momente des Denkens überhaupt 101.

Gefühl.

1. Gefühl und Empfindung sind nicht identisch; Gefühl · ist die Wirkung einer Empfindung A 29, darf niemals dem Objekt beigelegt werden Pr. § 19 Anm.

2. Gefühl und Erkenntnis. Gefühle keine Erkenntnisse 66, vgl. 829 A, lassen kein Objekt erkennen 44, keine objektive Bestimmungen A 28.

3. Gefühl und a priori. Die Qualität der Empfindung (Farbe, Geschmack usw.) kann nicht a priori erkannt werden 217, vgl. 44.

4. Gefühle und der Begriff des Praktischen vgl. 29, 829 A.

Gegenstand.

1. Der kritische Gegenstandsbegriff. Es handelt sich hier n i c h t um „die Natur der D i n g e", sondern um die Natur des V e r s t a n d e s, „der über die Natur der Dinge u r t e i l t", und zwar a priori 26; vgl. Kopernikanische „Drehung" XVI, XVII; der Gegenstand „ist nichts mehr als das Etwas, davon der Begriff eine solche Notwendigkeit der Synthesis ausdrückt" A 106; alle Erscheinungen liegen „als mögliche Erfahrungen . . . a priori im Verstande" A 127, der „Urheber der Erfahrung" ist 127; die Natur, formaliter spectata, „ist mit der bloßen allgemeinen Gesetzmäßigkeit der letzteren [Erfahrung] völlig einerlei" Pr. § 36; der äußere Gegenstand, substantia phaenomenon ist „selbst ganz und gar ein Inbegriff von lauter Relationen 321; „denn die körperlichen Dinge sind doch immer nur Verhältnisse ..." 339, vgl. 340.

2. *Möglichkeit des Gegenstandes,* d. i. Begreiflichkeit seiner logischen Form nach; „die Bedingungen der Möglichkeit der Erfahrung überhaupt sind zugleich Bedingungen der Möglichkeit der Gegenstände der Erfahrung ..." 197; „ein jeder Gegenstand steht unter den notwendigen Bedingungen der synthetischen Einheit des Mannigfaltigen der Anschauung in einer möglichen Erfahrung" 197; „alle Erscheinungen liegen also als mögliche Erfahrungen ... a priori im Verstande ..." A 127; „zwei Bedingungen, unter denen allein die Erkenntnis eines Gegenstandes möglich ist" 125; nämlich Anschauung und Begriff; „es sind nur zwei Fälle möglich, unter denen synthetische Vorstellungen und ihre Gegenstände zusammentreffen ..." vgl. 124, 125, 166, 167, Pr. § 9; wir erkennen „von den Dingen nur das a priori ..., was wir selbst in sie legen" XVIII, vgl. XII, XIII, XIV, XXIII, 165, 198, 241, 405, A 125, bis A 130.

3. *Gegenstand und Sinn, Sinnlichkeit, Empfindung, Anschauung, Raum, Zeit, Wahrnehmung, Erscheinung.* Durch Sinnlichkeit Gegenstände gegeben, durch den Verstand gedacht vgl. 29, 33, 74, 75, 87, 125, 136, 137, 146, A 399; „beharrliches Bild der Sinnlichkeit" 553, 554; „beharrliches Objekt der sinnlichen Anschauung" 800; durch Sinnlichkeit als Anschauungen der Form nach möglich A 127; Modifikationen äußerer Sinnlichkeit A 386, vgl. 178; sinnliche Vorstellungen A 104; Wirkung eines Gegenstandes (affizieren) als Empfindung 34; Gegenstände, Mannigfaltiges durch Anschauung gegeben 120, 146, 147, 747, A 108, A 109, A 374, A 375, A 399; Vorstellungen, sofern sie im Verhältnisse von Raum und Zeit „nach Gesetzen der Einheit der Erfahrung" bestimmbar sind, heißen Gegenstände 522; Gegenstände in Raum und Zeit a priori als quanta bestimmbar 751, s. Zeit, Raum, Wahrnehmung, Wirklichkeit; Apprehension, Geometrie 120, 196, 206, 207, 271, vgl. A 128; „Gegenstände empirischer Erkenntnis" = Erscheinungen 666; Erscheinungen als Gegenstände „un-

mittelbar gegeben" A 108, A 109; der unbestimmte Gegenstand als Erscheinung 34, vgl. 121, 122, 125; Gegenstände als Phänomena A 248, A 249, substantia phaenomenon 321, 333; s. Erscheinung.

4. *Gegenstand und Bewußtsein, Apperzeption, Synthesis.* Der „Gegenstand" macht die formale Einheit des Bewußtseins notwendig A 105; Wirklichkeit der Gegenstände und „wirkliches Bewußtsein" 521, vgl. 275, 278; Einheit des Bewußtseins und Gegenstand 137, A 129, s. Bewußtsein; Apperzeption als oberste Bedingung aller anschaulichen Gegenständlichkeit 142, 143, 220 (Analogien der Erfahrung), 136, 137, 138, 139, 132, 194, 197, A 107, A 127; s. Apperzeption; die Erkenntnis von Gegenständen beruht lediglich „auf der Synthesis der Vorstellungen "194; vgl. 161, 218, 12, 195, 196, 792, Pr. § 22 (Erfahrung); „ein jeder Gegenstand steht unter den notwendigen Bedingungen der synthetischen Einheit des Mannigfaltigen der Anschauung in einer möglichen Erfahrung" 197; „alsdann sagen wir: wir erkennen den Gegenstand, wenn wir in dem Mannigfaltigen der Anschauung synthetische Einheit bewirkt haben" A 105; „Objekt aber ist das, in dessen Begriff das Mannigfaltige einer gegebenen Anschauung vereinigt ist" 137, vgl. 138, 139, A 106.

5. *Gegenstand und Materie, Realität, Undurchdringlichkeit, Ausdehnung, Gestalt* s. diese Stichwörter, vgl. 609, 610, 207, 208, 646.

6. *Gegenstand und Wirklichkeit, Erfahrung, Gegenstände als bloße Vorstellungen.* Wirklichkeit nach dem Lehrbegriff des transzendentalen (formalen 519 A) Idealismus 518, 519, 520, vgl. 521; Gegenstände nur in der Erfahrung gegeben 521, 272, 273, vgl. 166; s. Wirklichkeit, Erfahrung; äußere Gegenstände als bloße Vorstellungen 59, 66, 164, 235, 236, 339 A, 518, 519, 521, 527, 533, 534, 535, 553, 554, 564, 591, A 104, A 127, A 373, A 375, A 378, A 384, A 385, A 386, A 391, Pr. § 9, § 13 A II, III, §§ 49, 52 c, 57.

7. *Gegenstand und Substanzbegriff; empirische Substanz.* Beharrlichkeit eine notwendige Bedingung, unter welcher Erscheinungen als Gegenstände in möglicher Erfahrung bestimmbar 232; Substanz in der Erscheinung, substantia phaenomenon 321, 333, beharrliches Bild, Objekt 553, 554, 800, vgl. A 361, A 362.

8. Numerische Identität des Gegenstandes A 361, A 362.

9. Einheit der Gegenstände, Erscheinungen. Ausdehnung, Undurchdringlichkeit sind ,,das oberste empirische Prinzipium der Einheit der Erscheinungen" 646, vgl. 229, A 104, A 105 (Begriffseinheit); ,,Einheit der Objekte" durch den Verstand bestimmt, Pr. § 38.

10. Der Gegenstandsbegriff als das X der Vorstellungen A 8, A 104, A 105, A 109, A 110, A 250, A 251.

11. Durchgängige Bestimmung des Gegenstandes s. Bestimmung, All der Realität, Ideal der reinen Vernunft; vgl. 599, 600, 601, 604—607, 609.

12. Gegenstände künftiger Wahrnehmung 521; der Vergangenheit 523, 524; ,,in aller Zeit und allen Räumen" 523; Einwohner des Mondes 521; entfernte Gestirne 524.

13. Gegenstand und Idee, intelligible Gegenstände, intelligible Ursache von Gegenständen. Eine Idee ist ein ,,Vernunftbegriff, dem kein kongruierender Gegenstand in den Sinnen gegeben werden kann" 383; eine Idee ist kein konstitutives Prinzip, s. Idee; es gibt keine besonderen intelligiblen Gegenstände für unseren Verstand 311, s. intelligibel; intelligible Ursache s. intelligibel, Ursache, Erscheinung, Ding an sich, Noumenon.

14. Gegenstände der Mathematik s. letztere, Arithmetik, Geometrie.

Gegenstand überhaupt ist das ,,Etwas" = X (irgendein ganz beliebig zu denkendes Objekt), auf welches der Verstand die anschaulichen Vorstellungen bezieht; insofern ist dieses Etwas nur das transzendentale Objekt und kann ,,nur als ein Correlatum der Einheit der Apperzeption zur Einheit des Mannigfaltigen in der sinnlichen Anschauung dienen" A 250; es ist ,,kein Gegenstand der Erkenntnis an sich selbst, sondern nur die Vorstellung der Erscheinungen unter dem Begriffe eines Gegenstandes überhaupt, der durch das Mannigfaltige derselben bestimmbar ist" A 251; die Kategorie enthält ,,allein die Form des Denkens" eines Gegenstandes überhaupt 75, bezieht sich auf Gegenstände überhaupt 125, 126, 128, 146, 346, Pr. § 8, vgl. 148, 150, 158, 159, 195, 309.

Gegenwart, gegenwärtig in bezug: auf die Zeitreihe 244, 437, 438, 439, vgl. 523, 524, auf Materie 18, Undurchdringlichkeit 798, Raum, Zeit, 799, Kausalbegriff 244, Einbildungskraft 151, Vernunft (Zeitlosigkeit) 584.

Geist der philosophischen Benennungen (nicht am Buchstaben hängen) Pr. § 13 A III; „gleichsam eine Welt im Geiste" A 250, vgl. 712.

Gelegenheitsursachen der Erzeugung der Begriffe a priori 118, vgl. 1, 480 A.

Gemein = unkritisch, dogmatisch, naiv 250, 556, 564, 565, 612, 617,

Gemeinschaft.

1. Kategorie, Schema, Grundsatz der Gemeinschaft. Als Kategorie das Korrelat zur Wechselwirkung 106, Pr. § 21, gehört zur dynamischen Kategorienklasse 110; ihr Schema ist „das Zugleichsein der Bestimmungen der Einen mit denen der Anderen [Substanzen], nach einer allgemeinen Regel". 183; Grundsatz: „Alle Substanzen, sofern sie im Raume als zugleich wahrgenommen werden können, sind in durchgängiger Wechselwirkung" 256, in realer Gemeinschaft (commercium) 261, nicht communio 260; vgl. 111, 292, 293.

2. Reale, dynamische Gemeinschaft s. commercium, vgl. 260, 261.

3. Lokale Gemeinschaft s. communio.

4. Gemeinschaft der Seele mit Substanzen außer ihr 710, 402, 409, 427, 428, A 367 f., A 389.

5. Kritik an der Lehre von Leibniz von der Gemeinschaft der Substanzen 330, 331.

Gemüt in der Kritik ohne empirisch-psychologischen Nebensinn, nur Gesamtbezeichnung für die allgemeinen Funktionen der Erkenntnis (s. Bewußtsein überhaupt) 34, 37, 42, 67, 74, 261, 799, A 125.

Generatio aequivoca 167, 863 (Urzeugung).

Geometrie.

1. Geometrie und Verstandesgesetzlichkeit, Synthesis. Die Geometrie geht „ihren sicheren Schritt durch lauter Erkenntnisse a priori" 120; in den „einfachsten Axiomen" der Geometrie ist ein reiner Verstandesbegriff (Größe) wirksam Pr. § 20; „aus allgemeinen Prinzipien der Bestimmung des Raums" erkennt der Verstand a priori Gesetze der Natur Pr. § 38; „was den Raum zur Zirkelgestalt, der Figur des Kegels . . . bestimmt", ist „der Verstand . . ." Pr. § 38; die Einheit der geometrischen Objekte „wird doch lediglich durch den Verstand bestimmt" Pr. § 38; nach Begriffen selbst a priori hineindenken und darstellen, XI, XII; Axiome der Anschauung: Zusammensetzung, Synthesis des Gleichartigen, Mannigfaltigen a priori 202, 203; „willkürliche Synthesis" 757; sukzessive Synthesis 155 A, 204; formale Anschauung, Raum der Geometrie vgl. 136 A, 160, 161, 160 A, 161 A; Geometrie bestimmt „die Eigenschaften des Raumes synthetisch und doch a priori" 40; „mathematische Urteile sind insgesamt synthetisch", kein Grundsatz der reinen Geometrie ist analytisch Pr. § 2.

2. Geometrie und Einbildungskraft 196, 155 A, 271 vgl. 160 A, 161 A, A 118.

3. Geometrie und Definition 757, 758, 759; ein geometrischer Begriff enthält „gerade nur das, was die Definition durch ihn gedacht haben will" 759.

4. Geometrie und Raum, Zeit, Anschauung, Ausdehnung, Kontinuität, Qualität, Gestalt. Die Erklärung des Raumes als einer reinen Anschauung a priori macht „die Möglichkeit der Geometrie als einer synthetischen Erkenntnis a priori begreiflich" 41, vgl. 55, 64, 65, 66, Pr. §§ 7, 12; der Raum hat drei Abmessungen 41, 154, 299, Pr. § 12; in jeder Raumvorstellung ist die Zeit mitenthalten, vgl. 50, 67, A 99; ebene und sphärische Geometrie Pr. § 13; geometrische Gestalten als Einschränkungen des unendlichen Raumes s. Raum, Figur, Gestalt, Einschränkung; „Geometrie legt die reine Anschauung des Raumes zum Grunde" Pr. § 10, vgl. § 2; reine Anschauung, Konstruktion der Begriffe 751, 752, 741—745, 747; Geometrie als „Mathematik der Ausdehnung" 204; Qualität, Kontinuität, Gestalt s. diese, vgl. 748, 743.

5. Geometrie und Apprehension, Erscheinung, äußere Gegenstände, Erfahrung, objektive Gültigkeit. Apprehension muß der geometrischen („bildenden") Synthesis gemäß sein 271; unmittelbare Evidenz 120; objektive Gültigkeit 196; Geometrie gilt auch („ohne Widerrede") von der empirischen Anschauung 206, 207, vgl. 162, 162 A, 122, A 128, Pr. § 13 A I, § 11.

6. Apodiktische Gewißheit, Notwendigkeit geometrischer Sätze, 41, 64, 621 s. Mathematik.

7. Unterschied zwischen der geometrischen und philosophischen Erkenntnis s. Mathematik, vgl. 120, 740 ff., Pr. § 2.

Gerichtshof, Gerichtsbarkeit der Vernunft, des Verstandes, reine Vernunft als Richter usw. A V, 281, 697, 767, 768, 779.

Geschehen.

1. Begriff des Geschehens. „. . . das Geschehen, d. i. das Dasein, vor welchem ein Nichtsein des Gegenstandes vorhergeht" 816.

2. Geschehen und Wahrnehmung 237, 245.

3. Geschehen und Kausalität, Bedingtheit, Notwendigkeit 13, 232, 240, 280, 560, 561, 568, 663.

4. Geschehen als Empirisch-Zufälliges 663.

5. Geschehen und Entstehen 560, 251.

6. Geschehen und das intelligible Gebiet; das Sollen. In einem Subjekt, als Noumenon, intelligiblem Charakter, geschieht nichts, da es außerhalb dynamischer Zeitbestimmung 569; Imperative sagen, was geschehen soll, 830, 661.

Geschichte der reinen Vernunft.

Ein „flüchtiger Blick auf das Ganze der bisherigen Bearbeitungen" 880 ff.

Gesetz.

1. Regel, Gesetz, Grundsatz. Regel gegenüber Gesetz A 113, A 126, 263; Regel gegenüber Grundsatz Pr. § 23; Grundsätze als Gesetze 263, Pr. § 23.

2. Transzendentallogische Gesetzlichkeit. Gesetzgebung überhaupt der menschlichen Vernunft 868; die kritische Vernunft verlangt Gesetze 815; Apperzeption als Grund der Gesetzmäßigkeit aller Erscheinungen A 127; Verstand als Gesetzgeber, 159, 165, 198, 263, A 125—A 128, Pr. §§ 23, 36, 38.

3. Empirische Naturgesetze und Verstandesgesetzlichkeit. Gesetze existieren nicht in den Erscheinungen, „sondern nur relativ auf das Subjekt . . ." 164; alle empirischen Gesetze stehen unter den allgemeinen Gesetzen des Verstandes 165, 198, 263, A 125 bis A 128, Pr. §§ 23, 36.

4. Praktische Gesetze, moralische 661, 662, 835, Imperative als objektive Gesetze 830.

5. Subjektives Gesetz „der Haushaltung mit dem Vorrat unseres Verstandes" 362 (systematische Einheit).

6. Pragmatische Gesetze s. pragmatisch.

7. Dynamisches Gesetz der Kausalität 280, „Analogien der Erfahrung" = dynamische Gesetze 692.

Gestalt.

1. Gestalt und reine Anschauung. Ausdehnung und Gestalt „gehören zur reinen Anschauung" a priori 35.

2. Gestalt und Zeit. Die Zeit „gehört weder zu einer Gestalt oder Lage" 49, 50, vgl. 748.

3. Geometrische Gestalten als Einschränkungen des einen Raumes 647, vgl. 606.

4. Empirische Gestalt und Raum. Die äußeren Gegenstände in ihrer empirischen Gestalt bestimmen den Raum, aber nicht umgekehrt 459.

5. In der Apprehension „zeichne" ich gleichsam die Gestalt des Gegenstandes gemäß der notwendigen synthetischen Einheit a priori des Raumes 162, 162 A.

6. Mathematische Gestalt und Verstand (Pr. § 38, vgl. 203, 204 extensive Größe).

7. Mathematische Gestalt als a priori zustande gebrachte Erscheinung 299, 741.

8. Gestalt als Qualität von Raum und Zeit als quantis 748.

9. Gestalt-Bestimmung kein diskursiver Vernunftgebrauch 752.

10. Gestalt ein analytisches Merkmal eines Körpers 12, A 8.

11. Schema geometrischer Gestalten bedeutet eine Regel der Synthesis 180 in „Ansehung reiner Gestalten im Raume".

Gewiß, Gewißheit.

1. Unmittelbar gewisse Urteile, ihre Wahrheit 316, 317.

2. Objektive Gewißheit und Überzeugung 850, vgl. 848, s. letztere.

3. Gewißheit der Grundsätze des reinen Verstandes 199, 200, 201, 223.

4. Gewißheit der Erkenntnis a priori s. a priori, Mathematik, vgl. A IX, 3, 4.

5. Gewißheit bezüglich der Urteile aus reiner Vernunft s. Vernunft, Beweis, Transzendental-Philosophie, Natur, vgl. 803, 809.

6. Gewißheit in Beweisen s. Beweis, vgl. 817.

7. Fragen der Transzendental-Philosophie s. letztere, vgl. 504, 505, 508, 723.

8. Gewißheit in der Naturerkenntnis s. Natur, vgl. 505, 508, Pr. § 56 A, § 57.

9. Gewißheit in der philosophischen gegenüber der mathematischen Erkenntnis 758, 760, 761, 762, Pr. §§ 2, 6, 7, s. Mathematik, Philosophie.

10. Moralische Gewißheit (Unsterblichkeit, Gott) 770, 799, 800, 801, 857.

11. Voraussicht menschlichen Handelns 577, 578.

12. Apodiktische und intuitive Gewißheit s. apodiktisch, intuitiv, Wahrheit, Wirklichkeit, Schein, Urteil, Irrtum, Mathematik, Evidenz, Beweis, Frage.

Gewohnheit ist „bloß subjektive Notwendigkeit" 5, „durch öftere Assoziation" 127. Ableitung reiner Verstandesbegriffe durch Hume und Locke aus der Gewohnheit s. Ableitung, Hume, Locke.

Glaube.

1. Meinen, Glauben, Wissen sind die drei Stufen des Fürwahrhaltens 850, vgl. 848—851, s. Fürwahrhalten, meinen, wissen.

2. Glaube und Wissen. Ein „vernünftiger Glaube" „vielleicht gar heilsamer als das Wissen selbst" (Pr. III. Teil: Wie ist Metaphysik als Wissenschaft möglich?). „Ich mußte also das Wissen aufheben, um zum Glauben Platz zu bekommen" XXX, vgl. 773.

3. Glaube und Naturerkenntnis 651, 652.

4. Moralischer Glaube 856.

5. Doktrinaler Glaube 853, 854, 855.

6. Pragmatischer Glaube 851, 852.

7. Glaube und Hypothese 855.

Gleichzeitigkeit.

1. Zeit, Raum 40, 47, 226, 439.

2. Kausalität, Ursache, Wirkung s. diese, vgl. 248.

3. Grundsatz der Wechselwirkung 256 ff.

4. Gleichzeitigkeit der Dinge im Raum 256—258.

Glückseligkeit 834, 835, 837, 838, 839, 840, 841, 842.

Gott.

1. Gottesbegriff und Erfahrung 6, 7.

2. Beweisbarkeit des Daseins eines höchsten Wesens. Theoretisch nicht zu beweisen, auch nicht zu widerlegen 669; Kritik des ontologischen Beweises 620—630, des kosmologischen Beweises 631—648, des physikotheologischen Beweises 648—658; vgl. 769, 770, 658.

3. Gott kein Ableitungsprinzip 644, 701, s. ignava ratio.

4. Gott als All der Realität s. Ideal der reinen Vernunft.

5. Gottesbegriff als regulatives Prinzip der Natureinheit 727, vgl. 714, 843, 844.

6. Gottesbegriff als Als-ob-Prinzip 700, 714, s. Als ob.

7. Schema zur Gottes-Idee 707.

8. Gott und der moralische Vernunftgebrauch, Moraltheologie 838, 842, 843, 844, 660 A, 662.

9. Gottesbegriff und der Begriff des Einfachen. Ein ,,einiges, einfaches, allgenugsames, ewiges" Urwesen 608, vgl. 607.

10. Transzendentaler Weltgrund (,,bloß dem reinen Verstande denkbarer Grund") 724.

11. Gott als ,,außer der Reihe der Sinnenwelt" s. außerweltlich, vgl. 589, 724, Pr. § 58.

12. Hypostase der Gott-Idee 608, vgl. 610, 611.

13. Intellectus archetypus 722, 723, vgl. 854.

14. Gott und der Begriff der Eigenschaften, Anthropomorphismus s. letzteren, vgl. 725, Pr. §§ 57, 58.

15. Der deistische und der theistische Gottesbegriff s. Deismus, Theist, vgl. 661, 703.

16. Gottesbegriff und Materie. Materie schickt sich nicht ,,zur Idee eines notwendigen Wesens" 646.

17. Menschliche Anschauungsformen, Verstand usw. und höchstes Wesen s. Mensch, Anschauung, Verstand, archetypus, ectypus.

Grad.

Prinzip der ,,Antizipationen der Wahrnehmung" ist: ,,In allen Erscheinungen hat das Reale, was ein Gegenstand der Empfindung ist, intensive Größe, d. i. einen Grad." 207; ,,nun hat jede Empfindung einen Grad oder Größe, wodurch sie dieselbe Zeit ... mehr oder weniger erfüllen kann, bis sie in Nichts (= o =negatio) aufhört" 182; jeder Empfindung kommt eine intensive Größe zu, d. i. ,,ein Grad des Einflusses auf den Sinn" 208; der Begriff des Grades besagt, daß jede Empfindung ,,in einer möglichen Erfahrung überhaupt als Größe der Wahrnehmung intensiv von jeder anderen gleichartigen unterschieden werden könne" Pr. § 26; Grade sind Größen ,,der bloßen Empfindung nach" Pr. § 26 A; der Verstand kann Empfindungen antizipieren ,,vermittelst des Grundsatzes, daß sie alle insgesamt, mithin das Reale aller Erscheinung Grade habe" Pr. § 24; Grad als ,,intensive Quantität" 218.

Grenzbegriff, Grenzbestimmung.

1. Grenzbegriff. ,,Der Begriff eines Noumenon ist also bloß

Grenzbegriff, um die Anmaßung der Sinnlichkeit einzuschränken ..." 310, 311; Noumenon als ,,problematischer
Begriff" 343, 344, vgl. A 251 bis A 253, als ,,unvermeidlich
mit der Einschränkung unserer Sinnlichkeit zusammenhängende Aufgabe, ob ..." 344, vgl. Pr. § 34.

2. Grenzbestimmung der Erkenntnisvermögen im einzelnen s.
Zeit, Raum, Kategorie, Verstand, Vernunft, Idee, Anschauung, Einschränkung, Sinnlichkeit. ,,Also kann die Grenzbestimmung unserer Vernunft nur nach Gründen a priori geschehen ..." 786; die Vernunft führt uns ,,bis zur objektiven Grenze der Erfahrung ..." Pr. § 59; vgl. Pr. §§ 57—60.

Grenze, begrenzen.

1. ,,Das, was begrenzt" muß ,,von dem, was dadurch begrenzt
wird, unterschieden sein" 543.

2. Unterschied zwischen den Begriffen: Grenze und Schranke
Pr. §§ 57, 59.

3. Grenze in bezug auf äußere Gegenstände, Welt. ,,Grenzen
(bei ausgedehnten Wesen) setzen immer einen Raum voraus,
der außerhalb einem gewissen bestimmten Platze angetroffen
wird und ihn einschließt"; Pr. § 57; ,,Fläche ist die Grenze
des körperlichen Raumes, indessen doch selbst ein Raum,
Linie ein Raum, der die Grenze der Fläche ist, Punkt die
Grenze der Linie, aber doch noch immer ein Ort im Raume ..."
Pr. § 57; Erscheinungen ,,können nicht durch einen leeren
Raum außer denselben begrenzt werden" 459, 461; die Welt
selbst ist ,,weder bedingt noch auf unbedingte Art begrenzt"
550; s. Welt, Antinomie.

4. Grenzen eines Begriffs 755, 755 A.

5. Absolute Grenze 545, 547, 548, 549.

6. Grenzen von Raum und Zeit s. letztere.

Größe.

1. Größe als quantitas zu unterscheiden von Größe als quantum.
Größe als quantitas (Quantität) bedeutet den Begriff der
Größe überhaupt, Größe als quantum die mathematische
(geometrische Raumgestalt) vgl. 745, 751, oder den äußeren
Gegenstand seiner räumlichen Form nach (vgl. 203, 212);
die quantitas macht das quantum erst möglich.

2. Kategorie und Schema der Größe. Die Kategorie der Größe
(Quantität) hat drei Momente: Einheit, Vielheit, Allheit 106,
Pr. § 21, gehört zur mathematischen Kategorienklasse 110;

Quantität ist die „Kategorie der Synthesis des Gleichartigen in einer Anschauung überhaupt" 162, vgl. 202, 203; s. „Axiome der Anschauung" (Grundsätze des reinen Verstandes); „das reine Schema der Größe aber (quantitatis), als eines Begriffs des Verstandes, ist die Zahl ..." 182.

3. Größe und Zeit, Raum, Dauer. Zeit und Raum als quanta continua 211; Raum eine unendliche gegebene Größe 39; Unendlichkeit und bestimmte Größe der Zeit 47, 48; „die Größe des Daseins, d. i. die Dauer" 262, vgl. 226.

4. Größenbegriff und Mathematik. Der Begriff der Größe sucht in der Mathematik „seine Haltung und Sinn in der Zahl" 299; selbst die „einfachsten Axiome" setzen den Begriff der Größe voraus, sind nur durch ihn möglich (Pr. § 20; Mathematik konstruiert auch „die bloße Größe (quantitatem)" in der Buchstabenrechnung 745; Möglichkeit der Erklärung des Größenbegriffs 300; Grundsätze a priori der Mathematik und der Verstand 198, 199.

5. Erscheinung, Gegenstand, Ding als Größe: als kontinuierliche, extensive, intensive 212; als „quantum" 203, 212; alle Teile der Erscheinungen sind wiederum Größen 253; über „Möglichkeit der Dinge als Größen" 293.

6. Größe der Welt. Die Sinnenwelt hat keine absolute Größe" 549, vgl. 547 ff., s. Welt, Antinomie.

7. Extensive und intensive Größe s. extensiv, intensiv.

8. Grad als Größe s. Grad.

9. Kontinuierliche Größen s. Kontinuität, Zeit, Raum, Erscheinung.

10. Fließende Größen 211 s. Fließen, Zeit, Raum.

Grund.

1. Der „Satz vom zureichenden Grunde" ist „der Grund möglicher Erfahrung, nämlich der objektiven Erkenntnis der Erscheinungen, in Ansehung des Verhältnisses derselben, in der Reihenfolge der Zeit" 246 [gemeint ist hier der Grundsatz der Kausalität, zweite Analogie der Erfahrungen, vgl. Pr. §§ 3, 4.]

2. Objektiver Grund der Möglichkeit der Erfahrung 126, vgl. 246; Gründe der Möglichkeit aller Erfahrung überhaupt 167, vgl. A 118, A 125, A 126; Gründe der Rekognition A 125; objektiver Grund aller Assoziation A 122.

3. Transzendentaler Grund der „notwendigen Gesetzmäßigkeit aller Erscheinungen": die Apperzeption A 127; ursprünglicher Grund der Gesetzmäßigkeit der Natur: die Kategorien 165.

4. Von keinem Realgrund, keiner Kausalität kann aus bloßen Begriffen ohne Anschauung die Möglichkeit erkannt werden 586; erster Grund vom Wechsel der Erscheinungen sind „Handlungen" 250.

5. Bestimmungsgrund der Wahrheit der Erkenntnis ist der Satz vom Widerspruch nicht 191.

6. Grund aller Dinge, nicht ihr Inbegriff ist die höchste Realität (als Idee) 607.

7. Intelligibler Grund der Erscheinungen s. intelligibel, Erscheinung, Ursache, Substrat, Ding an sich, vgl. 592.

8. Transzendentaler Grund der Welt s. Welt, Urgrund, Ideal der reinen Vernunft, vgl. 724.

9. Idee der Seele als einfacher Substanz kein wirklicher Grund der Seeleneigenschaften 710 ff.

10. Grund des „Sollens" ein bloßer Begriff 575.

11. Sinnlichkeit als Grund des Irrtums 351 A.

12. Ein transzendentaler Paralogismus hat einen transzendentalen Grund, der Form nach falsch zu schließen 399.

13. „Zum Grunde liegen" kein zeitlich oder psychologisch zu verstehendes Verhältnis, sondern ein rein logisches, transzendental-logisches.

14. Ideal des höchsten Guts als Bestimmungsgrund 832 ff.

Grundkraft s. Kraft.

Grundsatz (Allgemeine Übersicht).

1. Begriff eines Grundsatzes. Regeln a priori, als Bedingung der notwendigen Vereinigung gegebener Vorstellungen in einem Bewußtsein, „sofern keine über sie sind, von denen sie abgeleitet werden" heißen Grundsätze Pr. § 23, vgl. Kritik 188.

2. Grundsätze des reinen Verstandes s. diese; Grundsätze der reinen Vernunft nicht objektiv, nur regulative Prinzipien 814, 691, s. Vernunft.

3. Grundsatz der Einheit der Apperzeption vgl. 131—139 s. Apperzeption.

4. Oberster Grundsatz aller analytischen Urteile 189 ff. s. Analysis, analytisch, Urteil.

5. Oberster Grundsatz aller synthetischen Urteile 193 ff. s. Synthesis, synthetisch, Urteil.

6. Grundsätze a priori der Mathematik 198, 199, s. Mathematik.

7. Grundsätze der Moralität 28, s. Moral, Sittlichkeit.

8. Grundsätze der Bestimmbarkeit und der durchgängigen Bestimmung 599 ff., s. Bestimmung.

9. Grundsatz des Denkens überhaupt s. Denken.

Grundsätze des reinen Verstandes.

1. Allgemeine Funktion dieser Grundsätze. Die Analytik der Grundsätze ist ein Kanon für die Urteilskraft, „der sie lehrt, die Verstandesbegriffe, welche die Bedingung zu Regeln a priori enthalten, auf Erscheinungen anzuwenden" 171; die Grundsätze sind die „formalen Bedingungen aller Urteile überhaupt" Pr. § 23; in den Grundsätzen antizipiert der Verstand „die Form [Schema 296] einer möglichen Erfahrung überhaupt" 303, vgl. 790; „Regeln des objektiven Gebrauchs" der Kategorien 200; die Grundsätze geben „den Begriff, der die Bedingung und gleichsam den Exponenten zu einer Regel überhaupt enthält; Erfahrung aber gibt den Fall, der unter der Regel steht" 198.

2. Allgemeines über den Ursprung der Grundsätze. Die Grundsätze sind „ihrem Ursprunge nach . . . nichts weniger, als Erkenntnisse aus Begriffen" 357 allein; wir müssen reine Anschauung „oder Bedingungen einer möglichen Erfahrung überhaupt" herbeiziehen 357; die Grundsätze fließen als synthetische Urteile a priori 187 „aus reinen Verstandesbegriffen unter diesen Bedingungen a priori" 175, nämlich der Schematisierung, vgl. 187, s. Schematismus.

3. Einteilung in mathematische und dynamische Grundsätze vgl. 199—202, 221, 222, 692, 296.

4. Die einzelnen Grundsätze: a) „A x i o m e d e r A n s c h a u u n g. Das Prinzip derselben ist: Alle Anschauungen sind extensive Größen" 202 ff. — b) „A n t i z i p a t i o n e n d e r W a h r n e h m u n g. Das Prinzip derselben ist: „In allen Erscheinungen hat das Reale, was ein Gegenstand der Empfindung ist, intensive Größe, d. i. einen Grad" 207 ff. — c) „A n a l o g i e n d e r E r f a h r u n g. Das Prinzip derselben ist: „Erfahrung ist nur durch die Vorstellung einer notwendigen Verknüpfung der Wahrnehmungen möglich" 218 ff. I. Analogie. G r u n d-s a t z d e r B e h a r r l i c h k e i t d e r S u b s t a n z: „Bei allem Wechsel der Erscheinungen beharrt die Substanz, und das

Quantum derselben wird in der Natur weder vermehrt noch vermindert." 224 ff. — II. Analogie. Grundsatz der Zeitfolge nach dem Gesetz der Kausalität: „Alle Veränderungen geschehen nach dem Gesetze der Verknüpfung der Ursache und Wirkung" 232 ff. — III. Analogie. Grundsatz des Zugleichseins nach dem Gesetze der Wechselwirkung oder Gemeinschaft: „Alle Substanzen, sofern sie im Raume als zugleich wahrgenommen werden können, sind in durchgängiger Wechselwirkung". 256 ff. — d) Die Postulate des empirischen Denkens überhaupt. — 1. „Was mit den formalen Bedingungen der Erfahrung (der Anschauung und den Begriffen nach) übereinkommt, ist möglich". — 2. „Was mit den materialen Bedingungen der Erfahrung (der Empfindung) zusammenhängt ist wirklich". — 3. „Dessen Zusammenhang mit dem Wirklichen nach allgemeinen Bedingungen der Erfahrung bestimmt ist, ist (existiert) notwendig." 265 ff.

5. Einschränkung der Grundsätze auf mögliche Erfahrung. Die Grundsätze sind darauf eingeschränkt: „nämlich, daß sie nur die Bedingungen möglicher Erfahrung überhaupt enthalten, sofern sie Gesetzen a priori unterworfen ist." Pr. § 26; s. Verstand, Kategorie.

6. Die „spezifisch eigentümliche Beweisart" der Grundsätze: daß sie „nicht geradezu auf Erscheinungen und ihr Verhältnis, sondern auf die Möglichkeit der Erfahrung . . ., d. i. auf objektiv- und allgemeingültige Sätze . . . bezogen werden" Pr. 26; die Beweise werden begründet „aus den subjektiven Quellen der Möglichkeit einer Erkenntnis des Gegenstandes überhaupt" 188; vgl. 810, 811, 815, 816.

Gültigkeit s. objektiv, objektive Gültigkeit.

Gut.

1. Das höchste Gut s. Ideal des höchsten Guts 832 ff.

2. Das moralisch Gute ein Gegenstand der reinen Vernunft 576.

3. Was Natur selbst anordnet, „ist zu irgendeiner Absicht gut" 771, selbst Gifte als Hilfsmittel.

H

Hand (Ohr) im Spiegel, ein die kritische Lehre vom Raum
bestätigendes Beispiel, Pr. § 13.

Handlung.

1. Erkenntnisfunktion als Handlung. Handlung in bezug auf:
Funktion überhaupt 93, Verstand 130, 143, 153, Denken 81,
145, 157, Einbildungskraft A 120, Synthesis 103; Aktus der
Spontaneität 130, 132.

2. Handlung und Ursache, Naturkausalität, Erscheinung 249,
250, 254, 570, 572, 571, 646; Handlung ist ein Folgebegriff
des Begriffs der Verknüpfung der Ursache und Wirkung Pr.
Vorrede.

3. Menschliche Handlungen, Wille, Freiheit, Charakter 569,
568, 575, 578, 580. 581, 826.

Harmonie.

Das höchste Wesen kann gedacht werden „als selbständige
Vernunft, was durch Ideen der größten Harmonie und Einheit Ursache vom Weltganzen ist" 706; s. prästabilierte Harmonie (Leibniz).

Heilig.

Nichts ist so heilig, daß es sich der „prüfenden und musternden Durchsuchung" durch die Kritik „entziehen dürfte"
766; vgl. A V Anm. — Das Sittengesetz heilighalten 847.

Heuristisch.

Die Prinzipien der Homogenität, Spezifikation, Kontinuität
als „heuristische Grundsätze" 691; die Als-ob-Idee von einer
höchsten Intelligenz ein „heuristischer Begriff" 699; Ideen
als „heuristische Fiktionen" 799; vgl. 644.

Hiatus.

In mundo non datur hiatus 281, 282.

Hoffen.

„Was kann ich wissen? Was soll ich tun? Was darf ich
hoffen?" 832, 833; „. . . alles Hoffen geht auf Glückseligkeit . . ." 833.

Homogenität.

Das transzendentale 682 Gesetz der Homogenität 686, 687,
oder der Einheit 690, 694, ist das „Prinzip der Gleichartig-

keit des Mannigfaltigen unter höheren Gattungen" 685; dieses Gesetz führt zum „allgemeinen und wahren Horizont" der höchsten — „einer einzigen obersten und allgemeinen" — Gattung 687; das Prinzip der Homogenität ist ein synthetischer Satz a priori, ein heuristischer Grundsatz 691.

Horizont.
Über Begriffs-Horizont und Artbegriff s. Begriff; der Verstand, nur mit seinem empirischen Gebrauch, kann nicht entscheiden, „ob gewisse Fragen in seinem Horizonte liegen oder nicht" 297; scheinbarer Horizont des „Inbegriffs aller möglichen Gegenstände" als einer ebenen Fläche 787, 788.

Hume, einer der „Geographen der menschlichen Vernunft" 788 Kants „dogmatischer Schlummer" durch Hume unterbrochen (Pr. Vorrede, vgl. Kritik 785); „vielleicht der geistreichste unter allen Skeptikern" 792; empirische Ableitung von Verstandesbegriffen (Assoziation, Gewohnheit) durch Hume und Locke 5, 19, 20, 127, 128, 793, 788, Pr. §§ 2, 5, vgl. 27, 29, 30.

Hyperphysisch im Sinne von transzendent (alle Erfahrung übersteigend); hyperphysische Hypothese 800, 801; Kritik der Vernunft in Ansehung ihres hyperphysischen Gebrauches 88; hyperphysische Naturbetrachtung 873; hyperphysische Erklärungsart Pr. § 58, vgl. § 16; vgl. Kritik 728.

Hypostase, hypostasieren heißt: „als einen wirklichen Gegenstand außerhalb dem denkenden Subjekte" annehmen, „was bloß in Gedanken existiert", und zwar mit den gleichen Eigenschaften, die auch bloß in Gedanken existieren A 384, also: „seine Gedanken zu Sachen machen" A 395, zu Dingen; hypostasieren = verdinglichen; „Subreption des hypostasierten Bewußtseins" A 402; „hypostatische Ursache" 721, 722; bloße Vorstellungen „als wahre Dinge außer sich versetzen" A 392; das bloße „Ideal des allerrealsten Wesens" realisiert, darauf hypostasiert, sogar personifiziert 611 A; vgl. 608, 371 A.

Hypothese.
1. „Die Disziplin der reinen Vernunft in Ansehung der Hypothesen" ein Abschnitt der „Methodenlehre" 797 ff.
2. Hypothese und Möglichkeit ihres Gegenstandes. „Die Möglichkeit des Gegenstandes selbst" muß „völlig gewiß" sein, nicht „erdichtet"; eine so begründete und mit einem wirk-

lich Gegebenen verknüpfte „Meinung" heißt Hypothese
798.
3. Transzendentale Hypothese 800, 801.
4. Hypothese und Glaube 855.
5. Kriterium einer Hypothese 115.
6. Hypothese und hyperphysische Naturerklärung 800, 801.
7. Hypothesen im polemischen Gebrauch als „Kriegswaffen"
805, „wider den Angriff" 808, vgl. 804, 806, 807, 808.
Hypothetisch.
1. Hypothetisches Urteil 95, 98.
2. Hypothetischer Schluß 361; Ableitung der Ideen: kategorische, hypothetische, disjunktive Synthesis vgl. 379 ff.
3. Hypothetischer Vernunftgebrauch 674, 675.
4. Hypothetisch notwendig 280.
5. Hypothetische und moralische Gesetze 835.

I

Ich.
1. Das Ich ein Produkt, nicht Ursprung des Denkens. „Das
Bewußtsein seiner selbst ist also noch lange nicht ein Erkenntnis seiner selbst . . ." 158; ich bedarf „auch zum Erkenntnisse meiner selbst außer dem Bewußtsein oder außer
dem, daß ich mich denke, noch einer Anschauung des Mannigfaltigen in mir, wodurch ich diesen Gedanken bestimme . . ."
158; „ich, als Intelligenz und denkendes Subjekt . . . erkenne mich . . . nur, gleich anderen Phänomen . . ." 155,
wie ich mir erscheine; vgl. 156, 274 ff (Widerlegung des Idealismus); [das empirische Ich also entsteht nur unter denselben
Voraussetzungen, wie gegenständlicher Begriff.]
2. Erkenntnismöglichkeit, Erkenntnis meiner selbst. Es ist
„einleuchtend, daß ich dasjenige, was ich voraussetzen muß,
um überhaupt ein Objekt zu erkennen, nicht selbst als Objekt
erkennen könne, und daß das bestimmende Selbst (das Denken) von dem bestimmbaren Selbst (dem denkenden Subjekt)
wie Erkenntnis vom Gegenstande unterschieden sei" A 402;
„allein dieses Ich ist so wenig Anschauung als Begriff von
irgendeinem Gegenstand, sondern die bloße Form des Bewußtseins . . ." A 382, vgl. 404; die bloße Vorstellung: ich

bin, die das Bewußtsein ausdrückt, schließt zwar „unmittelbar die Existenz eines Subjekts in sich", ist aber „noch keine Erkenntnis desselben" 277, vgl. 155, 156, 158, 409; das Ich ist eine „für sich selbst an Inhalt gänzlich leere Vorstellung" 404, die „ärmste Vorstellung" 408, vgl. A 381.

3. Das Ich als bloße Form des Bewußtseins, bloße intellektuelle Vorstellung; der Satz: ich denke. Bloße Form des Bewußtseins A 382, „bloße intellektuelle Vorstellung der Selbsttätigkeit eines denkenden Subjekts" 278; vgl. 135; „ein bloßes Bewußtsein, das alle Begriffe begleitet" 404; „nur das Bewußtsein meines Denkens" 413; nur „logische Einheit des Subjekts" A 356, vgl. 407; „einzige Bedingung, die alles Denken begleitet" A 398; vgl. 353, A 355; der Satz: ich denke 131, 132, 157 A, 399, 400, 422 A, 423 A, cogito (Cartesius) 405, 422 A, 423 A, A 367.

4. Ich und Substanz, Beharrlichkeit. „Durch das Ich, als einfache Vorstellung, ist nichts Mannigfaltiges gegeben" 135; das Ich kann nicht als Substanz behauptet werden, da dieser Begriff sich stets auf Anschauungen bezieht 407, 408, 413, vgl. A 350, A 356, A 364, A 366, A 401.

5. Ich und Anschauung. Mit der Vorstellung des Ich ist „nicht die mindeste Anschauung verbunden" A 350, vgl. 408, A 382; „nicht das mindeste Prädikat der Anschauung" 278, vgl. 155, 157, 37.

6. Die Seele hat „Wirklichkeit" als Gegenstand des inneren Sinnes Pr. § 49.

7. Ich und sein Substrat, letztes Subjekt. Wir haben keine Kenntnis von dem „Subjekt an sich selbst" als Substrat aller Gedanken A 350, vgl. A 365, 520, Pr. §§ 46, 47, 48.

8. Ich und Außenwelt, Subjekt — Objekt. S. „Widerlegung des Idealismus" 274 ff.; A 370, A 371, A 385, 386.

9. Ich und Unsterblichkeit s. letztere, vgl. 421, 424, 425, 426, 494, 491, 769, 770, 781, 839, 840, 826, 827, 855, A 393, A 394, XXXII, Pr. §§ 47, 48.

Ich denke s. Ich, Apperzeption, cogito, Descartes, Denken.

Ideal.

1. Begriff des Ideals. Unter Ideal ist nicht bloß die Idee in concreto zu verstehen, „sondern in individuo, d. i. als ein einzelnes, durch die Idee allein bestimmbares oder gar bestimmtes Ding" 596.

2. Ideal der reinen Vernunft (transzendentales) 599 ff; s. dieses.

3. Ideal des höchsten Guts 832 ff., s. dieses.

4. Ideal der Sinnlichkeit 598, s. dieses.

5. Ideal eines Philosophen 866, 867, s. Philosophie.

Ideal des höchsten Guts.

„Die ... notwendige Verknüpfung der Hoffnung, glücklich zu sein, mit dem unablässigen Bestreben, sich der Glückseligkeit würdig zu machen, ... darf nur gehofft werden, wenn eine höchste Vernunft, die nach moralischen Gesetzen gebietet, zugleich als Ursache der Natur zum Grunde gelegt wird. Ich nenne die Idee einer solchen Intelligenz ... das Ideal des höchsten Guts" 838; „von dem Ideal des höchsten Guts, als einem Bestimmungsgrunde des letzten Zwecks der reinen Vernunft" 832 ff.

Ideal der reinen Vernunft, transzendentales Ideal, Prototypon transcendentale 599 ff.

1. Forderung des Begriffs eines Schlechthin-Notwendigen in Hinsicht auf „das in sich selbst ganz und gar nicht gegründete, sondern stets bedingte Dasein der Erscheinungen" 594, 595.

2. Das transzendentale Ideal der reinen Vernunft. Grundsatz der Bestimmbarkeit und der durchgängigen Bestimmung 599, 600; „die absolute Totalität in der Synthesis der Bedingungen aller möglichen Dinge überhaupt" veranlaßt ein Ideal der reinen Vernunft 434, 435; dialektischer Vernunftschluß 398; „Begriff von einem einzelnen Gegenstande ...", der durch die bloße Idee durchgängig bestimmt ist, mithin ein Ideal der reinen Vernunft" 602; „All der Realität" 603, 604, 605; beglaubigt durch das „Bedürfnis der Vernunft, vermittelst desselben alle synthetische Einheit zu vollenden" 642; „oberste und vollständige materiale Bedingung" von allem, was existiert 604; „Urbild (Prototypon) aller Dinge" 606, aber kein wirkliches Wesen 605, 606; der Möglichkeit aller Dinge liegt die höchste Realität „als ein Grund und nicht als Inbegriff zum Grunde" 607, vgl. 647, 648. Warnung vor der Hypostasierung der Idee vom Inbegriff aller Realität 610, 611. — Vgl. Pr. § 55.

Ideal der Sinnlichkeit. „Geschöpfe der Einbildungskraft" 598, 599 (Maler usw.); „gleichsam Monogramme".

Idealische Wesen, Gottesbegriff 630; als Schema 702.

Idealismus.

1. Der transzendentale (kritische, formale) Idealismus (Kant). „Ich verstehe ... unter dem transzendentalen Idealismus aller Erscheinungen den Lehrbegriff, nach welchem wir sie insgesamt als bloße Vorstellungen ... ansehen, und demgemäß Zeit und Raum nur sinnliche Formen unserer Anschauung ... sind" A 369; „der formale Idealismus (sonst von mir transzendentale genannt) hebt wirklich den materiellen oder Cartesianischen auf" Pr. § 49; die „Existenz der Sachen" zu bezweifeln „ist mir niemals in den Sinn gekommen" Pr. § 13 A III; der transzendentale Idealismus als „Schlüssel zu Auflösung der kosmologischen Dialektik" 518 ff.; „mein sogenannter (eigentlich kritischer) Idealismus" stürzt den gewöhnlichen um (Pr. Anhang, Probe eines Urteils usw.); vgl. A 370, A 371.

2. Der materiale psychologische Idealismus 274, XXXIX A, 55, vgl. A 366, A 367, Pr. § 13 A III.

3. Der empirische Idealismus 519, vgl. A 369.

4. Der problematische Idealismus (Cartesius) 274.

5. Widerlegung des Idealismus 274 ff.

6. Der dogmatische, der skeptische Idealist A 377, A 378.

Idealität

1. Idealität von Raum und Zeit s. letztere, vgl. 44, 52, 70, 148, 308, A 373, A 378, Pr. §§ 9, 10, 11, 52 c.

2. Idealität der Erscheinungen, äußeren Gegenstände 59, 66, 164, 235, 236, 339 A, 518, 519, 521, 527, 533, 534, 535, 553, 554, 564, 591, A 104, A 114, A 127, A 357, A 369, A 373, A 375, A 378, A 383 bis A 386, A 391, Pr. §§ 9, 13 A II, III, 49, 52 c, 57.

3. Empfindungen keine Idealität 44.

4. Paralogismus der Idealität (des äußeren Verhältnisses) A 366 ff., vgl. 402, 409.

Idee.

1. Begriff der Idee; Einteilung der Ideen; über Deduktion der Ideen. Ideen bei Plato 370 ff.; der reine Begriff, sofern er lediglich im Verstande seinen Ursprung hat, heißt Notio. „Ein Begriff aus Notionen, der die Möglichkeit der Erfahrung übersteigt, ist die Idee oder der Vernunftbegriff" 377; „ich verstehe unter der Idee einen notwendigen Vernunftbegriff, dem kein kongruierender Gegenstand in den Sinnen gegeben

werden kann" 383, vgl. 595, 649; die Idee gehört zu den „Erkenntnisquellen a priori" 730; Vernunft erzeugt „eigentlich
gar keinen Begriff", macht nur den Verstandesbegriff von
Einschränkungen frei, erweitert ihn „über die Grenzen des
Empirischen" 435; die transzendentalen Ideen sind „eigentlich
nichts als bis zum Unbedingten erweiterte Kategorien" 436;
der Vernunft sind die Ideen ebenso natürlich, wie die Kategorien dem Verstande 670; freilich nicht etwa angeboren
Pr. § 43; „ein bloßes Geschöpf der Vernunft" 507; Idee und
dialektischer Schluß der reinen Vernunft nicht eigentlich
dasselbe: die Schlußsätze der dialektischen Vernunftschlüsse
laufen auf Ideen aus 397; wir werden durch jene „auf solche
Ideen gebracht" 397; die drei Klassen der dialektischen Vernunftschlüsse: Paralogismus, Antinomie, Ideal der reinen
Vernunft 397, 398; drei Klassen der transzendentalen Ideen
391 (Psychologie, Kosmologie, Theologie); „die Ideen der
reinen Vernunft verstatten zwar keine Deduktion von der Art
als die Kategorien" 697, wohl aber „eine subjektive Ableitung
derselben aus der Natur unserer Vernunft" 393, nämlich aus
den logischen Funktionen des Schließens, vgl. 378 ff., s. Vernunftschluß, Dialektik.

2. *Die Idee geht vom Empirischen aus.* Die Vernunft gelangt
zu Ideen, „indem sie von dem Felde der Erfahrungen anhebt" 491; die Vernunft erweitert die Kategorien bis zum
Unbedingten 436, doch aber in Verknüpfung mit dem Empirischen (kosmologische Ideen) 435; anzumerken ist, „daß
die Idee der absoluten Totalität nichts anderes als die Exposition der Erscheinungen betreffe, mithin nicht den
reinen Verstandesbegriff von einem Ganzen der Dinge überhaupt" 443, vgl. 444; „Richtschnur des empirischen Gebrauchs der Vernunft" 703; vgl. 730, 714, 436, 384, 393, 394,
437, 596, Pr. § 56, 57 (Anknüpfung an ein Gegebenes).

3. *Unterschied zwischen Verstandes- und Vernunfterkenntnis;
Idee nur regulatives Prinzip.* Die Begriffe der reinen Verstandeserkenntnisse lassen sich in der Erfahrung geben, ihre
Grundsätze sich bestätigen; „dagegen die transzendenten
Vernunfterkenntnisse sich weder, was ihre Ideen betrifft, in
der Erfahrung geben noch ihre Sätze jemals durch Erfahrung
bestätigen noch widerlegen lassen ..." Pr. § 42; durch die
transzendentalen Ideen erkennt man eigentlich nur, „daß

man nichts wisse" 498, nämlich vom Gegenstande selbst
der Idee; Idee hat objektive, aber unbestimmte Gültigkeit
691, 697, 708, die Kategorie hat bestimmte Gültigkeit; Idee
nur Schema 698, 707; heuristischer Grundsatz 691, 698, 699;
heuristischer Begriff 699; heuristische Fiktion 799, vgl.
644; Maxime 694, 695, 699; Regel, regulatives Prinzip 536, 537,
544, 589, 647, 692, 699, 710, 712 (regulativer Begriff), 713, 714.
*4. Idee und Erfahrung, objektive Gültigkeit, Realität, Grenz-
bestimmung der Erkenntnis durch Ideen.* „Darin besteht
eben das Eigentümliche der letzteren [Idee], daß ihr niemals
irgendeine Erfahrung kongruieren könne" 649, vgl. 371, 383,
384, 393, 436, 649, 689, Pr. §§ 40, 57; Idee übersteigt usw.
alle Erfahrung vgl. 371, 377, 383, 384, 435, 593; Idee bestimmt keinen Gegenstand der Erfahrung 385, 498, 499,
620, 672, 717, Pr. §§ 44, 56, 57, bestimmt nur als Regel den
Verstandesgebrauch im ganzen 378, 383, 544, Pr. § 56, begrenzt die Erfahrung 498, 620, 797, Pr. § 57, hebt von der Erfahrung, vom Empirischen an 435, 436, 443, 490, 491, 703,
vgl. 384, 393, 394, 437, 596 Pr. §§ 56, 57; die Idee hat objektive, aber unbestimmte Gültigkeit 691, 697, 708, vgl. 764,
objektive Realität im Praktischen 835, 836, für Einheit des
Verstandesgebrauchs 692, 693, 694, subjektive Realität (weil
durch notwendigen Vernunftschluß) 397.
5. Idee als Einheitsprinzip für den Verstandesgebrauch. Die
transzendentalen Ideen bestimmen „den Verstandesgebrauch
im Ganzen der gesamten Erfahrung nach Prinzipien" 378;
„drücken also die eigentümliche Bestimmung der Vernunft
aus, nämlich als eines Prinzips der systematischen Einheit
des Verstandesgebrauchs" Pr. § 56; Vollständigkeit der
Prinzipien alles Denkens, aller Erkenntnis Pr. § 44; Richtschnur des empirischen Vernunftgebrauchs 703; Erweiterung
des möglichen empirischen Verstandesgebrauchs 550; „größte
Einheit neben der größten Ausbreitung" der Verstandesbegriffe 672; vgl. 596, 692, 693, 694.
6. Idee und Systembegriff, **Wissenschaft** s. System, Wissenschaft, Architektonik der reinen Vernunft, vgl. 502, 708,
709, 672, 673, 674, 676, 692, 719, 720, 860, 861, 862, Pr. § 56.
7. Idee und Naturforschung. Wir befragen die Natur nach
Ideen 673, vgl. 674, 675, 676, 679, 691, 692, 680, 708, 709,
719, 720, 766, 799, s. Naturforschung, Naturwissenschaft.

8. Immanenter, transzendenter Gebrauch 383, 384, 671, 672, vgl. 847; focus imaginarius 672.

9. Idee und Moral, praktische Prinzipien, Kausalität der Ideen. Menschliche Vernunft kann ,,wahrhafte Kausalität'' zeigen 374; Ideen als ,,wirkende Ursachen (der Handlungen und ihrer Gegenstände) ... im Sittlichen ...'' 374; ,,die Be- urteilung der Sittlichkeit ... geschieht nach Ideen, die Befolgung ihrer Gesetze nach Maximen'' 840; Ideen als objektive Gründe sittlicher Handlungen Pr. § 53; vgl. Pr. §§ 57, 60; Vernunft, Idee und ihre Kausalität vgl. 385, 447, 561, 564, 565, 567, 566, 568, 571, 572, 578, 581.

10. Idee und Ideal 596, 597.

11. Endabsicht der natürlichen Dialektik der menschlichen Vernunft 697 ff.

12. Unterschied der Idee von der Maxime 840, s. Maxime.

13. Idee und Zweck s. Zweck.

Identität, identisch.

1. Identität des Selbstbewußtseins, der Person (Ich, Seele). Die ,,durchgängige Identität der Apperzeption eines ... ge- gebenen Mannigfaltigen enthält eine Synthesis der Vorstellun- gen, und ist nur durch das Bewußtsein dieser Synthesis mög- lich'' 133; ,,synthetische Einheit des Mannigfaltigen der An- schauungen, als a priori gegeben, ist also der Grund der Iden- tität der Apperzeption selbst ...'' 134, vgl. 135; ,,reine Apper- zeption, d. i. die durchgängige Identität seiner selbst bei allen möglichen Vorstellungen ...'' A 116; numerische Einheit der Apperzeption A 107; numerische Identität A 113; das ursprüngliche und notwendige Bewußtsein der Identität seiner selbst A 108; numerische Identität unserer Selbst (Person) A 365; persönlich identisch 710; Seele numerisch-identisch 402, vgl. 408, Paralogismus der Personalität A 361 ff.

2. Identität in bezug auf Begriff, Urteil. Identität eines Be- griffs ist die Konstanz seiner Bedeutung; die grundlegende Synthese ist die ,,Rekognition im Begriffe'' A 103 ff.; analytische Urteile enthalten Verknüpfung durch Identität 10, Pr. § 22.

3. Identität des Gegenstandes A 361, A 362; numerisch-identisch 319, vgl. 402.

4. Identität der Substanz als des Substratums für die Einheit alles Wechsels 229.

Ignava ratio ,,faule Vernunft'' 717, 718.

Ignoratio elenchi 637.

Illusion in bezug auf den transzendentalen Schein 352 in den Ideen 353, 354, 399, 610, 672.

Imaginarium, ens, leere Anschauung (bloße Form) ohne Gegenstand 347, 348.

Imaginarius s. focus imaginarius, 672, 673.

Imagination Einbildungskraft (transzendentallogisch) 233

Immanent.
Der immanente Vernunftgebrauch (in der rationalen Naturbetrachtung) „geht auf die Natur, so weit als ihre Erkenntnis in der Erfahrung (in concreto) kann angewandt werden" 873, vgl. 827, Pr. § 57; immanenter Gebrauch der Verstandesbegriffe 383, Pr. § 40, der Grundsatz des reinen Verstandes 352, 353, 365, 664, 666; s. Gebrauch, transzendent.

Immaterialität der Seele 403, vgl. 407, A 349 ff.

Immateriell.
Seele als Vernunftbegriff eines einfachen immateriellen Wesens; Einfluß immaterieller Wesen gehört zu keiner physischen Erklärung Pr. § 57.

Immortalität der Seele 403, A 384.

Imperativ.
Die Vernunft gibt „auch Gesetze, welche Imperative, d. i. objektive Gesetze der Freiheit sind und welche sagen, was geschehen soll ..." 830, vgl. 575, s. Freiheit, Sollen, Moral.

Imputabilität, Zurechenbarkeit 476, vgl. 583, 584, 579 A.

Inbegriff.
1. Innerer Sinn der Inbegriff aller Vorstellungen 220, 194; Zeit als Inbegriff von allem Sein 300, alles Daseins 262.

2. Gegenstand, substantia phaenomenon = Inbegriff „von lauter Relationen" 321.

3. Sinnenwelt der Inbegriff aller Erscheinungen 700, 391; „Natur in formeller Bedeutung als der Inbegriff der Regeln ..." Pr. § 36; Natur als Inbegriff der Gegenstände der Sinne 874, der Erfahrung Pr. § 16.

4. Intelligible Welt als Inbegriff der Noumena Pr. § 34.

5. Inbegriff aller empirischen Realität als Bedingung der Möglichkeit der Gegenstände 610; gesamte Möglichkeit als „Inbegriff aller Prädikate der Dinge überhaupt" 600 ff., Idee vom Inbegriff aller Möglichkeit 601, All der Realität liegt als Grund, nicht als Inbegriff zugrunde 607.

Indefinitum, in unbestimmt wie weit 551, 552, vgl. 539, 540, 541, 542; Rückgang in unbestimmte Weite 540, 541; s. Teil, Teilung, Unendlichkeit.

Indifferentismus in Wissenschaften ist „die Mutter des Chaos und der Nacht" A IV.

Individuum.

1. Das All der Realität, ens realissimum, das einzige eigentliche Ideal der Vernunft, „weil nur in diesem einzigen Falle ein an sich allgemeiner Begriff von einem Dinge durch sich selbst durchgängig bestimmt, und als die Vorstellung von einem Individuum erkannt wird" 604.

2. Unter dem Ideal der reinen Vernunft ist „die Idee nicht bloß in concreto, sondern in individuo, d. i. als ein einzelnes durch die Idee allein bestimmbares oder gar bestimmtes Ding" zu verstehen 596.

3. Zeit und meine „individuelle Einheit" A 362.

4. Artbegriff und Individuum 686, 683, 684, 688.

Induktion in empirischen Regeln gibt nur komparative Allgemeinheit 124, vgl. 3, 241, 356 (Erfahrung keine wahre allgemeine Gültigkeit 241).

Infinitum, in.

Raum in infinitum, ins Unendliche, teilbar 553; bei der geraden Linie ein progressus in infinitum 539; Teilung eines empirischen Ganzen ins Unendliche, in infinitum 540, 541, 542, 551 ff., Regressus hinsichtlich der Weltgröße (keine absolute) nicht in infinitum, sondern in indefinitum 549.

Ingredienz.

Einbildungskraft ein „notwendiges Ingredienz der Wahrnehmung" A 120 Anm.; unsere ganze Sinnlichkeit samt aller Realität kann nicht zur Idee des höchsten Wesens als ein Ingredienz gehören 607.

Inhärenz und Subsistenz sind die beiden Korrelate der Substanz-Kategorie 106; drei dynamische Verhältnisse: Inhärenz, Konsequenz, Komposition 262; Inhärenz bezeichnet das Dasein der Akzidenzen 230, Subsistenz = Dasein der Substanz.

Innerer Sinn.

1. Als Inbegriff aller Vorstellungen und Ursprung der Sinnlichkeit. „Unsere Vorstellungen mögen entspringen, woher sie wollen, . . . so gehören sie doch als Modifikationen des

Gemüts zum inneren Sinn, und als solche sind alle unsere Erkenntnisse zuletzt doch der formalen Bedingung des inneren Sinnes, nämlich der Zeit, unterworfen ..." A 98, A 99; der innere Sinn der Inbegriff aller Vorstellungen 220; „ein Inbegriff, darin alle unsere Vorstellungen enthalten sind" 194; Prädikate des inneren Sinnes: Vorstellungen und Denken A 359; die Zeit, als formale Bedingung der inneren Anschauung, umfaßt die inneren und mittelbar auch die äußeren Erscheinungen 50; vgl. 67; „aller Zuwachs des empirischen Erkenntnisses" ist „eine Erweiterung der Bestimmung des inneren Sinnes" 255; im inneren Sinn liegt „das Geheimnis des Ursprungs unserer Sinnlichkeit" 334.

2. Innerer Sinn und die Zeit. „Die Zeit ist nichts anderes, als die Form des inneren Sinnes, d. i. des Anschauens unserer selbst und unseres inneren Zustandes." 49; „unmittelbare Bedingung" der inneren und mittelbar der äußeren Erscheinungen 50; sie bestimmt „das Verhältnis der Vorstellungen in unserem inneren Zustande" 50; „formale Bedingung der inneren Anschauung" 50, des inneren Sinnes A 99; Form des inneren Sinnes ist „das Verhältnis des mannigfaltigen empirischen Bewußtseins in der Zeit" 220; der Begriff der Sukzession (Zeitfolge) wird erst durch die Bestimmung des inneren Sinnes hervorgebracht 154, 155 vgl. 233.

3. Innerer Sinn und transzendentale Apperzeption, Verstand, Einbildungskraft, Verknüpfung. „Die Apperzeption und deren synthetische Einheit ist mit dem inneren Sinne so gar nicht einerlei, daß jene vielmehr, als der Quell aller Verbindung, auf das Mannigfaltige der Anschauungen überhaupt" geht, während der innere Sinn „die bloße Form der Anschauung, aber ohne Verbindung des Mannigfaltigen in derselben, mithin noch gar keine bestimmte Anschauung enthält", welche nur durch die Bestimmung des inneren Sinnes durch die transzendentale Synthesis der Einbildungskraft (synthetischer Einfluß des Verstandes auf den inneren Sinn) möglich wird 154, vgl. 68, 139, 150, 152, 153, 155, 156, 181; der Verstand findet im inneren Sinne keine Verbindung, sondern bringt diese hervor, indem er ihn affiziert 155; vgl. 129, 130; Verknüpfung ist „kein Werk des bloßen Sinnes" 233; Schematismus und innerer Sinn 185.

4. Innerer Sinn und empirische Apperzeption, empirisches Be-

wußtsein. In der 1. Ausgabe ist der innere Sinn dem empirischen Bewußtsein gleichgestellt; innerer Sinn = empirische Apperzeption, empirisches Bewußtsein „jederzeit wandelbar", „kein stehendes oder bleibendes Selbst in diesem Flusse innerer Erscheinungen" A 107; in der 2. Ausgabe ist die „empirische Einheit der Apperzeption" 140, die „subjektive Einheit des Bewußtseins" 139 eine Bestimmung des inneren Sinnes 139, vgl. 68, 150, 152—156, 181.

5. Innerer Sinn und Anschauung. „Die Zeit ist nichts anderes, als die Form des inneren Sinnes, d. i. des Anschauens unserer selbst und unseres inneren Zustandes" 49, vgl. 37, 51, 66, 67; Wahrnehmung eine „Modifikation des inneren Sinnes" A 367; Verknüpfung der Vorstellungen des inneren Sinnes" mit den Modifikationen unserer äußeren Sinnlichkeit A 385, A 386; durch den inneren Sinn schauen wir uns nur so an, „wie wir innerlich von uns selbst affiziert werden" 156, vgl. 152, 153, 69, 155, also nur als Erscheinung, vgl. 157, 158.

6. Innerer Sinn und das synthetische Urteil 194.

7. Innerer Sinn und das Ich als sein Gegenstand. „Ich, als denkend, bin ein Gegenstand des inneren Sinnes und heiße Seele" 400; „der Gegenstand des inneren Sinnes, das Ich, was da denkt" 471; „Gegenstand des inneren Sinnes (Ich selbst mit allen meinen Vorstellungen)" A 368; „Ich, durch den inneren Sinn in der Zeit vorgestellt" A 379; „Gegenstand des inneren Sinnes (Seele)" A 385; Gegenstand des inneren Sinnes, „Erscheinung des inneren Sinnes" Pr. § 49; das Subjekt als Gegenstand des inneren Sinnes 68; „die Vorstellung meiner Selbst, als des denkenden Subjekts", geht bloß auf den inneren Sinn A 371, vgl. Pr. § 46; der innere Sinn gibt aber „keine Anschauung von der Seele selbst als einem Objekt" 37.

Inneres, innerlich.

1. Das Innere und das Äußere als Reflexionsbegriffe können in einem gegenständlichen Urteil erst dann richtig bestimmt werden, wenn durch transzendentale Überlegung festgestellt 317, 325 ist, zu welcher Erkenntniskraft sie gehören, ob zum Verstande oder zur Sinnlichkeit, 317, 325.

2. Das Innere in bezug auf Materie, Gegenstand, Natur. „Die Materie ist substantia phaenomenon. Was ihr innerlich zukomme, suche ich in allen Teilen des Raumes, den sie einnimmt, und in allen Wirkungen, die sie ausübt, und die freilich nur immer Erscheinungen äußerer Sinne sein können. Ich habe also . . . nichts Schlechthin —, sondern lauter Komparativ-Innerliches . . ." 333, nur äußere Verhältnisse, vgl. 340, 341; die inneren Bestimmungen einer substantia phaenomenon im Raume sind „nichts als Verhältnisse, und sie selbst ganz und gar ein Inbegriff von lauter Relationen" 321; innere Möglichkeit der körperlichen Natur 712; „ins Innere der Natur dringt Beobachtung und Zergliederung der Erscheinungen . . ."334, vgl. 333, Pr. § 57.

3. Innere und absolute Notwendigkeit 382.

4. Ersparung (Ökonomie) an Prinzipien ein inneres Gesetz der Natur 678.

5. Innere und äußere Erfahrung s. Erfahrung, vgl. 276—279.

6. Innerer und äußerer Gegenstand s. Gegenstand, Äußeres.

Intellektual ist die Synthesis in den Kategorien für sich 150.

Intellectualis s. Synthesis.

Intellektualphilosophen, Plato der vornehmste 881.

Intellektuell.

Unterschied zwischen intellektuell und intelligibel Pr. § 34 A, vgl. 312 A; Einbildungskraft A 124; intellektuelle Form aller. Erfahrung 367, vgl. A 129; „Ich" eine reine intellektuelle Vorstellung 278, 423 A; intellektuelle Substanz (Seele) 403; intellektuelle Anschauung 72, 159, 68; Erkenntnis intellektuell 312 A; intellektueller Begriff des Zufälligen 637; intellektuelle Verbindung 151, Synthesis 152, 162 A; intellektuelle Kausalität (Freiheit) 568 [muß intelligibel heißen]; intellektuelles System von Leibniz 326, 337.

Intellektuieren.

Leibniz intellektuierte die Erscheinungen 327.

Intellectus archetypus, ectypus s. letztere.

Intelligenz.

1. Ein empirischer Begriff 726, Spontaneität des Denkens 158 A.

2. Ich, Seele 158, 158 A, 710.

3. Intelligible Wesen 594, Welt der Intelligenzen, moralische intelligible Welt 843.

4. Gott als höchste Intelligenz 611 A, 653, 660, 698, 699, 715, 838.

Intelligibel.

1. Unterschied zwischen intelligibel und intellektuell Pr. § 34 A.

2. Begriff des Intelligiblen gegenüber Erscheinung, intelligible Welt. „Ich nenne dasjenige an einem Gegenstande der Sinne, was selbst nicht Erscheinung ist, intelligibel" 566, vgl. 313; „eine solche doppelte Seite, das Vermögen eines Gegenstandes der Sinne sich zu denken, widerspricht keinem von den Begriffen, die wir uns von Erscheinungen ... zu machen haben" 566; der Begriff dessen, was nicht Erscheinung, also intelligibel ist, ist eine logische Forderung, die aus dem Begriff „Erscheinung" selbst entspringt, s. Ding an sich, vgl. 594, 565, A 251, A 252, XXVI, XXVII, Pr. § 57; eine „intelligible Anschauung" oder deren (bestimmten) Gegenstand können wir uns nicht denken 836; das Intelligible liegt „der äußeren Erscheinung, die wir Materie nennen, zum Grunde" A 360, vgl. 572, 565, 522, 590; intelligibel: ein Gegenstand, der „nicht Erscheinung (Noumenon) ist", „dem Verstande allein, und gar nicht den Sinnen gegeben, gedacht wird" 313, vgl. 342 (durch reine Kategorien), transzendentales Objekt 522, s. transzendentaler Gegenstand; intelligible, moralische Welt 836, 837, 839; Welt der Intelligenzen 843, „freilich nur gedachte Welt 431; „gleichsam eine Welt im Geiste gedacht" A 250; mundus sensibilis et intelligibilis A 249; mundus phaenomenon, intelligibilis 461; vgl. Pr. § 34, Kritik 800, 667, 668 („überschwengliche Wesen)'.

3. Intelligible Ursache, intelligibler Charakter s. Ursache, Kausalität, Charakter, Freiheit, vgl. intelligible Ursache, Kausalität aus Freiheit 447, 474, 560—562, 564—568, 572, 575—577, 580—582, 585, 594, 826; intelligibler Charakter 567—569, 574, 576—579, 581, 582, 584.

4. Verknüpfung der sensiblen (Sinnenwelt) mit der intelligiblen Welt: höchstes Wesen als Begriff dieser Verknüpfung, Pr. §§ 57, 58.

Intensiv.

1. Begriff des Intensiven. Intensive Größe bedeutet den „Grad des Einflusses" einer äußeren Wahrnehmung „auf den Sinn" 208; „nun nenne ich diejenige Größe, die nur als Einheit apprehendiert wird und in welcher die Vielheit nur durch Annäherung zur Negation = o vorgestellt werden kann, die intensive Größe" 210; „in allen Erscheinungen hat das Reale, was ein Gegenstand der Empfindung ist, intensive Größe d. i. einen Grad". 207.

2. Antizipationen der Wahrnehmung 207 ff., zweiter Grundsatz des reinen Verstandes.

3. Intensiv und Empfindung, Reales, Gegenstand (Erscheinung). Die Empfindung und das Reale hat intensive Größe (Antizipationen 1. Auflage); der Empfindung kommt intensive Größe zu 208; jede Realität in der Erscheinung hat intensive Größe 210; alle Erscheinungen überhaupt sind sowohl extensive als intensive Größen 212.

Intuitiv = anschaulich, anschauend im Gegensatz zu diskursiv = begrifflich; intuitive (ästhetische) Deutlichkeit durch Anschauungen A XII; „in der Art der Evidenz, d. i. dem Intuitiven" 223; Verstand, der intuitiv erkennen würde, „ein Problema" 311, 312; menschlicher Verstand erkennt diskursiv, nicht intuitiv 93, Pr. §§ 15, 46; nur diskursiv, niemals intuitiv urteilen 747; intuitiver Vernunftgebrauch durch Konstruktion der Begriffe 747; Axiome sind intuitive Grundsätze 761; intuitive Gewißheit der mathematischen Grundsätze 201, 223, des reinen Verstandes.

Intuitus.
Anschauungsart (intuitus derivativus) des Menschen (abgeleitet) 72; eine Erkenntnis ist entweder Anschauung oder Begriff, intuitus vel conceptus 377.

Inventarium „aller unserer Besitze durch r e i n e Vernunft, systematisch geordnet" ist die k r i t i s c h e Metaphysik, A XIV.

Irrtum.
„In einem Erkenntnis, das mit den Verstandesgesetzen durchgängig zusammenstimmt, ist kein Irrtum" 350; der Irrtum wird „nur durch den unbemerkten Einfluß der Sinnlichkeit auf den Verstand bewirkt" 350; Wahrheit sowohl als Irrtum sind „nur im Urteile, d. i. nur in dem Verhältnisse des Gegenstandes zu unserem Verstande anzutreffen" 350, vgl. 190, 737; s. Schein, Wahrheit, Falschheit, Traum, Gewißheit, Beweis, Einbildung, Wirklichkeit.

Isolieren.
„Es ist von der äußersten Erheblichkeit, Erkenntnisse, die ihrer Gattung und Ursprunge nach von anderen unterschieden sind, zu isolieren ..." 870, [um bei der Untersuchung kri-

tisch verfahren zu können;] Sinnlichkeit isolieren (Ästhetik)
36; Verstand isolieren 87; isolierte Vernunft XIX A.
Jugendbelehrung 782, 783, vgl. XXXI.

K

Kanon = ,,Inbegriff der Grundsätze a priori des richtigen
Gebrauchs gewisser Erkenntnisvermögen überhaupt'' 824;
Kanon des reinen Verstandes (transzendentale Analytik) 824;
Kanon der reinen Vernunft betrifft nur den praktischen,
nicht spekulativen Vernunftgebrauch 824, 825; vgl. 825,
832, 848 (Überschriften), 77, 88, 170, 171.
Kategorie.
A. Tafel der Kategorien 106, ,,transzendentale'' T, Pr. § 21,
,,allgemeine Liste der transzendentalen Begriffe'' 399. —
1. Der Quantität: Einheit, Vielheit, Allheit. — 2. Der
Qualität: Realität, Negation, Limitation. — 3. Der Relation: Inhärenz und Subsistenz (substantia et accidens);
Kausalität und Dependenz (Ursache und Wirkung); Gemeinschaft (Wechselwirkung zwischen dem Handelnden und Lei-
denden). — 4. Der Modalität: Möglichkeit — Unmöglichkeit; Dasein — Nichtsein; Notwendigkeit — Zufälligkeit.
,,Stammregister des Verstandes'' 107; Kategorien als ,,wahre
Stammbegriffe des reinen Verstandes'' 107; mathematische
und dynamische Klasse der Kategorien 110; die dritte Kategorie jeder der vier Titelkategorien entspringt ,,aus der Verbindung der zweiten mit der ersten'' 110, 111. — Prädikamente
107, Prädikabilien 108 s. diese.
B. Metaphysische Deduktion der Kategorien. Begriff einer
metaphysischen Erörterung 38; ,,In der metaphysischen Deduktion wurde der Ursprung der Kategorien a priori überhaupt durch ihre völlige Zusammentreffung mit den allgemeinen logischen Funktionen des Denkens dargetan ...''
159; ,,die Form der Urteile (in einen Begriff von der Synthesis
der Anschauungen verwandelt) brachte Kategorien hervor ...''
378; die Kategorien fallen ,,ganz genau parallel'' aus den
,,Momenten zu Urteilen'' Pr. § 21; in bezug auf die Urteilstafel ,,lag nun schon fertige, obgleich noch nicht ganz von
Mängeln freie Arbeit der Logiker vor mir ...'' Pr. § 39;

,,ich bezog endlich diese Funktionen zu urteilen auf Objekte überhaupt, oder vielmehr auf die Bedingung, Urteile als objektiv-gültig zu bestimmen, und es entsprangen reine Verstandesbegriffe . . ." Pr. § 39; ,,alle Urteile sind . . . Funktionen der Einheit unter unseren Vorstellungen" 94; ,,wir können . . . alle Handlungen des Verstandes auf Urteile zurückführen" 94; ,,die Funktionen des Verstandes können also insgesamt gefunden werden, wenn man die Funktionen der Einheit in den Urteilen vollständig darstellen kann" 94; ,,auf solche Weise entspringen gerade so viel reine Verstandesbegriffe, welche a priori auf Gegenstände der Anschauung überhaupt gehen . . ." 105, als es logische Funktionen in den Urteilen gibt; ,,denn der Verstand ist durch gedachte Funktionen völlig erschöpft und sein Vermögen dadurch gänzlich ausgemessen" 105; ,,dieselbe Funktion, welche den verschiedenen Vorstellungen in einem Urteile Einheit gibt, die gibt auch der bloßen Synthesis verschiedener Vorstellungen in einer Anschauung Einheit, welche, allgemein ausgedrückt, der reine Verstandesbegriff heißt." 104, 105.

C. Transzendentale Deduktion. 1. Problem, Aufgabe der transzendentalen Deduktion. In der transzendentalen Deduktion wird ,,die Möglichkeit derselben als Erkenntnisse a priori von Gegenständen einer Anschauung überhaupt . . . dargestellt" 159; die Deduktion ,,bezieht sich auf die Gegenstände des reinen Verstandes, und soll die objektive Gültigkeit seiner Begriffe a priori dartun und begreiflich machen" A X; Darstellung der reinen Verstandesbegriffe ,,als Prinzipien der Möglichkeit der Erfahrung . . ." 168, 169; vgl. A 128, 122; Prinzipium der transzendentalen Deduktion 126. — 2. Über die subjektive und objektive Seite der Deduktion AX, A XI. — 3. Subjektive Seite der Deduktion: Synthesis der Apprehension in der Anschauung A 98 bis A 100; Synthesis der Reproduktion in der Einbildung A 100 bis A 102; Synthesis der Rekognition im Begriffe A 103 bis A 110. — 4. Objektive Seite der Deduktion (1. Auflage): mehrere Fassungen A 115 bis A 128. — 5. Transzendentale Deduktion (2. Auflage): §§ 15—27, Seite 129 bis 169.

D. Die Kategorien in ihrem Verhältnis zu anderen Funktionen usw., ihr Gebrauch, Grenzbestimmung usw. — 1. Kategorie und Zeit, Raum, Anschauung, Sinnlichkeit 122, 143, 144, 161, 298, 300, 301, 305, 308, 342, 343, 747, Pr. § 39. — 2. Kategorie und mögliche Erfahrung, objektive Gültigkeit, Gegenstand, Objekt überhaupt. Mögliche Erfahrung, objektive Gültigkeit 126, 127, 185, 187, 194 bis 197, 296, 370, 724, A 111, vgl. A 125, A 126, A 128, A 130; Gegenstand, Objekt, Mannigfaltiges überhaupt 75, 125, 126, 128, 146, 148, 150, 151, 158, 159, 195, 304, 309, 346, A 245, Pr. §§ 8, 21. — 3. Kategorie und Einbildungskraft, Synthesis. Einbildungskraft 152, 383, A 125; Synthesis 104, 122, 131, 199, 223, 224, 308, 490, 557, 747, 750, A 401. — 4. Kategorie und Verstand, Apperzeption, Bewußtsein überhaupt, Denken, Kategorie für sich allein, synthetische Einheit. Verstand, Apperzeption, Bewußtsein überhaupt, s. diese, vgl. 144, A 106, A 108, A 401, Pr. § 20; synthetische Einheit 104, 144, 177, 181, A 110, A 128; Gedankenformen 148, 150, 288, 305, 309, Gedanke der Form nach 146; Formen des Denkens 309, Pr. § 57; Momente des Denkens 101; Formen der Erfahrung 303, 367. — 5. Kategorie und Vernunft, Vernunftbegriff (Idee). Bis zum Unbedingten erweiterte Kategorien 436, vgl. 383, Pr. §§ 41, 42. — 6. Empirischer, transzendentaler Gebrauch, Grenzbestimmung s. Verstand, Gebrauch, vgl. 136, 146, 200, 223, 295, 297, 298, 664, 383, 365, 303, 304, 305, 352, 353, 343, 543, 664, 788, 809, A 403, Pr. § 40; Grenzbestimmung s. Verstand, vgl. 166 A, 186, 193, 266, 295, 297, 303, 327, 336, 342, 343, 365, 620, 730, A 246, Pr. §§ 39, 57. — 7. Kategorie und Schematismus, Grundsätze des reinen Verstandes s. diese. — 8. Kategorie und Natur, Gesetzlichkeit der Natur s. Natur, Verstand. — 9. Kategorie und gegenständliches Urteilsgebiet. Durch die Kategorie kann synthetisch und a priori geurteilt werden, vgl. 747; Kategorie „nichts anderes, als eben diese Funktionen zu urteilen, so fern das Mannigfaltige einer gegebenen Anschauung in Ansehung ihrer bestimmt ist." 143; Kategorie ein Begriff, „der die Form des Urteilens überhaupt in Ansehung der Anschauung bestimmt" Pr. § 20; Kategorie tut nichts, „als bloß einer Anschauung die Art überhaupt zu bestimmen, wie sie zu Urteilen dienen kann" Pr. § 20. — 10. Kategorien keine angeborenen Begriffe s. ange-

boren, Gelegenheitsursachen 118. — 12. Systematisch-
wissenschaftlicher Wert der Kategorien. Das System
der Kategorien macht „alle Behandlung eines jeden Gegenstandes der reinen Vernunft selbst wiederum systematisch‘‘
Pr. § 39; Anweisung, Leitfaden für jede „metaphysische Betrachtung‘‘ Pr. § 39; „natürliche und sichere Leitung‘‘ 187,
vgl. 109, 110, 265; in bezug auf die Paralogismen 402, A 396;
„Etwas‘‘ und „Nichts‘‘ 346; Tafel der kosmologischen Ideen
436, 438, 442; Reflexionsbegriffe Pr. § 39.

Kategorisches Urteil s. Urteil; kategorischer Schluß s. Vernunftschluß.

Kathartikon des gemeinen Verstandes 77, 78; „nüchterne
Kritik‘‘ 514.

Kausalität.
1. Kategorie, Schema, Grundsatz der Kausalität. Die Kategorie
der Kausalität ist mit ihrem Korrelat der Dependenz das
zweite Moment der Titelkategorie der Relation 106, Pr. § 21,
gehört zur dynamischen Kategorie-Klasse 110; „das Schema
der Ursache und der Kausalität eines Dinges überhaupt ist
das Reale, worauf, wenn es nach Belieben gesetzt wird, jederzeit etwas anderes folgt. Es besteht also in der Sukzession
des Mannigfaltigen, insofern sie einer Regel unterworfen
ist.‘‘ 183; Grundsatz der Zeitfolge nach dem Gesetz der
Kausalität: „Alle Veränderungen geschehen nach dem Gesetze der Verknüpfung der Ursache und Wirkung‘‘ 232ff.
2. Kausalität und Ursache bedeuten nicht eigentlich dasselbe;
Kausalität bedeutet den „Zustand‘‘ der Ursache, in welchem
sie wirkt, vgl. Pr. § 53; Bestimmung einer Ursache zur Kausalität ist Bestimmung der Ursache zum Wirken Pr. § 53;
Kausalität einer Naturursache, d. i. „die Handlung, da sie
in der Zeit vorhergeht . . .‘‘ 570; vgl. 248, 572, 561.
3. Kausalität und Zeit. „Die Bestimmung einer Begebenheit
in der Zeit, mithin diese (Begebenheit) als zur Erfahrung
gehörig‘‘, wäre unmöglich, „ohne unter einer solchen dynamischen Regel zu stehen‘‘ 816, nämlich dem Grundsatz der
Zeitfolge nach dem Gesetz der Kausalität. „Demnach ist die
Zeitfolge allerdings das einzige empirische Kriterium der
Wirkung, in Beziehung auf die Kausalität der Ursache, die
vorhergeht‘‘ 249; die Kausalität der Erscheinungen beruht
auf Zeitbedingungen 560; „diese Regel aber, etwas der Zeit-

folge nach zu bestimmen, ist: daß in dem, was vorhergeht, die Bedingung anzutreffen sei, unter welcher die Begebenheit jederzeit (d. i. notwendigerweise) folgt 246; der Grundsatz der Zeitfolge nach dem Gesetz der Kausalität ist „der Grund möglicher Erfahrung, nämlich der objektiven Erkenntnis der Erscheinungen, in Ansehung des Verhältnisses derselben, in der Reihenfolge der Zeit" 246; die drei Analogien der Erfahrung „sind nichts anderes, als Grundsätze der Bestimmung des Daseins der Erscheinungen in der Zeit, nach allen drei modis derselben ..." 262, vgl. 243, 244, 245, vgl. Pr. § 25.

4. Kausalität und Gleichzeitigkeit. Grundsatz des Zugleichseins, nach dem Gesetze der Wechselwirkung oder Gemeinschaft: „Alle Substanzen, sofern sie im Raume als zugleich wahrgenommen werden können, sind in durchgängiger Wechselwirkung" 256 ff.; „die Zeit zwischen der Kausalität der Ursache und deren unmittelbaren Wirkung kann verschwindend, (sie also zugleich) sein; aber das Verhältnis der einen zur anderen bleibt doch immer der Zeit nach bestimmbar" 248, Beispiel der Kugel auf dem Kissen 248; s. Gleichzeitigkeit.

5. Kausalität und Synthesis s. Ursache.

6. Kausalität und Substanzbegriff. Die Kategorie der Substanz ist insofern die Voraussetzung für die Geltung des Kausalitätsgesetzes, als dieses sich auf das Verhältnis der Erscheinungen in der Zeit bezieht, und der Substanzbegriff die unumgängliche Voraussetzung für jedes gegenständliche Verhältnis überhaupt ist; „daher denn auch diese Kategorie unter dem Titel der Verhältnisse steht, mehr als die Bedingung derselben, als daß sie selbst ein Verhältnis enthielte" 230; vgl. 229, 231; „die Gemeinschaft ist die Kausalität einer Substanz in Bestimmung der anderen wechselseitig" 111; „das erste Subjekt der Kausalität alles Entstehens und Vergehens" kann selbst nicht entstehen und vergehen 251.

7. Naturkausalität, Erfahrung. „Man kann sich nur zweierlei Kausalität in Ansehung dessen, was geschieht, denken, entweder nach der Natur oder aus Freiheit. Die erste ist die Verknüpfung eines Zustandes mit einem vorigen in der Sinnenwelt, worauf jener nach einer Regel folgt" 560, „Beziehung des Daseins eines Dinges auf das Dasein von irgend etwas anderem, was durch jenes notwendig gesetzt werde" Pr. § 27. vgl. 793; nur für die Sinnenwelt Bedeutung 637; wir müssen uns an die Erfahrung halten 476; bedingte Kausalität (Natur-Ursache) 447; keine „ursprüngliche Handlung" 572; durch das Naturgesetz der Kausalität machen „Erscheinungen allererst eine Natur" aus 570; die Kausalkategorie dient nur dazu, eine „dynamische Verknüpfung" zu verstehen, „wo sie in der Erfahrung angetroffen wird" 798, vgl. 663, 664, 794, 765 (Bedingung jeder Erfahrung), vgl. 788, 816; mögliche Erfahrung 649; Grund der Möglichkeit der Erfahrung 247.

8. Kausalität aus Freiheit hindert nicht „das Naturgesetz der Erscheinungen" Pr. § 53, ist wenigstens denkbar 572, XXIX, tut dem empirischen Verstandesgebrauch „nicht den mindesten Abbruch" 573, können wir uns wenigstens vorstellen 575: „die unbedingte Kausalität der Ursache in der Erscheinung" heißt Freiheit 447; „das Vermögen, einen Zustand von selbst anzufangen" 561, 562; „absolute Spontaneität der Ursache" 474; „wahrhafte Kausalität" der menschlichen Vernunft 374, vgl. 385, 575, 578; bei derselben Handlung Kausalität nach der Natur und aus Freiheit 564; Idee von einer Spontaneität 561; sensible, intelligible Kausalität 566, 567, 568; Vernunft, Kausalität aus Freiheit, nicht der Zeit unterworfen 561, 565, 567, 569, 579, 580, 581, 582, 584.

9. Kausalität und Bedingung vgl. 441, 442, 572.

10. Kausalität und Kraftbegriff 676, 677, s. Kraft.

11. Kausalität und Veränderung s. letztere, vgl. 3, 232 ff. (Grundsatz), 568 (Gesetz alles Veränderlichen).

12. Kausalität und Notwendigkeit, Zufälligkeit s. letztere, vgl. 280—282, 637, 793, Pr. § 27.

13. Kausalitätstheorie von Hume, Locke s. diese, vgl. 5, 19, 20, 127, 128, 793, 788, Pr. §§ 2, 5, 27, 29, 30.

Keime (und Anlagen) der reinen Begriffe im menschlichen Verstande 91, Pr. § 4 (Erkenntnis); s. Gelegenheitsursachen 118, Gemüt, Vermögen, Ursprung, a priori, angeboren; „im Gemüte a priori bereit liegen" 34.

Kein, Keines.
„Den Begriffen von Allem, Vielem und Einem ist der, so alles aufhebt, d. i. Keines, entgegengesetzt, und ist so Gegenstand eines Begriffs", dem keine Anschauung korrespondiert, also = Nichts 347.

Klar ist eine Vorstellung, „in der das Bewußtsein zum Be-

wußtsein des Unterschiedes derselben von anderen zu-
reicht" 415 A, vgl. 414 A, 241.

Klassisch die Einteilung der Urteile in analytische und synthetische Urteile Pr. § 3.

Klugheit.
,,Es ist schon ein großer und nötiger Beweis der Klugheit . . .,
zu wissen, was man vernünftiger Weise fragen solle" 82; s.
Dummheit, Regel (Klugheitsregel).

Koalition mathematische Synthesis des Gleichartigen in
bezug auf intensive Größen 201 A.

Körper.

1. Körper als Allgemeinvorstellung; Merkmale. Der Begriff
vom Körper dient ,,nach der Einheit des Mannigfaltigen,
welches durch ihn gedacht wird, unserer Erkenntnis äußerer
Erscheinungen zur Regel", als ,,Regel der Anschauungen"
A 106; er macht ,,die Vorstellung der Ausdehnung . . ., der
Undurchdringlichkeit, der Gestalt usw. notwendig" A 106,
A 381; letztere sind die analytischen Merkmale, vgl. 12, A 8;
die Schwere ist kein analytisches Merkmal, ist aus der Erfahrung abgezogen, 12, A 8; vgl. Pr. § 2.

*2. Körper als bloße äußere Erscheinung; Idealität der Körper-
welt.* ,,Dasjenige, was ein Gegenstand äußerer Sinne ist,
heißt Körper" 400, 469; Körper sind ,,bloße Erscheinungen
unseres äußeren Sinnes und nicht Dinge an sich selbst" A 357,
vgl. A 387, Pr. § 13 A II, 553; wenn ich das denkende Subjekt wegnehme, muß ,,die ganze Körperwelt wegfallen" A 383,
s. Erscheinung; nur Erscheinung 469.

3. Körper und Raum, Verhältnisbegriff. Körper setzen den
Raum voraus 469; Substanz im Raume 553, Pr. § 49; ,,die
körperlichen Dinge sind doch immer nur Verhältnisse, wenigstens der Teile außer einander" 339, vgl. 341, 321, 333.

4. Körper und denkendes Wesen, Seele. Körperliche und denkende Natur 874, 827; ,,ich unterscheide meine eigene Existenz,
als eines denkenden Wesens, von anderen Dingen außer mir
(wozu auch mein Körper gehört . . ." 409; Gemeinschaft des
Körpers mit der Seele, physischer Einfluß, vorherbestimmte
Harmonie, übernatürliche Assistenz A 389 ff., vgl. 427, 428,
s. Seele, Ich, Paralogismen.

5. Körperlehre eine Physiologie der Gegenstände äußerer
Sinne A 381, vgl. 873, 874, s. Physiologie.

6. Organisierter Körper Pr. Vorrede, vgl. 716, s. Organismus.

Koexistenz.

Die Gemeinschaft (Wechselwirkung) ist „eigentlich der Grund der Möglichkeit einer empirischen Erkenntnis der Koexistenz" 265 A, des Zugleichseins der Gegenstände.

Kollektive Einheit aller Vorstellungen A 117 Anm., Vernunft sucht kollektive Einheit der Verstandeserkenntnisse 672; kollektive Einheit eines Erfahrungsganzen 610; kollektive Einheit des Gedankens (Kritik der Seelenlehre) A 353; kollektive Anschauung 550, 551, kollektive Einheit der ganzen möglichen Erfahrung Pr. § 40 s. distributiv.

Komparative Allgemeinheit durch Induktion 3; Komparativ-Innerliches 333, vgl. 341; komparative Grundkraft 677, Prinzipien 358; vgl. 852.

Kongruent, kongruieren.

Das Eigentümliche der Idee: „Daß ihr niemals irgend eine Erfahrung kongruieren könne" 649, vgl. 383, 393, 689, [übereinstimmen, entsprechen].

Konsequenz, die Schlußfolge (auch conclusio) im Vernunftschluß, 360.

Konstitutiv.

Ein konstitutives Prinzip ist ein „Prinzipium der Möglichkeit der Erfahrung und der empirischen Erkenntnis der Gegenstände der Sinne," vgl. 537, 692; konstitutiv sind die mathematischen Grundsätze des reinen Verstandes, regulativ die dynamischen 296, 692, 222; nur der Verstand hat konstitutive Prinzipien, die Vernunft nicht, 537, 692; mathematische Formeln konstitutiv 222.

Konstruieren, Konstruktion der Begriffe (Mathematik) 741, 747; nur Größen (quanta) lassen sich konstruieren 742; geometrische Konstruktion ist ostensiv, Buchstabenrechnung symbolische Konstruktion 745; s. Mathematik, Philosophie.

Kontext der Erfahrung = ihr Zusammenhang nach Gesetzen 273, 521, 610, 628; Kontext der Natur 565.

Kontinuität.

1. Kontinuität und Zeit, Raum, Ausdehnung, Größen überhaupt. „Raum und Zeit sind quanta continua, weil kein Teil derselben gegeben werden kann, ohne ihn zwischen Grenzen (Punkten und Augenblicken) einzuschließen, mithin nur so, daß dieser Teil selbst wiederum ein Raum oder eine Zeit ist"

211, vgl. 253, 254; ,,denn nur an den Erscheinungen können wir die Kontinuität im Zusammenhange der Zeiten empirisch erkennen`` 244; die Kontinuität der Zeit pflegt ,,man besonders durch den Ausdruck des Fließens (Verfließens) zu bezeichnen`` 211; die Zeit enthält ,,die sinnliche Bedingung a priori von der Möglichkeit eines kontinuierlichen Fortganges des Existierenden zu dem Folgenden`` 256; der Verstand enthält ,,vermittelst der Einheit der Apperzeption, die Bedingung a priori der Möglichkeit einer kontinuierlichen Bestimmung aller Stellen für die Erscheinungen in dieser Zeit`` 256; Kontinuität ist eine Qualität der Ausdehnung 743; ,,das Schema einer Realität, als der Quantität von Etwas, so fern es die Zeit erfüllt, ist eben die kontinuierliche und gleichförmige Erzeugung derselben in der Zeit`` 183; ,,die Eigenschaft der Größen, nach welcher an ihnen kein Teil der kleinstmögliche (kein Teil einfach) ist, heißt die Kontinuität derselben`` 211; an Größen überhaupt erkennen wir ,,a priori nur eine einzige Qualität, nämlich die Kontinuität`` 218.

2. *Kontinuität und Empfindung, intensive Größe, Realität, Qualität.* In der empirischen Anschauung korrespondiert der Empfindung die Realität (realitas phaenomenon) 209; jede Empfindung ist einer allmählichen Verringerung fähig 209, 210; ,,daher ist zwischen Realität in der Erscheinung und Negation ein kontinuierlicher Zusammenhang vieler möglicher Zwischenempfindungen ...`` 210; möglicher Realitäten 211; der Empfindung nach sind alle Erscheinungen intensive und kontinuierliche Größen 212; vgl. 182, 183, 207 ff., an Größen überhaupt kann a priori nur eine einzige Qualität erkannt werden, nämlich die Kontinuität 218.

3. *Kontinuität, Continuum und Gegenstand, Erscheinung.* ,,Alle Erscheinungen sind ... kontinuierliche Größen, sowohl ihrer Anschauung nach als extensive, oder der bloßen Wahrnehmung (Empfindung und mithin Realität) nach als intensive Größen`` 212; die Erscheinung ist ,,als Einheit ein Quantum, und als solches jederzeit ein Continuum`` 212, vgl. 211; unendliche Grade des Realen in der Erscheinung 254; nur an den Erscheinungen die Kontinuität der Zeit empirisch erkennbar 244; Erscheinung als quantum continuum (unendliche Teilung) 555; kontinuierliche Bestimmung aller Stellen in der Zeit für die Erscheinungen gegen einander 256.

4. Kontinuität und Kausalität, Veränderung. „Alle Veränderung ist also nur durch eine kontinuierliche Handlung der Kausalität möglich . . ." 254; „das 253, 254 ist nun das Gesetz der Kontinuität aller Veränderung, dessen Grund dieser ist, daß weder die Zeit, noch auch die Erscheinung in der Zeit aus Teilen besteht, die die kleinsten sind . . ." 254; vgl. 281, 282 (non datur saltus, non datur hiatus).

5. Kontinuität als Gesetz des systematischen Zusammenhanges in der Natur; Kontinuität der Erfahrung überhaupt. In bezug auf die systematische Einheit der Natur ist das Gesetz oder Prinzip der Kontinuität der Formen 686, 689 ein transzendentales Gesetz (heuristischer Grundsatz 691) der „Affinität aller Begriffe", welches einen kontinuierlichen Übergang vgl. 688, 689, 696, von einer jeden Art zu jeder anderen „durch stufenartiges Wachstum der Verschiedenheit gebietet" 685, 686; dieses Prinzip entspringt durch Vereinigung der Prinzipien der Homogenität und der Spezifikation 686, 688; Vollendung des systematischen Zusammenhanges in der Idee 686; logisches Gesetz continui specierum setzt ein transzendentales voraus 688; s. Gattung,, Art; Kontinuität der Erfahrung: s. Erfahrung, Apperzeption, Affinität: empirische Einheit der Zeit 231, 229, Identität des Substratum 229.

6. Kontinuität im Ich-Bewußtsein s. Ich, Seele, Identität, Paralogismen.

Kontradiktorisch.
„Veränderung ist Verbindung kontradiktorisch einander entgegengesetzter Bestimmungen im Dasein eines und desselben Dinges" 291, vgl. 48, 531, 599.

Koordiniert, Akzidenzen 441; Raumteile beigeordnet einander 439; disjunktives Urteil 112.

Kopernikus.
Vergleich der Kopernikanischen Problemlösung mit der kritischen Problemstellung hinsichtlich des Gegenstandes der Erkenntnis XVI, XVII, vgl. XXII Anm.

Kopula.
Wert der Kopula in Urteilen der Modalität 100; „Sein" im logischen Gebrauch bloße Kopula 626; „Verhältniswörtchen ist" 141, 142.

Korrelat, Correlatum aller unserer Vorstellungen ist das „stehende und bleibende Ich (der reinen Apperzeption)"

A 123; Korrelate von Kategorien 110; das „gemeinschaftliche Correlatum" aller Dinge 600 A; Ding an sich selbst als
„wahres Correlatum" der „Vorstellungen unserer Sinnlichkeit" 45; transzendentales Objekt als „Correlatum der Einheit der Apperzeption zur Einheit des Mannigfaltigen" A 250;
Raum die Form, nicht ein Correlatum der Erscheinungen 459,
515; denkendes Ich als C. alles Daseins A 402, vgl. A 366;
Zeit als das „beständige C. alles Daseins der Erscheinungen"
226.

Kosmologie, kosmologische Ideen, Gottesbeweise.

Die Antinomie der reinen Vernunft stellt „die transzendentalen Grundsätze einer vermeinten reinen (rationalen 874)
Kosmologie . . . in ihrem blendenden aber falschen Scheine"
dar 435; Gegenstand der Kosmologie ist die Welt als Inbegriff aller Erscheinungen 391; die transzendentalen Grundsätze der Kosmologie heißen kosmologische Ideen 442, 447,
auch Weltbegriffe 434, 447, bzw. transzendente Naturbegriffe
448 und „beschäftigen sich mit der Totalität der regressiven
Synthesis" 438, vgl. 443 (Tafel der kosmologischen Ideen);
Transzendenz dieser Ideen, obzwar das Objekt, die Erscheinungen der Art nach nicht überschreitend 447, vgl. 593;
vgl. Pr. §§ 50—54; System der kosmologischen Ideen 435ff.,
s. Antinomie. — „Es sind nur drei Beweisarten vom Dasein
Gottes aus spekulativer Vernunft möglich 618, nämlich der
ontologische, kosmologische und der physikotheologische Beweis. Der ontologische Beweis schließt vom bloßen Begriff
einer höchsten Realität auf die Notwendigkeit im Dasein
620ff., der kosmologische Beweis umgekehrt „von der zum
Voraus gegebenen unbedingten Notwendigkeit 632 irgend
eines Wesens auf dessen unbegrenzte Realität . . ." 631ff.,
der physikotheologische Beweis von der unermeßlichen Mannigfaltigkeit, der Ordnung, Schönheit, Einheit des Weltganzen
auf einen realen Urheber der Welt 648ff. Alle bloß spekulativen Gottesbeweise laufen auf einen einzigen hinaus, den
ontologischen 666.

Kraft.

1. Kraftbegriff und Substanzbegriff, empirische Substanz. „Diese
Kausalität führt auf den Begriff der Handlung, diese auf den
Begriff der Kraft, und dadurch auf den Begriff der Substanz"
249; „die Substanz im Raume kennen wir nur durch Kräfte,

die in demselben wirksam sind . . .'' 321 (Anziehung, Zurückstoßung).

2. Kraft und Kausalität. Die Kausalität einer Substanz wird
Kraft genannt 676; der Kraftbegriff gehört ,,unter die verschiedenen Arten von Einheit nach Begriffen des Verstandes''
676.

3. Kraft und Bewegung, Veränderung. ,,Bloße Verhältnisse . . .
Veränderung der Örter (Bewegung), und Gesetze, nach denen
diese Veränderung bestimmt wird (bewegende Kräfte) 66,
67, vgl. 321; Veränderung ist kein Begriff a priori; ,,hierzu
wird die Kenntnis wirklicher Kräfte erfordert, welche nur
empirisch gegeben werden kann . . .'' 252.

4. Grundkraft. ,,Die Idee einer Grundkraft . . . ist wenigstens
das Problem einer systematischen Vorstellung der Mannigfaltigkeit von Kräften.'' 677; komparative Grundkraft 677;
Idee einer ,,einzigen radikalen, d. i. absoluten Grundkraft''
bloß hypothetisch 677; logische Maxime gebietet, die ,,ver-
steckte Identität'' (seelischer Kräfte) zu suchen 677; vgl.
678.

5. Verborgene Kräfte, z. B. ,,das Künftige zum voraus anzuschauen'' usw. 269, 270, 798, 799, lauter Hirngespinste 269.

6. Kraft ein abgeleiteter Begriff, ein Folgebegriff des Begriffes
,,der Verknüpfung der Ursache und Wirkung'' (Pr. Vorrede),
vgl. 108.

7. Tätige Kraft der Monaden besteht nur in Vorstellungen
(Leibniz) 330.

Kreditiv.
Der gemeine Glaube kein Kreditiv für synthetische Sätze,
die erst einer Deduktion bedürfen 285, vgl. Pr. § 5.

Kriterium.
Satz vom Widerspruch ein ,,bloß negatives Kriterium aller
Wahrheit'' 190; Notwendigkeit, und Allgemeinheit unfehlbare
Kriterien einer Erkenntnis a priori 4; Kriterium einer Hypothese 115; Kriterium der (realen) Notwendigkeit 280; Handlung ein empirisches Kriterium der Substantialität 250; Zeitfolge das einzige empirische Kriterium der Wirkung 249; das
bloß logische Kriterium der Wahrheit 84, vgl. 83.

Kritik, kritisch.
,,Soviel ist gewiß: wer einmal Kritik gekostet hat, den ekelt
auf immer alles dogmatische Gewäsche . . .'' (Pr. III. Teil.

Wie ist Metaphysik als Wissenschaft möglich?). — „Die Vernunft muß sich in allen ihren Unternehmungen der Kritik unterwerfen ... Da ist nun nichts so wichtig ... nichts so heilig, daß es sich dieser prüfenden und musternden Durch-suchung ... entziehen dürfte" 766, vgl. 767; die Kritik ist nicht dem dogmatischen Verfahren an sich, sondern dem Dogmatismus entgegengesetzt, als dem dogmatischen Ver-fahren der reinen Vernunft, „ohne vorangehende Kritik ihres eigenen Vermögens." XXXV, s. Dogmatismus; ein nicht unwichtiger Dienst der Strenge der Kritik 424; die kritische Auflösung betrachtet eine gewisse Frage „gar nicht objektiv, sondern nach dem Fundamente der Erkenntnis. worauf sie gegründet ist" 512; der kritische Einwurf ist nicht wider einen Satz, sondern wider den Beweis eines Satzes gerichtet A 388; Zensur und Kritik 788, 789; Kritik eine „Vorbereitung", nicht Doktrin 26; Kritik nimmt alle ihre Entscheidungen „aus den Grundregeln ihrer eigenen Ein-setzung" her 779; kritische Vernunft verlangt Gesetze 815; durch Kritik werden nicht bloß Schranken, sondern be-stimmte Grenzen der Vernunft bewiesen 789; Kritik be-lehrt uns „von unserer unvermeidlichen Unwissenheit" hin-sichtlich der Dinge an sich XXIX.

Kritik der reinen Vernunft.

1. Begriff, Aufgabe, Methode. Die Kritik der reinen Vernunft („dieses reinen Verstandes" 345) ist eine „besondere Wissen-schaft" 24, vgl. 22, die Quellen A XV, Grenzen und Schran-ken 789 der Vernunft zu bestimmen, und sie hat es nicht mit der Natur der Dinge, sondern mit der Natur der Erkennt-nis, dem Verstande, „der über die Natur der Dinge urteilt" 26, zu tun; „Idee und Einteilung einer besonderen Wissen-schaft, unter dem Namen einer Kritik der reinen Vernunft" 24 ff.; die Kritik der reinen Vernunft, als Wissenschaft, stellt „das reine Vernunftvermögen in seinem ganzen Umfange und Grenzen" dar (Pr. Vorrede); „eine ganz neue Wissen-schaft" (ebenda); „nicht eine Kritik der Bücher und Systeme, sondern die des Vernunftvermögens überhaupt ..." A VI; „Wissenschaft der bloßen Beurteilung der reinen Vernunft, ihrer Quellen und Grenzen" 25; diese Wissenschaft hat es bloß mit sich selbst zu tun 23; „die vollständige Idee der Transzendental-Philosophie, aber diese Wissenschaft noch

nicht selbst 28, sondern nur eine Propädeutik 25, 869, Vorübung, vorübend, Vorbereitung 869, 878, 26, vgl. XXXVI
(vorläufige Veranstaltung); ,,Probierstein des Werts oder
Unwerts aller Erkenntnisse a priori'' 26; ,,allgemeine Aufgabe der reinen Vernunft'' 19 ff; ,,die eigentliche A u f g a b e
der reinen Vernunft ist nun in der Frage enthalten: W i e
s i n d s y n t h e t i s c h e U r t e i l e a p r i o r i m ö g l i c h ?'' 19, vgl.
Pr. § 5; in der Lösung dieser Aufgabe ist die Kritik ,,ein Trak-
tat von der M e t h o d e, nicht ein System der Wissenschaft
selbst'', obwohl sie ,,den ganzen Umriß'' und ,,den ganzen
inneren Gliederbau derselben'' verzeichnet XXII, XXIII;
negativer Nutzen der ,,Philosophie der reinen Vernunft 739;
obschon sie ,,den ganzen Vorrat der reinen Vernunft aufdeckte''
781; in der Kritik der reinen Vernunft ist die synthetische
Methode angewendet, in den Prolegomenen die analytische
Pr. § 4; das kritische System legt noch nichts als gegeben
zugrunde, ,,außer die Vernunft selbst'', ohne sich auf irgendein
Faktum zu stützen Pr. § 4; sorgfältige Unterscheidung der
Erkenntnisarten vgl. Pr. § 43, Kritik 870; ,,nicht die Fakta
der Vernunft, sondern die Vernunft selbst . . . der Schätzung
zu unterwerfen'' 789; s. Methode, Beweis, Frage, Transzendental-Philosophie, Prolegomena.

2. *Kritik der reinen Vernunft als Gerichtshof, Richter* s. letztere.

3. *Kritik und Popularität* A XII, XXXIV, Pr. § 5, Vorrede,
s. Beispiele, populär.

4. *Über Unterschiede zwischen der ersten und zweiten Auflage
der Kritik* XXXVII, XXXVIII—XLII; [einzelne Unterschiede sind an den betreffenden Stellen dieses Buches besonders hervorgehoben].

Künftig.
Künftige (moralische, intelligible) Welt 839; künftiges Leben
421, 424, 826, 827, 855, 857 ,vgl. 781; Künftiges voraus-
schauen 270; s. Unsterblichkeit.

Kultur [in der Kritik nicht der heute übliche Begriff, sondern etwa im Sinne von Ausbildung, Pflege einer Gemüts-
oder Geistesanlage nach einer gewissen Richtung] zu einer
gewissen ,,Fertigkeit'' 737, vgl. 878 Metaphysik ist ,,die Vollendung aller Kultur der menschlichen Vernunft; Kultur der Vernunft durch Gegenstände, die den Stoff zu Begriffen darbieten
845; ,,Kultur dieser . . . hinreichenden Beweisgründe'' XXXIII.

Kunst.

Die „freiwirkende Natur", die „alle Kunst und vielleicht selbst sogar die Vernunft zuerst möglich macht" 654; Schöpfung und Kunstwerk 654, Pr. § 58 Anm.

L

Leben.

„Nun ist die subjektive Bedingung aller unserer möglichen Erfahrung das Leben: folglich kann nur auf die Beharrlichkeit der Seele im Leben geschlossen werden, denn der Tod des Menschen ist das Ende aller Erfahrung ... Pr. § 48; die Vernunft weigert sich, den „über dieses Leben hinaus reichenden Fragen befriedigende Antwort zu geben" 421; unsere Bestimmung über dieses Leben hinaus (als ob) 421; denkende Substanz als das Prinzipium des Lebens in der Materie (Seelenlehre) 403; Ordnung der Zwecke über die Grenzen des Lebens 425; leblose Natur nur sinnlich bedingt, ohne Freiheit 574; Materie = undurchdringliche leblose Ausdehnung 876.

Leer.

1. Leerer Raum, leere Zeit s. Raum, Zeit, vgl. 214, 215, 216, 231, 237, 261, 459, 461, 515, 548, 549.

2. Erscheinungen können nicht durch einen leeren Raum außer denselben begrenzt werden 461, 545.

3. Verstand, Begriff, Erfahrung, Erkenntnis. „Gedanken ohne Inhalt sind leer, Anschauungen ohne Begriffe sind blind" 75; ohne Anschauung bleibt Erkenntnis völlig leer 87; Begrenzung durch leeren Raum, Zeit, als mögliche Erfahrung völlig leer an Inhalt 549; Begriff ohne Gegenstand völlig leer an Inhalt 298, 267; Gedankendinge, Undinge leere Begriffe 348, 349; Kategorien ohne oder über sinnliche Anschauung hinaus „leere Begriffe von Objekten" 148; der problematische Gedanke intelligibler Gegenstände dient nur wie ein leerer Raum, die empirischen Grundsätze einzuschränken 315; „leere Vernünfteleien" 88.

4. Vernunft, Regressus. Außerhalb der Grenze des spekulativen (theoretischen) Vernunftgebrauchs ist „für uns nichts als leerer Raum" 730; Begrenzung der Erscheinungen im Regressus durch das Nichts oder das Leere in der Wahrnehmung unmöglich 545.

5. Ich-Vorstellung an Inhalt gänzlich leer 404; vgl. Pr. § 47.

6. Gattungs-Prinzip. „Es gibt nicht verschiedene ursprüngliche und erste Gattungen, die gleichsam isoliert und von einander (durch einen leeren Zwischenraum) getrennt wären ..." 687.

Lehrart, regressive in den Prolegomenen Pr. §§ 4, 5 A; Lehrbegriff des transzendentalen Idealismus A 369, des Materialismus usw. A 380.

Lehrling.
Vorteil kritischer Untersuchung auch dem schwierigsten, unlustigsten Lehrling begreiflich 297; Prolegomena „nicht zum Gebrauch für Lehrlinge" Pr. Vorrede, Anfang; zeitlebens Lehrling bleiben 865.

Lehrsatz.
Unterschieden vom Grundsatz 765.

Leibniz.
Gemeinschaft der Substanzen 293, 330, 331; principium identitatis indiscernibilium 320, 337; Monadenlehre 322, 323, 470; intellektuelles System 326 ff.; Gesetz der „kontinuierlichen Stufenleiter der Geschöpfe" 696; Reich der Gnaden, der Natur 840; vorherbestimmte Harmonie 330, 331, vgl. A 389 ff.

Leitfaden „der Entdeckung aller reinen Verstandesbegriffe" 91 ff. (logische Funktion im Urteil), vgl. 106 (gemeinschaftliches Prinzip); Leitfaden der Regeln 475, 497, der Naturforschung 854, der Erfahrung A 382, vgl. 810.

Limitation oder Einschränkung Pr. § 21 als Kategorie ist in der Kategorientafel 106, Pr. § 21 das dritte Moment der Titelkategorie der Qualität (Realität, Negation, Limitation), gehört zur mathematischen 110 Kategorienklasse; vgl. 111, Pr. § 39 A.

Linie nicht gegeben, sondern Produkt einer Synthesis 137, 138; Zeit unter dem Bild einer Linie 154, 156; Veranschaulichung innerer Veränderungen figürlich durch eine Linie 292; „Linie ein Raum, der die Grenze der Fläche ist, Punkt die Grenze der Linie, aber doch noch immer ein Ort im Raume" Pr. § 57.

Locke hat die Verstandesbegriffe „sensifiziert" 327; Physiologie des menschlichen Verstandes A III; Ableitung reiner Verstandesbegriffe aus der Erfahrung 127, 128; vgl. Pr. Vorrede, §§ 3, 13 A II, Kritik 119.

Logik.

1. Allgemeine Logik. Die Logik hat „seit dem Aristoteles keinen Schritt rückwärts" tun dürfen und hat „auch bis jetzt keinen Schritt vorwärts" tun können VIII. — Gegenüber der Ästhetik, als der „Wissenschaft der Regeln der Sinnlichkeit überhaupt" ist die Logik die „Wissenschaft der Verstandesregeln überhaupt" 76; sie kann als Logik des allgemeinen oder des besonderen Verstandesgebrauchs unternommen werden. „Die erste enthält die schlechthin notwendigen Regeln des Denkens ... unangesehen der Verschiedenheit der Gegenstände ... Die Logik des besonderen Verstandesgebrauchs enthält die Regeln, über eine gewisse Art von Gegenständen richtig zu denken. Jene kann man die Elementarlogik nennen, diese aber das Organon dieser oder jener Wissenschaft" 76; die Elementarlogik ist 1. die allgemeine reine Logik oder 2. die allgemeine angewandte Logik, die „auf die Regeln des Gebrauchs des Verstandes unter den subjektiven empirischen Bedingungen, die uns die Psychologie lehrt, gerichtet ist" 77; die allgemeine reine Logik abstrahiert von allen empirischen Bedingungen 77, von allen Objekten der Erkenntnis und ihrem Unterschiede IX, von allem Inhalt der Erkenntnis 78, d. i. von aller Beziehung derselben auf das Objekt 79, vgl. 102, 171; sie hat es mit lauter Prinzipien a priori zu tun 77, schöpft nichts aus der Psychologie 78, betrachtet „nur die logische Form im Verhältnisse der Erkenntnisse auf einander, d. i. die Form des Denkens überhaupt" 79; „die allgemeine Logik löst nun das ganze formale Geschäft des Verstandes und der Vernunft in seine Elemente auf, und stellt sie als Prinzipien aller logischen Beurteilung unserer Erkenntnis dar. Dieser Teil der Logik kann daher Analytik heißen, und ist eben darum der wenigstens negative Probierstein der Wahrheit ... 84; wer aber bloß mit dieser formalen Logik wagt, über Gegenstände zu urteilen, sie zum „Blendwerk objektiver Behauptungen" 85 gebraucht, übt eine „sophistische Kunst" aus, „eine Logik des Scheins", die Dialektik heißt 85, 86; entsprechend den drei oberen Erkenntnisvermögen (Verstand, Urteilskraft, Vernunft) handelt die allgemeine Logik in ihrer Analytik von Begriffen, Urteilen, Schlüssen 169, 171.

2. Transzendentale Logik. Diese geht auf den Ursprung unserer Erkenntnisse a priori von Gegenständen 80; sie ist „eine Wissenschaft des reinen Verstandes und Vernunfterkenntnisses, dadurch wir Gegenstände völlig a priori denken" 81; sie ist die „Erklärung der Möglichkeit synthetischer Urteile a priori, „imgleichen von den Bedingungen und dem Umfange ihrer Gültigkeit" 193; Zweck: „den Umfang und die Grenzen des reinen Verstandes zu bestimmen" 193; die transzendentale Logik ist „auf einen bestimmten Inhalt, nämlich bloß der reinen Erkenntnisse a priori, eingeschränkt" 170; ihr eigentliches Geschäft: „die Urteilskraft im Gebrauch des reinen Verstandes durch bestimmte Regeln zu berichtigen und zu sichern" 174; in der transzendentalen Logik wird der Verstand isoliert und nur der Teil des Denkens herausgehoben, „der lediglich seinen Ursprung im Verstande hat" 87; „der Gebrauch dieser reinen Erkenntnis aber beruht darauf, als ihrer Bedingung: daß uns Gegenstände in der Anschauung gegeben seien, worauf jene angewandt werden könne" 87; und der Teil der transzendentalen Logik, „der die Elemente der reinen Verstandeserkenntnis vorträgt, und die Prinzipien, ohne welche überall kein Gegenstand gedacht werden kann, ist die transzendentale Analytik, und zugleich eine Logik der Wahrheit" 87, 170; bedienen wir uns der reinen Verstandeserkenntnis ohne „Materie (Objekte)" 87, ohne sinnliche Anschauung, wird von den formalen reinen Verstandesprinzipien ein materialer Gebrauch 88 gemacht, so führt dieser zu „leeren Vernünfteleien", zum „falschen Schein grundloser Anmaßungen" 88, die durch eine transzendentale Dialektik, als „Kritik dieses dialektischen Scheines" aufgedeckt werden müssen 88. Die transzendentale Logik enthält die transzendentale Analytik und die transzendentale Dialektik; die transzendentale Analytik enthält die Analytik der Begriffe und die Analytik der Grundsätze, ferner als Anhang die „Amphibolie der Reflexionsbegriffe".

3. Logische und reale Möglichkeit s. Möglichkeit.

4. Logischer und realer Widerspruch s. Widerspruch.

5. Logische und transzendentale Überlegung, Reflexion 318, 319, 324, 325, s. Amphibolie der Reflexionsbegriffe.

6. Logische und numerische Identität des Ich A 363.

7. *Logisches und transzendentales Gesetz* in bezug auf Homogenität, Spezifikation, Kontinuität s. letztere.

8. *Logischer und transzendentaler Paralogismus* 399, s. Paralogismen.

9. *Logische und transzendentale Dialektik* 354, vgl. 390.

Lüge, Lügner.
Erläuterndes Beispiel hinsichtlich des empirischen und des intelligiblen Charakters (Zurechnung), 581 ff.

Lust, Unlust, Begierde, Neigungen usw. sind empirischen Ursprungs, gehören nicht zur Transzendental-Philosophie 28, 29, vgl. 597, 829 A, 66.

M

Major.
Jeder Vernunftschluß 360, 361, hat drei Sätze: Obersatz, Untersatz, Schlußsatz; der Obersatz (Regel) heißt major; s. Vernunftschluß.

Mann, ,,den ich längst gesucht habe" 857, nämlich, der sich rühmen kann, zu wissen, ,,daß ein Gott und daß ein künftig Leben sei".

Mannigfaltiges, Mannigfaltigkeit.
1. Mannigfaltiges a priori. Zu unterscheiden ist das Mannigfaltige a priori, ,,welches die Sinnlichkeit in ihrer ursprünglichen Rezeptivität A 100 darbietet" von dem bereits synthesierten Mannigfaltigen der formalen Anschauung (160, 161 nebst Anm.); die transzendentale Logik hat ,,ein Mannigfaltiges der Sinnlichkeit a priori vor sich liegen, welches die transzendentale Ästhetik ihr darbietet" 102; Raum und Zeit enthalten ein Mannigfaltiges der reinen Anschauung a priori 102; das erste, was zur gegenständlichen Erkenntnis gegeben sein muß, ,,ist das Mannigfaltige der reinen Anschauung" 104; der Raum ,,gibt nur das Mannigfaltige der Anschauung a priori zu einem möglichen Erkenntnis" 137, dgl. die Zeit 140, 177, 67; Synthesis des Mannigfaltigen (Gleichartigen) zur extensiven Größe 202, 203 (Axiome der Anschauung); das Mannigfaltige im Raum beruht lediglich auf Einschränkungen des einen Raumes 39; Einheit des Denkens eines Mannigfaltigen überhaupt (Kategorie) 304, vgl. 151.
2. Mannigfaltiges a posteriori in der sinnlichen Anschauung

„absolute Einheit", „in einem Augenblick enthalten" A 99,
„zerstreut und einzeln" A 120, „Vorstellung, von der man
sich nur bewußt werden kann, daß das Subjekt affiziert sei"
207; das Mannigfaltige der Erscheinungen „sukzessiv erzeugt" 235; steht unter den formalen Bedingungen des Raums
und der Zeit, unter Bedingungen der Apperzeption 136,
unter Kategorien 143, 144, ist aber unabhängig von der Synthesis des Verstandes gegeben 145, ohne Spontaneität 68,
vgl. 122, 123, 132, 508, 609, 610, A 127; in einen Begriff vom
Objekt vereinigt 139; unermeßliche Mannigfaltigkeit der Erscheinungen A 127.

Material (Adjektiv). **materialiter.**
„Material, als zur Möglichkeit der Dinge selbst gehörig" 114,
nämlich Kategorien; „materialer Gebrauch" der bloß formalen Prinzipien des reinen Verstandes durch „leere Vernünfteleien" 88; materiale Bedingungen der Erfahrung (Empfindung) 266; das Materiale der Sinne und Wahrnehmung,
Stoff zur Erkenntnis, Pr. § 25; transzendentales Ideal als
„oberste und vollständige materiale Bedingung" der Möglichkeit von allem, was existiert 604; natura materialiter
spectata s. Natur; mater. Notwendigkeit 279.

Materialismus. zur Naturerklärung nicht ausreichend, freche
Behauptungen des Materialismus Pr. § 60, vgl. § 57, Kritik
XXXIV; „wider die Gefahr des Materialismus" A 383; „seelen-
loser" Materialismus 421; unzureichend zur Erklärung meines
Daseins, meiner Beschaffenheit als bloß denkenden Subjekts
420; Lehrbegriff: „einzig und allein Materie" A 380, vgl.
A 379; Rationalist gegenüber Materialist 417 A, 418 A.

Materie.
1. Materie und Empfindung, Sinne. Empfindung kann man
„die Materie der sinnlichen Erkenntnis nennen" 74; „die
Materie (das Physische), oder der Gehalt" in der Erscheinung
bedeutet „ein Etwas, das ... ein Dasein enthält und der
Empfindung korrespondiert" 751, vgl. 609, 34, [also nicht
mit Empfindung identisch ist]; „Materie, sofern sie noch nicht
empirisch bestimmt ist" = Gegenstand der Empfindung
überhaupt, Pr. § 39; „Materie zur Erkenntnis aus den Sinnen"
118; die Materie zur Möglichkeit der Gegenstände muß gegeben sein 609, vgl. 610; bloße Form, Vorstellungsart durch
den äußeren Sinn A 385

2. *Materie und Wahrnehmung, Anschauung, Erscheinung*. Die
Materie aller Erscheinung ist uns nur a posteriori gegeben
34; Materie der Erscheinung ist „das, was in ihr Empfindung
ist" Pr. § 11; „das Postulat, die Wirklichkeit der Dinge zu
erkennen, fordert Wahrnehmung, mithin Empfindung" 272;
mithin wird Materie nur durch Wahrnehmung gegeben;
Empfindung als Materie der Wahrnehmung 209; wir haben
nichts Beharrliches, „was wir dem Begriffe einer Substanz,
als Anschauung, unterlegen könnten, als bloß die Materie . . ."
278; Erscheinungen, als Gegenstände der Wahrnehmung,
enthalten „die Materien zu irgend einem Objekte überhaupt"
207; Beharrlichkeit der Materie als Erscheinung A 366; Erscheinung, welche wir Materie nennen 333, A 385; Materie
bedeutet „nur die Ungleichartigkeit der Erscheinungen von
Gegenständen" der äußeren Sinne und des inneren Sinnes
A 385; Materie ist substantia phaenomenon (Erscheinung)
333; „Substanz, die im Raum erscheint und die wir Materie
nennen" 321.

**3. *Materie und Substanz, Substratum, transzendentales Ob-
jekt, Beharrlichkeit*.** Materie ist „kein Gegenstand für den
reinen Verstand" 333 [also nicht identisch mit dem Substanzbegriff selbst]; „die Materie ist substantia phaenomenon"
333; „Substanz, die im Raum erscheint und die wir Materie
nennen" 321; wir haben „nichts Beharrliches, was wir dem
Begriffe einer Substanz, als Anschauung, unterlegen könnten,
als bloß die Materie . . ." 278; Beharrlichkeit der Materie als
Erscheinung A 366; im bloßen Begriff der Materie denke ich
mir noch nicht „die Beharrlichkeit, sondern bloß ihre Gegenwart im Raume durch die Erfüllung desselben" 18; Materie
„eine gewisse Vorstellungsart eines unbekannten Gegenstandes" A 385; Substratum der Materie durch keine Prädikate erkennbar A 359; ein Intelligibles zugrundeliegend A 360;
Materie und transzendentales Objekt 333, A 366.

4. *Materie und Realität*. Realität in der Erscheinung 609;
Realität im Raume 440; vgl. 270.

5. *Materie und Relation, Verhältnis, Inneres, Vorstellung*.
Materie = substantia phaenomenon 333 = „ganz und gar ein
Inbegriff von lauter Relationen" 321; innere Bestimmungen
nichts als Verhältnisse 321, vgl. 333; lauter Komparativ-
Innerliches 333, 341, s. Inneres; „was wir auch nur an der

Materie kennen, sind lauter Verhältnisse" 341; Materie als eine Art von Vorstellungen A 360, A 383, A 385, A 386, A 390, A 391.

6. Materie und Raum, Zeit, Ausdehnung, Undurchdringlichkeit. Raum erfüllend „aus innerem Prinzip" Pr. § 53 A; Substanz im Raume 321, vgl. 333; „Raum in Gedanken" macht den physischen Raum, d. i. die Ausdehnung der Materie, erst möglich, Pr. § 13 A I; Raum als „formale Bedingung der Möglichkeit aller Materie" 467; ihre Gegenwart im Raume durch die Erfüllung desselben, 18; Realität im Raume 440; „Materie (das Physische), oder der Gehalt . . . ein Etwas . . . im Raume und der Zeit" 751; Materie und Ausdehnung, Undurchdringlichkeit 278, 321, 646, 876, A 106, Pr. § 15.

7. Materie und Form s. Form, vgl. 118, 228, Reflexionsbegriffe 316, 317, 322, 323; Raum, Erscheinung 457 A.

8. Materie zur Möglichkeit aller Gegenstände 609, 610 s. Transzendentales Ideal 599 ff.

9. Materie und Seele, Ich, Selbstbewußtsein s. letztere, Materialismus, vgl. 403, A 385, A 386, A 387, A 393.

10. Materie und Teilung, Einfaches 440, 541.

11. Mechanismus der Materie 719.

12. Materie ohne Freiheit 574, Pr. § 53 A.

13. Materie und transzendentaler Idealismus, gegen Materialismus A 383, A 370, A 371.

14. Materie und Urwesen 646, vgl. 607.

Mathema ein direktsynthetischer Satz durch Konstruktion der Begriffe; ein solcher Satz aus bloßen Begriffen ein Dogma 764; s. Dogmatismus.

Mathematik, mathematisch.

1. Mathematik als wirklich gegebene Wissenschaft, als Faktum, desgleichen reine Naturwissenschaft, 20, 128, Pr. § 5; es läßt sich fragen, „wie sie möglich sind" 20; Mathematik als „glänzendes Beispiel" von Erfahrung unabhängiger Erkenntnis apodiktischer Gewißheit 8, 492, 740, vgl. Pr. § 6.

2. Mathematik und reine Anschauung (Zeit, Raum). Mathematik bestimmt ihre Objekte a priori und ganz rein X; in der Mathematik können ihre Begriffe „an der reinen Anschauung sofort in concreto dargestellt werden" 739; „in der Mathematik ist es die Anschauung a priori, die meine Synthesis leitet . . ." 810; die reinen Grundsätze a priori der Mathematik sind „aus reinen Anschauungen (obgleich vermittelst des Verstandes) gezogen" 198, 199; mathematischer Punkt nicht als Teil, sondern als Grenze eines Raumes 467; Erkenntnisse a priori von Gegenständen „durch Bestimmung" der reinen Anschauung 147; mathematische Urteile sind intuitiv, Pr. § 7; „Geometrie legt die reine Anschauung des Raumes zum Grunde. Arithmetik bringt selbst ihre Zahlbegriffe ... in der Zeit zustande", Pr. § 10; zur Konstruktion eines Begriffs wird „eine nichtempirische Anschauung erfordert" 741; einen Begriff konstruieren, d. i. ihn a priori in der Anschauung darlegen 742.

3. Mathematik und Synthesis, Verstand, Einbildungskraft. „Mathematische Urteile sind insgesamt synthetisch" Pr. § 2, 6, Kritik 14; „auf diese sukzessive Synthesis der produktiven Einbildungskraft in der Erzeugung der Gestalten gründet sich die Mathematik der Ausdehnung (Geometrie) ..." 204; synthetische „Einheit der Zusammensetzung des mannigfaltigen Gleichartigen im Begriffe einer Größe" 203, vgl. 202; „ich kann mir keine Linie, so klein sie auch sei, vorstellen, ohne sie in Gedanken zu ziehen, d. i. von einem Punkte alle Teile nach und nach zu erzeugen ..." 203, also mittels einer Synthesis; die produktive Einbildungskraft (transzendentale Synthesis) verzeichnet die Gestalten im Raume 196, 741, 751, 752; „Handlung der Synthesis des Mannigfaltigen" 154, 155, der Verstand bringt „eine dergleichen Verbindung" hervor 155; „willkürliche Synthesis" der Mathematik 757; „Bewegung, als Beschreibung eines Raumes, ist ein reiner Aktus der sukzessiven Synthesis des Mannigfaltigen in der äußeren Anschauung überhaupt durch produktive Einbildungskraft ..." 155 A; Beweise in der Mathematik „durch jederzeit evidente Synthesis" 452; „in der Mathematik ist es die Anschauung a priori, die meine Synthesis leitet ..." 810; die reinen Grundsätze a priori der Mathematik sind „aus reinen Anschauungen (obgleich vermittelst des Verstandes) gezogen" 198, 199; selbst die einfachsten Axiome der reinen Mathematik sind nur möglich durch einen reinen Verstandesbegriff, Pr. § 20.

4. Mathematik und anschauliche Erfahrung, äußerer Gegenstand: objektive Gültigkeit; Erkenntnisbereich. „Die Sinnlichkeit, deren Form die Geometrie zum Grunde legt, ist das, worauf die Möglichkeit äußerer Erscheinungen beruht; diese also können niemals etwas anderes enthalten, als was die Geometrie ihnen vorschreibt," Pr. § 13 A I, s. Geometrie, Erscheinung, Gegenstand, vgl. 120, 196, 206, 207, 271. ,,Reine Mathematik ist als synthetische Erkenntnis a priori nur dadurch möglich, daß sie auf keine anderen, als bloße Gegenstände der Sinne geht . . ." Pr. § 11, kann nur unter dieser Bedingung allein objektive Realität haben, Pr. § 13 A I; ,,Mathematik geht nur auf Erscheinungen", Pr. § 57; vgl. Kritik 196 (objektive Gültigkeit räumlicher Synthesis); Mathematik beschäftigt sich ,,mit Gegenständen und Erkenntnissen bloß soweit, als sich solche in der Anschauung darstellen lassen" 8.

5. Axiom, Definition, Demonstration. ✦ Die mathematischen Axiome sind ,,allgemeine Erkenntnisse a priori" 356; Axiome ,,sind synthetische Grundsätze a priori, so fern sie unmittelbar gewiß sind" 760; Mathematik ,,ist der Axiome fähig" 760, aber nicht die Philosophie; Axiome sind intuitive Grundsätze 761; Prinzipium der Möglichkeit der Axiome überhaupt 761; ,,Mathematische Definitionen können niemals irren. Denn weil der Begriff durch die Definition zuerst gegeben wird, so enthält er gerade nur das, was die Definition durch ihn gedacht haben will" 759; zum Definieren taugen nur solche Begriffe, ,,die eine willkürliche Synthesis enthalten, welche a priori konstruiert werden kann" 757, vgl. 758; Demonstration heißt ,,ein apodiktischer Beweis, so fern er intuitiv ist" 762; nur Mathematik enthält Demonstrationen 762.

6. Mathematische Gewißheit, Evidenz, Beweisart, mathematisches Postulat. Reine Mathematik eine Erkenntnis, ,,die durch und durch apodiktische Gewißheit, d. i. absolute Notwendigkeit bei sich führt, also auf keinen Erfahrungsgründen beruht, mithin ein reines Produkt der Vernunft . . ." Pr. § 6, vgl. § 2; ,,mathematische Definitionen können niemals irren" 759; apodiktische Gewißheit der mathematischen Methode 741; Urteile der reinen Mathematik treten zugleich als apodiktisch und notwendig" auf, Pr. § 10; unmittelbar gewisse Urteile haben ,,kein noch näheres Merkmal der Wahrheit, als das sie selbst ausdrücken" 316, 317; reine Mathematik stützt sich auf ihre eigene Evidenz, Pr. § 40; Axiome ,,sind synthetische Grundsätze a priori, so fern sie unmittelbar gewiß sind" 760; die Mathematik „ist der Axiome fähig" 760; mathematische Beweise durch „evidente Synthesis" 452, vgl. 739; apagogische Beweise haben in der Mathematik „ihren eigentlichen Platz" 820. Postulat in der Mathematik 287.

7. Mathematik und Existenzbegriff. „In den mathematischen Aufgaben ist . . . von der Existenz gar nicht die Frage . . ." 747; s. Existenz.

8. Mathematische und dynamische Grundsätze des reinen Verstandes, Kategorien. 110 (Kategorien); Grundsätze 199, 200, 201, 201 A, 260, 262, 280, 296, vgl. 281.

9. Mathematisch-transzendentale und dynamisch-transzendentale Ideen vgl. 556, s. Idee.

10. Mathematischer und dynamischer Regressus, Weltbegriff, mathematisches, dynamisches Ganzes s. Regressus, dynamisch, Welt, Weltbegriff, vgl. 446, 447.

11. Geometrie, Arithmetik s. diese.

12. Größenbegriff s. Größe, quantitas, quantum.

13. Unendlichkeitsbegriff s. Unendlichkeit.

14. Kontinuität s. diese, ferner Teil, Teilung, extensiv, intensiv, Erscheinung, Zeit, Raum, Veränderung, Grad.

15. Unterschied zwischen der mathematischen und der philosophischen (diskursiven, begrifflichen) Erkenntnis. Urteile der Mathematik jederzeit intuitiv, die der Philosophie diskursiv, Pr. § 7; philosophische Vernunfterkenntnis: aus Begriffen, mathematische: aus der Konstruktion der Begriffe 741, 865, 747; dies ist „das Wesentliche und Unterscheidende der reinen mathematischen Erkenntnis von aller anderen Erkenntnis a priori", Pr. § 2; Axiome hat nur Mathematik, Philosophie nicht 760, 761; Definitionen, Axiome, Demonstrationen in mathematischem Sinne können von der Philosophie weder „geleistet noch nachgeahmt werden" 754, 755; mathematische Verknüpfung setzt „Gleichartigkeit des Verknüpften (im Begriffe der Größe) voraus", die dynamische nicht, Pr. § 53; Mathematik schafft sich ihre Gegenstände im Raume und der Zeit selbst „durch gleichförmige Synthesis", der philosophische Vernunftgebrauch kann nichts weiter tun, „als Erscheinungen dem realen Inhalte nach unter Begriffe zu bringen" 751; „Meßkunst und Philosophie zwei ganz verschiedene Dinge . . ., ob sie sich zwar in der Naturwissenschaft einander die Hand bieten" 754; philosophische Definitionen sind nur Expositionen gegebener, mathematische aber „Konstruktionen ursprünglich gemachter Begriffe"; jene analytisch, diese synthetisch, 758; nur Mathematik enthält Demonstrationen 762.

Mathesis intensorum d. i. Anwendung der Mathematik auf Naturwissenschaft Pr. § 24, auf intensive Größen; s. intensiv, Antizipationen der Wahrnehmung, Grad.

Maxime der Vernunft ein subjektiver Grundsatz, der „nicht von der Beschaffenheit des Objekts, sondern dem Interesse der Vernunft in Ansehung einer gewissen möglichen Vollkommenheit der Erkenntnis dieses Objekts hergenommen ist" 694; [subjektiv = in der Vernunftgesetzlichkeit selbst gegründet]; vgl. 364, 708, 840.

Maximum im Regressus der Bedingungen nur aufgegeben 536; Idee des Maximum als Analogon eines Schemas für die Vernunft 693; Maximum zum Urbilde einer Verfassung (Plato, Republik) 374.

Mechanik.
Ihre Begriffe nur mittels Vorstellung der Zeit möglich 49 (Bewegungslehre), Pr. § 10, Erfahrung, Bewegliches 58; Mechanik kann empirische Bedingung des realen Widerstreits a priori angeben 329.

Mechanismus der Materie ein besserer Erklärungsgrund, als Berufung auf den „unerforschlichen Ratschluß der höchsten Weisheit" 719; mechanische = empirische, gegenüber rationaler Erkenntnis 749.

Medium aller synthetischen Urteile 194 (innerer Sinn, ein Inbegriff, Zeit); Medium des dialektischen Scheins 820.

Meinen ist „ein mit Bewußtsein sowohl subjektiv als objektiv unzureichendes Fürwahrhalten" 850; „ich darf mich niemals unterwinden, zu meinen, ohne . . ." 850, vgl. 803; s. Fürwahrhalten, Überzeugung, Überredung.

Mendelssohn.
„Widerlegung des Mendelssohnschen Beweises der Beharrlichkeit der Seele" 413 ff.

Menge.
Der Begriff einer Zahl ist „nicht immer möglich, wo die Begriffe der Menge und der Einheit sind (z. B. in der Vorstellung

des Unendlichen) 111, vgl. 204 Aggregate (Menge); Erzeugung der Menge A 103.

Mensch, menschlich.

1. Der Mensch als Erscheinung und als intelligibler Gegenstand 567, 569, 574, 575, 577, 580, 581.

2. Menschenvernunft und Metaphysik. Das Interesse der Menschenvernunft innigst mit der Metaphysik verflochten, Pr. Vorrede; Platonische Idee der Menschheit als Urbild 374; ,,Archiv der menschlichen Vernunft" 732; Menschenvernunft (allgemein) kein Zeuge für vermeintliche Erkenntnisse a priori Pr. § 5; menschliche Erkenntnis fängt mit Anschauungen an ... 730.

3. Ich, als denkendes Wesen, ohne Mensch zu sein, nicht erweislich 409.

4. Den letzten Endzweck enthält allein der Mensch 425, 868.

5. Menschliche und göttliche bzw. andere Anschauung s. Anschauung, archetypus, ectypus.

6. Gemeiner, gesunder Menschenverstand s. Verstand, gemein, Naturalismus.

7. Menschliche (unsere) Sinnlichkeit und höchstes Wesen 607.

8. Menschliche Handlungen und Vernunft 568, 581, 584, s. Charakter, Freiheit, Wille, Willkür.

9. Naturanlage hinsichtlich der Ideen, Moral s. Naturanlage.

Merkmal (Kriterium) der Notwendigkeit 280, empirischer Wahrheit 479, 679, reiner Erkenntnis a priori 3, 4, in bezug auf Realdefinition A 241 Anm.; Begriff, Merkmal, Gegenstand 377; bei gewissen Urteilen kein noch näheres Merkmal angebbar für Wahrheit, ,,als das sie selbst ausdrücken" (Beispiel) 316, 317; analytisches Merkmal der Möglichkeit 630 (synthetischer Erkenntnisse 630); logisches Merkmal der Unmöglichkeit, Pr. 52 b.

Metaphysik, metaphysisch.

1. Begriff und Aufgabe der Metaphysik. Im Gegensatz zur dogmatischen Metaphysik (s. Dogmatismus) ist die Metaphysik als kritische Erkenntnislehre ,,diejenige Philosophie, welche jene Erkenntnis [a priori] in dieser systematischen Einheit darstellen soll" 873, 18; metaphysische Erkenntnis ist ,,Erkenntnis a priori, oder aus reinem Verstande und reiner Vernunft" Pr. § 1; ,,metaphysische Erkenntnis muß lauter Urteile a priori enthalten, das erfordert das Eigentümliche

ihrer Quellen". Pr. § 2; „Erkenntnis a priori, mithin Metaphysik" 875; Metaphysik „betrachtet die Vernunft nach ihren
Elementen und obersten Maximen, die selbst der Möglichkeit einiger Wissenschaften und dem Gebrauche aller
zum Grunde liegen müssen" 879; frühere Metaphysik „ein
bloßes Herumtappen" XV; Metaphysik ist „philosophische
Erkenntnis aus reiner Vernunft im systematischen Zusammenhange" 869; Metaphysik ist „Vollendung aller Kultur der
menschlichen Vernunft" 878; früher „Königin aller Wissenschaften" A II; Metaphysik im engeren Verstande besteht
aus der Transzendentalphilosophie und der Physiologie der reinen Vernunft 873; Metaphysik „teilt sich in die
des spekulativen und praktischen Gebrauchs der reinen
Vernunft, und ist also entweder Metaphysik der Natur
oder Metaphysik der Sitten" 869; vier Hauptteile des
ganzen Systems der Metaphysik: Ontologie, rationale
Physiologie, rationale Kosmologie, rationale Theologie 874; die Metaphysik der körperlichen Natur heißt
Physik, der denkenden Natur Psychologie, 874; eigent-
licher Zweck der Metaphysik nur drei Ideen: Gott, Freiheit,
Unsterblichkeit 395 A, vgl. 7; auf der Auflösung der Aufgabe:
wie sind synthetische Urteile a priori möglich? „beruht nun
das Stehen und Fallen der Metaphysik" 19, vgl. Pr. § 5; „das
Eigentümliche" der Metaphysik: „die Beschäftigung der Vernunft bloß mit sich selbst", Pr. § 40; die Bezeichnung „Metaphysik" kann als Ausdruck gelten für ein eigentliches System
(für sich) der reinen Vernunft (ohne die Kritik der reinen
Vernunft, die nur Propädeutik 869 für ein solches System
ist) oder auch für „die ganze reine Philosophie" mit Einschluß
der Kritik 869, vgl. 873, 875.

2. Metaphysik als unvermeidliche, notwendige Naturanlage s.
Naturanlage, vgl. 18, 21, Pr. §§ 40, 57, 60.

3. Metaphysische Erörterung, Deduktion s. Erklärung, Kategorie, vgl. 38, 159.

4. Metaphysik und Religion. Aus der Kritik erhellt, daß,
„wenn gleich Metaphysik nicht die Grundveste der Religion
sein kann, so müsse sie doch jederzeit als die Schutzwehr
derselben stehen bleiben . . ." 877.

Methode, Methodenlehre.
1. Begriff der Methode. „Wenn man etwas Methode nennen

soll, so muß es ein Verfahren nach Grundsätzen sein"
883; „unter der Regierung der Vernunft dürfen unsere Erkenntnisse überhaupt keine Rhapsodie, sondern sie müssen
ein System ausmachen . . ." 860.

2. Transzendentale Methode, Methodenlehre. Die Bezeichnung
„transzendentale Methode" (vgl. XXII, Traktat von der
Methode) wird in der Kritik nicht gebraucht, nur der Ausdruck: Methodenlehre; sonst wird diese (kritische) Methode
„die Methode der Erkenntnis aus reiner Vernunft" 740 oder
die „synthetische" Methode Pr. § 5 A genannt; „ich verstehe
also unter der transzendentalen Methodenlehre die Bestimmung
der f o r m a l e n Bedingungen eines vollständigen Systems der
reinen Vernunft" 735.

3. Schema und Methode 179 f.

4. „*Analytische Methode,* sofern sie der synthetischen entgegengesetzt ist, ist ganz was anderes als ein Inbegriff analytischer
Sätze; sie bedeutet nur, daß man von dem, was gesucht wird,
als ob es gegeben sei, ausgeht und zu den Bedingungen aufsteigt, unter denen es allein möglich" Pr. § 5 A; „das methodische Verfahren der Prolegomenen" ist analytisch, Pr. § 4.

5. Skeptische Methode im kritischen Sinne gänzlich unterschieden vom Skeptizismus 451, 452.

6. Mathematische und philosophische Methode 740 ff., s. Mathematik, Philosophie.

7. Methode in der Kritik und den Prolegomenen s. diese.

8. Naturalistische und scientifische Methode 883, 884.

9. Methode der Naturforschung (Galilei usw.) XIII, s. Naturforschung.

Minor, Untersatz im Vernunftschluß 360, s. major.

Misologie „auf Grundsätze gebracht" ist der Naturalismus
883.

Modalität.

1. Urteile der Modalität: problematische, assertorische, apodiktische 95, 100, 101, Pr. § 21; Modalität trägt nichts bei
zum Inhalte der Urteile 100.

2. Kategorie der Modalität enthält die Momente (Kategorien):
Möglichkeit — Unmöglichkeit, Dasein — Nichtsein, Notwen-
digkeit — Zufälligkeit 106, Pr. § 21. Die Kategorien der
Modalität gehören zur dynamischen Kategorienklasse 110.

3. Die Grundsätze der Modalität sind die „Postulate des empirischen Denkens überhaupt" 265 ff., s. Grundsätze des reinen Verstandes.

4. Schemate der Möglichkeit, Wirklichkeit, Notwendigkeit 184; das Schema der Modalität und ihrer Kategorien ist die Zeit selbst . . ." 184.

Modifikation [ein Ausdruck für jede Änderung des inneren Zustandes, gleichviel welcher Art] 178, 242, 376, A 97, A 99, A 367, A 386.

Modus, modi.

1. „Alle modi des Selbstbewußtseins im Denken, an sich, sind . . . noch keine Verstandesbegriffe von Objekten (Kategorien), sondern bloße logische Funktionen . . ." 406, 407.

2. Modi der Zeit s. Zeit, vgl. 219, 226; modi der reinen Sinnlichkeit bei Aristoteles 107.

3. Modi der reinen Vernunftbegriffe 392 unter den drei Titeln der Psychologie, Kosmologie, Theologie.

4. Modus ponens, modus tollens 818, 819, der Vernunftschlüsse (apagogische Beweisart betreffend).

Möglich, Möglichkeit.

1. Das problematische Urteil ist das erste Moment der Modalität der Urteile 95, Pr. § 21. „Problematische Urteile sind solche, wo man das Bejahen oder Verneinen als bloß möglich (beliebig) annimmt" 100; nur logische Möglichkeit 101.

2. Kategorie, Schema, Grundsatz (Postulat) der Möglichkeit. Die Kategorie der Möglichkeit mit dem Korrelat der Unmöglichkeit ist das erste Moment der Titelkategorie der Modalität 106 Pr. § 21, gehört zur dynamischen 110 Kategorien-Klasse. „Das Schema der Möglichkeit ist die Zusammenstimmung der Synthesis verschiedener Vorstellungen mit den Bedingungen der Zeit überhaupt . . . also die Bestimmung der Vorstellung eines Dinges zu irgend einer Zeit" 184. Das Postulat der Möglichkeit: „Was mit den formalen Bedingungen der Erfahrung (der Anschauung und den Begriffen nach) übereinkommt, ist möglich" 265; Grundsätze der Modalität „nichts weiter als Erklärungen der Begriffe der Möglichkeit, Wirklichkeit und Notwendigkeit in ihrem empirischen Gebrauche . . ." 266, „sagen von einem Begriffe nichts anderes, als die Handlung des Erkenntnisvermögens, dadurch er erzeugt wird" 287, sind nicht objektiv, vermehren den Begriff „nicht im mindesten" 286, 266, 287; Möglichkeit

nur durch „offenbare Tautologie" erklärbar, wenn . . ." 302;
Möglichkeit „bloß eine Position des Dinges in Beziehung auf
den Verstand (dessen empirischen Gebrauch)" 287 A; Möglichkeit und Anschauung 288.

3. Möglichkeit des Verstandes. „Folglich ist die Einheit des
Bewußtseins dasjenige, was allein die Beziehung der Vorstellungen auf einen Gegenstand, mithin ihre objektive Gültigkeit . . . ausmacht und worauf folglich selbst die Möglichkeit des Verstandes beruht" 137; subjektive Deduktion betrachtet den reinen Verstand selbst nach seiner Möglichkeit A X, A XI; Anschauung, Apperzeption, Möglichkeit des
Verstandes 153.

4. Logische und reale, empirische, transzendentale Möglichkeit.
„Warnung, von der Möglichkeit der Begriffe (logische)
nicht sofort auf die Möglichkeit der Dinge (reale) zu schließen", „der Begriff ist allemal möglich, wenn er sich nicht
widerspricht" 624 A; „. . . logische Bedingung, die zwar
zum Begriffe notwendig, aber zur realen Möglichkeit bei
weitem nicht hinreichend ist" 302, vgl. 308; zur realen Möglichkeit muß „die objektive Realität der Synthesis, dadurch
der Begriff erzeugt wird", besonders dargetan werden 624;
„der problematische Satz ist also derjenige, der nur logische
Möglichkeit (die nicht objektiv ist) ausdrückt . . ." 101; Wirklichkeit, Möglichkeit eines Dinges 287 A; zur realen Möglichkeit eines Gegenstandes wird mehr erfordert, als daß der Begriff sich nicht widerspreche; „denken kann ich, was ich
will" XXVI A; Kategorien als „bloß logische Funktionen"
stellen zwar ein „Ding überhaupt" vor, können aber für sich
allein, ohne Anschauung, keinen bestimmten Begriff von
irgendeinem Dinge geben" Pr. § 45, s. Kategorie, vgl. 165,
166 A, 288. 298, 308; „Verwechslung der logischen Möglichkeit eines Begriffes von aller vereinigten Realität (ohne inneren
Widerspruch) mit der transzendentalen, welche ein Prinzipium der Tunlichkeit einer solchen Synthesis bedarf, das
aber wiederum nur auf das Feld möglicher Erfahrungen gehen
kann" 638.

5. Analytisches Merkmal der Möglichkeit und Existenzbegriff.
Das analytische Merkmal der Möglichkeit besteht darin, „daß
bloße Positionen (Realitäten) keinen Widerspruch erzeugen"
630; aber „das Merkmal der Möglichkeit synthetischer Er-

kenntnisse" kann oder muß immer nur in der Erfahrung gesucht werden, ohne welche eine Synthesis realer Eigenschaften
in einem Dinge, also der Begriff seiner Existenz, nicht möglich
ist 630, vgl. 627 (Beispiel der hundert Taler), 629, 287 A, s.
Merkmal, analytisch.

6. Mögliche Erfahrung, Möglichkeit der Erfahrung. „Die Möglichkeit der Erfahrung überhaupt ist also zugleich das allgemeine Gesetz der Natur, und die Grundsätze der ersteren
[Grundsätze des reinen Verstandes] sind selbst die Gesetze
der letzteren"; hinsichtlich der Bedingungen der notwendigen Vereinigung der Vorstellungen in einer Erfahrung „ist
Natur und mögliche Erfahrung ganz und gar einerlei" Pr.
§ 36; Raum, Zeit, diskursiver Verstand sind „Prinzipien der
Möglichkeit der Erfahrung" Pr. § 57;˙„es ist unserer Vernunft
nur möglich, die Bedingungen möglicher Erfahrung als Bedingungen der Möglichkeit der S a c h e n [Dinge] zu brauchen"
799; „die Möglichkeit der Erfahrung ist also das, was allen
unseren Erkenntnissen a priori objektive Realität gibt" 195,
vgl. 517; Beziehung der Kategorien auf mögliche Erfahrung
187; mögliche Erfahrung als Richtschnur, Leitfaden 810,
811; vollständige Erkenntnis der Erscheinungen ist „lediglich
die mögliche Erfahrung" 223; „Begriffe, die den objektiven
Grund der Möglichkeit der Erfahrung abgeben, sind eben darum
notwendig" 126; die Grundsätze des reinen Verstandes als
„Bedingungen möglicher Erfahrung überhaupt" Pr. § 26;
„die Bedingungen der M ö g l i c h k e i t d e r E r f a h r u n g ü b e r -
h a u p t sind zugleich Bedingungen der M ö g l i c h k e i t d e r
G e g e n s t ä n d e d e r E r f a h r u n g ..." 197; Erscheinungen
als „mögliche Erfahrungen" A 127; Möglichkeit der Erfahrung
167, 168, 195, 197, 247, 264, Pr. §§ 26, 36; mögliche Erfahrung
126, 127, 148, 166, 187, 196, 197, 223, 232, 246, 267, 303, 490,
517, 518, 544, 610, 649, 664, 666, 730, 751, 765, 799, 809, 811,
A 95, A 96, A 127, Pr. §§ 26, 36, 40, 57, 44.

*7. Möglichkeit der Erfahrung durch Prinzipien der reinen
Moral* s. Moral, vgl. 836, 835.

8. Möglichkeit der Erfahrung als Beweismittel synthetischer
Sätze a priori 263, 264, vgl. Pr. § 27.

9. Die Materie zur Möglichkeit aller Gegenstände der Sinne
muß „als in einem Inbegriffe gegeben, vorausgesetzt werden ..." 610; s. All der Realität, Ideal der reinen Vernunft.

10. Möglichkeit aller Dinge = durchgängige Bestimmbarkeit 611 A, vgl. 599ff.

12. Möglichkeit und Fiktion, Hypothese. Die Gegenstände der Ideen sind bloß problematisch gedacht als heuristische Fiktionen, regulative Prinzipien des systematischen empirischen Verstandesgebrauchs; ,,geht man davon ab, so sind es bloße Gedankendinge, deren Möglichkeit nicht erweislich ist, und die daher auch nicht der Erklärung wirklicher Erscheinungen durch eine Hypothese zum Grunde gelegt werden können" 799; wenn die Möglichkeit des Gegenstandes ,,völlig gewiß" ist, sind Hypothesen erlaubt 798.

13. In der Naturwissenschaft können Mutmaßungen (Induktion, Analogie) gelitten werden, wenn ,,wenigstens die Möglichkeit dessen, was ich annehme, völlig gewiß" ist (Pr. III.Teil: ,,Wie ist Metaphysik als Wissenschaft möglich), vgl. Kritik 850.

14. Absolute Möglichkeit kein Verstandesbegriff, nicht von empirischem Gebrauch 285.

15. Möglichkeit der Freiheit, als transzendentaler Idee, nicht beweisbar 586 s. Freiheit.

16. Möglichkeit verborgener Kräfte usw. s. Kraft.

17. Alle Noumena, zusamt dem Inbegriff derselben, einer intelligiblen Welt sind ,,nichts als Vorstellungen einer Aufgabe . . ., deren Gegenstand an sich wohl möglich, deren Auflösung aber nach der Natur unseres Verstandes gänzlich unmöglich ist" Pr. § 34.

Moment.
,Die logischen Momente aller Urteile sind soviel mögliche Arten [Funktionen], Vorstellungen in einem Bewußtsein zu vereinigen" Pr. § 22, desgl. § 28; Momente des Denkens = Kategorien 101 (Modalität); Urteilsarten = Momente 95, Pr. § 21; Moment der Schwere 211, 215; Moment des Widerstandes 215; Veränderung durch Momente (Handlungen der Kausalität) erzeugt 254; Zergliederung der Vernunfthandlungen in ihre Momente 170.

Monaden nach Leibniz der ,,Grundstoff des ganzen Universums" 330; ,,mit Vorstellungen begabte einfache Wesen" 340; ,,eigentlich bloß in sich wirksam" 330; ihre tätige Kraft besteht nur in Vorstellungen 330.

Monadisten.
Ihre Einwürfe geg. d. Satz einer unendlich. Teilung d. Materie 467.

Monadologie von Leibniz, ihr Grund 330; dialektischer Grundsatz der Monadologie 470.

Monas gegenüber Atomus 468, 470.

Mond.

„Daß es Einwohner im Monde geben könne. ... muß allerdings eingeräumt werden ...“; bedeutet aber nur „möglichen Fortschritt der Erfahrung“ 521.

Monogramm.

„Das Schema sinnlicher Begriffe (als der Figuren im Raume) ein Produkt und gleichsam ein Monogramm der reinen Einbildungskraft a priori“ 181; in bezug auf „Ideale der Sinnlichkeit“ 598; s. Schema.

Monogramma, Umriß, im Schema einer Wissenschaft enthalten 861.

Monotheismus schimmert durch die „blindeste Vielgötterei“ 618.

Moral, moralisch.

1. Moral als Naturanlage und Produkt der Vernunft; Moralgesetze als Voraussetzung; höchste Zwecke, Endzweck. Moral als Naturanlage zur Gewinnung praktischer Prinzipien, „deren die Vernunft in moralischer Absicht unumgänglich bedarf“ Pr. § 60; das menschliche Gemüt nimmt „ein natürliches Interesse an der Moralität“ 858 A; „die ganze Zurüstung“ der Vernunft geht auf die drei Probleme 828: Freiheit des Willens, Unsterblichkeit, Dasein Gottes 826; „die letzte Absicht der ... Natur bei der Einrichtung unserer Vernunft“ ist „eigentlich nur aufs Moralische gestellt“ 829; Zweck der moralischen Gesetze „durch die Vernunft völlig a priori gegeben“, „Produkte der reinen Vernunft“ 828, vgl. 869; „ich nehme an, daß es wirklich reine moralische Gesetze gebe ...“ 835; höchste Zwecke sind die der Moralität 844, vgl. 868 (Endzweck).

2. Inhalt der reinen Moral: die notwendigen sittlichen Gesetze eines freien Willens überhaupt 79; reine Moral eine reine Vernunftwissenschaft praktischen Inhalts 508; Metaphysik der Sitten enthält die Prinzipien, welche das Tun und Lassen des Menschen bestimmen 869; Philosophie über die ganze Bestimmung des Menschen heißt Moral 868, vgl. 660 A.

3. Moral als Einheitsbegriff der Erfahrung; ihre objektive Realität. Die reine Vernunft enthält in ihrem praktischen (mora-

lischen) Gebrauch ,,Prinzipien der Möglichkeit der Erfahrung''
835, nämlich sittlicher Handlungen des Menschen; sie gebietet
solche; folglich müssen sie auch geschehen können; demnach
muß als ,,eine besondere Art von systematischer Einheit''
die moralische Einheit (der Erfahrung) möglich sein 835.
,,demnach haben die Prinzipien der reinen Vernunft in ihrem
praktischen, namentlich aber dem moralischen Gebrauche
objektive Realität'' 836; ,,die Idee einer moralischen Welt
hat daher objektive Realität . . .'' 836, da sie auf die Sinnenwelt, aber als einen Gegenstand der reinen Vernunft, geht.
4. Moralität und Zurechnung, Gerechtigkeit. Niemand kann
,,nach völliger Gerechtigkeit richten'' 579 A.
5. Moral und Glückseligkeit, künftiges Leben 834, 835, 838,
839, 425, 426; s. Glückseligkeit, Unsterblichkeit.
6. Moral und Gottesidee 661, 662, 838, 843, 844, 846; s. Ideal
des höchsten Guts.
7. Moraltheologie und theologische Moral 660, 660 A.
8. Moral und Transzendentalphilosophie. Die Grundsätze der
Moralität gehören nicht in die Transzendentalphilosophie
28, 29.
9. Moral und Freiheit. Zur Moral ist notwendig, daß der Begriff der Freiheit sich nicht selbst widerspricht, sich wenigstens
denken läßt XXVIII, XXIX.
Moralität s. Moral, vgl. 28, 29, 579 A, 844, 837, 858 A, 869.
Moralphilosophie = Philosophie ,,über die ganze Bestimmung des Menschen'' 868 (Endzweck), vgl. 878, 29 (System
der reinen Sittlichkeit).
Moraltheologie heißt die ,,natürliche Theologie'' 659, wenn
sie von dieser Welt zur höchsten Intelligenz als dem Prinzip
,,aller sittlichen Ordnung und Vollkommenheit'' aufsteigt,
660, vgl. 842; zu unterscheiden von der theologischen Moral
660 A; nur von immanentem Gebrauch 847.
Mundus sensibilis A 249, vgl. 566 Sinnenwelt, mundus
phaenomenon 328, 461, Erscheinungswelt, wie sensibilis;
mundus intelligibilis, Verstandeswelt A 249; ,,ist nichts
als der allgemeine Begriff einer Welt überhaupt, in welchem
man von allen Bedingungen der Anschauung derselben abstrahiert . . .'' 461; s. intelligibel.
Mystisch.
Berkeley's Idealismus mystisch und schwärmerisch, Pr.

§ 13 A III; bei den Intellektualphilosophen (Plato) waren die Verstandesbegriffe mystisch 882; corpus mysticum der vernünftigen Wesen 836.

N

Natur, Naturgesetze.

1. Begriff der Natur. „Natur ist das Dasein der Dinge, sofern es nach allgemeinen Gesetzen bestimmt ist" Pr. § 14. „Der Zusammenhang nach allgemeinen Gesetzen sich einander notwendig bestimmender Erscheinungen, den man Natur nennt ...'' 479. „Unter Natur (im empirischen Verstande) verstehen wir den Zusammenhang der Erscheinungen ihrem Dasein nach, nach notwendigen Regeln, d. i. nach Gesetzen. Es sind also gewisse Gesetze, und zwar a priori, welche allererst eine Natur möglich machen; die empirischen können nur vermittelst der Erfahrung, und zwar zufolge jener ursprünglichen Gesetze, nach welchen selbst Erfahrung allererst möglich wird, stattfinden und gefunden werden" 263, vgl. 163, 165, 198, Pr. §§ 16, 17, 26, 36. Die Frage: „Wie ist Natur selbst möglich?" enthält eigentlich zwei Fragen: 1. „Wie ist Natur in materieller Bedeutung, nämlich der Anschauung nach, als der Inbegriff der Erscheinungen; wie ist Raum, Zeit und das, was beide erfüllt, der Gegenstand der Empfindung, überhaupt möglich? Die Antwort ist: ...'' Pr. § 36. — 2. „Wie ist Natur in formeller Bedeutung als der Inbegriff der Regeln, unter denen alle Erscheinungen stehen müssen, wenn sie in einer Erfahrung als verknüpft gedacht werden sollen, möglich? Die Antwort ...'' Pr. § 36.

2. Natur in materieller Bedeutung, natura materialiter spectata. „Dagegen versteht man unter Natur, substantive (materialiter), den Inbegriff der Erscheinungen, so fern diese vermöge eines inneren Prinzips der Kausalität durchgängig zusammenhängen" 446 A; Inbegriff der Gegenstände der Erfahrung XIX; „Inbegriff von Erscheinungen, mithin kein Ding an sich, sondern bloß eine Menge von Vorstellungen des Gemüts ...'' A 114, „ein bestehendes Ganzes in Gedanken" 446 A; „Eben dieselbe Welt [als mathematisches Ganze] wird aber Natur genannt, so fern sie als ein **dynamisches**

Ganzes betrachtet wird und man ... auf die Einheit im Dasein der Erscheinungen sieht." 446; körperliche Natur 712,
874; Zusammenhang der Erscheinungen ihrem Dasein nach,
nach notwendigen Regeln, d. i. Gesetzen 263; ,,Kategorien
sind Begriffe, welche den Erscheinungen, mithin der Natur,
als dem Inbegriffe aller Erscheinungen (natura materialiter
spectata) Gesetze a priori vorschreiben ..." 163; Natur also,
materialiter spectata, ,,ist der Inbegriff aller Gegenstände
der Erfahrung" Pr. §§ 16, 17; ,,Natur in materieller Bedeutung"
Pr. § 36, vgl. § 14.

3. Natur in formeller Bedeutung, natura formaliter spectata.
,,Natur in formeller Bedeutung, als der Inbegriff der Regeln,
unter denen alle Erscheinungen stehen müssen", als in einer
Erfahrung verknüpft gedacht, Pr. § 36; ,,das Formale der
Natur in dieser engeren Bedeutung ist also die Gesetzmäßigkeit aller Gegenstände der Erfahrung und, sofern sie a priori
erkannt wird, die notwendige Gesetzmäßigkeit derselben"
Pr. § 17; Natur als der ganze Gegenstand einer möglichen
Erfahrung, aller möglichen Erfahrung, Pr. § 17; ,,Natur,
d. i. synthetische Einheit des Mannigfaltigen der Erscheinungen
nach Regeln" A 126, A 127, vgl. A 125, A 128; von den Kategorien hängt ,,die Natur (bloß als Natur überhaupt betrachtet),
als dem ursprünglichen Grunde ihrer notwendigen Gesetzmäßigkeit (als natura formaliter spectata)" ab, 165.

4. Reine Naturgesetze gegenüber den empirischen. a) Reine
Naturgesetze, ihre Apriorität. Notwendige Gesetzmäßigkeit a priori ist das Formale der Natur, Pr. § 17; ,,die
Bedingungen a priori von der Möglichkeit der Erfahrung
zugleich die Quellen ..., aus denen alle allgemeinen Naturgesetze hergeleitet werden müssen" Pr. § 17. ,,Es sind viele
Gesetze der Natur, die wir nur vermittelst der Erfahrung
wissen können, aber die Gesetzmäßigkeit in Verknüpfung der
Erscheinungen, d. i. die Natur überhaupt können wir durch
keine Erfahrung kennen lernen, weil Erfahrung selbst solcher
Gesetze bedarf, die ihrer Möglichkeit a priori zum Grunde
liegen" Pr. § 36; ,,mithin auch ... alle Erscheinungen der
Natur, ihrer Verbindung nach, unter den Kategorien stehen ...
als dem ursprünglichen Grunde ihrer notwendigen Gesetzmäßigkeit ..." 165 a priori; ,,diese Grundsätze sind die eigentlichen Naturgesetze, welche dynamisch heißen können" Pr.

§ 25; ,,die Grundsätze möglicher Erfahrung sind nun zugleich allgemeine Gesetze der Natur, welche a priori erkannt werden können" Pr. § 23; ,,der Verstand schöpft seine Gesetze (a priori) nicht aus der Natur, sondern schreibt sie dieser vor" Pr. § 36; ,,hier ist also Natur, die auf Gesetzen beruht, welche der Verstand a priori erkennt . . ." Pr. § 38; ,,die Möglichkeit der Erfahrung überhaupt ist also zugleich das allgemeine Gesetz der Natur . . ."; Natur und mögliche Erfahrung ,,ganz und gar einerlei" Pr. § 36; ,,der Verstand ist selbst der Quell der Gesetze der Natur" A 127. — b) Empirische Naturgesetze. ,,Ohne Unterschied stehen alle [empirischen] Gesetze der Natur unter höheren Grundsätzen des Verstandes, indem sie diese nur auf besondere Fälle der Erscheinung anwenden" 198; die Gesetze der Erfahrung sind ,,doch nur besondere Bestimmungen noch höherer Gesetze, unter denen die höchsten . . . a priori aus dem Verstande selbst herkommen . . ." A 126; ,,alle empirischen Gesetze sind nur besondere Bestimmungen der reinen Gesetze des Verstandes, unter welchen und nach deren Norm jene allererst möglich sind . . ." A 127, A 128; freilich können die empirischen Gesetze ,,als solche ihren Ursprung keineswegs vom reinen Verstande herleiten" A 127; ,,besondere Gesetze, weil sie empirisch bestimmte Erscheinungen betreffen, können davon [von den Gesetzen des Verstandes] nicht vollständig abgeleitet werden, ob sie gleich alle insgesamt unter jenen stehen" 165, vgl. Pr. § 36. — c) Verstand als Gesetzgeber der Natur. ,,Der Verstand schöpft seine Gesetze (a priori) nicht aus der Natur, sondern schreibt sie dieser vor" Pr. § 36; Verstand ,,der Ursprung der allgemeinen Ordnung der Natur, indem er alle Erscheinungen unter seine eigene Gesetze faßt" Pr. § 38; Möglichkeit der Erfahrung überhaupt ist ,,zugleich das allgemeine Gesetz der Natur" Pr. § 36; ,,oberste Gesetzgebung der Natur in uns selbst, d. i. in unserem Verstande" Pr. § 36; das ,,verknüpfende Vermögen" schreibt den Erscheinungen Gesetze vor, 164; Verstand der ursprüngliche Grund der notwendigen Gesetzmäßigkeit der Natur, 165; ,,Natur überhaupt, als Gesetzmäßigkeit der Erscheinungen in Raum und Zeit" 165; ,,Kategorien sind Begriffe, welche den Erscheinungen, mithin der Natur . . . Gesetze a priori vorschreiben" 163; alle empirischen Gesetze der Natur stehen ,,unter höheren

Grundsätzen des Verstandes" 198; „der Verstand ist selbst der Quell der Gesetze der Natur" A 127; Natur „in Ansehung ihrer Gesetzmäßigkeit" hängt vom „subjektiven Grunde der Apperzeption" ab, A 114; Grundsätze möglicher Erfahrung sind zugleich „allgemeine Gesetze der Natur," Pr. § 23; Verstand selbst „Urheber der Erfahrung" 127; Grundsätze als eigentliche Naturgesetze, Pr. § 25; Verstand als „Gesetz der synthetischen Einheit aller Erscheinungen" A 128; Verstand selbst „die Gesetzgebung für die Natur" A 126; „die Ordnung und Regelmäßigkeit also an den Erscheinungen, die wir Natur nennen, bringen wir selbst hinein ..." A 125; die reinen Gesetze des Verstandes als „Norm" für die empirischen Naturgesetze A 127, A 128; „intellektuelle Form" A 129; besondere Naturgesetze stehen unter allgemeineren, 678. — Was wir selbst in die Dinge legen: XII, XIII, XIV, XVIII, XXIII, 159, 165, 198, 263, A 125 ff.; Pr. § 36. —

5. Natur und Kausalität, Naturnotwendigkeit. Naturursache die bedingte Kausalität der Ursache 447; das Naturgesetz der Kausalität ist ein Gesetz, „durch welches Erscheinungen allererst eine Natur ausmachen und Gegenstände einer Erfahrung abgeben können" 570, vgl. 571 ff.; Kausalität nach der Natur oder aus Freiheit 560 ff.; allgemeine Naturnotwendigkeit 570 ff.; vgl. 280, 281, 282, Pr. §§ 53, 57; s. Kausalität, Ursache, Notwendigkeit, Zufall.

6. Natur und Affinität, Kontinuität der Arten s. letztere, vgl. Affinität A 113, A 114, A 121—123; Kontinuität 685, 686, 688, 696.

7. Natur eines äußeren Dinges gegenüber der Gesamt-Natur. „Natur, adjective (formaliter) genommen, bedeutet den Zusammenhang der Bestimmungen eines Dinges nach einem inneren Prinzip der Kausalität" 446 A; „alle Erscheinungen liegen in einer Natur ..." 263.

8. Prinzipien für empirische Naturerklärung; keine anderen anführen „als die, so nach schon bekannten Gesetzen der Erscheinungen mit den gegebenen in Verknüpfung gesetzt worden" 800, vgl. 497, 498, 730, s. Erklärung, Hypothese, Fiktion, heuristisch.

9. Naturerscheinungen als unabhängig vom Denken gegeben, [zu denen also der Schlüssel nicht in uns und unserem Denken, sondern außer uns liegt und eben darum in vielen Fällen nicht aufgefunden ... werden kann" 508, 509, vgl. 505,] 68, 122, 123, 132, 145, 609, 610, A 127.

10. Das Innere der Natur, Grad der Gewißheit der Naturerkenntnis. „Das Innerliche der Materie ist auch eine bloße Grille" 333; „ins Innere der Natur dringt Beobachtung und Zergliederung der Erscheinungen und man kann nicht wissen, wie weit dieses mit der Zeit gehen werde" 334; „Naturwissenschaft wird uns niemals das Innere der Dinge, d. i. dasjenige, was nicht Erscheinung ist, aber doch zum obersten Erklärungsgrunde der Erscheinungen dienen kann, entdecken; aber sie braucht dieses auch nicht zu ihren physischen Erklärungen" Pr. § 57; Idee „einer einzigen radikalen d. i. absoluten Grundkraft" 677 kann hypothetisch als „inneres Gesetz der Natur" 678 postuliert werden; Gewißheit, Ungewißheit der Naturerkenntnis s. Gewißheit, Frage, Beweis, Transzendentalphilosophie, vgl. 505, 508, 497, 498, Pr. § 56, 56 A.

11. Natur und die Idealität der Erscheinungen als bloßer Vorstellungen, s. Erscheinung, vgl. 59, 66, 164, 235, 236, 339 A, 518, 519, 521, 527, 533, 534, 535, 553, 554, 564, 591, A 104, A 114, A 127, A 357, A 369, A 373, A 375, A 378, A 383, A 384, A 385, A 386, A 391, Pr. §§ 9, 13 A II, III, 36, 49, 52 C, 57.

12. Natureinheit, das Systematische der Naturerkenntnis, Gottesbegriff als „Als-ob"-Prinzip der Natureinheit. Systematische Einheit der Natur eine objektivgültige und notwendige Voraussetzung 679; „denn diese Natureinheit soll eine notwendige, d. i. a priori gewisse Einheit der Verknüpfung der Erscheinungen sein" A 125; Verstand als Quell der formalen Einheit der Natur A 127; die Analogien „stellen also eigentlich die Natureinheit im Zusammenhange aller Erscheinungen unter gewissen Exponenten dar" 263; Vernunfteinheit „postuliert demnach vollständige Einheit der Verstandeserkenntnis" 673; „das Systematische der Erkenntnis" 673; systematische Einheit „eine notwendige Maxime der Vernunft" 699; das Systematische der Naturerkenntnis 688; Prinzip der durchgängigen Einheit 694; Einheit des Systems 708; transzendentaler Grundsatz der Vernunft 676, 679; Gottesbegriff „als ob" 714, 715, 727; Einheit des Weltganzen 265 A; vgl. 280, 281, 714, 719, 728, 843, 844, A 114, A 126, A 125.

13. Natur und Weltbegriff, mathematisches, dynamisches Ganzes 446, 447; transzendente Naturbegriffe 448.

14. Natur und Freiheit. ,,Die Gesetzgebung der menschlichen Vernunft (Philosophie) hat nun zwei Gegenstände, Natur und Freiheit,'' 868; s. Freiheit, Kausalität, Charakter, Mensch.
15. Natur und Zweckbegriff s. Zweck, vgl. 771, 801, 714, 716, 719, 720, 727, 845, 425.
16. Natur und Mensch, Mensch als Phänomen, als Naturursache s. Mensch, vgl. 574, 580.
17. Natur der menschlichen Vernunft s. Vernunft, Naturanlage, Idee, Mensch.
18. Natur und Kunst. Die freiwirkende Natur macht alle Kunst und vielleicht sogar die Vernunft zuerst möglich, 654.
19. Möglichkeit verborgener Kräfte usw. s. Kraft.

Naturalismus, Naturalist.
Der Naturalismus will die Natur für sich selbst genugsam ausgeben, Pr. § 60; der Naturalist traut sich zu, ohne alle Wissenschaft in Sachen der Metaphysik zu entscheiden, Pr. § 31, vgl. Kritik 883, s. Misologie.

Naturanlage, natürlich, Natur der Vernunft.
1. Naturanlage des Menschen, seiner Vernunft hinsichtlich der Metaphysik, Ideen; natürliche Illusion. Die Natur der Vernunft enthält in sich ,,den Grund zu Ideen'' Pr. § 40; die Natur der Vernunft selbst treibt zu ,,dialektischen Versuchen der reinen Vernunft'' Pr. § 57; die Naturanlage unserer Vernunft, ,,welche Metaphysik als ihr Lieblingskind ausgeboren hat,'' Pr. § 57; ,,denn Metaphysik ist vielleicht mehr wie irgendeine andere Wissenschaft durch die Natur selbst ihren Grundzügen nach in uns gelegt ...'' Pr. § 57; ,,so haben wir Metaphysik, wie sie wirklich in der Naturanlage der menschlichen Vernunft gegeben ist ...'' Pr. § 60; Metaphysik eine ,,durch die Natur der menschlichen Vernunft unentbehrliche Wissenschaft'' 18; ,,als Naturanlage ... wirklich'' 21; Antithetik der reinen Vernunft ein ganz natürliches Phänomen 433; Vernunft, durch einen Hang ihrer Natur getrieben, 825; natürliche und unvermeidliche Illusion, ,,die selbst auf subjektiven Grundsätzen beruht'' 354; vgl. 399; Antinomie ,,natürliche und unvermeidliche Probleme'' 490; Ideen ,,in der Natur der menschlichen Vernunft gegründet'' 380; Vernunft natürlicherweise dialektisch, unvermeidlicher Schein, Pr. § 42; Ideen, bloßer aber unwiderstehlicher Schein 670; natürlicher Hang,

transzendentale Ideen der Vernunft ebenso natürlich, wie dem Verstande die Kategorien 670; Ideen, ,,durch die Natur unserer Vernunft aufgegeben" 697.

2. Naturanlage und Unsterblichkeitsglaube 425, 426, s. Unsterblichkeit.

3. Natürliches Interesse an der Moralität 858 A.

4. Der Naturzweck selbst der menschlichen Naturanlage zu transzendenten Begriffen, Pr. § 60 s. angeboren.

Naturbegriff.
Die kosmologischen Ideen (s. Antinomie) hinsichtlich der ,,absoluten Selbsttätigkeit (Freiheit)" und der absoluten Naturnotwendigkeit 446 kann man ,,transzendente Naturbegriffe" nennen 448, vgl. 447.

Naturerkenntnis geht nur auf Gegenstände einer möglichen Erfahrung 663 gegenüber der theoretischen aber spekulativen Erkenntnis 662; vgl. 334; Pr. §§ 15, 17, 23.

Naturforschung ,,geht ihren Gang ganz allein an der Kette der Naturursachen nach allgemeinen Gesetzen derselben" 722; die Idee eines Urhebers der Welt ist ein bloß regulatives Prinzip; die Zweckmäßigkeit von Natureinrichtungen darf nicht einfach von einem Welturheber abgeleitet werden, 722; ,,ins Innere der Natur dringt Beobachtung und Zergliederung der Erscheinungen . . ." 334; Vernunftbegriffe bezüglich des Systematischen der Erkenntnisse ,,werden nicht aus der Natur geschöpft; vielmehr befragen wir die Natur nach diesen Ideen . . ." 673; Idee ,,der systematischen Einheit, Ordnung und Zweckmäßigkeit der Welteinrichtung . . ., welche sich die Vernunft zum regulativen Prinzip ihrer Naturforschung machen muß" 725; ,,dadurch bekommt alle Naturforschung eine Richtung nach der Form eines Systems der Zwecke" 844, nämlich durch die Idee von der systematischen Einheit der Zwecke, der zweckmäßigen Einheit aller Dinge 843, 844; ,,nach beständigen Gesetzen" die Natur nötigen, auf Fragen der Vernunft zu antworten, XIII (Galilei, Torricelli, Stahl).

Naturgesetze s. Natur.

Naturkausalität (und Kausalität aus Freiheit) s. Kausalität, Ursache, Freiheit, vgl. 560 ff.; 566 ff., 570 ff., 447.

Naturlehre der reinen Vernunft ,,enthält zwei Abteilungen, die physica rationalis und psychologia rationalis 874, 875;

s. Naturwissenschaft, Physik; Propädeutik der Naturlehre, Pr. § 15.

Naturnotwendigkeit heißt die „unbedingte Notwendigkeit der Erscheinungen" 447; Idee der „absoluten Naturnotwendigkeit in Ansehung des Daseins veränderlicher Dinge, 446; s. Notwendigkeit, Kausalität, Ursache, Natur, vgl. Pr. §§ 53, 15.

Naturphilosophie.
Eine Erklärung der Natureinrichtungen aus dem Willen eines höchsten Wesens ist nicht mehr Naturphilosophie, sondern „ein Geständnis, daß es damit bei uns zu Ende gehe", Pr. § 44; s. Naturwissenschaft.

Naturwissenschaft.
1. Reine oder allgemeine Naturwissenschaft. Die Möglichkeit und Wirklichkeit synthetischer Erkenntnisse a priori (aus reiner Vernunft) wird durch die Wirklichkeit der reinen Mathematik und der reinen Naturwissenschaft bewiesen, vgl. Pr. §§ 5, 4, 15, Kr. 20, 128 (Faktum); „Naturwissenschaft (Physica) enthält synthetische Urteile a priori als Prinzipien in sich" 17, vgl. 18; „wie ist reine Naturwissenschaft möglich?" 20, Pr. §§ 4, 5, 14 ff.; reine Naturwissenschaft trägt a priori mit aller Notwendigkeit Gesetze vor, „unter denen die Natur steht" Pr. § 15, d. i. die Grundsätze des reinen Verstandes; „muß die Natur überhaupt . . . unter allgemeine Gesetze bringen" Pr. § 15; reine Mathematik und reine Naturwissenschaft gehen nur auf Erscheinungen und stellen nur das vor, „was entweder Erfahrung überhaupt möglich macht, oder was, indem es aus diesen Prinzipien abgeleitet ist, jederzeit in irgendeiner möglichen Erfahrung muß vorgestellt werden können" Pr. § 30.

2. Empirische Naturwissenschaft „wird uns niemals das Innere der Dinge . . . entdecken; aber sie braucht dieses auch nicht zu ihren physischen Erklärungen", Pr. § 57; „ins Innere der Natur dringt Beobachtung und Zergliederung der Erscheinungen . . ." 334, vgl. 333; „nur in der empirischen Naturwissenschaft können Mutmaßungen (vermittelst der Induktion und Analogie) gelitten werden, doch so, daß wenigstens die Möglichkeit dessen, was ich annehme, völlig gewiß sein muß" Pr. III. Teil: „wie ist Metaphysik als Wissenschaft möglich?" Meßkunst und Philosophie, zwei ganz verschiedene

Dinge, ,,ob sie sich zwar in der Naturwissenschaft einander die Hand bieten" 754; Natur nach Ideen befragen usw. vgl. XIII, 673; s. Hypothese, Möglichkeit.

Naturzweck.

Was die ersten Zwecke der Natur betrifft, das bleibt nur Mutmaßung und gehört nicht zur Metaphysik als Wissenschaft Pr. § 60); die Ordnung der Zwecke, ,,die doch zugleich eine Ordnung der Natur ist" 425; ,,alles, was die Natur selbst anordnet, ist zu irgendeiner Absicht gut" 771; s. Zweck.

Negation.

1. Negation als Kategorie ist das zweite Moment der Titelkategorie der Qualität (Realität, Negation, Limitation), 106, Pr. § 21, gehört zu den mathematischen 110 Kategorien; Realität mit Negation verbunden ergibt den Verstandesbegriff der Limitation (Einschränkung) 111, vgl. Schema der Realität 182, 183; Pr. § 39 A.

2. Negation und Realität, Zeit 182, 183, ,,Realität kann man im Gegensatz mit der Negation nur alsdann erklären, wenn man sich eine Zeit (als den Inbegriff von allem Sein) gedenkt, die entweder womit erfüllt oder leer ist" 300; alle Verneinungen ,,sind bloße Einschränkungen einer größeren und endlich der höchsten Realität ... sind dem Inhalte nach von ihr bloß abgeleitet" 606; ,,Negationen sind nur Bestimmungen, die das Nichtsein von etwas an der Substanz ausdrücken" 229.

3. Negation, Realität, intensive Größe. ,,Nun nenne ich diejenige Größe, die nur als Einheit apprehendiert wird und in welcher die Vielheit nur durch Annäherung zur Negation = 0 vorgestellt werden kann, die intensive Größe" 210; ,,zwischen Realität und Negation ist ein kontinuierlicher Zusammenhang möglicher Realitäten ... 211, vgl. 209, Pr. §§ 24, 26.

4. Negation als logische und transzendentale Verneinung 602, 603, 229.

5. Negation und Realität als nichts und etwas 347, 349.

Negativ.

1. Negativer Probierstein der Wahrheit ist die Analytik der allgemeinen Logik 84; negative Bedingung aller Urteile: daß sie sich nicht widersprechen 189; negatives Kriterium aller Wahrheit: Satz vom Widerspruch 190.

2. Noumenon im negativen Verstande 307.

3. Negativer Nutzen der Philosophie (Grenzbestimmung) 823.

4. Negative Gesetzgebung der Vernunft s. Disziplin, 739.

5. Negativer Nutzen der rationalen Psychologie (gegen Materialismus) A 382, A 383.

6. Negativer Glaube, ein göttliches Dasein wenigstens fürchten 858.

Negativum, nihil s. nichts, vgl. 348.

Neutralität, skeptische verschafft der Vernunft doch keinen „Ruhestand" 784, 785.

Nexus ist „die Synthesis des Mannigfaltigen, sofern es notwendig zu einander gehört" 201 A gegenüber der bloßen compositio, s. diese; nexus finalis = teleologischer Zusammenhang, nexus effectivus = mechanischer, physischer Zusammenhang 715.

Nezessitieren, pathologisch, arbitrium brutum, tierische Willkür, 562; s. Wille, Willkür.

Nichts als *1. Leerer Begriff ohne Gegenstand*, ens rationis, dem gar keine anzugebende Anschauung korrespondiert = Nichts, nicht unter die Möglichkeiten zu zählen, wie etwa Noumenon, 347, 348.

2. Leerer Gegenstand eines Begriffs, nihil privativum, ein Begriff von dem Mangel eines Gegenstandes, wie der Schatten, die Kälte, 347, 348.

3. Leere Anschauung ohne Gegenstand, ens imaginarium, wie etwa der reine Raum, die reine Zeit, bloße Form der Anschauung, ohne Substanz, 347, 348.

4. Leerer Gegenstand ohne Begriff, nihil negativum, Gegenstand eines sich selbst widersprechenden Begriffs, 348, vgl. 346, 349.

5. Nichts und Substanzbegriff. Gigni de nihilo nihil, in nihilum nil posse reverti, 229, vgl. 251.

6. Nichts und der Begriff der Begrenzung. Eine Erfahrung von der „Begrenzung der Erscheinungen durch Nichts oder das Leere" ist unmöglich 545, s. leer.

Nichtsein.

1. Als kategoriales Moment das Korrelat zur Modalitätskategorie des „Dasein" 106, Pr. § 21.

2. Alle Veränderung besteht im Wechsel des Seins und Nichtseins eines gegebenen Zustandes, 290 A; Veränderung ist Begebenheit, ,,die als solche nur durch eine Ursache möglich, deren Nichtsein also für sich möglich ist . . .'' 290, 291.

3. Das Nichtsein der Materie kann man sich leicht denken . . . 290 A (Erörterung des Begriffs des Zufälligen); s. Sein, Dasein, Negation, nichts.

Nichtsinnlich s. Sinn, Sinnlichkeit, Ursache, intelligibel, Noumenon.

Nihil s. nichts, vgl. 229, 251, 346—349.

Nomothetik, Gesetzeswissenschaft. Antinomie ,,der beste Prüfungsversuch der Nomothetik'' (der Vernunft) 452.

Noogonie, System von Locke, 327.

Noologisten, Plato das Haupt derselben 882.

Norm.
Nach der Norm der reinen Gesetze des Verstandes sind alle empirischen Gesetze allererst möglich A 128; s. Natur, Verstand.

Notio, ein reiner Begriff, der im Verstande seinen Ursprung hat; ,,Ein Begriff aus Notionen, der die Möglichkeit der Erfahrung übersteigt, ist die Idee oder der Vernunftbegriff'' 377.

Notwendigkeit.
1. Als Kategorie das dritte Moment der Titelkategorie der Modalität (Möglichkeit, Wirklichkeit, Notwendigkeit) 106, Pr. § 21, gehört mit seinem Korrelat der Zufälligkeit zu den dynamischen 110 Kategorien.

2. Das Schema der Notwendigkeit ist das ,,Dasein eines Gegenstandes zu aller Zeit'' 184.

3. Grundsatz, Postulat der (materialen 279) *Notwendigkeit:* ,,Dessen Zusammenhang mit dem Wirklichen nach allgemeinen Bedingungen der Erfahrung bestimmt ist, ist (existiert) notwendig'' 266; s. Grundsätze des reinen Verstandes.

4. Notwendigkeit und Urteil. ,,Die unbedingte Notwendigkeit der Urteile aber ist nicht eine absolute Notwendigkeit der Sachen. Denn die absolute Notwendigkeit des Urteils ist nur eine bedingte Notwendigkeit der Sache, oder des Prädikats im Urteile'' 621, (Beispiel von den drei Winkeln eines Dreiecks); apodiktische Urteile sind solche, in denen man das Bejahen oder Verneinen als notwendig ansieht 100, als unzertrennlich mit dem Verstande verbunden, 101.

5. Notwendigkeit und Mathematik. Mathematische Erkenntnis führt ,,durch und durch apodiktische Gewißheit, d. i. absolute

Notwendigkeit bei sich" Pr. § 6; Notwendigkeit und absolute Allgemeinheit sind „das Charakteristische aller Sätze der Geometrie" 64; s. Mathematik.

6. Notwendigkeit in der logischen Gesetzlichkeit aller Erfahrung. „Dessen Zusammenhang mit dem Wirklichen nach allgemeinen Bedingungen der Erfahrung bestimmt ist, ist (existiert) notwendig 266; Notwendigkeit und Allgemeinheit der Urteile a priori s. a priori, vgl. 3, 4; „aller Notwendigkeit liegt jederzeit eine transzendentale Bedingung zum Grunde" A 106; das Prinzipium der notwendigen Einheit der reinen (produktiven) Synthesis der Einbildungskraft als „Grund der Möglichkeit aller Erkenntnis, besonders der Erfahrung" A 118; notwendige Beziehung der Erscheinungen auf den Verstand, A 119; notwendige Einheit des Raumes 162; objektive notwendige Einheit der Vorstellungen im Urteil 141, 142, Pr. §§ 22, 23; notwendige Regeln (Gesetze), 263, Pr. § 23; Regel der notwendigen Folge (Kausalität) 245, 246; Natureinheit als notwendige, d. i. a priori gewisse Einheit A 125; Notwendigkeit ist „jederzeit das Zeichen eines Prinzips a priori" Pr. § 48 A; a priori, d. i. als notwendig erkennen 661; die mathematischen Grundsätze des reinen Verstandes lauten unbedingt notwendig 199; Begriffe, als objektiver Grund der Möglichkeit der Erfahrung, sind eben darum notwendig 126, 168; ein Begriff, „der eine Notwendigkeit der synthetischen Einheit bei sich führt, kann nur ein reiner Verstandesbegriff sein" 234; Kriterium der Notwendigkeit 280.

7. Notwendige Existenz s. Existenz, vgl. 266 (Postulat), 279, 280.

8. Notwendigkeit und Veränderung, Geschehen, empirischer Gegenstand. S. Veränderung, vgl. 5; geschehen s. dieses, vgl. 280; Notwendigkeit eines Dinges 279, 280, 662, 645, Pr. § 14, s. Naturnotwendigkeit.

9. Notwendigkeit und Vernunftbegriff (Idee). Ideen sind „notwendige Begriffe ..., deren Gegenstand gleichwohl in keiner Erfahrung gegeben werden kann" Pr. § 40; unbedingte Notwendigkeit 442; s. Idee, Naturanlage.

10. Absolute Notwendigkeit ist „ein Dasein aus bloßen Begriffen" 635; unbedingte Notwendigkeit, als letzter Träger aller Dinge, „ist der wahre Abgrund für die menschliche Vernunft" 641; absolute Naturnotwendigkeit als kosmologische Idee 446; absolute Notwendigkeit der mathematischen Erkenntnis, Pr. § 6, s. Mathematik, Geometrie; unbedingte Notwendigkeit der Urteile ist ,,nicht eine absolute Notwendigkeit der Sachen'' 621.

11. Ein notwendiges Wesen als ,,höchste Bedingung alles Veränderlichen'' 587, vgl. 640, 641, 844, s. Gott.

12. Innere praktische Notwendigkeit s. Sollen, Moral, praktisch, vgl. 575, 661, 662, 840, 846, 843, 844.

13. Notwendigkeit und Zufall s. letzteren.

14. Subjektive Notwendigkeit s. Gewohnheit, vgl. 127, 788, Pr. Vorrede, § 5.

Noumenon.
,,Erscheinungen, so fern sie als Gegenstände nach der Einheit der Kategorien gedacht werden, heißen Phaenomena. Wenn ich aber Dinge annehme, die bloß Gegenstände des Verstandes sind und gleichwohl als solche einer Anschauung, obgleich nicht der sinnlichen . . . gegeben werden können, so würden dergleichen Dinge Noumena (Intelligibilia) heißen'' A 248, A 249; Noumenon ein Gegenstand, der ,,nach bloßen Begriffen bestimmbar ist'' 341; ,,bloß ein Grenzbegriff, um die Anmaßung der Sinnlichkeit einzuschränken, und also nur von negativem Gebrauche'' 310, 311; nach dem intelligiblen Charakter, als Noumenon, ist das menschliche Subjekt, da in ihm nichts geschieht, in seinen Handlungen von aller Naturnotwendigkeit unabhängig und frei, 569; der Begriff eines Noumenon ist nicht widersprechend, da die menschliche Sinnlichkeit doch nicht die einzig mögliche Art der Anschauung sein kann 310; Noumenon im negativen Verstande ein Ding, ,,so fern es nicht Objekt unserer sinnlichen Anschauung ist''; Noumenon in positiver Bedeutung ,,ein Objekt einer nichtsinnlichen Anschauung'', einer intellektuellen, 307; ,,der Begriff des Noumenon ist also nicht der Begriff von einem Objekt, sondern die unvermeidlich mit der Einschränkung unserer Sinnlichkeit zusammenhängende Aufgabe, ob es nicht von jener ihrer Anschauung ganz entbundene Gegenstände geben möge . . .'' 344; Noumena ,,nichts als Vorstellungen einer Aufgabe . . .'' Pr. § 34, vgl. § 32, 45; beim Noumenon hört der ganze Gebrauch von Raum, Zeit, Kategorien völlig auf, 308; der transzendentale Gegenstand ,,kann nicht das Noumenon heißen'' A 253; s. Ding an sich, transzendentaler Gegenstand, Phaenomena und Noumena.

Null, gegenüber Realität, Realem, ist im Sinne der „Antizipationen der Wahrnehmung" (Grundsätze des reinen Verstandes) das „gänzlich Leere der Anschauung" („psychologische Dunkelheit") Pr. § 24; s. intensiv, Grad, Negation, Zero, nichts, kein, keines.

Numerisch-identisch, numerische Identität.

1. Numerische Identität der Apperzeption. „Das was notwendig als numerisch identisch vorgestellt werden soll, kann nicht als ein solches durch empirische Data gedacht werden. Es muß eine Bedingung sein, die vor aller Erfahrung vorhergeht und diese selbst möglich macht . . ." A 107; „die numerische Einheit dieser Apperzeption liegt also a priori allen Begriffen" zugrunde A 107; diese numerische Einheit „wäre unmöglich, wenn nicht das Gemüt in der Erkenntnis des Mannigfaltigen sich der Identität der Funktion bewußt werden könnte, wodurch es dasselbe synthetisch in einer Erkenntnis verbindet" A 108; von dem ganzen möglichen Selbstbewußtsein, „als einer transzendentalen Vorstellung, ist die numerische Identität unzertrennlich und a priori gewiß, weil nichts in das Erkenntnis kommen kann, ohne vermittelst dieser ursprünglichen Apperzeption" A 113, vgl. A 116, A 365; s. Apperzeption.

2. Numerische Identität eines äußeren Gegenstandes A 361, A 362.

3. Numerische Identität unserer selbst, meines Subjekts wird durch die Identität des Bewußtseins meiner selbst in verschiedenen Zeiten, als eine formale Bedingung meiner Gedanken in ihrem Zusammenhang, noch gar nicht bewiesen A 363, vgl. A 361, A 362, A 365, A 364, 402, 408, s. Ich, Seele, Paralogismen, Apperzeption.

O

Obersatz.

„Bei jedem Schlusse ist ein Satz, der zum Grunde liegt [Obersatz], und ein anderer, nämlich die Folgerung, die aus jenem gezogen wird [Untersatz], und endlich die Schlußfolge (Consequenz) . . ." 360; „das Verhältnis also, welches der Obersatz, als die Regel, zwischen einer Erkenntnis und ihrer Bedingung vorstellt, macht die verschiedenen Arten der Vernunftschlüsse aus" 361; Obersatz = Regel (major) 360, 361; s. Vernunftschluß.

Objekt.

1. Das Objekt als kategorial geordneter Inbegriff sinnlicher Eindrücke; Apprehension, Wahrnehmung, Anschauung. „Der rohe Stoff sinnlicher Eindrücke" wird durch die Verstandestätigkeit „zu einer Erkenntnis der Gegenstände" verarbeitet, „die Erfahrung heißt" 1; was in der sukzessiven Apprehension liegt, wird „als Vorstellung, die Erscheinung aber, die mir gegeben ist, ohnerachtet sie nichts weiter, als ein Inbegriff dieser Vorstellungen ist, als der Gegenstand derselben betrachtet, mit welchem mein Begriff, den ich aus den Vorstellungen der Apprehension ziehe, zusammenstimmen soll". 236; Erscheinung, „im Gegenverhältnis mit den Vorstellungen der Apprehension" kann nur dadurch als das von den Vorstellungen unterschiedene Objekt derselben vorgestellt werden, wenn die Erscheinung „unter einer Regel steht, welche sie von jeder anderen Apprehension unterscheidet, und eine Art der Verbindung des Mannigfaltigen notwendig macht. Dasjenige an der Erscheinung, was die Bedingung dieser notwendigen Regel der Apprehension enthält, ist das Objekt." 236; die „Nötigung" 242 durch einen reinen Verstandesbegriff, Kategorie ist es, was die bloß subjektive Folge von Wahrnehmungen in der Apprehension zur objektiven vgl. 238, 239, 162 Folge — im Objekt 240 — macht und „was die Vorstellung einer Sukzession im Objekt allererst möglich macht" 242; „Objekt aber ist das, in dessen Begriff das Mannigfaltige einer gegebenen Anschauung vereinigt ist" 137, vgl. Pr. § 22; „nun kann man zwar alles, und sogar jede Vorstellung, so fern man sich ihrer bewußt ist, Objekt nennen; allein was dieses Wort bei Erscheinungen zu bedeuten habe, nicht in so fern sie (als Vorstellungen) Objekte sind, sondern nur ein Objekt bezeichnen, ist von tieferer Untersuchung." 234, 235; eine Wahrnehmung wird wirklich, „wenn ich die Erscheinung ihrer Stelle nach in der Zeit als bestimmt, mithin als ein Objekt ansehe, welches nach einer Regel im Zusammenhange der Wahrnehmungen jederzeit gefunden werden kann." 245.

2. Objekt und Einheit des Bewußtseins, Apperzeption, „Die transzendentale Einheit der Apperzeption ist diejenige, durch welche alles in einer Anschauung gegebene Mannigfaltige in einen Begriff vom Objekt vereinigt wird" 139; der Gegenstand macht die formale Einheit des Bewußtseins·notwendig A 105; Objekt des reinen Bewußtseins s. Bewußtsein; „die synthetische Einheit des Bewußtseins ist also eine objektive Bedingung aller Erkenntnis, nicht deren ich bloß selbst bedarf, um ein Objekt zu e r k e n n e n, sondern unter der jede Anschauung stehen muß, um für mich Objekt zu w e r d e n . . ." 138, vgl. 143.

3. Objekt überhaupt und Kategorie. Die Kategorien machen „das Denken eines Objekts überhaupt durch Verbindung des Mannigfaltigen in einer Apperzeption" aus 158, 304, 309, vgl. 75, 125, 128, 126, 146, 148, 150, 159, 346, A 245, Pr. §§ 8, 45

4. Eine Idee zum Objekt machen, d. i. realisieren 611 A.

5. Objekt und Wirklichkeit. „Denn in der Erscheinung werden jederzeit die Objekte, ja selbst die Beschaffenheiten . . . als etwas wirklich Gegebenes angesehen . . ." 69; eine Wahrnehmung wird wirklich, „wenn ich die Erscheinung ihrer Stelle nach in der Zeit als bestimmt, mithin als ein Objekt ansehe, welches nach einer Regel im Zusammenhange der Wahrnehmungen jederzeit gefunden werden kann." 245; s. Wirklichkeit, Existenz, Realität, Sein, Schein, Urteil, Irrtum.

6. Das Gegensatzpaar: Subjekt — Objekt s. Subjekt.

7. Objektbegriff und Ichbegriff. „Nun ist zwar sehr einleuchtend, daß ich dasjenige, was ich v o r a u s s e t z e n muß, um überhaupt ein Objekt zu erkennen, nicht selbst als Objekt erkennen könne . . . gleichwohl . . ." A 402; s. Ich, Bewußtsein, Anschauung.

8. Transzendentales Objekt s. Transzendentaler Gegenstand, vgl. 333, 344, 345, 522, 566, 567, 593, 707, A 105, A 109, A 250, A 251, A 253, A 372, A 379, A 380, A 393, A 394, Pr. § 57.

Objektiv.

1. Objektive Einheit 139 = transzendentale Einheit des Selbstbewußtseins 132 = ursprünglich-synthetische Einheit der Apperzeption 131 ff.; „die objektive Einheit alles (empirischen) Bewußtseins in e i n e m Bewußtsein (der ursprünglichen Apperzeption) ist also die notwendige Bedingung sogar aller möglichen Wahrnehmung . . ." A 123; objektive Einheit der Apperzeption 141, gegebener Vorstellungen gegenüber der subjektiven 142, s. Apperzeption, Einheit, subjektiv.

2. Objektives Urteil. „Wenn . . . durch den Verstandesbegriff
die Verknüpfung der Vorstellungen . . . als allgemeingültig
bestimmt wird, so wird der Gegenstand durch dieses Verhältnis bestimmt, und das Urteil ist objektiv." Pr. § 19, vgl. §§ 20,
22; „Urteil d. i. ein Verhältnis, das objektiv gültig ist" 142;
s. Urteil.

3. Objektive Regeln, objektiver Grund. „Regeln, so fern sie
objektiv sind, (mithin der Erkenntnis des Gegenstandes notwendig anhängen) heißen Gesetze" A 126; „Imperative d. i.
objektive Gesetze der Freiheit" 830; s. Regel, Gesetz; objektiver Grund aller Assoziation ist die Affinität A 122, vgl.
A 121; Begriffe, als objektiver Grund der Möglichkeit der
Erfahrung, sind dadurch notwendige Begriffe 126; s. Grund.

4. Objektive Folge der Wahrnehmungen (gegenüber der subjektiven) nur durch die Kausalregel des Verstandes möglich,
vgl. 238, 240 (Synthesis objektiv machen); Folge objektiv
notwendig gemacht 240, vgl. 256; objektives Verhältnis 234.

5. Objektiver Gebrauch, objektive Bedeutung. Die Grundsätze
des reinen Verstandes sind „Regeln des objektiven Gebrauchs"
der Kategorien 200; die Art unserer sinnlichen Anschauung
ist „die Bedingung des objektiven Gebrauchs aller unserer
Verstandesbegriffe" 342; Kategorien haben „an sich selbst
keine Gültigkeit objektiver Begriffe" A 246; objektive Bedeutung wird den gegenständlichen Vorstellungen erst dadurch
erteilt, „daß eine gewisse Ordnung in dem Zeitverhältnisse
unserer Vorstellungen notwendig ist" 243; s. Gebrauch.

6. Objektive Realität s. Realität.

7. Objektive und subjektive Notwendigkeit im Vernunftgebrauch
353 ff.

8. Objektiv, subjektiv in bezug auf Meinen, Wissen, Glauben
848 ff.

9. Objektiv-synthetisch und subjektiv-synthetisch hinsichtlich der
Grundsätze der Modalität 286.

10. Objektiv in bezug auf Zeit, Raum, Kategorien, Ideen s. diese
und objektive Gültigkeit, Verstand, Vernunft, Gegenstand,
Mathematik, Anschauung, Erscheinung, Existenz, Wahrheit,
Wirklichkeit, Dasein, Schein, Irrtum, real, Realität.

Objektive Gültigkeit.

1. In bezug auf Zeit, Raum, äußere Anschauung. Zeit und
Raum haben empirische Realität, d. i. objektive Gültigkeit in

Ansehung aller Gegenstände der Sinne 44, 52, aber keine objektive Realität 70, sind von transzendentaler Idealität 44, 52; die Synthesis in Zeit und Raum hat objektive Gültigkeit 122, vgl. 119, 120, 195; s. Zeit, Raum; objektive Gültigkeit, d. i. Wahrheit einer vorgestellten Begebenheit 816; ,,unstreitige Gültigkeit'' von Raum, Zeit in Ansehung aller Gegenstände der Sinnenwelt, Pr. § 13 A III; Beziehung der Vorstellungen auf einen Gegenstand, mithin ihre objektive Gültigkeit 137; objektive Gültigkeit von Zeit, Raum nur in Beziehung auf deren notwendigen Gebrauch in der Erfahrung; objektive Gültigkeit des Raums des Geometers, Pr. § 13 A I; Bestimmung der Existenz in der Zeit nach notwendigen Gesetzen, unter denen sie allein (Verknüpfung der äußeren Anschauungen) objektiv gültig ist, Pr. § 26; objektive Bedeutung anschaulicher Vorstellungen 242, 243; auf möglichen Anschauungen beruht die objektive Gültigkeit der Verstandesbegriffe 345.

2. Objektive Gültigkeit der Mathematik, Geometrie s. diese, vgl. 120, 196, 199, 206, 207, 271, 298, 299, Pr. § 13 A I.

3. Objektive Gültigkeit der Urteile s. Urteil, Erfahrung, Wahrnehmung, Erfahrungs-, Wahrnehmungsurteil, objektiv, vgl. Pr. §§ 18—22, 39.

4. Objektive Gültigkeit der Kategorien und der Grundsätze des reinen Verstandes, von Begriffen überhaupt s. Kategorie, Grundsätze des reinen Verstandes vgl. 122, 126, 127, 137, 159, 179, 185, 187, 194—197, 243, 256, 288, 296, 300, 304, 305, 327, 335, 345, 370, 595, 724, A 96, A III, A 125, A 126, A 128 bis 130, A 242, XXVI A, Pr. §§ 21, 25, 39; objektive Gültigkeit und notwendige Allgemeingültigkeit (für jedermann) sind Wechselbegriffe, Pr. § 19.

5. Objektive Gültigkeit der reinen Vernunftbegriffe, Ideen, der moralischen Welt s. Idee, Moral, vgl. 691, 693, 708, 705, 764, 835, 836.

6. Objektive Gültigkeit der Natureinheit, als Idee. ,,Denn das Gesetz der Vernunft, sie [die Einheit in der Natur] zu suchen, ist notwendig, weil wir ohne dasselbe gar keine Vernunft, ohne diese aber keinen zusammenhängenden Verstandesgebrauch, und in dessen Ermangelung kein zureichendes Merkmal empirischer Wahrheit haben würden, und wir also in Ansehung des letzteren die systematische Einheit der Natur durchaus als objektivgültig und notwendig voraussetzen müssen" 679.

Oekonomie in Prinzipien.
Die Vernunft setzt ,,systematische Einheit mannigfaltiger Kräfte voraus, da besondere Naturgesetze unter allgemeineren stehen, und die Ersparung der Prinzipien nicht bloß ein ökonomischer Grundsatz der Vernunft, sondern inneres Gesetz der Natur wird" 678; ,,bloß versteckte Einheit" der Kräfte 679; kein ,,bloß ökonomischer Handgriff der Vernunft", sondern ,,der Natur selbst angemessen" 681; ,,Sparsamkeit der Grundursachen" 689; ,,versteckte Identität" seelischer Kräfte 677; Einhelligkeit in der Natur 680, vgl. 676.

Offenbarung 408, 659, Eingebung, Pr. § 9.

Ontologie, ontologischer Beweis.
Das ganze System der Metaphysik besteht aus vier Hauptteilen: Ontologie, rationale Physiologie, rationale Kosmologie, rationale Theologie 874; die Transzendentalphilosophie als ,,Ontologie" 873; die unkritische Ontologie maßt sich an, ,,von Dingen überhaupt synthetische Erkenntnisse a priori in einer systematischen Doktrin zu geben" 303, ist aber bloß eine ,,Wissenschaft der Dinge aus Begriffen"; ,,der stolze Name einer Ontologie" muß dem bescheidenen einer bloßen Analytik des reinen Verstandes Platz machen 303; der ontologische Beweis für das Dasein Gottes schließt von dem bloßen B e g r i f f einer höchsten Realität auf die Notwendigkeit des Daseins eines allerrealsten Wesens; Kritik dieses Beweises 620ff., (jeder Existenzialsatz ist synthetisch, 626).

Opposition, analytische und dialektische hinsichtlich der Unendlichkeit und Endlichkeit der Welt 532.

Ordnung.
1. Objektivierende Zeitordnung. ,,. . . daß umgekehrt nur dadurch, daß eine gewisse Ordnung in dem Zeitverhältnisse unserer Vorstellungen n o t w e n d i g ist, ihnen objektive Bedeutung erteilt wird" 243 (Kausalität).
2. Naturordnung. Der Verstand ist ,,der Ursprung der allgemeinen Ordnung der Natur" Pr. § 38; ,,Ordnung und Regelmäßigkeit" A 125; ganze Naturordnung ,,nur nach Ideen möglich" 374.
3. Alle Handlungen des Menschen ,,nach der Ordnung der Natur bestimmt" 577.

4. Ordnung der Zwecke, die zugleich eine Ordnung der Natur ist, 425; Vernunft folgt nicht der Ordnung der Dinge in der Erscheinung, sondern „macht sich mit völliger Spontaneität eine eigene Ordnung nach Ideen" (Freiheit) 576.

Organ, organisch, organisiert.

1. In bezug auf Vernunft, Wissenschaft. Vernunft gleicht „einem organisierten Körper" XXIII; Vernunft enthält „einen wahren Gliederbau . . ., worin alles Organ ist" XXXVII; Wissenschaft als Ganzes gegliedert 861; Kritik verzeichnet den „ganzen inneren Gliederbau" der Metaphysik als eines Systems (Wissenschaft).

2. In bezug auf lebende Natur, Idee, Zweck, Weltbau 374, 425, 716, Pr. Vorrede.

3. Begriff der Teilung, Einteilung eines organischen Körpers 554.

4. Plato's Ideenlehre in bezug auf organische Natur 374.

Organon, ein wissenschaftliches, logisches „Werkzeug" 86, seine Kenntnisse zu erweitern, vgl. 24, 26, 76, 88, 823.

Originarium s. ens, Urwesen, vgl. 606.

Ort, transzendentaler, heißt „die Stelle, welche wir einem Begriffe entweder in der Sinnlichkeit oder im reinen Verstande erteilen" 324; „man kann einen jeden Begriff, einen jeden Titel, darunter viele Erkenntnisse gehören, einen logischen Ort nennen" 324; s. transzendentale Topik, Raum, Bewegung, Veränderung, vgl. 530 (Zenon's Beweise).

Ostensiv (anschaulich aufzeigbar); der ostensive Beweis ein direkter im Gegensatz zum apagogischen Beweis 817, s. Beweis; der ostensive Beweis verbindet „mit der Überzeugung von der Wahrheit zugleich Einsicht in die Quellen derselben" 817; eine Idee „nur ein heuristischer und nicht ostensiver Begriff" 699, zeigt nicht, wie ein Gegenstand beschaffen sei; ostensive Konstruktion in der Geometrie 745; Beweise der reinen Vernunft müssen ostensiv sein 817.

P

Palingenesie.
„Windige Hypothesen von Erzeugung, Zerstörung und Palingenesie der Seelen" nicht zulässig 711.

Paradoxon hinsichtlich der Nichtvertauschbarkeit zweier sphärischer Triangel; betrifft Notwendigkeit der transzendentalen Idealität von Raum und Zeit, Pr. § 13.

Paralogismen der reinen Vernunft 399—432, A 348 bis A 405. Die Kritik der „Paralogismen der reinen Vernunft" ist die Kritik der dogmatischen Behauptungen der (damaligen) rationalen Seelenlehre, deren „alleiniger Text" 401 der bloße Satz: „Ich denke" ist. Diese Paralogismen, d. i. Fehlschlüsse dialektischer Art, entstehen dadurch, „daß man in Ansehung dessen, wovon man nichts weiß, die Lücke durch Paralogismen der Vernunft ausfüllt, da man seine Gedanken zu Sachen macht und sie hypostasiert, voraus eingebildete Wissenschaft . . . entspringt" A 395. Die „Topik der rationalen 402 Seelenlehre" ist folgende: „1. Die Seele ist Substanz. 2. Ihrer Qualität nach einfach. 3. Den verschiedenen Zeiten nach, in welchen sie da ist, numerisch-identisch, d. i. Einheit (nicht Vielheit). 4. Im Verhältnisse zu möglichen Gegenständen im Raume" 402. In der 1. Auflage die Paralogismen: 1. Der Substantialität, A 349—351. 2. Der Simplizität, A 351—361. 3. Der Personalität, A 361—366. 4. Der Idealität, A 366—380. Betrachtung über die Summe der reinen Seelenlehre A 381—405. Immaterialität, Inkorruptibilität, Personalität, Spiritualität, Commercium mit Körpern, Animalität, Immortalität 403. Jenes Urteil: „ich denke" ist das bloße „Vehikel aller Begriffe überhaupt" und dient nur dazu, „alles Denken als zum Bewußtsein gehörig aufzuführen" 399, 400. „Ich, als denkend, bin ein Gegenstand des inneren Sinnes und heiße Seele" 400. Was aber bedeutet das: Ich? Das Ich ist die „ärmste Vorstellung" 408, eine „für sich selbst an Inhalt gänzlich leere Vorstellung" 404, „ein bloßes Bewußtsein, das alle Begriffe begleitet" 404, nicht einmal ein Begriff 404, „so wenig Anschauung, als Begriff von irgendeinem Gegenstande, sondern die bloße Form des Bewußtseins . . ." A 382; „nicht dadurch, daß ich bloß denke, erkenne ich irgend ein Objekt; sondern nur dadurch, daß ich eine gegebene Anschauung in Absicht auf die Einheit des Bewußtseins, darin alles Denken besteht, bestimme, kann ich irgend einen Gegenstand erkennen" 406; „also erkenne ich mich nicht selbst dadurch, daß ich mir meiner als denkend bewußt bin, sondern wenn ich mir der Anschauung meiner

selbst, als in Ansehung der Funktion des Denkens bestimmt,
bewußt bin" 406; [diese Sätze bilden die wesentliche Grundlage für die Kritik der Paralogismen]; „nicht das Bewußtsein
des bestimmenden, sondern nur das des bestimmbaren
Selbst, d. i. meiner inneren Anschauung (so fern ihr Mannigfaltiges der allgemeinen Bedingung der Einheit der Apperzeption im Denken gemäß verbunden werden kann), ist das
Objekt" 407; Widerlegung der Lehrsätze der rationalen
Seelenlehre im einzelnen 407 ff., A 349 ff.; „allgemeine Erörterung des transzendentalen und doch natürlichen Scheins
in den Paralogismen der reinen Vernunft" A 396 ff.; s. Paralogismus.

Paralogismus, der logische, „besteht in der Falschheit
eines Vernunftschlusses der Form nach, sein Inhalt mag
übrigens sein, welcher er wolle. Ein transzendentaler
Paralogismus aber hat einen transzendentalen Grund, der
Form nach falsch zu schließen. Auf solche Weise wird ein
dergleichen Fehlschluß in der Natur der Menschenvernunft
seinen Grund haben und eine unvermeidliche, obzwar nicht
unauflösliche Illusion bei sich führen" 399; erste Klasse der
dialektischen Schlüsse 397, 398.

Passiv.
Der Verstand übt „unter der Benennung einer transzendentalen Synthesis der Einbildungskraft diejenige Handlung aufs
passive Subjekt ... aus, wovon wir mit Recht sagen, daß
der innere Sinn dadurch affiziert werde" 153, 154, s. Rezeptiv,
Rezeptivität, pathologisch.

Pathologisch.
„Denn eine Willkür ist sinnlich, sofern sie pathologisch (durch
Bewegursachen der Sinnlichkeit) affiziert ist; sie heißt tierisch
(arbitrium brutum), wenn sie pathologisch nezessitiert werden
kann" 562; s. Wille, Willkür.

Person, Personalität.
Kritik des Begriffs der Personalität in der rationalen Seelenlehre (Identität der Person) 402, 408, A 361 ff., Personbe-
griff als regulatives Prinzip (Schema) 710, 711; s. Paralogismen.

Personifizieren.
„Dieses Ideal eines allerrealsten Wesens wird also, ob es zwar
eine bloße Vorstellung ist, zuerst realisiert, d. i. zum Objekt

gemacht, darauf hypostasiert, endlich ... sogar personifiziert ..." 611 A; s. Gott.

Perversa ratio, verkehrte Vernunft, wenn anstatt des bloßen regulativen Prinzips (Idee) der systematischen Zweckeinheit der Natur die Wirklichkeit eines Prinzips der systematischen „zweckmäßigen Einheit als hypostatische Ursache" zugrunde gelegt wird, der Begriff einer höchsten Intelligenz anthropomorphistisch bestimmt wird 720.

Perzeption, perceptio.
Die Gattung aller Vorstellungen ist „Vorstellung überhaupt (repraesentatio). Unter ihr steht die Vorstellung mit Bewußtsein (perceptio). Eine Perzeption, die sich lediglich auf das Subjekt als die Modifikation seines Zustandes bezieht, ist Empfindung (sensatio); eine objektive Perzeption ist Erkenntnis (cognitio)" 376; sinnliche Wahrnehmung, Pr. § 20.

Pflicht — Begriff gehört nicht in die Transzendental-Philosophie, weil durch ihn die empirischen Begriffe der Lust, Unlust, Begierden usw. berührt werden, 28, 29.

Phänomen, Phaenomenon.
1. „*Erscheinungen,* so fern sie als Gegenstände nach der Einheit der Kategorien gedacht werden, heißen Phaenomena" A 248; vgl. A 251; Substanz (phaenomenon) 227; substantia phaenomenon 321, 333 (Materie), 589; totum substantiale phaenomenon 469; Gegenstand Phänomen 306; Erscheinungen = Sinnenwesen = Phaenomena 306.
2. Das Schema „ist eigentlich nur das Phaenomenon, oder der sinnliche Begriff eines Gegenstandes, in Übereinstimmung mit der Kategorie. Numerus est quantitas phaenomenon ..." 186.
3. Realitas phaenomenon = Das Reale der Erscheinung 320; „was nun in der empirischen Anschauung der Empfindung korrespondiert, ist Realität (realitas phaenomenon)" 209.
4. Der Mensch „ist sich selbst freilich eines Teils Phänomen, anderen Teils aber, nämlich in Ansehung gewisser Vermögen [Freiheit durch Vernunft], ein bloß intelligibler Gegenstand ..." 574; das handelnde Subjekt als causa phaenomenon 573.
5. Mundus phaenomenon = Sinnenwelt 461; umfaßt die Gegenstände der Sinne 328; s. mundus.

Phaenomena und Noumena.

Das Hauptstück: ,,Von dem Grunde der Unterscheidung aller Gegenstände überhaupt in Phaenomena und Noumena" 294ff. enthält einen ,,summarischen Überschlag über die in der transzendentalen Analytik gegebenen Ausführungen in der besonderen Hinsicht, daß die reinen Verstandesbegriffe (Kategorien) lediglich dem Erfahrungsgebrauch dienen und daß Begriffe über die Erfahrung hinaus oder überhaupt ohne Erfahrung zustande gekommene Begriffe — soweit sie erkenntnistheoretische Bedeutung haben — lediglich Grenzbegriffe (vgl. 310, 311) sind. ,,Erscheinungen, so fern sie als Gegenstände nach der Einheit der Kategorien gedacht werden, heißen Phaenomena. Wenn ich aber Dinge annehme, die bloß Gegenstände des Verstandes sind, und gleichwohl als solche einer Anschauung, obgleich nicht der sinnlichen . . . gegeben werden können, so würden dergleichen Dinge Noumena (Intelligibilia) heißen" A 248, A 249. — Die Grundsätze des reinen Verstandes enthalten nichts anderes, als ,,gleichsam nur das reine Schema zur möglichen Erfahrung" 296; der Verstand kann a priori niemals mehr leisten, als ,,die Form einer möglichen Erfahrung überhaupt zu antizipieren 303; die reinen Verstandesbegriffe können also ,,niemals von transzendentalem, sondern jederzeit nur von empirischem Gebrauche sein 303; der empirische Gebrauch ist an die ,,reinen sinnlichen Formen" 306 des Raumes und der Zeit gebunden; das in Raum und Zeit gegebene Mannigfaltige wird mittels der Kategorien zum Objekt bestimmt und heißt Erscheinung, Sinnenwesen, Phänomen 306; aber es liegt ,,schon in unserem Begriffe, wenn wir gewisse Gegenstände, als Erscheinungen, Sinnenwesen (Phaenomena) nennen, indem wir die Art, wie wir sie anschauen, von ihrer Beschaffenheit an sich selbst unterscheiden, daß wir entweder dieselben nach dieser letzteren Beschaffenheit, wenn wir sie gleich in derselben nicht anschauen, oder auch andere mögliche Dinge, die gar nicht Objekte unserer Sinne sind, als Gegenstände bloß durch den Verstand gedacht, jenen gleichsam gegenüberstellen und sie Verstandeswesen (Noumena) nennen" 306; ,,wenn wir unter Noumenon ein Ding verstehen, so fern es nicht Objekt unserer sinnlichen Anschauung ist, indem wir von unserer Anschauungsart desselben abstrahieren, so ist dieses ein Noumenon im n e g a t i v e n

Verstande. Verstehen wir aber darunter ein Objekt einer nichtsinnlichen Anschauung, so nehmen wir eine besondere Anschauungsart an, nämlich die intellektuelle, die aber nicht die unsrige ist, . . . und das wäre das Noumenon in positiver Bedeutung" 307; beim Noumenon aber „hört der ganze Gebrauch, ja selbst alle Bedeutung der Kategorien völlig auf" 308; das Noumenon bedeutet „den problematischen Begriff von einem Gegenstande für eine ganz andere Anschauung und einen ganz anderen Verstand, als der unsrige, der mithin selbst ein Problem ist. Der Begriff des Noumenon ist also nicht der Begriff von einem Objekt, sondern die unvermeidlich mit der Einschränkung unserer Sinnlichkeit zusammenhängende Aufgabe, ob es nicht von jener ihrer Anschauung ganz entbundene Gegenstände geben möge, welche Frage nur unbestimmt beantwortet werden kann . . ." 343, 344; „der Begriff eines Noumenon ist also bloß ein Grenzbegriff, um die Anmaßung der Sinnlichkeit einzuschränken, und also nur von negativem Gebrauche 310, 311; „die Einteilung der Gegenstände in Phaenomena und Noumena, und der Welt in eine Sinnen- und Verstandeswelt kann daher in positiver Bedeutung gar nicht zugelassen werden . . ." 311;. „der Begriff eines Noumeni, bloß problematisch genommen, bleibt demungeachtet nicht allein zulässig, sondern auch als ein die Sinnlichkeit in Schranken setzender Begriff [Grenzbegriff], unvermeidlich" 311, vgl. 315; s. Noumenon, Ding an sich, intelligibel, transzendentaler Gegenstand, Grenzbegriff; vgl. Pr. §§ 30, 32, 34, 45, 57, 59.

Philosophie, Philosoph.

1. Begriff, Aufgabe (Gegenstand) der Philosophie. „Alle Philosophie aber ist entweder Erkenntnis aus reiner Vernunft oder Vernunfterkenntnis aus empirischen Prinzipien. Die erstere heißt reine, die zweite empirische Philosophie" 868; „das System aller philosophischen Erkenntnis ist . . . Philosophie" 866; in bezug auf das Ideal des Philosophen 867, als Urbild, auf den Weltbegriff 866 von Philosophie „ist Philosophie die Wissenschaft von der Beziehung aller Erkenntnis auf die wesentlichen Zwecke der menschlichen Vernunft . . . und der Philosoph ist . . . der Gesetzgeber der menschlichen Vernunft" 867; „die Gesetzgebung der menschlichen Vernunft (Philosophie) hat nun zwei Gegenstände, Natur und Freiheit, und enthält also sowohl das Naturgesetz als auch das Sittengesetz ... Die Philosophie der Natur geht auf alles, was da ist, die der Sitten nur auf das, was da sein soll" 868; ,,Metaphysik also sowohl der Natur als der Sitten, vornehmlich die Kritik der sich auf eigenen Flügeln wagenden Vernunft, welche vorübend (propädeutisch) vorhergeht, machen eigentlich allein dasjenige aus, was wir im echten Verstande Philosophie nennen können" 878; ,,die ganze Zurüstung also der Vernunft in der Bearbeitung, die man reine Philosophie nennen kann, ist in der Tat nur auf die drei gedachten Probleme gerichtet" 828, nämlich: Freiheit des Willens, Unsterblichkeit der Seele, Dasein Gottes 826; im Hinblick auf ein bisher noch nicht erreichtes Urbild ,,ist Philosophie eine bloße Idee von einer möglichen Wissenschaft, die nirgend in concreto gegeben ist ..." 866; ,,alle Vernunfterkenntnis ist nun entweder die aus Begriffen, oder aus der Konstruktion der Begriffe; die erstere heißt philosophisch, die zweite mathematisch" 865, vgl. 741, 760; das Wesen der reinen Philosophie: die Erkenntnisarten sorgfältig unterscheiden, Ableitung von Begriffen je aus ihrem gemeinschaftlichen Quell, sichere Bestimmung des Gebrauchs der Begriffe, ,,Vollständigkeit in der Aufzählung, Klassifizierung der Begriffe a priori" Pr. § 43.

2. Negativer Nutzen der Philosophie. ,,Der größte und vielleicht einzige Nutzen aller Philosophie der reinen Vernunft ist also wohl nur negativ ..." 823, durch ,,das stille Verdienst, Irrtümer zu verhüten" 823, 859.

3. Schulbegriff und Weltbegriff der Philosophie 866, 867.

4. Philosophie und Moral. Der Endzweck, als einziger höchster Zweck, ,,ist kein anderer als die ganze Bestimmung des Menschen, und die Philosophie über dieselbe heißt Moral" 868; s. Moral, Moralphilosophie.

5. Unterschied der philosophischen und der mathematischen Erkenntnis s. Mathematik.

6. Im Kindesalter der Philosophie fingen die Menschen davon an, ,,wo wir jetzt lieber endigen möchten, nämlich, zuerst die Erkenntnis Gottes und die Hoffnung oder wohl gar die Beschaffenheit einer anderen Welt zu studieren" 880.

7. Philosophie und der gemeine Verstand. Die höchste Philosophie kann es ,,in Ansehung der wesentlichen Zwecke (868, Moral) der menschlichen Natur" nicht weiter bringen, ,,als

die Leitung, welche sie auch dem gemeinsten Verstande hat
angedeihen lassen" 859.

8. Transzendental-Philosophie s. diese.

9. Naturphilosophie s. diese. — Vgl. Kritik, kritisch, Kritik
der reinen Vernunft, Metaphysik, System, Architektonik der
reinen Vernunft.

10. Angewandte und reine Philosophie vgl. 876.

Philosophieren lernen.

„Man kann also unter allen Vernunftwissenschaften (a priori)
nur allein Mathematik, niemals aber Philosophie (es sei denn
historisch), sondern was die Vernunft betrifft, h ö c h s t e n s
philosophieren lernen" 865; „man kann nur philosophieren
lernen, d. i. das Talent der Vernunft in der Befolgung ihrer
allgemeinen Prinzipien an gewissen vorhandenen Versuchen
üben ..." 866.

Physik.

„Die Metaphysik der k ö r p e r l i c h e n Natur heißt Ph y s i k,
aber, weil sie nur die Prinzipien ihrer Erkenntnis a priori
enthalten soll, rationale Physik" 874; „Mathematik und Physik
sind die beiden theoretischen Erkenntnisse der Vernunft,
welche ihre Objekte a priori bestimmen sollen, die ersteren
ganz rein, die zweite wenigstens zum Teil rein ..." X; empirische Physik 21 A.

Physikotheologie.

1. Grundlage der Theologie der Natur (Physikotheologie, 855)
ist — fälschlich — die Idee von einer höchsten Intelligenz
718; Berufung auf den unerforschlichen Ratschluß der höchsten Weisheit 719, vgl. 844, Form eines Systems der Zwecke.

2. Physikotheologischer Gottesbeweis schließt von der unermeßlichen Mannigfaltigkeit, Ordnung, Zweckmäßigkeit, Schönheit, Einheit der Natur auf einen höchsten Urheber der Welt,
Kritik dieses Beweises 648 ff.

3. Nur ein doktrinaler Glaube, kein moralischer, kann durch
die Theologie der Natur bewirkt werden 854, 855.

Physiologie [nach damaligem Sprachgebrauch: Lehre von
der Natur irgendeines Gegenstandes überhaupt, gleichviel
welcher Art]. Physiologie der reinen Vernunft, immanent
oder transzendent, rationale Physiologie 873, 874, 875; Körperlehre ist eine Physiologie der Gegenstände äußerer Sinne,
Seelenlehre die Physiologie des inneren Sinnes A 381; em-

pirische Psychologie eine Art der Physiologie des inneren
Sinnes 405; Physiologie des menschlichen Verstandes A III;
Reine physiologische Tafel (Grundsätze), Pr. § 21; physio-
logische Grundsätze, Pr. § 24; ein physiologisches, d. i. ein
Natursystem, Pr. § 23; physiologische Ableitung 119.

Physisch.
Der „Raum in Gedanken" macht erst den physischen Raum,
d. i. die Ausdehnung der Materie, möglich, Pr. § 13 A I; physischer Einfluß A 389 ff.; physische Erklärungen, Pr. § 57.

Plato wagte sich „auf den Flügeln der Ideen in den leeren
Raum des reinen Verstandes" 9; „die Ideen sind bei ihm
Urbilder der Dinge selbst . . ." 370; der vornehmste Philosoph des Intellektuellen 881, das Haupt der Noologisten, 882,
vgl. 597.

Plurative Urteile, Pr. § 20, andere Bezeichnung für die
judicia particularia.

Pneumatismus, dem Dualismus entgegengesetzt A 379, hat
den „Erbfehler", „in der Feuerprobe der Kritik sich in lauter
Dunst aufzulösen" 433.

Polemisch.
„Unter dem polemischen Gebrauche der reinen Vernunft verstehe ich nun die Verteidigung ihrer Sätze gegen die dogmatischen Verneinungen derselben" 767; „Disziplin der reinen
Vernunft in Ansehung ihres polemischen Gebrauchs" 766 ff.

Ponens, modus ponens, tollens 818, 819; modus ponens in
Vernunftschlüssen heißt die Art, „auf die Wahrheit einer
Erkenntnis aus der Wahrheit ihrer Folgen zu schließen" 818;
modus tollens schließt von den Folgen auf die Gründe 819;
vgl. Kants Logik (Jäsche) §§ 75, 76, VII, § 26.

Populär.
Die Arbeit der Kritik der reinen Vernunft „keineswegs dem
populären Gebrauche angemessen" A XII; kann „niemals
populär werden" XXXIV; geschwätzige Seichtigkeit unter
dem angemaßten Namen der Popularität XXXV; vgl. Pr.
Vorrede, § 5.

Position = bloße Denksetzung als ein Mögliches; „Möglichkeit bloß eine Position des Dinges in Beziehung auf den
Verstand (dessen empirischen Gebrauch)" 287 A, vgl. 626, 630.

Positiv.
Noumenon in positiver Bedeutung 307, 308; vgl. 311, 343;

positive Wahrheit 84, 85; positive Erkenntnisse der reinen Vernunft 823 (Sittlichkeit).

Postprädikamente heißen die zu den ursprünglichen zehn Kategorien von Aristoteles noch hinzugefügten fünf: oppositum, prius, simul, motus, habere, Pr. § 39, Kr. 107.

Postulat.

1. Logisches und transzendentales Postulat der Vernunft. Logisches Postulat in bezug auf den Regressus 526, auf systematische Einheit aller Verstandeserkenntnisse 673, 676; transzendentales Postulat (Grundsatz der Vernunft) in bezug auf die systematische Einheit der Natur 676; s. Gattung, Natur.

2. Postulieren: per thesin, supponieren per hypothesin 661; die kosmologischen Ideen postulieren die absolute Totalität der Reihen von Bedingungen (in der Synthesis der Erscheinungen) im Regressus 525; es muß ein höchstes Dasein als die Bedingung der Möglichkeit für die verbindende Kraft der moralischen Gesetze postuliert werden 662.

3. Postulat in der Mathematik heißt ,,der praktische Satz, der nichts als die Synthesis enthält, wodurch wir einen Gegenstand uns zuerst geben, und dessen Begriff erzeugen . . .'' 287.

4. Die Postulate des empirischen Denkens überhaupt 265 ff.; s. Grundsätze des reinen Verstandes, vgl. 285, 287.

Prädikabilien heißen die von den Kategorien, als den ,,wahren Stammbegriffen des reinen Verstandes'' abgeleiteten ebenso reinen Begriffe (Folgebegriffe, vgl. Pr. Vorrede, § 39) 107, 108; so sind z. B. der Kategorie der Kausalität die Prädikabilien: Kraft, Handlung, Leiden untergeordnet, 108.

Prädikamentum der lateinische Ausdruck für das griechische Wort: Kategorie 107, Pr. § 39; auch Aussage allgemeinen Inhalts; Prädikamente der reinen Seelenlehre 406.

Prädikat.

1. Denken durch Prädikate. Wir sollen nichts für ein ,,letztes Subjekt'' halten, ,,weil die spezifische Natur unseres Verstandes darin besteht, alles diskursiv, d. i. durch Begriffe, mithin auch durch lauter Prädikate zu denken, wozu also das absolute Subjekt jederzeit fehlen muß.'' Pr. § 46.

2. Prädikat und Kategorie. Die Kategorien reden ,,von Gegenständen nicht durch Prädikate der Anschauung und Sinnlichkeit, sondern des reinen Denkens a priori'' 120.

3. Prädikat und Gegenstand. Die Prädikate eines äußeren Gegenstandes sind „die Bestimmungen einer Substanz", als „besondere Arten derselben zu existieren" (Akzidenzen, jederzeit real) 229; der bloße Begriff „Sein" ist kein reales Prädikat 626.

4. Der Satz vom Widerspruch: „Keinem Dinge kommt ein Prädikat zu, welches ihm widerspricht" 190.

5. Alle Verhältnisse des Denkens in Urteilen sind die des Prädikats zum Subjekt, des Grundes zur Folge, der eingeteilten Erkenntnis und der gesammelten Glieder der Einteilung untereinander 98.

6. Logisches Prädikat und Bestimmung als Prädikat sind nicht dasselbe 626.

7. Sein ist kein reales Prädikat. Das Wörtchen: „ist" im Urteil „ist nicht noch ein Prädikat oben ein" 626, vgl. 627, 602.

8. Analytisches und synthetisches Urteil. „Bei dem analytischen Satze ist nur die Frage, ob ich das Prädikat wirklich in der Vorstellung des Subjekts denke" 205; „analytische Urteile (die bejahenden) sind also diejenigen, in welchen die Verknüpfung des Prädikats mit dem Subjekt durch Identität, diejenigen aber, in denen diese Verknüpfung ohne Identität gedacht wird, sollen synthetische Urteile heißen" 10, vgl. Pr. § 2.

9. Substanz, wenn man die sinnliche Bestimmung der Beharrlichkeit wegläßt, bedeutet „nichts weiter als ein Etwas . . ., das als Subjekt, (ohne ein Prädikat von etwas anderem zu sein) gedacht werden kann" 186; vgl. 411, 412, 441, A 401, Pr. § 46.

10. Das Etwas ohne bestimmtes Prädikat ein gänzlich leerer Begriff 507 A.

11. Prädikat und Ich-Begriff. Das Ich hat „auch nicht das mindeste Prädikat der Anschauung" 278, kann nicht als Prädikat von anderen Dingen gebraucht werden; alle Prädikate des inneren Sinnes beziehen sich auf das Ich als Subjekt, Pr. § 46; Prädikate des inneren Sinnes sind „Vorstellungen und Denken" A 359, vgl. 711.

12. Inbegriff aller möglichen Prädikate 600, 601 s. Ideal der reinen Vernunft.

13. Verknüpfung der Prädikate in der Mathematik a priori und unmittelbar 760.

14. Prädikate eines unmöglichen Begriffes vom Gegenstand sowohl bejahend wie verneinend unrichtig 820, 821.

15. Transzendentale Prädikate, Gottesbegriff 669, 670, 622, 623, 624 ff.

16. Verneinungen als Prädikate 606.

Präformationssystem der reinen Vernunft würde eine Voraussetzung genannt werden können, nach welcher die Kategorien ,,subjektive, uns mit unserer Existenz zugleich eingepflanzte Anlagen zum Denken ... so eingerichtet ..., daß ihr Gebrauch mit den Gesetzen der Natur, an welchen die Erfahrung fortläuft, genau stimmte'', sein sollen; Kritik dieser Ansicht 167, 168.

Prämissen.
Es ist eine logische Forderung, ,,vollständige Prämissen zu einem gegebenen Schlußsatze anzunehmen'' 528; Obersatz, Untersatz in einem Vernunftschluß als Prämissen 411 A; das Unbedingte ,,gleichsam die Vollständigkeit in der Reihe der Prämissen'' 444.

Prästabilierte, d. i. vorherbestimmte Harmonie, als Leibnizscher Lehrbegriff, das ,,Prizipium der möglichen Gemeinschaft der Substanzen unter einander'' 331, der Monaden, nicht durch physischen Einfluß aufeinander, ,,sondern durch die Einheit der Idee einer für alle gültigen Ursache, in welcher sie insgesamt ihr Dasein und Beharrlichkeit, mithin auch wechselseitige Korrespondenz unter einander nach allgemeinen Gesetzen bekommen müssen'' 331, vgl. A 389 ff.

Pragmatische Gesetze ,,des freien Verhaltens, zur Erreichung der uns von den S i n n e n empfohlenen Zwecke, und also keine reinen Gesetze völlig a priori'' 828, wie die moralischen (praktischen); Klugheitsregel 834; pragmatischer Glaube = zufälliger Glaube hinsichtlich der Mittel zu gewissen Handlungen 852.

Praktisch.
1. Begriff des Praktischen; praktische Begriffe; praktischer Gebrauch der Vernunft. Praktisch ist, was auf Freiheit beruht 371; praktisch ist alles, was durch Freiheit möglich ist 828; alle praktischen Begriffe gehen auf Gegenstände des Wohlgefallens oder Mißfallens, der Lust, Unlust, mithin auf Gegenstände unseres Gefühls 829 A; praktische Freiheit erkennen wir durch Erfahrung 831; was mit der freien Willkür als Grund oder

Folge zusammenhängt, wird praktisch genannt 830; die moralischen Gesetze allein gehören zum praktischen Gebrauch der Vernunft 828; im praktischen Gebrauch hat die Vernunft das Recht, etwas anzunehmen, was sie ,,im Felde der bloßen Spekulation" vorauszusetzen nicht befugt wäre 804; der fruchtbare praktische Gebrauch 421; der praktische Gebrauch derjenige, ,,durch den a priori erkannt wird, was geschehen solle" 661; theoretische und praktische Erkenntnis 661; schlechterdings notwendiger praktischer Gebrauch der moralische XXV; Endabsicht der reinen Vernunft geht auf das Praktische XXXVIII; praktischer = moralischer Gebrauch 835, 836.

2. Praktisches Vermögen und Ordnung der Natur, der Zwecke 425.

3. Objektive Realität der Prinzipien der praktischen Vernunft 836, der Idee einer moralischen Welt 836.

4. Notwendigkeit der praktischen Gesetze 661, 662, vgl. 835.

5. Praktische Gesetze als moralische Gesetze, Imperative 828, 830, 840 vgl. 575; s. Moral, Sollen, Imperativ.

Primär.

,,Qualitäten der Körper, die man primarias nennt: die Ausdehnung, den Ort und überhaupt den Raum ... Undurchdringlichkeit ... Gestalt ..." Pr. § 13 A II.

Prinzip.

1. Begriff eines Prinzips; Erkenntnis (im allgemeinen) aus Prinzipien. ,,Synthetische Erkenntnisse aus Prinzipien kann der Verstand also gar nicht verschaffen, und diese sind es eigentlich, welche ich schlechthin Prinzipien nenne, indessen daß alle allgemeinen Sätze überhaupt komparative Prinzipien heißen können" 357, 358; ,,ich würde daher Erkenntnis aus Prinzipien diejenige nennen, da ich das Besondere im Allgemeinen durch Begriffe erkenne" 357; nicht aus Anschauung, wie etwa in der Mathematik, vgl. 358.

2. ,,Eine allgemeine aber reine Logik hat es also mit lauter Prinzipien a priori zu tun ..." 77; s. Logik.

3. Prinzip und Leitfaden der Entdeckung aller reinen Verstandesbegriffe. ,,Die Transzendentalphilosophie hat den Vorteil, aber auch die Verbindlichkeit, ihre Begriffe nach einem Prinzip aufzusuchen" 92; s. Kategorie.

4. Prinzip und Zeit, Raum, Verstand, Erfahrung. Zeit, Raum und diskursiver Verstand sind „Prinzipien der Möglichkeit der Erfahrung", Pr. § 57; transzendentale Ästhetik „eine Wissenschaft von allen Prinzipien der Sinnlichkeit a priori" 35, also von Raum und Zeit; „zwei reine Formen sinnlicher Anschauung, als Prinzipien der Erkenntnis a priori . . . nämlich Raum und Zeit" 36; „formale Prinzipien des reinen Verstandes" 88 (Kategorien); „von den Prinzipien einer transzendentalen Deduktion überhaupt" 116; „Prinzipium aller analytischen Erkenntnis" 191 Satz vom Widerspruch; „das oberste Prinzipium aller synthetischen Urteile" 197; die Grundsätze des reinen Verstandes sind ihrem Ursprung nach „nichts weniger, als Erkenntnisse aus Begriffen" 357, also keine Prinzipien schlechthin.

5. Prinzip und Mathematik. Die mathematischen Axiome sind allgemeine Erkenntnisse a priori und werden daher mit Recht „relativisch" auf gewisse Fälle Prinzipien genannt 356.

6. Prinzip und Materie. Die unaufhörliche Handlung der Materie, „dadurch sie ihren Raum erfüllt", geschieht „aus innerem Prinzip", Pr. § 53 A.

7. Prinzip und Vernunft. Vermögen der Prinzipien, der Einheit der Verstandesregeln unter Prinzipien 356, 359; in bezug auf die logische Funktion beim Schließen, kleinste Zahl der Prinzipien gesucht 357, 361, 362, 364 (das Unbedingte); Einheit, Zusammenhang der Verstandeserkenntnisse 361, 362, 378, 708; das Systematische der Erkenntnis, Einheit der Prinzipien, der Natur, der Zwecke, Maximen, moralische Vernunftprinzipien, regulative Prinzipien 362, 378, 536, 589, 638, 647, 673, 691, 694, 699, 708, 721, 729, 730, 713, 714, 846, Pr. §§ 46, 60, 44; subjektive Prinzipien der Willkür 577; bestimmte Prinzipien a priori für Tun und Lassen 869.

Privativum, nihil s. nichts, vgl. 347, 348.

Probierstein, Probierwage der Wahrheit, Erkenntnis, Kritik usw. 26, 84, 675, 738, 795, 848.

Problem.

1. Das Noumenon bedeutet „den problematischen Begriff von einem Gegenstande für eine ganz andere Anschauung und einen ganz anderen Verstand als der unsrige, der mithin selbst ein Problem ist" 343, 344, ein „Problema" 311, vgl. 310.

2. Problem der reinen Vernunft (nicht des Verstandes) ist der bloße Entwurf der Psychologie, Kosmologie, Theologie

392, vgl. 490; das absolute Ganze aller möglichen Erfahrung ist „selbst keine Erfahrung und dennoch ein notwendiges Problem für die Vernunft", Pr. § 40.

3. Idee einer Grundkraft ist „wenigstens das Problem einer systematischen Vorstellung der Mannigfaltigkeit von Kräften" 677.

4. Der Progressus ein willkürliches, nicht notwendiges, Problem der reinen Vernunft 438.

Problematisch.

1. Das problematische Urteil ist 95, Pr. § 21 das erste Moment der Modalität der Urteile (problematische, assertorische, apodiktische Urteile); ein Urteil, in welchem „man das Bejahen oder Verneinen als bloß möglich (beliebig) annimmt" 100; der problematische Satz drückt „nur logische Möglichkeit (die nicht objektiv ist)" aus 101.

2. „Ich nenne einen Begriff problematisch, der keinen Widerspruch enthält, der auch als eine Begrenzung gegebener Begriffe mit anderen Erkenntnissen zusammenhängt, dessen objektive Realität aber auf keine Weise erkannt werden kann" 310 (in bezug auf Noumenon).

3. Die problematische Seite der Erscheinung, „da das Objekt an sich selbst betrachtet wird (unangesehen der Art, dasselbe anzuschauen . . .)" 55.

4. Das Noumenon als problematischer Begriff s. Noumenon, vgl. 343, 344; problematischer Gedanke 315, vgl. 310 (Verstand, der sich problematisch weiter erstreckt).

5. Vom Objekt, welches einer Idee korrespondiert, können wir keine Kenntnis, „obzwar einen problematischen Begriff" haben, 397, 709, 799.

6. Der Satz: ich denke, problematisch genommen, enthält „die Form eines jeden Verstandesurteils überhaupt" 406.

7. Der problematische Idealismus s. Idealismus.

Produktive Einbildungskraft s. Einbildungskraft.

Progressive Lehrart ist die synthetische Methode der Kritik der reinen Vernunft; die analytische Methode in den Prolegomenen ist die regressive Lehrart, vgl. Pr. § 5 A; progressive Synthesis der Bedingungen 438; s. Progressus.

Progressus.

„Ich will die Synthesis einer Reihe auf der Seite der Bedingungen, also von derjenigen an, welche die nächste zur gegebenen Erscheinung ist, und so zu den entfernteren [der Vergangenheit] Bedingungen, die regressive, diejenige aber, die auf der Seite des Bedingten von der nächsten Folge zu den entfernteren fortgeht, die progressive Synthesis [Progressus] nennen. Die erstere geht in antecedentia, die zweite in consequentia" 438; der Progressus kein notwendiges Problem der reinen Vernunft, „weil wir zur vollständigen Begreiflichkeit dessen, was in der Erscheinung gegeben ist, wohl der Gründe, nicht aber der Folgen bedürfen" 438; vgl. 393, 394; Progressus und Regressus in bezug auf den Raum 439, 440; progressus in infinitum, in indefinitum in bezug auf eine gerade Linie 539.

„**Prolegomena** zu einer jeden künftigen Metaphysik, die als Wissenschaft wird auftreten können" (vollständiger Titel der Prolegomena).

Durch die Prolegomena (einführende Vorbemerkungen) will Kant einer „gewissen Dunkelheit" der „trocknen" und „weitläufigen" Kritik der reinen Vernunft abhelfen. Der Leser soll dadurch auch in den Stand gesetzt werden, „das Ganze zu übersehen" und die Hauptpunkte „stückweise zu prüfen". Die Prolegomena sind gewissermaßen ein klarer „Plan einer allgemeinen Kritik der reinen Vernunft" nach „vollendetem Werke" der Kritik selber. Die Kritik gelangt wesentlich auf synthetisch-progressivem Wege durch Darstellung „aller Artikulationen", des ganzen „Gliederbaues" des gesamten Erkenntnisvermögens vom Einzelnen zum Ganzen als Ziel. Die Prolegomena, „Vorübungen", setzen das Faktum der reinen Mathematik, der reinen Naturwissenschaft voraus als etwas, „was man schon als zuverlässig kennt", und suchen in analytisch-regressivem Verfahren die Bedingungen und Elemente zu jenen Wissenschaften, wie auch zur Metaphysik. Die transzendentale Hauptfrage ist: „Wie sind synthetische Urteile a priori möglich"? Diese Frage zerfällt in die vier Einzelfragen:

1. Wie ist reine Mathematik möglich?
2. Wie ist reine Naturwissenschaft möglich?
3. Wie ist Metaphysik überhaupt möglich?
4. Wie ist Metaphysik als Wissenschaft möglich?

Die Auflösung dieser Fragen bildet die Aufgabe der Prolegomena. Vgl. Pr. Vorrede, §§ 4, 5.

Prolepsis Epikurs im Sinne von Antizipation 208.

Propädeutik.

„Die Philosophie der reinen Vernunft ist nun entweder Propädeutik (Vorübung), welche das Vermögen der Vernunft in Ansehung aller reinen Erkenntnis a priori untersucht, und heißt Kritik, oder zweitens das System der reinen Vernunft (Wissenschaft) ... und heißt Metaphysik" 869; die Logik des besonderen Verstandesgebrauchs als Propädeutik der Wissenschaften 76; vgl. 878 vorübend, propädeutisch (Kritik).

Prosyllogismus.

Ein jeder Vernunftschluß ist „eine Form der Ableitung einer Erkenntnis aus einem Prinzip" 357. Bei jedem Vernunftschluß ist ein Obersatz, ein Untersatz und eine Schlußfolge, Schlußsatz, Konklusion, 360, 361; nun kann man aber jedes einzige Urteil als eine gefolgerte Erkenntnis aus allgemeineren Prinzipien ansehen, und so suche ich „im Verstande die Assertion dieses Schlußsatzes auf, ob sie sich nicht in demselben unter gewissen Bedingungen nach einer allgemeinen Regel vorfinde", 361; „da nun diese Regel wiederum eben demselben Versuche ausgesetzt ist, und dadurch die Bedingung der Bedingung (vermittelst eines Prosyllogismus) gesucht werden muß, so sieht man wohl ...", 364, daß die Vernunft letzten Endes bis zum Unbedingten 364 aufsteigen will; vgl. 379 (durch Prosyllogismen zum Unbedingten); die „Kette oder Reihe der Prosyllogismen, d. i. der gefolgerten Erkenntnisse auf der Seite der Gründe oder der Bedingungen zu einem gegebenen Erkenntnis" ist die „aufsteigende Reihe der Vernunftschlüsse", 388; die absteigende Reihe ist „der Fortgang der Vernunft auf der Seite des Bedingten durch Episyllogismen" 388, s. Episyllogismus.

Prototypon.

„Es versteht sich von selbst, daß die Vernunft zu dieser ihrer Absicht, nämlich sich lediglich die notwendige durchgängige Bestimmung der Dinge vorzustellen, nicht die Existenz eines solchen Wesens, das dem Ideale gemäß ist, sondern nur die Idee desselben voraussetze ... Das Ideal [der reinen Vernunft] ist ihr also das Urbild (Prototypon) aller Dinge, welche insgesamt, als mangelhafte Kopien (ectypa), den Stoff zu ihrer Möglichkeit daher nehmen ..." 605, 606; s. Ideal der reinen Vernunft.

Psychologie.

1. Begriff der Psychologie; rationale (transzendentale) und empirische Psychologie. ,,Die im engeren Verstande so genannte Metaphysik besteht aus der Transzendental-Philosophie und der Physiologie der reinen Vernunft" 873; letztere ist immanent oder transzendent 873, 874; die immanente Physiologie betrachtet ,,Natur als den Inbegriff aller Gegenstände der Sinne, mithin so, wie sie uns gegeben ist, aber nur nach Bedingungen a priori, unter denen sie uns überhaupt gegeben werden kann. Es sind aber nur zweierlei Gegenstände derselben, 1. die der äußeren Sinne, mithin der Inbegriff derselben, die körperliche Natur; 2. der Gegenstand des inneren Sinnes, die Seele, und nach den Grundbegriffen derselben überhaupt, die denkende Natur. Die Metaphysik der körperlichen Natur heißt Physik ... Die Metaphysik der denkenden Natur heißt Psychologie und aus der eben angeführten Ursache ist hier nur die rationale Erkenntnis derselben zu verstehen", 874, da hier alles a priori über das ,,Ich, als ein denkend Wesen", den Gegenstand der rationalen Seelenlehre 400, behauptet wird. ,,Die rationale Seelenlehre ist nun wirklich ein Unterfangen von dieser Art" 400, bei welchem ohne ,,das mindeste Empirische meines Denkens" 400 eine ,,angebliche Wissenschaft" ,,auf dem einzigen Satze: Ich denke erbaut worden ..." 400; der Gegenstand der rationalen Psychologie ist ,,das denkende Subjekt" 391; ,,Ich denke, ist also der alleinige Text der rationalen Psychologie, aus welchem sie ihre ganze Weisheit auswickeln soll", 401, vgl. 876; auf den ,,transzendentalen Schein unserer psychologischen Begriffe gründen sich ... drei dialektische Fragen, welche das eigentliche Ziel der rationalen Psychologie ausmachen ... nämlich 1. von der Möglichkeit der Gemeinschaft der Seele mit einem organischen Körper, d. i. der Animalität und dem Zustande der Seele im Leben des Menschen, 2. vom Anfange dieser Gemeinschaft, d. i. der Seele in und vor der Geburt des Menschen, 3. dem Ende dieser Gemeinschaft, d. i. der Seele im und nach dem Tode des Menschen (Frage wegen der Unsterblichkeit)", A 384. — Vgl. 426, 427.

Die Topik der rationalen Seelenlehre in ihren vier Paralogismen (2. Auflage) ist :,,1. Die Seele ist Substanz. — 2. Ihrer Qualität nach einfach. — 3. Den verschiedenen Zeiten nach, in welchen sie da ist, numerisch-identisch, d. i. Einheit (nicht Vielheit). — 4. Im Verhältnisse zu möglichen Gegenständen im Raume," 402. — Nach der 1. Auflage sind es die Paralogismen 1. der Substantialität A 348 ff. — 2. Der Simplizität A 351 ff. — 3. Der Personalität A 361 ff. — 4. Der Idealität (des äußeren Verhältnisses) A 366 ff.

„Der dialektische Schein in der rationalen Psychologie beruht auf der Verwechslung einer Idee der reinen Vernunft (einer reinen Intelligenz) mit dem in allen Stücken unbestimmten Begriffe eines denkenden Wesens überhaupt. ... Folglich verwechsle ich die mögliche Abstraktion von meiner empirisch bestimmten Existenz mit dem vermeinten Bewußtsein einer abgesondert möglichen Existenz meines denkenden Selbst ..." 426, 427; „man sieht aus allem diesem, daß ein bloßer Mißverstand der rationalen Psychologie ihren Ursprung gebe" 421; „die Einheit des Bewußtseins, welche den Kategorien zum Grunde liegt, wird hier für Anschauung des Subjekts als Objekts genommen und darauf die Kategorie der Substanz angewandt" 421; „getäuschte Erwartung" 423, 424; „vier Paralogismen einer transzendentalen Seelenlehre, welche fälschlich für eine Wissenschaft der reinen Vernunft von der Natur unseres denkenden Wesens gehalten wird" 403; verschafft uns keinen „Zusatz zu unserer Selbsterkenntnis" 421; aber immerhin eine Warnung vor „dem seelenlosen Materialismus" 421; in der Seelenlehre, als „der Physiologie des inneren Sinnes", kann aus dem bloßen „Begriffe eines denkenden Wesens gar nichts a priori synthetisch erkannt werden" A 381; es wird hier alles „unabhängig von aller Erfahrung ... aus diesem Begriffe Ich, so fern er bei allem Denken vorkommt 400, bloß geschlossen.

„Also fällt die ganze rationale Psychologie ... und es bleibt uns nichts übrig, als unsere Seele an dem Leitfaden der Erfahrung zu studieren ..." A 382; „das mindeste Objekt der Wahrnehmung (z. B. nur Lust, oder Unlust), welche zu der allgemeinen Vorstellung des Selbstbewußtseins hinzukäme, würde die rationale Psychologie sogleich in eine empirische verwandeln" 401, vgl. 400; alle Fragen der transzendentalen Seelenlehre „betreffen das transzendentale Subjekt aller inneren Erscheinungen, welches selbst nicht Erschei-

nung ist ..." 506 A, 5c7 A; es kann also keine Kategorie
darauf angewandt werden; ,,ich selbst als Erscheinung des
inneren Sinnes" bedeutet ,,Seele nach der empirischen Psychologie", Pr. § 49; das ,,Entstehen der Erfahrung" gehört zur
empirischen Psychologie Pr. § 21 a, nicht zur Transzendentalphilosophie; die empirische Psychologie ,,kommt
dahin, wo die eigentliche (empirische) Naturlehre hingestellt
werden muß, nämlich auf die Seite der angewandten Philosophie, zu welcher die reine Philosophie die Prinzipien a priori
enthält ..." 876; ,,also muß empirische Psychologie aus der
Metaphysik gänzlich verbannt sein und ist schon durch die
Idee derselben davon gänzlich ausgeschlossen" 876; ist ,,noch
nicht so reich, daß sie allein ein Studium ausmachen ...
sollte" 877, ,,bloß ein so lange aufgenommener Fremdling"
in der Metaphysik, bis er ,,seine eigene Behausung wird beziehen können" 877; die reine Logik schöpft nicht aus der
Psychologie, 78, vgl. 77.

2. Psychologie und Freiheitsbegriff. Die Frage der Kausalität,
aus Freiheit ,,,eine Reihe von Begebenheiten ganz von selbst
anzufangen" 562, ist ,,eigentlich nicht physiologisch [gemeint
ist ,psychologisch'], sondern transzendental" 563; ,,daher
die Frage von der Möglichkeit der Freiheit die Psychologie
zwar anficht, aber, da sie auf dialektischen Argumenten der
bloß reinen Vernunft beruht ... lediglich die Transzendental-
philosophie beschäftigen muß" 563, vgl. 405.

3. Die eigentliche Tugendlehre bedarf empirischer und psychologischer Prinzipien 79; daher ,,niemals eine wahre und demonstrierte Wissenschaft", wie reine Moral.

4. Psychologische Ideen. Pr. §§ 46—49, s. Paralogismen.

5. Der psychologische Idealismus s. Idealismus, vgl. XXXIX A.

6. Psychologische Dunkelheit, Pr. § 24.

Punkt.

1. Punkt und Raum, Zeit, Mathematik. ,,Nun ist im Raum
nichts Reales, was einfach wäre; denn Punkte (die das einzige
Einfache im Raum ausmachen) sind bloß Grenzen, nicht
selbst aber etwas, was den Raum als Teil auszumachen dient"
419; der mathematische Punkt ist einfach, ,,aber kein Teil,
sondern bloß die Grenze eines Raumes" 467; ,,ich kann mir
keine Linie, so klein sie auch sei, vorstellen, ohne sie in Gedanken zu ziehen, d. i. von einem Punkte alle Teile nach und

nach zu erzeugen . . ." 203; Raum und Zeit sind quanta continua, weil kein Teil derselben gegeben werden kann, ohne ihn zwischen Grenzen (Punkten und Augenblicken) einzuschließen . . ." 211; Punkte und Augenblicke sind nur Grenzen, d. i. bloße Stellen der Einschränkung von Räumen und Zeiten; zwischen zwei Punkten nur e i n e gerade Linie 299; ,,Punkt die Grenze der Linie, aber doch noch immer ein Ort im Raume'' Pr. § 57.

2. *Bewegung eines Punkts im Raume* als Veranschaulichung einer Veränderung überhaupt 292.

Q

Quaestio facti.
Die durch Locke versuchte empirische Deduktion der reinen Begriffe a priori, ,,physiologische Ableitung, die eigentlich gar nicht Deduktion heißen kann, weil sie eine quaestionem facti betrifft, will ich daher die Erklärung des B e s i t z e s einer reinen Erkenntnis nennen'' 119; es ist noch keine Erklärung der R e c h t m ä ß i g k e i t 117 einer solchen Erkenntnis; quid juris, quid facti 116.

Qualitativ.
1. *Qualitative Einheit.* ,,In jedem Erkenntnisse eines Objekts ist nämlich E i n h e i t des Begriffs, welche man q u a l i t a t i v e E i n h e i t nennen kann, sofern darunter nur die Einheit der Zusammenfassung des Mannigfaltigen der Erkenntnisse gedacht wird, wie etwa die Einheit des Thema in einem Schauspiel, einer Rede, einer Fabel'' 114.

2. *Qualitative Vielheit* der Merkmale. ,,Je mehr wahre Folgen aus einem gegebenen Begriffe, desto mehr Kennzeichen seiner objektiven Realität. Dieses könnte man die qualitative Vielheit der Merkmale . . . nennen'' 114.

3. *Qualitative Vollständigkeit* (Totalität) kann man die Vollkommenheit eines Begriffs nennen, die darin besteht, daß die qualitative Vielheit ,,zusammen auf die Einheit des Begriffs zurückführt und zu diesem und keinem anderen völlig zusammenstimmt'' 114.

Qualität.
1. *Die Qualität der Urteile* umfaßt: bejahende, verneinende, unendliche Urteile 95, Pr. § 21.

2. Qualität als Kategorie gehört zur mathematischen 110 Kategorienklasse und umfaßt die Kategorien der Realität, Negation, Limitation (Einschränkung), 106, Pr. § 21.

3. Qualität und Zeit, Raum. A priori gegeben ist die „bloße Form der Erscheinungen, Raum und Zeit, und ein Begriff von diesen, als Quantis, läßt sich entweder zugleich mit der Qualität derselben (ihre Gestalt), oder auch bloß ihre Quantität (die bloße Synthesis des Gleichartigmannigfaltigen) durch Zahl a priori in der Anschauung darstellen, d. i. konstruieren" 748.

4. Qualität und mathematische Erkenntnis. „Die Form der mathematischen Erkenntnis ist die Ursache, daß diese lediglich auf Quanta gehen kann. Denn nur der Begriff von Größen läßt sich konstruieren, d. i. a priori in der Anschauung darlegen, Qualitäten aber lassen sich in keiner anderen als empirischen Anschauung darstellen" 742, 743; vgl. 217.

5. Qualität und Größenbegriff, Grad, Kontinuität. Die Größe der Qualität ist der Grad, Pr. § 26 A; „es ist merkwürdig, daß wir an Größen überhaupt a priori nur eine einzige Qualität, nämlich die Kontinuität, an aller Qualität aber (dem Realen der Erscheinungen) nichts weiter a priori, als die intensive Quantität derselben, nämlich daß sie einen Grad haben, erkennen können; alles übrige bleibt der Erfahrung überlassen" 218.

6. Qualität und Empfindung, Anschauung, Vorstellung. Empfindung ist die Qualität der empirischen Anschauung, Pr. § 26; Empfindungen machen die eigentliche Qualität der empirischen Vorstellungen (Erscheinungen) aus, Pr. § 24; die Qualität der Empfindung ist jederzeit bloß empirisch und kann a priori gar nicht vorgestellt werden (z. B. Farben, Geschmack usw.) 217; Qualitäten, wie Wärme, Farbe, Geschmack usw. sind schon „lange vor Lockes Zeiten" als nicht zu den Dingen selbst gehörende Prädikate bezeichnet worden; Kant zählt aber auch „die übrigen Qualitäten der Körper, die man primarias nennt: die Ausdehnung, den Ort und überhaupt den Raum . . . Undurchdringlichkeit . . . Gestalt usw. . . . auch mit zu bloßen Erscheinungen . . ." Pr. § 13 A II, vgl. A 28, 29.

Quantität.

1. Die Quantität der Urteile umfaßt: allgemeine, besondere, einzelne Urteile 95, Pr. § 21.

2. Quantität als Kategorie umfaßt die drei Momente (Kategorien): Einheit, Vielheit, Allheit 106, Pr. § 21, gehört mit diesen zur mathematischen 110 Kategorienklasse.

3. Intensive Quantität. „Es ist merkwürdig, daß wir an Größen überhaupt a priori nur eine einzige Qualität, nämlich die Kontinuität, an aller Qualität aber (dem Realen der Erscheinungen) nichts weiter a priori, als die intensive Quantität derselben, nämlich daß sie einen Grad haben, erkennen können ...‟ 218; s. Größe.

Quantitas.

„Das reine Schema der Größe ... quantitatis, als eines Begriffs des Verstandes, ist die Zahl ...‟ 182; numerus est quantitas phaenomenon 186; „die Mathematik aber konstruiert nicht bloß Größen (quanta), wie in der Geometrie, sondern auch die bloße Größe (quantitatem), wie in der Buchstabenrechnung ... 745; quantitas qualitatis est gradus (die Größe der Qualität ist der Grad) Pr. § 26 A; s. Größe.

Quantum.

1. Quantum überhaupt; unterschieden von quantitas. Jedes quantum ist 203 eine extensive Größe (s. extensiv); quantum ist der Begriff sowohl für die mathematische Größe (Geometrie, vgl. 745, 751), als auch für eine reale Größe (Gegenstand als Erscheinung); quantum ist zu unterscheiden von quantitas, dem reinen Verstandesbegriff der Größe.

2. Zeit, Raum als quanta. „Raum und Zeit sind quanta continua, weil kein Teil derselben gegeben werden kann, ohne ihn zwischen Grenzen (Punkten und Augenblicken) einzuschließen ...‟ 211; „... die zwei ursprünglichen quanta aller unserer Anschauung, Zeit und Raum‟ 438; „das reine Bild aller Größen (quantorum) vor dem äußeren Sinne ist der Raum ...‟ 182.

3. Quantum und Substanzbegriff. „Bei allem Wechsel der Erscheinungen beharrt die Substanz und das Quantum derselben wird in der Natur weder vermehrt noch vermindert‟ (Grundsatz der Beharrlichkeit der Substanz) 224 ff.

4. Die Form der mathematischen Erkenntnis ist die Ursache, daß diese lediglich auf quanta gehen kann. Denn nur der Begriff von Größen läßt sich konstruieren, d. i. a priori in der Anschauung darlegen ...‟ 742; „die Mathematik aber konstruiert nicht bloß Größen (quanta), wie in der Geometrie, sondern auch die bloße Größe (quantitatem), wie in der Buchstabenrechnung . . ." 745; „. . . indem wir uns im Raum und der Zeit die Gegenstände selbst durch gleichförmige Synthesis schaffen, indem wir sie bloß als Quanta betrachten" 751.

5. Erscheinung als quantum. „Da nun bei aller Zahl doch Einheit zum Grunde liegen muß, so ist die Erscheinung als Einheit ein Quantum, und als solches jederzeit ein Continuum" 212.

6. Quantum discretum, continuum vgl. 555, 211, 212.

7. Quantum und Aggregat, Unterschied 212 (das Beispiel von 13 Talern).

8. Begrenztes, unbegrenztes quantum, Synthesis der Teile 454, 456, 454 A, 456 A.

Quellen der Erkenntnis: a priori sind reine Anschauungen, Begriffe, Ideen 730; subjektive Quellen als Grundlage a priori zur Möglichkeit der Erfahrung A 97; reiner Verstand als Quell der Grundsätze 197, 198; erste Quellen unseres Denkens A 114; Verstand und Sinnlichkeit zwei ganz verschiedene Quellen von Vorstellungen 327; Grundsätze des reinen Verstandes als Quell aller Wahrheit 296; Vernunft als Quell der Ideen, Pr. § 42; Erfahrung als Quell der Wahrheit 375; Sinnlichkeit als Quell der Erscheinungen, Pr. § 60; Verstand ist der Quell der Gesetze der Natur A 127; drei subjektive Erkenntnisquellen: Sinn, Einbildungskraft, Apperzeption A 115; Sinnlichkeit als Quell realer Erkenntnis 351 A; s. Ursprung.

Quid juris, quid facti.
Quid juris ist die Frage, mit welcher transzendentalen Befugnis ein Begriff gebraucht wird, und fordert eine Deduktion des erkenntnistheoretischen Rechtsanspruchs, der dem Begriff zukommen soll; quid facti ist die Frage nach der Art, „wie ein Begriff durch Erfahrung und Reflexion über dieselbe erworben worden" 117, 116, Erklärung des Besitzes einer reinen Erkenntnis 119.

R

Radikal, Radikalvermögen.
Die transzendentale Apperzeption ist das „Radikalvermögen aller unserer Erkenntnis" A 114; Substanz als „das eigentliche

Beharrliche und Radikale" 230; „die komparativen Grundkräfte müssen wiederum unter einander verglichen werden, um sie dadurch, daß man ihre Einhelligkeit entdeckt, einer einzigen radikalen, d. i. absoluten Grundkraft nahe zu bringen" 677.

Rasen mit Vernunft. Unter dem Schutz der Schulmetaphysik darf es die Schwärmerei wagen, „gleichsam mit Vernunft zu rasen", Pr. Anhang, „Vorschlag zu einer Untersuchung der Kritik ..." (am Schluß).

Ratio, Vernunft, s. ignava, perversa ratio, 717, 720; *s.* rational.

Ratiocinantes, ratiocinati conceptus s. conceptus.

Rational.

1. Rationale Erkenntnis überhaupt. Abgesehen vom Inhalt der Erkenntnis „ist alles Erkenntnis, subjektiv, entweder historisch oder rational" 863, 864; „die historische Erkenntnis ist cognitio ex datis, die rationale aber cognitio ex principiis" 864; ein bloß historisch Erkennender (Wissen nur aus fremder Hand) ist „ein Gipsabdruck von einem lebenden Menschen" 864; die allgemeine Wurzel unserer Erkenntniskraft teilt sich in zwei Stämme, „deren einer Vernunft ist. Ich verstehe hier aber unter Vernunft das ganze obere Erkenntnisvermögen, und setze also das Rationale dem Empirischen entgegen" 863.

2. Rationale Psychologie s. Psychologie; der Rationalist in der Seelenlehre gegenüber dem Materialisten 417 A, 418 A.

3. Rationale Physiologie s. Physiologie (Naturlehre, Naturerklärung aus Erkenntnissen a priori in bezug auf denkende und körperliche Natur) vgl. 873, 874.

4. Rationale Physik s. Physik, vgl. 874.

5. Rationale Kosmologie s. Kosmologie.

6. Rationale Theologie s. Theologie, vgl. 874, 659ff.

7. Mathematische Erkenntnis als Erkenntnis a priori ist rational, 749.

Raum.

1. Erörterungen über den Raum in der transzendentalen Ästhetik. a) Metaphysische Erörterung enthält dasjenige, was den Begriff (Raum), als a priori gegeben, darstellt 38. — 1. „Der Raum ist kein empirischer Begriff, der von äußeren Erfahrungen abgezogen worden" 38; die äußere Erfahrung „ist selbst nur

durch gedachte Vorstellung allererst m ö g l i c h" 38. — 2. „Der
Raum ist eine n o t w e n d i g e Vorstellung a priori, die allen
äußeren Anschauungen zum Grunde liegt. Man kann sich
niemals eine Vorstellung davon machen, daß kein Raum sei . . ."
38; Gegenstände können daraus weggedacht werden; Raum
ist Bedingung der Möglichkeit der Erscheinungen 39. — 3. „Der
Raum ist k e i n . . . allgemeiner B e g r i f f von Verhältnissen
der Dinge überhaupt, sondern eine r e i n e A n s c h a u u n g"
39; alle Raumteile nur Teile „eines und desselben alleinigen
Raumes" 39. — 4. „Der Raum wird als eine unendliche g e -
g e b e n e Größe vorgestellt" 39; alle Teile des Raumes sind
zugleich 40. — b) T r a n s z e n d e n t a l e E r ö r t e r u n g ist die
Erklärung des Raumes „als eines Prinzips, woraus die Möglichkeit anderer synthetischer Erkenntnisse a priori eingesehen werden kann" 40; „Geometrie ist eine Wissenschaft,
welche die Eigenschaften des Raumes synthetisch und doch
a priori bestimmt" 40; dazu aber muß der Raum „ursprünglich Anschauung sein" 40; (Begründung 41); Raum als äußere
Anschauung, „die vor den Objekten selbst vorhergeht", ist
nur „die formale Beschaffenheit" des Subjekts, von Objekten
affiziert zu werden 41. — S c h l ü s s e a u s o b i g e n B e g r i f f e n
42 ff.: Der Raum ist keine Eigenschaft der Dinge selbst, nur
die „Form aller Erscheinungen äußerer Sinne, d. i. die subjektive Bedingung der Sinnlichkeit, unter der allein uns äußere
Anschauung möglich ist" 42; nur aus dem Standpunkt eines
Menschen können wir von Raum, von ausgedehnten Wesen
reden 42; sehen wir davon ab, „so bedeutet die Vorstellung
vom Raume gar nichts" 42, 43; „wir behaupten also die e m -
p i r i s c h e R e a l i t ä t des Raumes (in Ansehung aller möglichen äußeren Erfahrung), ob zwar zugleich die t r a n s -
z e n d e n t a l e I d e a l i t ä t desselben, d. i. daß er Nichts sei,
so bald wir die Bedingung der Möglichkeit aller Erfahrung
weglassen . . ." 44, vgl. 43, 45.

2. Raum und Synthesis; Raum als synthetische Funktion
(dgl. die Zeit). [In der transzendentalen Ästhetik werden Raum
und Zeit zur „Rezeptivität des Gemüts" 33 ff. gezählt; in der
transzendentalen Logik wird der synthetische Charakter von
Raum und Zeit nachgewiesen; bereits in der reinen Anschauung macht das spontane Element des Denkens sich geltend,
die Synthesis als transzendentales Gesetz]. — „N o t w e n d i g e

Einheit des Raumes und der äußeren sinnlichen Anschauung überhaupt", „synthetische Einheit des Mannigfaltigen im Raume" 162, „eine und dieselbe Spontaneität" 162 A; „synthetische Einheit, als Bedingung a priori, unter der ich das Mannigfaltige einer Anschauung überhaupt verbinde" 163; „selbst die reinste objektive Einheit, nämlich die der Begriffe a priori (Raum und Zeit)" ist nur durch Beziehung der Anschauung auf die transzendentale Apperzeption möglich A 107; ohne eine Synthesis a priori der Apprehension „würden wir weder die Vorstellungen des Raumes noch der Zeit a priori haben können, da diese nur durch die Synthesis des Mannigfaltigen, welches die Sinnlichkeit in ihrer ursprünglichen Rezeptivität darbietet, erzeugt werden" können" A 99, A 100; in der Vorstellung des Raumes und der Zeit wird „die Einheit des Bewußtseins, als synthetisch, aber doch ursprünglich angetroffen" 136 A; der mathematische Raum (Geometrie) „enthält mehr, als bloße Form der Anschauung, nämlich Zusammenfassung des Mannigfaltigen, nach der Form der Sinnlichkeit gegebenen, . . . so daß die Form der Anschauung bloß Mannigfaltiges, die formale Anschauung aber Einheit der Vorstellung gibt" 160 A, vgl. 160, 161, 161 A; „synthetische Einheit der Apperzeption des Mannigfaltigen der sinnlichen Anschauung a priori" 150 (Bestimmung des inneren Sinnes); „. . . Synthesis des Mannigfaltigen, wodurch die Vorstellungen eines bestimmten Raumes oder Zeit erzeugt werden, d. i. durch die Zusammensetzung . . ." 202, 203 des Gleichartig-Mannigfaltigen a priori; selbst unsere reinsten Anschauungen a priori enthalten „eine solche Verbindung . . ." A 101; „Synthesis der Räume und Zeiten, als der wesentlichen Formen aller Anschauung . . ." 206; „reiner Aktus der sukzessiven Synthesis des Mannigfaltigen in der äußeren Anschauung überhaupt durch produktive Einbildungskraft" 155 A (Geometrie).

3. *Raum und Verstand, Apperzeption, Einbildungskraft, Schema, Kausalität.* „Hier ist also Natur [Weltsystem, Astronomie], die auf Gesetzen beruht, welche der Verstand a priori erkennt, und zwar vornehmlich aus allgemeinen Prinzipien der Bestimmung des Raums" Pr. § 38; der Verstand bestimmt „den Raum nach den Bedingungen der synthetischen Einheit, darauf seine Begriffe insgesamt auslaufen" Pr. 38; „dagegen

ist das, was den Raum zur Zirkelgestalt, der Figur des Kegels und der Kugel bestimmt, der Verstand, sofern er den Grund der Einheit der Konstruktion derselben enthält" Pr. § 38; ,,selbst die Urteile der reinen Mathematik in ihren einfachsten Axiomen" (geometrische Raumbestimmungen) stehen unter dem Gesetz des Verstandes, Pr. § 20, vgl. § 26; die ursprüngliche synthetische Einheit der Apperzeption ist die ,,Form des Verstandes in Beziehung auf Raum und Zeit" 169; ,,selbst die reinste objektive Einheit, nämlich die der Begriffe a priori (Raum und Zeit)" ist nur durch Beziehung der Anschauungen auf die transzendentale Apperzeption möglich A 107; ,,Bewegung, als Beschreibung eines Raumes, ist ein reiner Aktus der sukzessiven Synthesis des Mannigfaltigen in der äußeren Anschauung überhaupt durch produktive Einbildungskraft . . ." 155 A, vgl. 162 A; s. Einbildungskraft; die Vorstellung von Raum und Zeit ist ,,ein bloßes Schema, das sich immer auf die produktive Einbildungskraft bezieht, welche die Gegenstände der Erfahrung herbeiruft . . ." 195; ,,das reine Bild aller Größen (quantorum) vor dem äußeren Sinne ist der Raum" 182; der Raum, als Form der Sinnlichkeit, geht ,,vor aller empirischen Kausalität" vorher 342.

4. *Raum und Zeit; Unterschied, wechselseitige Beziehung.* Da alle ,,Bestimmungen des Gemüts" zum inneren Zustande (inneren Sinn) gehören 50, da in der inneren Anschauung ,,die Vorstellungen äußerer Sinne den eigentlichen Stoff ausmachen" 67, vgl. A 98, A 99, so ist die Zeit, als Form des inneren Sinnes, mittelbar 50 Bedingung ,,auch der äußeren Erscheinungen" und damit jeder Raumvorstellung; alle Teile des Raumes sind ,,zugleich" 40, 439, weil er ein Aggregat, aber keine Reihe ausmacht, wie die Zeit 439; der Raum liegt der Geometrie, die Zeit der Arithmetik zugrunde, Pr. § 10, s. Mathematik; der Raum hat drei Abmessungen 41, 154, 299, Pr. § 12, die Zeit hat nur eine Dimension; verschiedene Zeiten sind nicht zugleich, wie die Raumteile, sondern nach einander; verschiedene Räume sind nicht nacheinander 47; die Zeit ist die ,,formale Bedingung aller Reihen", der Raum nicht 438; in bezug auf Zeit besteht ein Unterschied zwischen dem Regressus und dem Progressus, beim Raume nicht 438, 439; ,,aller Anfang ist in der Zeit, und alle Grenze des Ausgedehnten im Raume" 550.

5. Raum und Mathematik (Geometrie). Der Raum hat drei Abmessungen 41, 154, 299, Pr. § 12; Raum und Zeit sind ,,diejenigen Anschauungen, welche die reine Mathematik allen ihren Erkenntnissen und Urteilen . . . zum Grunde legt'' Pr. § 10; ,,Geometrie legt die reine Anschauung des Raums zum Grunde'' Pr. § 10; ,,der Raum ist das reine Bild aller Größen (quantorum) vor dem äußeren Sinne'' 182; auf die Notwendigkeit a priori des Raumes ,,gründet sich die apodiktische Gewißheit aller geometrischen Grundsätze und die Möglichkeit ihrer Konstruktionen a priori'' (Punkt 3 der metaphysischen Erörterung 1. Ausgabe); alle geometrische Erkenntnis würde ,,gar nichts, sondern die Beschäftigung mit einem bloßen Hirngespinst sein, wäre der Raum nicht als Bedingung der Erscheinungen . . . anzusehen'' 196; ,,Punkte . . . sind bloß Grenzen, nicht selbst aber etwas, was den Raum als Teil auszumachen dient'' 419; der mathematische Punkt ist ,,kein Teil, sondern bloß die Grenze eines Raumes'' 467; ,,Fläche ist die Grenze des körperlichen Raumes, indessen doch selbst ein Raum, Linie ein Raum, der die Grenze der Fläche ist, Punkt die Grenze der Linie, aber doch noch immer ein Ort im Raume'' Pr. § 57; s. Punkt; die produktive Einbildungskraft ,,verzeichnet'' die Gestalten im Raume 196, 155 A; vgl. 204 (Mathematik der Ausdehnung); ,,Geometrie ist eine Wissenschaft, welche die Eigenschaften des Raumes synthetisch und doch a priori bestimmt'' 40, vgl. 41; s. Geometrie.

6. Absoluter Raum. ,,Der Raum . . . ist unter dem Namen des absoluten Raumes nichts anderes, als die bloße Möglichkeit äußerer Erscheinungen'' 457.

7. Teile, Begrenzung, Kontinuität des Raumes, Raum und Reihenbegriff; Regressus, Progressus. ,,Den Raum sollte man eigentlich nicht Compositum, sondern Totum nennen, weil die Teile desselben nur im Ganzen und nicht das Ganze durch die Teile möglich ist'' 466; kein Teil des Raumes ist einfach 469; ,,Raum und Zeit bestehen also nicht aus einfachen Teilen'' 466, 468; ,,Raum und Zeit sind quanta continua, weil kein Teil derselben gegeben werden kann, ohne ihn zwischen Grenzen (Punkten und Augenblicken) einzuschließen, mithin nur so, daß dieser Teil selbst wiederum ein Raum oder eine Zeit ist'', 211; ,,der Raum besteht also nur aus Räumen, die Zeit aus Zeiten. Punkte und Augenblicke sind nur Grenzen, d. i.

bloße Stellen ihrer Einschränkung" 211; unter vielen Räumen
versteht man nur „Teile eines und desselben alleinigen Raumes" 39; „alle Teile des Raumes ins Unendliche sind zugleich"
40; die Raumteile setzen nicht den Raum zusammen, sondern
können „nur in ihm gedacht werden" 39; Punkte sind bloß
Grenzen, nicht Teile des Raumes 419; die Teile des Raums
sind insgesamt zugleich, weshalb der Raum ein Aggregat
und keine Reihe ausmacht, wie die Zeit 439, vgl. 438; im
Raum an sich selbst ist „kein Unterschied des Progressus
vom Regressus" 439, wie bei der Zeit 438; ein Raumteil ist
„nicht die Bedingung der Möglichkeit des anderen", da die
Teile einander beigeordnet, nicht untergeordnet sind 439,
vgl. 440 (Synthesis der Raumteile); Teilung des Raumes s.
Teil, Teilung, in infinitum, in indefinitum 551 ff. Grenzen
in bezug auf Raum, Welt s. Antinomie, Grenze.

8. *Raum und Bewegung.* „Im Raum, an sich selbst betrachtet,
ist aber nichts Bewegliches; daher das Bewegliche etwas
sein muß, was im Raume nur durch Erfahrung gefunden
wird, mithin ein empirisches Datum" 58; s. Bewegung.

9. *Leerer Raum.* „Es kann also wohl ein Raum (er sei voll
oder leer) durch Erscheinungen begrenzt, Erscheinungen aber
können nicht durch einen leeren Raum außer denselben begrenzt werden" 459, 461; dasselbe gilt auch von der Zeit
461; „aus Bestandteilen, die noch vor dem Raume oder der
Zeit gegeben werden könnten, kann weder Raum noch Zeit
zusammengesetzt werden" 211; obschon gleiche Räume von
verschiedenen Materien erfüllt sein mögen, so ist doch kein
Punkt in ihnen, „in welchem nicht ihre Gegenwart anzutreffen wäre" 216; in die Erfahrung kann nichts hineinkommen,
„was ein vacuum bewiese" 281; non datur hiatus 281, 282;
keine Erfahrung kann „eine Begrenzung der Erscheinungen
durch Nichts oder das Leere" enthalten 545, vgl. 515; „der leere
Raum ist nicht ein für sich bestehendes Correlatum der Dinge"
515; der leere Raum ist „für alle unsere mögliche Erfahrung
gar kein Objekt" 261; „es kann aus der Erfahrung niemals
ein Beweis vom leeren Raume oder einer leeren Zeit gezogen
werden" 214; vgl. Pr. §§ 24, 26, 52.

10. *Raum und Empfindung, Wahrnehmung, Anschauung,
Gegenstand, Materie, Realität, Wirklichkeit.* Empfindung ist
„gar keine objektive Vorstellung" und in ihr wird „weder die

Anschauung vom Raum noch von der Zeit angetroffen" 208;
„der Raum ist bloß die Form der äußeren Anschauung, aber
kein wirklicher Gegenstand, der äußerlich angeschaut werden
kann, und kein Correlatum der Erscheinungen, sondern die
Form der Erscheinungen selbst" 459, vgl. 457 A; „die empirische Anschauung ist also nicht zusammengesetzt aus Erscheinungen und dem Raume (der Wahrnehmung und der
leeren Anschauung) ... sondern nur in einer und derselben
empirischen Anschauung verbunden, als Materie und Form
derselben" 457 A; Raum und Zeit sind nicht bloß Formen
der sinnlichen Anschauung, sondern Anschauungen selbst,
die ein Mannigfaltiges enthalten 160, vgl. 39, 47; die bloße
Form äußerer Anschauung, der Raum, ist noch keine Erkenntnis; „er gibt nur das Mannigfaltige der Anschauung
a priori zu einem möglichen Erkenntnis" 137; Raum und
Zeit sind „nur Bedingungen der Existenz der Dinge als Erscheinungen" XXV; Raum und Zeit sind Formen unserer
sinnlichen Anschauung, „ehe noch ein wirklicher Gegenstand
unseren Sinn durch Empfindung bestimmt hat" A 373; Raum,
Zeit sind die reinen Formen unserer Art, wahrzunehmen;
Empfindung überhaupt die Materie 59, 60; Raum und Zeit
können wir als reine Anschauungen vor aller wirklichen Wahrnehmung erkennen 60; Raum, Zeit als Formen der Anschauung 47, 56, 67, 68, 72, 120, 129, 160, 164, 202, 298, 323, 751,
A 373, Pr. § 10, Formen der Sinne Sinnlichkeit 35, 43, 49,
342, 522, A 128, Pr. §§ 9, 10; Raum, Zeit sind Anschauungen
und keine Begriffe 39, 47, 50, 136 A; durch Raum und Zeit
allein werden uns Gegenstände (das Mannigfaltige) äußerer
Anschauung gegeben 33, 50, 66, 74, 75, 120, 121, 122, 125,
146, 147, 148, 158, 188, 206, 730, 747, A 111, A 127, XXV,
Pr. § 38; die Synthesis der Wahrnehmung, Apprehension
muß gemäß den Formen von Raum (Geometrie) und Zeit
sein 120, 121, 122, 123, 125, 160, 161, 160 A, 161 A, 162, 162 A,
164, vgl. Geometrie und Apprehension 196, 206, 207, 271,
A 128, Pr. § 13 A I; der Raum ist „selbst nichts anderes als
eine innere Vorstellungsart ..., in welcher sich gewisse Wahrnehmungen miteinander verknüpfen" A 378; der Raum als
„Substratum aller auf besondere Objekte bestimmbaren Anschauungen" Pr. § 38; der „Raum in Gedanken" macht
„den physischen, d. i. die Ausdehnung der Materie selbst

möglich" Pr. § 13 A I; Dinge als Erscheinungen bestimmen wohl den Raum, d. i. unter allen möglichen Prädikaten desselben (Größe und Verhältnis), aber nicht kann der Raum die Wirklichkeit der Dinge nach Größe usw. bestimmen, weil „er an sich selbst nichts Wirkliches ist" 459; wir können und müssen ausgedehnte Wesen im Raume als wirklich annehmen 520; die äußere Wahrnehmung stellt „etwas Wirkliches im Raume vor" A 374; „alle äußere Wahrnehmung also beweist unmittelbar etwas Wirkliches im Raume, oder ist vielmehr das Wirkliche selbst" A 375; „das Reale äußerer Erscheinungen ist also wirklich nur in der Wahrnehmung und kann auf keine andere Weise wirklich sein" A 376; die Wirklichkeit im Raume ist „nichts anderes als die Wahrnehmung selbst" A 376; freilich ist der Raum selbst nur in mir; aber gleichwohl ist „das Reale ... aller Gegenstände äußerer Anschauung wirklich und unabhängig von aller Erdichtung gegeben" A 375; die Realität im Raume, d. i. die Materie 440; der Raum als „formale Bedingung der Möglichkeit aller Materie" 467; s. Wirklichkeit, Realität, Existenz, Materie, Wahrnehmung.

11. Raum, Größe der Welt, Unendlichkeit s. Welt, Unendlichkeit, Antinomie; vgl. 545 ff., Pr. § 50 ff.

12. Geltungsbereich des Raumes. „Raum und Zeit gelten, als Bedingungen der Möglichkeit, wie uns Gegenstände gegeben werden können, nicht weiter, als für Gegenstände der Sinne, mithin nur der Erfahrung" 148; der Gebrauch des Raumes geht in der Geometrie „nur auf die äußere Sinnenwelt" 120; die aus den reinen Anschauungen des Raums und der Zeit fließenden Urteile reichen nie weiter, als auf Gegenstände der Sinne 73; der Raum selbst ist „außer unserer Sinnlichkeit nichts" A 375; vgl. 42, 59, 188, 81, 56.

Real, Realität, realisieren.

1. Realität als Kategorie, Schema der Realität. Die Kategorie der Realität 106, Pr. § 21 ist das erste Moment der Titel-Kategorie der Qualität (Realität, Negation, Limitation). gehört zur mathematischen 110 Kategorienklasse; Limitation (Einschränkung) ist nichts anderes als Realität mit Negation verbunden 111, vgl. Pr. § 39 A; „Schema einer Realität, als der Quantität von Etwas, so fern es die Zeit erfüllt, ist ... diese kontinuierliche und gleichförmige Erzeugung derselben in der Zeit, indem man von der Empfindung, die einen gewissen

Grad hat, in der Zeit bis zum Verschwinden derselben hinab-
geht, oder von der Negation zu der Größe derselben allmählich
aufsteigt" 183.

2. Reales und empirisches Bewußtsein überhaupt. „Aber das Reale,
was den Empfindungen überhaupt korrespondiert, im Gegensatz mit der Negation = O, stellt nur etwas vor, dessen Begriff an sich ein Sein enthält, und bedeutet nichts als die
Synthesis in einem empirischen Bewußtsein überhaupt" 217.

3. Realität, Reales und Zeit, Raum. Raum und Zeit haben
empirische Realität, d. i. objektive Gültigkeit in Ansehung
aller Gegenstände sinnlicher Anschauung, sind aber von transzendentaler Idealität 44, 52, s. Raum, Zeit; „freilich ist der
Raum selbst, mit allen seinen Erscheinungen, als Vorstellungen,
nur in mir; aber in diesem Raume ist doch gleichwohl das Reale,
oder der Stoff aller Gegenstände äußerer Anschauung wirklich und unabhängig von aller Erdichtung gegeben" A 375;
Raum, Zeit haben keine absolute Realität 52, 54, 56, als
bloße Vorstellungsformen keine objektive Realität 70; die
Zeit hat subjektive Realität in Ansehung der inneren Erfahrung 53.

4. Objektive, empirische, subjektive Realität. Objektive Realität eines synthetischen Begriffs a priori, d. i. die „Möglichkeit eines solchen Gegenstandes, als durch den Begriff gedacht
wird" 268; „nur daran also, daß diese Begriffe [Substanz
usw.] die Verhältnisse der Wahrnehmungen in jeder Erfahrung
a priori ausdrücken, erkennt man ihre objektive Realität
d. i. ihre transzendentale Wahrheit" 269; mögliche Erfahrung allein kann unseren Begriffen objektive Realität geben;
ohne das ist aller Begriff ohne Beziehung auf einen Gegenstand 517; Erscheinungen sind die einzigen Gegenstände,
„an denen unsere Erkenntnis objektive Realität haben kann,
nämlich wo den Begriffen Anschauung entspricht" 335;
„wenn eine Erkenntnis objektive Realität haben, d. i. sich auf
einen Gegenstand beziehen und in demselben Bedeutung und
Sinn haben soll, so muß der Gegenstand auf irgend eine Art
gegeben werden können" 194; vgl. 195; „die Möglichkeit der
Erfahrung ist also das, was allen unseren Erkenntnissen a priori
objektive Realität gibt" 195; zur objektiven Realität des reinen
Verstandesbegriffes ist Anschauung erforderlich 288; äußere
Anschauung 291, vgl. 367, 595; empirische Realität des

Raumes, der Zeit 44, 52; subjektive Realität der Zeit 53;
subjektive Realität anschaulicher Vorstellungen als bloßer
Modifikationen 242; objektive Realität und transzendentaler
Gegenstand A 109; wahre Folgen aus einem gegebenen Begriff als Kennzeichen seiner objektiven Realität 114; objektive Realität der Sätze des Geometers Pr. § 13 A I; objektive Realität der den Begriff erzeugenden Synthesis 624 A;
objektive Realität der äußeren Anschauung XXXIX A.

*5. Reales, Realität und Empfindung, Wahrnehmung, Materie,
intensive Größe.* Realität (Empfindungsvorstellung) Pr. § 24;
„Empfindung, die das Reale der Anschauungen bezeichnet"
Pr. § 24; „was nun in der empirischen Anschauung der Empfindung korrespondiert, ist Realität (realitas phaenomenon)"
209; das Reale der Empfindung (bloß subjektive Vorstellung)
= „Materien zu irgend einem Objekte überhaupt" 207; „in
allen Erscheinungen hat das Reale, was ein Gegenstand der
Empfindung ist, intensive Größe d. i. einen Grad" 207; „Realität ist im reinen Verstandesbegriff das, was einer Empfindung
überhaupt korrespondiert" 182; „. . . dasjenige aber, was
die Materie ausmacht, die Realität in der Erscheinung (was
der Empfindung entspricht) . . ." 609; s. Wahrnehmung,
Materie, intensiv.

*6. Real, Realität und äußerer Gegenstand, Erscheinung, Wirk-
lichkeit, Existenz.* Realität = realitas phaenomenon 209; das
Reale in der Erscheinung (realitas phaenomenon) 320, vgl.
329; „allein dieses Materielle oder Reale . . . im Raume . . .
setzt notwendig Wahrnehmung voraus" A 373; „dasjenige,
was das Ding selbst (in der Erscheinung) ausmacht, nämlich,
das Reale" muß gegeben sein 609; „dasjenige aber, worin
das Reale aller Erscheinungen gegeben ist", ist die allbefassende Erfahrung 609, 610; Realität in der Erscheinung
609; „folglich ist nichts für uns ein Gegenstand, wenn es nicht
den Inbegriff aller empirischen Realität als Bedingung seiner
Möglichkeit voraussetzt" 610; „das Reale, oder der Stoff
aller Gegenstände äußerer Anschauung" A 375; „sein ist
offenbar kein reales Prädikat . . ." 626, 627; Kategorien des
realen Verhältnisses unter den Erscheinungen 441; Akzidenzen jederzeit real 229; s. Gegenstand, Erscheinung, Wirklichkeit, Existenz.

7. Reales und Substanzbegriff. „Es ist aber das Substrat alles

Realen d. i. zur Existenz der Dinge Gehörigen die Substanz, an welcher alles, was zum Dasein gehört, nur als Bestimmung kann gedacht werden" 225.

8. Reale Gemeinschaft 261, 260, s. Gemeinschaft, commercium.

9. Der reale Widerstreit „findet allerwärts statt, wo A—B = o ist, d. i. wo eine Realität mit der anderen, in einem Subjekt verbunden, eine die Wirkung der anderen aufhebt . . ." 329, vgl. 320, 321.

10. Realgrund s. diesen.

11. Realität als Sachheit s. letztere.

12. Realdefinition s. Definition.

13. Realität und Bejahung, Negation. Realität ist diejenige kategoriale Bestimmung, die nur durch ein bejahendes Urteil gedacht werden kann A 246; „Realität kann man im Gegensatze mit der Negation nur alsdann erklären, wenn man sich eine Zeit (als den Inbegriff von allem Sein) gedenkt, die entweder womit erfüllt oder leer ist" 300; vgl. 229, 182, 183, 602, 347.

14. All der Realität s. Ideal der reinen Vernunft.

15. Realer Vernunftgebrauch s. Vernunft.

16. Realität und Vernunftbegriff (Idee). Die Erkenntnisse der Vernunft gehen zwar viel weiter, als daß irgendein Gegenstand der Erfahrung „jemals mit ihnen kongruieren könne", haben aber „nichts desto weniger ihre Realität" und sind keineswegs bloße Hirngespinste 371, 397; „dennoch haben die Prinzipien der reinen Vernunft in ihrem praktischen, namentlich aber dem moralischen Gebrauche objektive Realität" 836; „die Idee einer moralischen Welt hat daher objektive Realität . . ." 836; die Ideen haben objektive, aber unbestimmte Gültigkeit 691, 708, vgl. 597.

17. Absolute Realität der Erscheinungen ist eine „zwar gemeine, aber betrügliche Voraussetzung" 564; Raum, Zeit keine absolute Realität, nur empirische 52, 54, 56.

18. Realisieren. Die transzendentalen Ideen lassen sich niemals realisieren, dienen aber zur Grenzbestimmung der Vernunft Pr. § 57; die Kategorien werden durch die Schemate der Sinnlichkeit allererst realisiert 185; das bloße Ideal des allerrealsten Wesens wird (fälschlich) zuerst realisiert, d. i. zum Objekt gemacht, dann hypostasiert und sogar personifiziert 611 A.

Realgrund.
Von keinem Realgrunde und keiner Kausalität können wir „aus bloßen Begriffen a priori die Möglichkeit erkennen" 586.

Realismus, Realist.
Dem transzendentalen Idealismus ist „ein transzendentaler Realismus entgegengesetzt, der Zeit und Raum als etwas an sich (unabhängig von unserer Sinnlichkeit) Gegebenes ansieht. Der transzendentale Realist stellt sich also äußere Erscheinungen (wenn man ihre Wirklichkeit einräumt) als Dinge an sich selbst vor, die unabhängig von uns und unserer Sinnlichkeit existieren . . . Dieser transzendentale Realist ist es eigentlich, welcher nachher den empirischen Idealisten spielt, und nachdem er fälschlich von Gegenständen der Sinne vorausgesetzt hat, daß . . . sie an sich selbst auch ohne Sinne ihre Existenz haben müßten, in diesem Gesichtspunkte alle unsere Vorstellungen der Sinne unzureichend findet, die Wirklichkeit derselben gewiß zu machen" A 369, „da denn freilich bei unserem besten Bewußtsein unserer Vorstellung von diesen Dingen noch lange nicht gewiß ist, daß, wenn die Vorstellung existiert, auch der ihr korrespondierende Gegenstand existiere" A 371, vgl. A 372; „der Realist in transzendentaler Bedeutung macht aus diesen Modifikationen unserer Sinnlichkeit [Erscheinungen = Vorstellungen] an sich subsistierende Dinge und daher bloße V o r s t e l l u n g e n zu S a c h e n a n s i c h s e l b s t" 519; „wenn wir der Täuschung des transzendentalen Realismus nachgeben wollen, so bleibt weder Natur noch Freiheit übrig" 571; empirischer Realismus A 375, A 370.

Realitas phaenomenon = „das Reale in der Erscheinung" 320; realitas noumenon = „Realität nur durch den reinen Verstand vorgestellt" 320, vgl. 329; „was nun in der empirischen Anschauung der Empfindung korrespondiert, ist Realität (realitas phaenomenon), was dem Mangel derselben entspricht, Negation = o" 209.

Rechenschaft.
„. . . denn eben darin besteht Vernunft, daß wir von allen unseren Begriffen, Meinungen und Behauptungen, es sei aus objektiven, oder, wenn sie ein bloßer Schein sind, aus subjektiven Gründen Rechenschaft geben können" 642; vgl. Pr. § 56, Kr. 791; s. Frage, Transzendental-Philosophie.

Reflexio s. Überlegung; vgl. 316 ff.
Reflexionsbegriffe sind: Einerleiheit und Verschiedenheit, Einstimmung und Widerstreit, Inneres und Äußeres, Materie und Form, 316 ff., s. Amphibolie der Reflexionsbegriffe.
Regel.
1. Begriff der Regel als eines Prinzips a priori der Erkenntnis.
„Die Erfahrung hat also Prinzipien ihrer Form a priori zum Grunde liegen, nämlich allgemeine Regeln der Einheit in der Synthesis der Erscheinungen . . .‟ 196; Funktion der Synthesis nach einer Regel A 105; reine Synthesis, gemäß einer Regel der Einheit nach Begriffen überhaupt, die die Kategorie ausdrückt 181; Synthesis nach Regeln 263; „nun heißt aber die Vorstellung einer allgemeinen Bedingung, nach welcher ein gewisses Mannigfaltige (mithin auf einerlei Art) gesetzt werden **kann**, eine **Regel**, und wenn es so gesetzt werden **muß**, ein **Gesetz**‟ A 113; „Sinnlichkeit gibt uns Formen (der Anschauung), der Verstand aber Regeln‟ A 126; Verstand das Vermögen der Regeln A 126, A 127, ein Vermögen der Einheit der Erscheinungen vermittelst der Regeln 359; „daher unterscheiden wir die Wissenschaft der Regeln der Sinnlichkeit überhaupt d. i. Ästhetik, von der Wissenschaft der Verstandesregeln überhaupt, d. i. der Logik‟ 76; der reine Begriff des Verstandes = „allgemeine Bedingung zu Regeln‟ 174; Verstandesbegriff „eine Regel der Synthesis der Wahrnehmungen‟ 750 A; „Regeln, so fern sie objektiv sind (mithin der Erkenntnis des Gegenstandes notwendig anhängen), heißen Gesetze‟ A 126; „Urteile, sofern sie bloß als die Bedingung der Vereinigung gegebener Vorstellungen in einem Bewußtsein betrachtet werden, sind Regeln. Diese Regeln, sofern sie die Vereinigung als notwendig vorstellen, sind Regeln a priori, und sofern keine über sie sind, von denen sie abgeleitet werden, Grundsätze‟ Pr. § 23, vgl. Kr. 200; Pr. § 36; Beziehung auf den Gegenstand und Regel (Zeitordnung durch Kausalgesetz) 242.
2. Regelbegriff und Erfahrung. Nach Regeln der Erfahrung kann etwas „nur bedingt bestimmt werden‟ 490; „. . . weil jede Ursache eine Regel voraussetzt, darnach gewisse Erscheinungen als Wirkungen folgen, und jede Regel eine Gleichförmigkeit der Wirkungen erfordert . . .‟ 577; Regel und hypothetisches Urteil (bloße Wahrnehmung) Pr. § 29; syste-

matische Einheit der Verstandeserkenntnisse der Probierstein der Wahrheit der Regeln (Naturforschung) 675; Verstand
durchspäht die Erscheinungen, um eine Regel aufzufinden
A 126; Natur-Zusammenhang der Erscheinungen, ihrem Dasein nach, nach notwendigen Regeln, d. i. nach Gesetzen
263.

3. Regel und Idee (Vernunftbegriff). Gründe der Vernunft
geben menschlichen Handlungen die Regel, Pr. § 53; Vernunftprinzip als Regel im Regressus 536, 544, 549, 673; Regel,
Idee, Ideal 597; s. regulativ, vgl. 691.

4. Regel im Vernunftschluß ist der Obersatz (major) 360, s.
Vernunftschluß.

5. Klugheitsregel gründet sich auf empirische Prinzipien 828,
834.

6. Imperative als Regeln s. Imperativ, vgl. 575.

7. Begriff als Regel der Anschauung A 106.

8. Schulregel als formallogisches Prinzip 680.

Regnum gratiae = die intelligible moralische Welt als
System der Freiheit (Welt der Intelligenzen) 843, s. intelligibel, Freiheit, Moral, Reich der Gnaden.

Regressiv.
Regressive Methode, Lehrart, ist die analytische Methode;
sie bedeutet, ,,daß man von dem, was gesucht wird, als ob
es gegeben sei, ausgeht und zu den Bedingungen aufsteigt,
unter denen es allein möglich'', Pr. § 5 A; regressive Synthesis 438 in der Reihe der Bedingungen s. Regressus, Progressus; regressive Synthesis als Teilung der Materie 440; vgl.
438 progressive Synthesis.

Regressus.
*1. Begriff des Regressus, sein Ausgang, Ziel; Regressus als
Aufgabe.* Regressus = Rückgang 540 in Gedanken, ,,regres-
sive Reihe meiner Vorstellungen'' 533, ,,auf der Seite der
Bedingungen, also von derjenigen aus, welche die nächste
zur ge ge benen Erscheinung ist, und so zu den entfernteren
Bedingungen ...'' 438; reihenweise und zwar regressiv fort-
gesetzte Synthesis der Bedingungen 443, 444 bis zum Unbedingten, zur Vollständigkeit der Prämissen 444; zum ,,Auf-
steigen in der Reihe der Bedingungen bis zum Unbedingten
394, vgl. 393; gewiß ist, ,,daß, wenn das Bedingte gegeben
ist, uns eben dadurch ein Regressus in der Reihe aller Be-

dingungen zu demselben aufgegeben sei ..." 526; die Absicht der Vernunft geht auf die absolute Totalität der Synthesis auf der Seite der Bedingungen 393, und als freilich niemals in concreto erreichbares Ziel hat sie 1. die absolute Einheit des denkenden Subjekts (Psychologie, Paralogismen); 2. die absolute Einheit der Reihe der Bedingungen der Erscheinung (Kosmologie, Antinomie); 3. die absolute Einheit der Bedingung aller Gegenstände des Denkens überhaupt (Theologie, Ideal der reinen Vernunft) 391; s. Paralogismen, Antinomie, Ideal der reinen Vernunft, Idee, Vernunft.

2. Mathematischer und dynamischer Regressus s. ,,Schlußanmerkung ..." 556 ff.; Unterschied beider Arten von Regressus 588.

3. Empirischer Regressus 524, 546, 555; s. Totalität, Unbedingtes, Teil, Teilung.

Regulativ.

1. Begriff der regulativen Prinzipien. Konstitutive Prinzipien sind solche, die hinsichtlich der Erfahrung ,,die Begriffe, ohne welche keine Erfahrung stattfindet, a priori möglich machen" 692; solches leisten die Grundsätze des reinen Verstandes; ,,Prinzipien der reinen Vernunft können dagegen nicht einmal in Ansehung der empirischen Begriffe konstitutiv sein, weil ihnen kein korrespondierendes Schema der Sinnlichkeit gegeben werden kann und sie also keinen Gegenstand in concreto haben können" 692; Vernunft hat nur regulative Prinzipien, d. i. Prinzipien ,,der systematischen Einheit des Mannigfaltigen der empirischen Erkenntnis überhaupt" 699; ein Vernunftprinzip hat nur die Gültigkeit ,,einer Regel der Fortsetzung und Größe einer möglichen Erfahrung" 544; nur eine Regel, die einen Regressus gebietet 536, 537; ,,kein Prinzipium der Möglichkeit der Erfahrung und der empirischen Erkenntnis der Gegenstände der Sinne" 537, vgl. 694.

2. Die dynamischen 199 *Grundsätze* des reinen Verstandes heißen auch regulativ, weil sie nicht Evidenz haben 223, 199; doch sind sie zugleich völlig gewiß und konstitutiv 199, 223, 296, 692.

3. Regulative Prinzipien der Naturforschung s. Homogenität, Spezifikation, Kontinuität.

4. Regulative Ideen der reinen Vernunft s. Idee, Vernunft; vgl. 710—714.

5. Regulativer Vernunftgebrauch im Praktischen 828, s. praktisch, Moral.

Reich der Gnaden (Leibniz) unterschieden vom Reich der Natur 840; praktisch notwendige Idee der Vernunft, Reich der Gnaden, Glückseligkeit 840.

Reihe.

1. In bezug auf Zeit, Raum, Kausalität 438, 439, 243, 441.

2. In bezug auf Erscheinungen, Freiheit, Akzidenzen, Gemeinschaft 564, 565, 441, 442.

3. In bezug auf Regressus, Unbedingtes, Totalität 444, 445, 446, 533, 538, 546, 546 A, 558, 588, 671.

4. Kontinuität der Erscheinungsreihen 281, 282, 565 vgl. 572.

5. Dynamische Reihe der Veränderungen 587, vgl. 281.

Rein.

1. Begriff reiner Erkenntnis im allgemeinen. „Ich nenne alle Vorstellungen r e i n (im transzendentalen Verstande), in denen nichts, was zur Empfindung gehört, angetroffen wird" 34, „in die sich überhaupt keine Erfahrung oder Empfindung einmischt, welche mithin völlig a priori möglich ist" A 11; „von den Erkenntnissen a priori heißen aber diejenigen rein, denen gar nichts Empirisches beigemischt ist" 3; ein Satz kann a priori sein, ohne rein zu sein 3 (Ursache, Veränderung); Merkmal der Unterscheidung eines reinen Erkenntnisses vom empirischen 3, 4.

2. Reine Anschauung s. Anschauung, Sinn, Sinnlichkeit, Zeit, Raum.

3. Reiner Verstand, reines Denken s. Kategorie, Begriff, Denken, Verstand, a priori.

4. Empirische und reine Apperzeption s. Apperzeption.

5. Reine Vernunft, reiner Vernunftgebrauch s. Vernunft, Idee, Ideal der reinen Vernunft, Moral, Prinzip, Freiheit, Dialektik, Antinomie, Paralogismen, Disziplin, Architektonik der reinen Vernunft, a priori.

Rekognition.

Der Synopsis durch den Sinn korrespondiert „jederzeit eine Synthesis, und die R e z e p t i v i t ä t kann nur mit S p o n t a n e i t ä t verbunden Erkenntnisse möglich machen. Diese ist nun der Grund einer dreifachen Synthesis . . . der Apprehension der Vorstellungen . . . der Reproduktion derselben in der Einbildung und ihrer Rekognition im Begriffe" A 97; „denn dieses **eine** Bewußtsein ist es, was das Mannigfaltige, nach und nach Angeschaute und dann auch Reproduzierte in **eine** Vorstellung vereinigt" A 103, ńämlich durch die Synthesis der Rekognition im Begriffe A 103 ff.;" ,,der **Sinn** stellt die Erscheinungen empirisch in der Wahrnehmung [Apprehension A 99, A 100] vor, die **Einbildungskraft** in der Assoziation (und Reproduktion A 100 ff.), die **Apperzeption** in dem empirischen Bewußtsein der **Identität** dieser reproduzierten Vorstellungen mit den Erscheinungen, dadurch sie gegeben waren, mithin in der Rekognition" A 115; ,,diese Gründe der Rekognition des Mannigfaltigen, sofern sie bloß die Form einer Erfahrung überhaupt angehen, sind nun jene Kategorien" A 125; Identität der Funktion in der Synthesis A 108; notwendige Einheit der Synthesis aller Erscheinungen nach Begriffen A 108; Funktion der Synthesis nach einer Regel A 105; Einheit der Regel A 105; Notwendigkeit der Synthesis A 106; Bewußtsein dieser Einheit der Synthesis A 103; Einheit von Zeit und Raum A 107; Zahl A 103; s. Begriff.

Relation.

1. Die Urteile der Relation: kategorische, hypothetische, disjunktive Urteile.

2. Die Kategorie der Relation umfaßt die Kategorien: Inhärenz und Subsistenz, Kausalität und Dependenz (Ursache und Wirkung), Gemeinschaft (Wechselwirkung) 106, Pr. § 21.

3. Relation und Gegenstand, Geschehen. ,,Dagegen sind die inneren Bestimmungen einer substantia phaenomenon im Raume nichts als Verhältnisse, und sie selbst ganz und gar ein Inbegriff von lauter Relationen" 321; ,,. . . die Kategorie der Ursache, durch welche ich, wenn ich sie auf meine Sinnlichkeit anwende, alles, was geschieht, in der Zeit überhaupt, seiner Relation nach bestimme" 163.

4. Relation und Gottesbegriff 707.

Relativ, relativisch 42, 356, 707, 279.

Religion.

,,. . . unserer Seele Freiheit und Unsterblichkeit . . . zwei solche Grundpfeiler aller Religion . . ." 773; ,,unser Zeitalter ist das eigentliche Zeitalter der Kritik, der sich alles unterwerfen muß" A V; Religion und Gesetzgebung ,,wollen sich gemeiniglich derselben entziehen" A V; vgl. 766; ,,. . . daß, wenn gleich Metaphysik nicht die Grundveste der Religion

sein kann, so müsse sie doch jederzeit als die Schutzwehr
derselben stehen bleiben ..." 877; Physikotheologie kann
„keinen bestimmten Begriff von der obersten Welturache
geben und daher zu einem Prinzip der Theologie, welches
wiederum die Grundlage der Religion ausmachen soll, nicht
hinreichend sein" 656; Grundsteine der Moral und der Religion 494; Sittengesetz unserer Religion 845; grobe Religions-
begriffe alter Gebräuche 880; Religion und Ideen der Erfahrung 375.

Repraesentatio.
Die „Gattung" aller Vorstellungsarten ist „Vorstellung überhaupt (repraesentatio)" 376, s. Vorstellung.

Reproduktion.
1. Begriff der Reproduktion. In der subjektiven Deduktion
der 1. Auflage A 95—114 werden die drei Stufen der Synthesis erörtert, die zum Objektbegriff führen: Apprehension,
Reproduktion, Rekognition. In der Apprehension A 99, 100
werden die an sich isolierten einzelnen Vorstellungen in der
Anschauung „durchlaufen" und als zeitlich unterschiedene
Eindrücke in das Bewußtsein aufgenommen (apprehendiert).
Beim Übergang von einer zur nächsten Vorstellung müssen
nun alle voraufgegangenen Phasen von der reproduktiven
Einbildungskraft mit übernommen werden, in steter Wieder-
holung nach einer gleichbleibenden Regel in der Einheit des
Bewußtseins (in durchgängiger Synthesis) festgehalten werden
A 100, 101; so ist denn die Apprehension mit der Reproduktion
„unzertrennlich verbunden" A 102; das Bewußtsein von der
Identität der Funktion der Synthesis und damit der reproduzierten Vorstellungen führt in der Rekognition A 103 ff.
zum Begriff vom Gegenstand; in der 2. Auflage sind Reproduktion und Rekognition fortgelassen; nur an wenigen Stellen
152, 195 wird die reproduktive Einbildungskraft erwähnt.
2. Der Grund a priori der Reproduktion A 101, A 102, vgl.
A 118, A 119.
3. Reproduktion und Assoziation, Affinität s. letztere.
4. Reproduktion und Zeit, Raum A 99, A 100, A 101, vgl. 206.
Reproduktive Einbildungskraft s. letztere, Reproduktion,
Assoziation.
Reproduzibilität der Erscheinungen ist eine Voraussetzung
aller Erfahrung A 101, A 102.

Republik, platonische; Idee derselben 372.

Restringieren, Restriktion = einschränken, Einschränkung auf Bedingungen s. Einschränkung, vgl. 185, 186, 178, 224, 266.

Retorsion, Rückanwendung eines Arguments von gegnerischer Seite gegen den Gegner selbst 770.

Revelata, theologia, Offenbarungsreligion 659.

Revolution, ,,veränderte Methode der Denkungsart'' in der Philosophie XVIII, XI, XXII, XIII, XII, 881.

Rezeptiv, Rezeptivität.

1. Sinnlichkeit, Affektion, Rezeptivität. ,,Die Fähigkeit (Rezeptivität), Vorstellungen durch die Art, wie wir von Gegenständen affiziert werden, zu bekommen, heißt Sinnlichkeit'' 33; ,,unsere Erkenntnis entspringt aus zwei Grundquellen des Gemüts, deren die erste ist, die Vorstellungen zu empfangen (die Rezeptivität der Eindrücke), die zweite das Vermögen, durch diese Vorstellungen einen Gegenstand zu erkennen (Spontaneität der Begriffe)'' 74; die Rezeptivität unserer Erkenntnisfähigkeit heißt Sinnlichkeit 61; vgl. 75.

2. Raum und Zeit gehören ,,zu den Bedingungen der Rezeptivität unseres Gemüts, unter denen es allein Vorstellungen von Gegenständen empfangen kann'' 102.

3. Rezeptivität kann nur mit Spontaneität verbunden Erkenntnisse möglich machen A 97; ,,Begriffe gründen sich also auf der Spontaneität des Denkens, wie sinnliche Anschauungen auf der Rezeptivität der Eindrücke'' 93, vgl. 74.

4. Rezeptivität und Freiheitsproblem. Handlungen des Menschen, sofern er nicht bloß Phänomen, sondern intelligibler Gegenstand ist, können ,,gar nicht zur Rezeptivität der Sinnlichkeit gezählt werden'' 574, 575.

Rhapsodie.

,,Unter der Regierung der Vernunft dürfen unsere Erkenntnisse überhaupt keine Rhapsodie, sondern sie müssen ein System ausmachen'' 860; rhapsodistisch 862; Kategorientafel des Aristoteles eine Rhapsodie Pr. § 39, vgl. § 43, Kr. 106; Rhapsodie von Wahrnehmungen 195.

Richter.

Die Freiheit, seine Gedanken ,,öffentlich zur Beurteilung auszustellen . . . liegt schon in dem ursprünglichen Rechte der menschlichen Vernunft, welche keinen anderen Richter erkennt, als selbst wiederum die allgemeine Menschenvernunft, worin ein jeder seine Stimme hat ...“ 780.

Rückgang. s. Regressus.

S

Sachheit.

„Eine t r a n s z e n d e n t a l e Verneinung bedeutet . . . das Nichtsein an sich selbst, dem die transzendentale Bejahung entgegengesetzt wird, welche ein Etwas ist, dessen Begriff an sich selbst schon ein Sein ausdrückt und Realität (Sachheit) genannt wird“, 602; was an den Gegenständen als Erscheinungen der Empfindung entspricht, ist die transzendentale Materie aller Gegenstände, als Dinge an sich (die Sachheit, Realität)“ 182.

Saltus.

In mundo non datur saltus 281, 282.

Satz: vom Widerspruch s. Widerspruch; vom zureichenden Grunde s. Grund.

Schein.

1. Empirischer, optischer 351 *Schein; Schein und Urteil.* Die Sinne irren nicht, „aber nicht darum, weil sie jederzeit richtig urteilen, sondern weil sie gar nicht urteilen. Daher sind Wahrheit sowohl als Irrtum, mithin auch der Schein, als die Verleitung zum letzteren nur im Urteile, d. h. nur in dem Verhältnisse des Gegenstandes zu unserem Verstande anzutreffen“ 350; „denn Wahrheit oder Schein sind nicht im Gegenstande, so fern er angeschaut wird, sondern im Urteile über denselben, so fern er gedacht wird“ 350; vgl. 70 A; „in den Sinnen ist gar kein Urteil, weder ein wahres noch ein falsches“ 350; „allein der Schein kommt nicht auf Rechnung der Sinne, sondern des [urteilenden] Verstandes“ Pr. § 13 A III; wir halten oft etwas für unmittelbar wahrgenommen, was wir doch nur geschlossen haben 359; Schein hinsichtlich der Rückläufigkeit der Planeten Pr. § 13 A III; um dem falschen Schein zu entgehen, verfährt man nach der Regel: „Was mit einer Wahrnehmung nach empirischen Gesetzen zusammenhängt ,ist wirklich“ A 376.

2. Erscheinung, Sinnenwelt kein bloßer Schein. Die Lehre von

der Idealität des Raumes und der Zeit macht die Sinnenwelt
keineswegs zum bloßen Schein; denn die Existenz der Sachen
„zu bezweifeln ist mir niemals in den Sinn gekommen" Pr.
§ 13 A III; Erscheinungen kein Schein 69.

*3. Transzendentaler (dialektischer) Schein; Schein in der Er-
kenntnis aus bloßem reinen Verstand und reiner Vernunft.*
„Von der reinen Vernunft als dem Sitze des transzendentalen
Scheins" 355 ff.; die transzendentale Dialektik deckt den
Schein transzendenter Urteile auf 354; der transzendentale
Schein fließt auf Grundsätze ein, deren Gebrauch nicht einmal auf Erfahrung angelegt ist 352; der transzendentale
Schein kein gekünstelter, sondern ein natürlicher, unvermeidlicher Schein 449; 450; ein natürlicher Hang der menschlichen
Vernunft 670; unvermeidlicher Schein Pr. § 42; Ursache davon, daß der transzendentale Schein nicht aufhört, liegt in
der Vernunft selbst 353; „alle Erkenntnis von Dingen aus
bloßem reinen Verstande oder reiner Vernunft ist nichts als
lauter Schein und nur in der Erfahrung ist Wahrheit" Pr.
Anhang: „Probe eines Urteils . . ."; „man kann allen Schein
darin setzen, daß die subjektive Bedingung des Denkens
für die Erkenntnis des Objekts gehalten wird" A 396, vgl.
86, 88, s. Dialektik.

4. Der logische Schein (Schein der Trugschlüsse) „entspringt
lediglich aus einem Mangel der Achtsamkeit auf die logische
Regel 353; Logik des Scheins 85, 86.

5. Schein der Überredung 848.

6. Rechenschaft über den Schein erforderlich 642.

7. In Ansehung der sittlichen Gesetze ist „Erfahrung (leider!)
die Mutter des Scheins" 375.

Schema, Schematismus.

I. „Von dem Schematismus der reinen Verstandesbegriffe"
176 ff. — 1. Aufgabe des Schematismus. Die Kategorien
für sich allein enthalten nichts als die logische Funktion,
das Mannigfaltige unter einen Begriff zu bringen A 245; eine
bestimmte Bedeutung und Beziehung auf irgendeinen Gegenstand können sie nur „vermittelst der allgemeinen sinnlichen
Bedingung" haben; denn aus der bloßen logischen Funktion,
d. i. der Form des Begriffs allein kann „gar nichts erkannt
und unterschieden werden, welches Objekt darunter gehöre . . .
Daher bedürfen die Kategorien, noch über den reinen Ver-

standesbegriff, Bestimmungen ihrer Anwendung auf Sinnlichkeit überhaupt (Schemate) . . ." A 244, A 245. — 2. Das
Subsumtionsverfahren durch die Urteilskraft 176, 177,
178; die zwischen den reinen Verstandesbegriffen und den
empirischen Anschauungen vermittelnde Vorstellung, einer-
seits intellektuell, andererseits sinnlich, ist eine transzendentale Zeitbestimmung 177, 178, eine „formale und reine Bedingung der Sinnlichkeit, auf welche der Verstandesbegriff
in seinem Gebrauch restringiert ist" 179; dies ist das Schema
des Verstandesbegriffs; das Verfahren des Verstandes mit
diesen Schematen heißt der Schematismus des reinen Verstandes 179. — 3. Über das Schema sinnlicher Begriffe
179, 180, 181; „gleichsam ein Monogramm der reinen Einbildungskraft" 181. — 4. Das Schema eines reinen Verstandesbegriffs ist „die reine Synthesis, gemäß einer Regel
der Einheit nach Begriffen überhaupt, die die Kategorie ausdrückt, und ist ein transzendentales Produkt der Einbildungskraft, welches die Bestimmung des inneren Sinnes überhaupt
nach Bedingungen seiner Form (der Zeit) in Ansehung aller
Vorstellungen betrifft, so fern diese der Einheit der Apperzeption gemäß a priori in einem Begriff zusammenhängen sollen"
181. — 5. Die einzelnen Schemate s. bei den betreffenden
Kategorien, Größe, Realität, Substanz usw. — 6. Summa-
rische Übersicht der Schemate als Zeitbestimmungen in
bezug auf Zeitreihe, Zeitinhalt, Zeitordnung, Zeitbegriff, 184.
II. Schemate zu den Vernunftbegriffen (Ideen). Die reine Vernunft ist auf dem Gebiet der Ideen nur mit sich selbst beschäftigt 708; anschauliche Elemente stehen ihr hier nicht
zur Verfügung, da sie — zwar im Regressus vom Empirischen
ausgehend — das Unbedingte sucht, dem in der Erfahrung
kein Gegenstand entsprechen kann; so ist denn ein Vernunftbegriff kein konstitutives, sondern nur regulatives Prinzip,
von zwar objektiver, aber unbestimmter Gültigkeit 691,
708, weil den Vernunftbegriffen „kein korrespondierendes
Schema der Sinnlichkeit gegeben werden kann" 692; die Vernunft will den Verstandesgebrauch zur größtmöglichen Einheit bringen; ein „Schema in der Anschauung" aber fehlt
hier 693; indessen „kann und muß doch ein Analogon
eines solchen Schema gegeben werden, welches die Idee des
Maximum der Abteilung und der Vereinigung der Ver-

standeserkenntnisse in einem Prinzip ist" 693; diese er-
strebte systematische Einheit kann die Vernunft sich nicht
anders denken, als daß sie ihren Ideen einen Gegenstand gibt
709, z. B. Gott, Seele; aber dieses problematische „transzendentale Ding ist bloß das Schema jenes regulativen Prinzips, wodurch die Vernunft ... systematische Einheit über
alle Erfahrung verbreitet" 710; vgl. 697 ff.

Schluß s. Vernunftschluß.

Schlüssel.
Das Schema jeder Kategorie ist der Schlüssel ihres Gebrauchs
224; der logische Begriff ist der Schlüssel zum transzendentalen (Ableitung der Kategorien aus den Urteilsfunktionen)
356; „der transzendentale Idealismus als der Schlüssel zur
Auflösung der kosmologischen Dialektik" 518.

Schöpfung.
Entstehen betrifft nur die Bestimmungen der Substanz; es
ist also bloß Veränderung, nicht Ursprung aus dem Nichts
251; „wenn dieser Ursprung als Wirkung von einer fremden
Ursache angesehen wird, so heißt er Schöpfung, welche als
Begebenheit unter den Erscheinungen nicht zugelassen werden
kann, indem ihre Möglichkeit allein schon die Einheit der Erfahrung aufheben würde ..." 251; vgl. 229, 231; höchste
schöpferische Vernunft (als ob) 700; Unermeßlichkeit usw.
der Schöpfung als Argument für Annahme der Unsterblichkeit 425, 426; Weltschöpfer 655, 112.

Scholastisches Lehrgebäude (Dialektik) 170; scholastischer
Satz 113.

Schranke.
Durch Kritik der Vernunft werden „nicht bloß S c h r a n k e n,
sondern die bestimmten G r e n z e n derselben" bewiesen 789;
Unterschied zwischen den Begriffen: Schranke und Grenze
s. Pr. § 57.

Schuld und Zurechnung in bezug auf menschliche Handlungen 579 A.

Schwere s. Körper.

Scientifische Methode (wissenschaftlich) im Gegensatz zur
naturalistischen (gewöhnlicher Menschenverstand) 884, vgl.
883, 860, 451.

Secunda Petri (Urteilskraft), so genannt nach Petrus Ramus
Logik II. Teil, Lehre vom Urteil, vgl. 172 A, 173 A.

Seele.

1. Seele keine dingliche Einheit, keine einfache existierende Substanz, sondern regulatives Prinzip, einfache Vorstellung, logische Form des Bewußtseins; Seele und innerer Sinn. Das Ich „ist so wenig Anschauung als Begriff von irgend einem Gegenstande, sondern die bloße Form des Bewußtseins" A 382; „in dem, was wir Seele nennen, ist alles im kontinuierlichen Flusse und nichts Bleibendes ..." A 381; die Vorstellung des Ich hat keinen Inhalt und scheint nur ein Objekt vorzustellen A 381, A 382, vgl. 409; freilich ist es erlaubt, zu sagen: ich bin eine einfache Substanz; aber für die Erkenntnis ist damit nichts erreicht; denn dieser Satz lehrt nicht die mindeste Anschauung in Ansehung meiner selbst als eines Gegenstandes der Erfahrung A 356, A 349, A 350; die Seele als einfache Substanz anzunehmen, ist ein ganz willkürlicher, blindlings gewagter Satz 799, 800; die Beharrlichkeit der Seele unbewiesen, unerweislich 415; Seele (in der rationalen Seelenlehre) als denkende Substanz, Prinzipium des Lebens 403; Topik der rationalen Seelenlehre 402 (Seele ist Substanz); die Setzung der Seele als „einfacher selbständiger Intelligenz" bedeutet nur ein regulatives Prinzip systematischer Einheit zur Erklärung seelischer Erscheinungen; Einfachheit (der Substanz) nur das Schema zum regulativen Prinzip 710, 711; das einfache Bewußtsein keine Kenntnis der einfachen Natur unseres Subjekts A 360; keine Kategorie auf Seele anwendbar ohne sinnliche Anschauung 710; nicht einmal mit Sinn die Frage erlaubt, ob die Seele nicht an sich geistiger Natur sei 712; Verwechslung der möglichen „Abstraktion von meiner empirisch bestimmten Existenz mit dem vermeinten Bewußtsein einer abgesondert möglichen Existenz meines denkenden Selbst" 427, vgl. 421, 422, A 384; wirkliche Einfachheit meines Subjekts erkenne ich nicht A 356, vgl. 799, 800, 812, A 355; Seele und innerer Sinn 37, 400, 874.

2. Verhältnis der Seele zu Gegenständen im Raume (Gemeinschaft). „Nun ist die Frage nicht mehr von der Gemeinschaft der Seele mit anderen bekannten und fremdartigen Substanzen außer uns, sondern bloß von der Verknüpfung der Vorstellungen des inneren Sinnes mit den Modifikationen unserer äußeren Sinnlichkeit, und wie diese untereinander nach beständigen Gesetzen verknüpft sein mögen, so daß sie in einer Erfahrung zusammenhängen" A 385, A 386, vgl. 409, 427, 428, A 384, A 389 ff.

3. Seele und Unsterblichkeit s. diese.

4. Menschliche Seele und Freiheit XXVII, XXVIII, s. Freiheit.

5. Seele und Materie „in Ansehung des Substrati derselben gar nicht hinreichend unterschieden" A 359.

6. Seele und Materialismus. Die Erscheinungen der Seele können nicht materialistisch erklärt werden Pr. § 57; seelenloser Materialismus 421.

7. Rationale Seelenlehre s. Paralogismen. — Vgl. Pr. §§ 44, 46—49.

Seelenlehre s. Psychologie, Seele, Ich, Paralogismen.

Sein „ist offenbar kein reales Prädikat, d. i. ein Begriff von irgend etwas, was zu dem Begriffe eines Dinges hinzukommen könne. Es ist bloß die Position eines Dinges oder gewisser Bestimmungen an sich selbst. Im logischen Gebrauche ist es lediglich die Kopula eines Urteils" 626, vgl. 627, 628; Veränderungen sind „ein sukzessives Sein und Nichtsein der Bestimmungen der Substanz" 232; s. Dasein, Existenz.

Selbst.
Das bestimmende und bestimmbare Selbst 407; das empirische Bewußtsein seiner selbst jederzeit wandelbar A 107; Selbstaffektion s. affizieren; „vielfarbiges verschiedenes Selbst" 134.

Selbstanschauung, seinen inneren Zustand anschauen 37, 155, 156, 158, 158 A, 135.

Selbstbewußtsein s. Bewußtsein, vgl. A 401, A 117 Anm.

Selbsterkenntnis s. Erkenntnis, Ich, Mensch, Erscheinung, Bewußtsein, vgl. 158, 159, 293, 294, 877.

Selbsttätigkeit, Spontaneität; selbsttätiges Wesen 158 A; Verbindung ein Aktus der Selbsttätigkeit 130; Mannigfaltiges, selbsttätig gegeben durch eine intellektuelle Anschauung 68; absolute Selbsttätigkeit (Freiheit) 446; intellektuelle Vorstellung der Selbsttätigkeit des denkenden Subjekts 278; s. Spontaneität, Denken, Freiheit.

Sensibel, sensibilis.
Sensibel ist alles, was als Erscheinung anzusehen ist; intelligibel heißt „dasjenige an einem Gegenstand der Sinne, was selbst nicht Erscheinung ist" 566; sensible Gegenstände

882; vgl. 312 A; mundus sensibilis et intelligibilis A 249; vgl. 569 (s. Ursache).

Sensifizieren.
Leibniz intellektuierte die Erscheinungen, während Locke die Verstandesbegriffe sensifizierte, d. i. für empirische Reflexionsbegriffe ausgab 327.

Sensitivum.
Menschliche Willkür zwar ein arbitrium sensitivum, aber nicht brutum (tierisch) 562, vgl. 830.

Sensualphilosophen.
Epikur der vornehmste Philosoph der Sinnlichkeit (Sensualphilosophie), Plato der vornehmste der Intellektuellen 881.

Simplizität.
Der zweite Paralogismus der rationalen Seelenlehre behauptet die Simplizität (Einfachheit) der Seele A 351 ff., 402, 407, 408; s. Paralogismen.

Sinn, Sinnlichkeit.
1. Sinnlichkeit und Rezeptivität. „Die Fähigkeit (Rezeptivität), Vorstellungen durch die Art, wie wir von Gegenständen affiziert werden, zu bekommen, heißt Sinnlichkeit" 33; „vermittelst der Sinnlichkeit also werden uns Gegenstände gegeben ... durch den Verstand aber werden sie gedacht ..." 33; vgl. 29; „... die Art, wie wir dadurch affiziert werden; und diese Rezeptivität unserer Erkenntnisfähigkeit heißt Sinnlichkeit" 61; „... zwei Grundquellen des Gemüts, deren die erste ist, die Vorstellungen zu empfangen (die Rezeptivität der Eindrücke)" 74; „Rezeptivität der Vorstellungsfähigkeit (Sinnlichkeit) 150; Sinnlichkeit in ihrer ursprünglichen Rezeptivität A 100; die Art, wie das Mannigfaltige ohne Spontaneität gegeben wird, heißt Sinnlichkeit 68; „roher Stoff sinnlicher Eindrücke" 1; „Anschauung der Sinne, wodurch etwas gegeben wird" 126; „alle unsere Erkenntnis hebt von den Sinnen an ..." 355; Rezeptivität unseres Gemüts, Vorstellungen zu empfangen = Sinnlichkeit 75.

2. Äußerer und innerer Sinn, Anschauung, Zeit, Raum. „Sinnliche Anschauung ist entweder reine Anschauung (Raum und Zeit) oder empirische Anschauung desjenigen, was im Raum und der Zeit unmittelbar als wirklich, durch Empfindung vorgestellt wird" 147; vermittelst des äußeren Sinnes stellen wir uns Gegenstände als außer uns, im Raume, vor; vermittelst

des inneren Sinnes schaut das Gemüt sich selbst, seinen inneren Zustand an 37; der innere Sinn umfaßt auch die Vorstellungen des äußeren Sinnes (der äußeren Sinne) 50, A 98, A 99; Körper bloße Erscheinungen unseres äußeren Sinnes A 357; Bestätigung „der Theorie von der Idealität des äußeren sowohl als inneren Sinnes" 66; 67, im inneren Sinn „liegt das Geheimnis des Ursprungs unserer Sinnlichkeit" 334; s. innerer Sinn; „wir haben Formen der äußeren sowohl als inneren sinnlichen Anschauung a priori an den Vorstellungen von Raum und Zeit" 160; reine Anschauung die „formale Bedingung der Sinnlichkeit" 125; reine Anschauung das einzige, „das die Sinnlichkeit a priori liefern kann" 36; Zeit, Raum sind Prinzipien 35, Regeln 76 der Sinnlichkeit a priori; Wirkungen der Materie nur Erscheinungen äußerer Sinne 333; innerer Sinn oder empirische Apperzeption A 107, s. innerer Sinn; der Sinn ist bloß bestimmbar, nicht bestimmend 151, 152; äußere Sinne (Plural) 42, 156, 159, 333, 355, 874, A 374, A 381; „der Sinn stellt die Erscheinungen empirisch in der Wahrnehmung vor" A 115; Anschauung des äußeren Sinnes ist der Raum A 378; „das reine Bild aller Größen . . . vor dem äußeren Sinne ist der Raum; aller Gegenstände der Sinne aber überhaupt, die Zeit" 182; Materie und äußerer Sinn A 385.
3. *Sinn, Sinnlichkeit und Synthesis, Apperzeption, Verstand, Denken, Erkennen.* „Allein die Verbindung . . . eines Mannigfaltigen überhaupt kann niemals durch Sinne in uns kommen und kann also auch nicht in der reinen Form der sinnlichen Anschauung zugleich mit enthalten sein . . ." 129; Verknüpfung ist „kein Werk des bloßen Sinnes und der Anschauung" 233; Möglichkeit und Notwendigkeit der Kategorien beruht auf der Beziehung der gesamten Sinnlichkeit auf die ursprüngliche Apperzeption A 111; diese Beziehung schließt auch die Beziehung der Sinnlichkeit zur Synthesis ein, vgl. 132—135, 143, 144; hinsichts der Möglichkeit der Erfahrung sind Sinnlichkeit und Verstand einander gleichwertig, „keine dieser Eigenschaften ist der anderen vorzuziehen" 75; beide Vermögen können „ihre Funktionen nicht vertauschen" 75; „nur daraus, daß sie sich vereinigen, kann Erkenntnis entspringen" 75, vgl. 327, A 97; die Kategorien entspringen „unabhängig von der Sinnlichkeit bloß im Verstande 144; Kategorien gründen sich „ihrem Ursprung nach nicht auf Sinn-

lichkeit" 305, vgl. 159; sinnliche Anschauungen „ganz außer
dem Felde des Verstandes und seines Denkens" 408; Sinnlichkeit und Verstand „zwei ganz verschiedene Quellen von Vorstellungen" 327; der Sinn bloß bestimmbar, die Spontaneität des Denkens bestimmend 151, 152; Erfahrung ein „Produkt der Sinne und des Verstandes" Pr. § 20; durch Sinnlichkeit werden Gegenstände **gegeben**, durch den Verstand
werden sie **gedacht**, d. i. als Gegenstände, Objekte, erkannt
29; „was unseren Sinnen nur vorkommen mag", muß unter
Gesetzen a priori des Verstandes stehen 160, vgl. 143; Sinnlichkeit und Verstand „zwei Stämme der menschlichen Erkenntnis, die vielleicht aus einer gemeinschaftlichen, aber
uns unbekannten Wurzel entspringen" 29; Erfahrung enthält
„zwei sehr ungleichartige Elemente . . ., nämlich eine **Materie**
zur Erkenntnis aus den Sinnen und eine gewisse **Form**, sie
zu ordnen . . ." 118; „die Möglichkeit der Gegenstände ist ein
Verhältnis derselben zu unserem Denken" 609; „die Sinnlichkeit, dem Verstande untergelegt, als das Objekt, worauf
dieser seine Funktion anwendet, ist der Quell realer **Erkenntnis**" 351 A; außer Sinnlichkeit und Verstand haben wir keine
anderen Erkenntnisquellen 350; „alle unsere **Erkenntnis**
hebt von den Sinnen an, geht von da zum Verstande und
endigt bei der Vernunft . . ." 355; alle uns mögliche Anschauung ist sinnlich; „also kann das Denken eines Gegenstandes
überhaupt durch einen reinen Verstandesbegriff bei uns nur
Erkenntnis werden, sofern dieser auf Gegenstände der Sinne
bezogen wird" 146.

4. Sinnlichkeit a priori. Reine Anschauung, „bloße Form der
Erscheinungen . . ., welches das einzige ist, was die Sinnlichkeit a priori liefern kann" 36; Sinn, Einbildungskraft, Apperzeption können empirisch in der Anwendung auf Erscheinungen betrachtet werden; alle aber sind auch Elemente a priori
A 115; s. Zeit, Raum, Anschauung.

5. Sinnlichkeit und Einbildungskraft. Drei subjektive Erkenntnisquellen: Sinn, Einbildungskraft, Apperzeption A 115,
vgl. A 94; „beide äußersten Enden, nämlich Sinnlichkeit und
Verstand, müssen vermittelst dieser transzendentalen Funktion
der Einbildungskraft notwendig zusammenhängen" A 124;
an sich selbst „ist die Synthesis der Einbildungskraft, obgleich a priori ausgeübt, dennoch jederzeit sinnlich, weil sie

das Mannigfaltige nur so verbindet, wie es in der Anschauung erscheint" A 124; da alle Anschauung sinnlich, so „gehört die Einbildungskraft, der subjektiven Bedingung wegen, unter der sie allein den Verstandesbegriffen eine korrespondierende Anschauung geben kann, zur Sinnlichkeit . . ." 151; die Einbildungskraft „ein Vermögen, die Sinnlichkeit a priori zu bestimmen" 152, vgl. 153, 154; s. Einbildungskraft, innerer Sinn.

6. Sinnlichkeit und Urteilen, Schließen, Schein, Irrtum, s. Schein, Irrtum, vgl. 350, 351, 359, A 376.

7. Reichweite der Sinnlichkeit als Erkenntnismittel; Sinnlichkeit schränkt den Verstand ein. Unsere Art der Anschauung geht bloß auf Gegenstände der Sinne 342, 343; „Raum und Zeit gelten, als Bedingungen der Möglichkeit, wie uns Gegenstände gegeben werden können, nicht weiter, als für Gegenstände der Sinne . . . 148; „nun können uns in der Tat keine anderen Gegenstände, als die der Sinne . . . gegeben werden" 610; der Begriff des Noumeni „als ein die Sinnlichkeit in Schranken setzender Begriff" 311; die Schemate der Sinnlichkeit schränken die Kategorien auf die Bedingungen ein, die in der Sinnlichkeit liegen 185, 186; „ohne Beitritt der Sinnlichkeit" ist das Denken ohne Objekt 343; der Begriff des Noumenon „die unvermeidlich mit der Einschränkung unserer Sinnlichkeit zusammenhängende Aufgabe, ob . . ." 344; der Verstand ist zwar nicht im Denken an sich, wohl aber im Erkennen an die Bedingungen sinnlicher Anschauung gebunden 166 A; s. Verstand, Erkennen.

8. Sinnlichkeit und Vernunft, Wille, Willkür, Freiheit, Moral s. letztere.

9. Sinnlichkeit und höchstes Wesen. Die Mannigfaltigkeit aller Dinge beruht „nicht auf der Einschränkung des Urwesens selbst, sondern seiner vollständigen Folge . . ., zu welcher denn auch unsere ganze Sinnlichkeit samt aller Realität in der Erscheinung gehören würde, die zu der Idee des höchsten Wesens als ein Ingredienz nicht gehören kann" 607.

10. Ideal der Sinnlichkeit s. Ideal.

Sinnendinge = Erscheinungen, äußere Gegenstände, s. Erscheinung.

Sinnenwelt „ist nichts als eine Kette nach allgemeinen Gesetzen verknüpfter Erscheinungen, sie hat also kein Bestehen für sich" Pr. § 57; Inbegriff aller möglichen Erfahrungen 465; enthält nichts als Erscheinungen 591; Inbegriff aller Erscheinungen 700; vgl. 120, 724; Sinnenwelt als Gegenstand der reinen Vernunft in ihrem praktischen Gebrauch 836.

Sinnestäuschung (Betrug der Sinne A 375, 359) s. Schein, Irrtum.

Sittengesetz.

,,Die Gesetzgebung der menschlichen Vernunft (Philosophie) hat nun zwei Gegenstände, Natur und Freiheit, und enthält also sowohl das Naturgesetz als auch das Sittengesetz" 868; Welt als ein System der Freiheit eine intelligible, d. i. moralische Welt, nach allgemeinen und notwendigen Sittengesetzen 843; Philosophie der Sitten geht auf das, was da sein soll 868, 575, 661; das praktische Gesetz aus dem Beweggrunde der Würdigkeit, glücklich zu sein, ist moralisch (Sittengesetz) 834, vgl. 835; in Ansehung der sittlichen Gesetze ist ,,Erfahrung (leider) die Mutter des Scheins" 375; der moralische Glaube verlangt, ,,daß ich dem sittlichen Gesetze in allen Stücken Folge leiste" 856, vgl. 847; theologische Moral, Moraltheologie und sittliche Gesetze 660 A; Metaphysik der Sitten 869; vgl. 845.

Sittlich.

Die menschliche Vernunft zeigt im Sittlichen ,,wahrhafte Kausalität" 374; sittliche Gesetze 375, 856; sittliche Ideen 845.

Sittlichkeit.

Die obersten Grundsätze der Moralität (System der reinen Sittlichkeit 29) gehören nicht in die Transzendental-Philosophie 28, 29.

Skandal der Philosophie.

Die ,,Widerlegung des Idealismus" 274 ff. beseitigt den ,,Skandal der Philosophie und allgemeinen Menschenvernunft, das Dasein der Dinge ... bloß auf Glauben annehmen zu müssen ..." XXXIX A.

Skeptizismus, skeptisch, Skeptiker.

1. Begriff, Methode, negativer Nutzen des Skeptizismus. Der Skeptizismus ist ein Grundsatz ,,einer kunstmäßigen und scientifischen Unwissenheit, welcher die Grundlagen aller Erkenntnis untergräbt, um, wo möglich, überall ... keine Sicherheit derselben übrig zu lassen" 451; ,,alles skeptische Polemisieren ist eigentlich nur wider den Dogmatiker gekehrt ...,

bloß um ihm das Konzept zu verrücken und ihn zur Selbsterkenntnis zu bringen" 791; an sich aber macht dies „in Ansehung dessen, was wir wissen und was wir dagegen nicht
wissen können, ganz und gar nichts aus" 791; eine solche
Zensur ist immer nützlich, kann aber nicht wirklich „über
die Rechtsame der menschlichen Vernunft" entscheiden 792;
über den ersten Schritt des Zweifels, den zweiten, skeptischen, der Zensur 788, 789 hinaus muß der dritte: Kritik
der Vernunft stattfinden zur Grenzbestimmung der Vernunft
789; der bloße Skeptizismus ist nur „ein Ruheplatz für die
menschliche Vernunft", aber nicht „ein Wohnplatz zum beständigen Aufenthalte" 789; er schränkt nur den Verstand
ein, ohne ihn zu begrenzen 795; so wird denn schließlich
der Skeptizismus, der seine Einwürfe nur auf zufällige Fakta,
nicht auf Prinzipien gründet, selber skeptisch behandelt, bezweifelt 795, 796; immerhin hat die skeptische Art großen
Nutzen als nüchterne Kritik gewisser Art, „als ein wahres
Kathartikon" gegen Wahn und Vielwisserei 513, 514; Skeptiker „eine Art Nomaden, die allen beständigen Anbau des
Bodens verabscheuen" A III, aber doch wenigstens „Zucht-
meister des dogmatischen Vernünftlers" 797.

2. *Die skeptisch-dogmatische und die skeptisch-kritische Methode.* Die Einwürfe gegen einen Satz können dogmatische,
kritische und skeptische sein A 388; der skeptische „stellt
Satz und Gegensatz wechselseitig gegen einander als Einwürfe
von gleicher Erheblichkeit ... ist also auf zwei entgegenge-
setzten Seiten dem Scheine nach dogmatisch, um alles Urteil
über den Gegenstand gänzlich zu vernichten" A 388, A 389;
der kritische Einwurf läßt den Satz in seinem Wert oder Un-
wert unangetastet und ficht nur den Beweis an A 388; die
vom Skeptizismus gänzlich unterschiedene 451 skeptische
Methode geht auf Gewißheit, indem sie „den Punkt des
Mißverständnisses zu entdecken sucht" 451, 452, ob nicht der
ganze Gegenstand des Streites „vielleicht ein bloßes Blendwerk sei" 451, ob die Frage „nicht selbst auf einer grundlosen
Voraussetzung beruhe" 513, 535; „skeptische Vorstellung der
kosmologischen Fragen durch alle vier transzendentalen
Ideen" 513 ff.; „von der Unmöglichkeit einer skeptischen Befriedigung der mit sich selbst veruneinigten reinen Vernunft"
786 ff.

Sollen.
Die eine menschliche Handlungsweise bestimmende Verknüpfung einer bloßen Idee, als eines objektiven Grundes, mit der reinen Vernunft heißt „Sollen", Pr. § 53; „das Sollen drückt eine Art von Notwendigkeit und Verknüpfung mit Gründen aus, die in der ganzen Natur sonst nicht vorkommt" 575; es drückt „eine mögliche Handlung aus, davon der Grund nichts anderes als ein bloßer Begriff ist" 575; noch soviele Naturgründe können kein Sollen hervorbringen 576; das Sollen spricht die reine Vernunft aus und setzt so dem stets bedingten Wollen Maß und Ziel, Verbot und Ansehen entgegen 576; Vernunft macht sich hier „mit völliger Spontaneität eine eigene Ordnung nach Ideen" 576; Vernunft gebietet, daß Handlungen den sittlichen Vorschriften gemäß geschehen sollen 835; vgl. 562; die Gesetze über das, was ich tun soll, dürfen nicht hergenommen werden von demjenigen, was getan wird; also nicht aus der Erfahrung 375; „die Philosophie der Natur geht auf alles, was da ist, die der Sitten nur auf das, was da sein soll" 868, vgl. 661.

Sophisma figurae dictionis des kosmologischen Vernunftschlusses 527, 528, vgl. 525 ff.; im Verfahren der rationalen Psychologie 410, 411; ein Trugschluß, „worin der medius terminus in verschiedener Bedeutung genommen wird" Kants Logik (Jäsche) § 90.

Sophistikation ein dialektischer Vernunftschluß der reinen Vernunft 397; drei Klassen von Sophistikationen der reinen Vernunft: Paralogismus, Antinomie, Ideal der reinen Vernunft 397, 398.

Sophistisch.
Die allgemeine Logik, als vermeintes Organon betrachtet (aus bloßen Begriffen objektiv zu urteilen), ist eine Logik des Scheins, eine sophistische Kunst 85, 86; dialektischer Gebrauch des reinen Verstandes ein sophistisches Blendwerk 88; zweiter Paralogismus ein sophistisches Spiel A 351; sophistische Sätze haben gekünstelten Schein, dialektische Sätze der reinen Vernunft einen natürlichen unvermeidlichen Schein 449.

Sparsamkeit in Prinzipien der Naturforschung, 689, 681, s. Ökonomie, vgl. 676 ff.

Spatium = Raum; communio spatii = lokale, räumliche

Gemeinschaft der Dinge kann nur durch die dynamische Gemeinschaft empirisch erkannt werden 260; s. commercium, Gemeinschaft.

Species.
Das logische Gesetz des continui specierum (formarum logicarum) setzt ein transzendentales Gesetz (lex continui in natura) voraus 688; das Gesetz der Kontinuität der species (Arten) schreibt den stufenartigen Übergang von einer species zur anderen vor 688, s. Art, Gattung, Spezifikation.

Speciosa, synthesis speciosa s. Synthesis, Einbildungskraft, innerer Sinn, Bestimmung, vgl. 151 figürliche Synthesis.

Spekulativ.
1. Spekulative Vernunft als reine Vernunft. Reine Spekulation 669; ,,System der reinen (spekulativen) Vernunft" A XV; vgl. XXXVI; ,,Erkenntnis der reinen und spekulativen Vernunft" 735; Seele durch keine spekulative Vernunft erkennbar XXVIII, vgl. 29, 421, 694, 701, 827.

2. *Spekulativ im Sinne von erkenntnistheoretisch.* Spekulative Einsicht 805; spekulative Erkenntnis 505; spekulativer Beweis 424; spekulative Erkenntnis XXVI; spekulative Gewißheit 777; spekulative Urteile 777; spekulative Philosophie 423; spekulative Vernunftwissenschaft (Mathematik) 508; das eigentliche spekulative Wissen 499; spekulatives Interesse 496; Transzendental-Philosophie eine ,,Weltweisheit der reinen bloß spekulativen Vernunft" 29; spekulativer Gebrauch der Vernunft, Naturursachen nicht vorbeizugehen 827; bloß spekulatives Interesse 826; spekulative Prinzipien 835.

3. *Spekulation, spekulativ in Beziehung zu den Ideen (praktischer Gebrauch der Vernunft).* ,,Die Vernunft führte uns in ihrem spekulativen Gebrauche durch das Feld der Erfahrungen und weil daselbst für sie niemals völlige Befriedigung anzutreffen ist, von da zu s p e k u l a t i v e n Ideen . . ." 832; ,,eine theoretische Erkenntnis ist s p e k u l a t i v, wenn sie auf einen Gegenstand oder solche Begriffe von einem Gegenstande geht, wozu man in keiner Erfahrung gelangen kann. Sie [also die spekulative] wird der N a t u r e r k e n n t n i s [Erfahrung] entgegengesetzt . . ." 662, 663, vgl. 764; ,,spekulative Vernunft in ihrem transzendentalen Gebrauche ist a n s i c h dialektisch" 805.

Spezifikation.
,,Dem logischen Prinzip der Gattungen, welches Identität

postuliert, steht ein anderes, nämlich das der A r t e n entgegen, welches Mannigfaltigkeit und Verschiedenheit der Dinge, unerachtet ihrer Übereinstimmung unter derselben Gattung, bedarf . . .'' 682; das l o g i s c h e Prinzip der Arten, das Prinzip der Spezifikation, behauptet „lediglich die U n b e s t i m m t - h e i t der logischen Sphäre in Ansehung der möglichen Einteilung'' 684; diesem logischen Gesetz liegt ein transzendentales Gesetz der Spezifikation zugrunde, das zwar nicht eine wirkliche Unendlichkeit in den Verschiedenheiten fordert, aber dennoch verlangt, „unter jeder Art . . . Unterarten, und zu jeder Verschiedenheit kleinere Verschiedenheiten zu suchen'' 684; vgl. 683, 685 ff., s. Art, Gattung, Homogenität, Kontinuität.

Spiritualismus ist (psychologischer Idealismus XXXIX A) in reinster Form der Berkeleysche dogmatische Lehrbegriff, „der den Raum, mit allen den Dingen, welchen er als unabtrennliche Bedingung anhängt, für etwas, was an sich selbst unmöglich sei, und darum auch die Dinge im Raum für bloße Einbildung erklärt'' 274; Materialismus und Spiritualismus sind „zur Erklärungsart meines Daseins untauglich'' 420; der dogmatische Spiritualist erklärt die Einheit der Person aus der angeblich wahrzunehmenden Einheit (im Ich) der denkenden Substanz 718.

Spiritualität ist im Sinne der rationalen Seelenlehre der Begriff von der Seele als einer immateriellen, unzerstörbaren, Personalität (Identität als intellektuelle Substanz 403) besitzenden Substanz 403, vgl. A 380.

Spontaneität.

1. Spontaneität gegenüber der Rezeptivität (Sinnlichkeit). „Begriffe gründen sich . . . auf der Spontaneität des Denkens, wie sinnliche Anschauungen auf der Rezeptivität der Eindrücke'' 93; „alle Anschauungen, als sinnlich, beruhen auf Affektionen, die Begriffe . . . auf Funktionen'' 93; „die Rezeptivität kann nur mit Spontaneität verbunden Erkenntnisse möglich machen'' A 97; Rezeptivität die Fähigkeit, „Vorstellungen zu empfangen'', vgl. 33, Spontaneität „das Vermögen, Vorstellungen selbst hervorzubringen'' 75; „zum Unterschiede von der Sinnlichkeit'' muß man die „Spontaneität der Vorstellungskraft'' V e r s t a n d nennen 130; Sinnlichkeit heißt die Art, wie das Mannigfaltige der Anschauung „ohne

Spontaneität im Gemüte gegeben wird" 68; zwei Grundquellen der Erkenntnis: Rezeptivität der Eindrücke, Spontaneität der Begriffe 74, vgl. 102.

2. Spontaneität und das Mannigfaltige der Anschauung, Wahrnehmung. Das Mannigfaltige der Wahrnehmung wird „ohne Spontaneität", also unabhängig von dieser, gegeben 68; „ohne Funktionen" des Verstandes können allerdings Erscheinungen in der Anschauung gegeben werden" 122; „die Anschauung bedarf der Funktionen des Denkens auf keine Weise" 123; das Mannigfaltige unabhängig von der Synthesis des Verstandes gegeben 145; Naturerscheinungen sind Gegenstände, „die uns unabhängig von unseren Begriffen gegeben werden" 508.

3. Spontaneität des Verstandes. „Das Vermögen, Vorstellungen selbst hervorzubringen oder die Spontaneität des Erkenntnisses" ist der Verstand 75; Begriffe gründen sich „auf der Spontaneität des Denkens" 93; Verbindung eines Mannigfaltigen ist „ein Aktus der Spontaneität der Vorstellungskraft" 129, 130; „die Spontaneität unseres Denkens erfordert..." 102; Aktus der Spontaneität 132; Spontaneität des Verstandes in der Bestimmung des inneren Sinnes vgl. 68, 150, 152, 153—155; „eine und dieselbe Spontaneität" (Einbildungskraft, Verstand) 162 A; Verstand muß „in den Sinnen die Anschauung suchen" 135; Verstand „jederzeit geschäftig, die Erscheinungen in der Absicht durchzuspähen, um an ihnen irgend eine Regel aufzufinden" A 126; „das Denken, für sich genommen... lauter Spontaneität" 428; „Selbsttätigkeit eines denkenden Subjekts" 278, vgl. 430, s. Selbsttätigkeit.

4. Spontaneität und Einbildungskraft 151, 152, 162 A, s. Einbildungskraft.

5. Spontaneität der Vernunft. Vernunft „macht sich mit völliger Spontaneität eine eigene Ordnung nach Ideen..." 576; Vernunft schafft sich „die Idee von einer Spontaneität..." 561, vgl. 430; „absolute Spontaneität der Ursachen" 474; „absolute Spontaneität der Handlung" 476; vgl. 473; s. Freiheit, Vernunft.

6. Absolute Spontaneität 474, 476,

Stammbegriffe, Stammregister des reinen Verstandes s. Elementarbegriffe; Stämme der Erkenntnis s. Erkenntnis; Stammleiter der Vernunftbegriffe 356.

Stoff in bezug auf Wahrnehmung, Gegenstand, Erkenntnis, Erfahrung 1, 2, 67, 102, 145, 196, 273, 595, 606, 680, 766, XXXIX A, A 1, A 374, A 375, A 382.
Subjekt.
1. Subjekt und Ich-Begriff. Außer der logischen Bedeutung des Ich haben wir „keine Kenntnis von dem Subjekte an sich selbst, was diesem, so wie allen Gedanken, als Substratum zum Grunde liegt" A 350; die rationale Seelenlehre gibt „das beständige logische Subjekt des Denkens für die Erkenntnis des realen Subjekts der Inhärenz" aus A 350, vgl. 421, 422; das Subjekt der Kategorien kann dadurch, „daß es diese denkt, nicht von sich selbst als einem Objekte der Kategorien einen Begriff bekommen" 422; durch das Ich denke ich mir zwar eine absolute, aber nur logische Einheit des Subjekts; ich erkenne dadurch nicht die wirkliche Einfachheit meines Subjekts A 356; das einfache Bewußtsein meiner ist „keine Kenntnis der einfachen Natur unseres Subjekts..." A 360; wir erkennen unser „eigenes Subjekt nur als Erscheinung, nicht aber nach dem, was es an sich selbst ist" 156; „daß das Ich der Apperzeption ... ein logisch einfaches Subjekt be zeichne, liegt schon im Begriffe des Denkens, ist folglich ein analytischer Satz" 407; „in allen Urteilen bin ich ... immer das bestimmende Subjekt desjenigen Verhältnisses, welches das Urteil ausmacht. Daß aber Ich, der ich denke, im Denken immer als Subjekt und als etwas, was nicht bloß wie Prädikat, das dem Denken anhänge, betrachtet werden kann, gelten müsse, ist ein apodiktischer und selbst identischer Satz..." 407; der Satz: ich denke im Sinne von: ich existiere denkend ist „nicht bloße logische Funktion, sondern bestimmt das Subjekt (welches dann zugleich Objekt ist) in Ansehung der Existenz..." 429; Paralogismus hinsichtlich des Subjektbegriffs 397, 398, 410 ff.; Identität des Subjekts (Kritik der Seelenlehre) 408; Bewußtsein der immateriellen Natur unseres denkenden Subjekts (Spiritualismus) 718; das Subjekt, welches Gegenstand des inneren Sinnes ist, kann nur als Erscheinung vorgestellt werden 68; „das Bewußtsein meiner selbst in der Vorstellung Ich ist gar keine Anschauung, sondern eine bloße intellektuelle Vorstellung der Selbsttätigkeit eines denkenden Subjekts" 278; es ist unmöglich, „diese notwendige Einheit des Subjekts, als die Bedingung

der Möglichkeit eines jeden Gedankens, aus der Erfahrung abzuleiten" A 353; „die Einfachheit aber der Vorstellung von einem Subjekt ist darum nicht eine Erkenntnis von der Einfachheit des Subjekts selbst" A 355.

2. Zusammenhang: Subjekt—Objekt. „Nun ist die Frage nicht mehr von der Gemeinschaft der Seele mit anderen bekannten und fremdartigen Substanzen außer uns, sondern bloß von der Verknüpfung der Vorstellungen des inneren Sinnes mit den Modifikationen unserer äußeren Sinnlichkeit, und wie diese unter einander nach beständigen Gesetzen verknüpft sein mögen, so daß sie in einer Erfahrung zusammenhängen" A 385, A 386.

3. Subjekt und Prädikat s. Prädikat, analytisch, synthetisch.

4. Subjektbegriff und Substanzbegriff. Substanz würde, „wenn man die sinnliche Bestimmung der Beharrlichkeit wegließe, nichts weiter als ein Etwas bedeuten, das als Subjekt (ohne ein Prädikat von etwas anderem zu sein) gedacht werden kann. Aus dieser Vorstellung kann ich nun nichts machen, indem sie mir gar nicht anzeigt, welche Bestimmungen das Ding hat, welches als ein solches erstes Subjekt gelten soll" 186, 187; Subjekt und Substanz im Paralogismus der rationalen Psychologie 410, 411; s. Paralogismen.

5. Absolutes, letztes Subjekt s. Substanz, Substantiale, Substratum.

6. Widerstreit der Realitäten in einem Subjekt (Gegenstand) s. Widerstreit.

7. Transzendentales Subjekt. Bewußtsein ist das einzige, „was alle Vorstellungen zu Gedanken macht, und worin mithin alle unsere Wahrnehmungen als dem transzendentalen Subjekte müssen angetroffen werden . . ." A 350; „es ist aber offenbar, daß das Subjekt der Inhärenz durch das dem Gedanken angehängte Ich nur transzendental bezeichnet werde . . . Es bedeutet ein Etwas überhaupt (transzendentales Subjekt), dessen Vorstellung allerdings einfach sein muß . . ." A 355 (Kritik des zweiten Paralogismus); s. Substantiale.

Subjektiv.

1. Subjektiv in kritischem Sinne [bedeutet: zur Eigengesetzlichkeit des Erkenntnisvermögens (Vernunft im weitesten Sinne) gehörig]. „Es sind drei subjektive Erkenntnisquellen, worauf die Möglichkeit einer Erfahrung überhaupt . . . beruht:

Sinn, Einbildungskraft und Apperzeption" A 115; synthetische
Einheit a priori wäre nicht möglich, „wären nicht in den ursprünglichen Erkenntnisquellen unseres Gemüts subjektive
Gründe solcher Einheit a priori enthalten, und wären diese
subjektiven Bedingungen nicht zugleich objektiv gültig, indem sie die Gründe der Möglichkeit sind, überhaupt ein Objekt in der Erfahrung zu erkennen" A 125—126; die [nach
dem gewöhnlichen Sprachgebrauch subjektive] Empfindung
ist „an sich gar keine objektive Vorstellung" 208; „die subjektiven Gesetze, unter denen allein eine Erfahrungserkenntnis von Dingen möglich ist" Pr. § 17, subjektive Untersuchung
der Vernunft selbst Pr. § 42, vgl. Kr. 864, 865; [an einzelnen
Stellen wird „subjektiv" im gewöhnlichen Sinne gebraucht].
*2. Subjektiv in bezug auf Zeit, Raum, Sinnlichkeit, Empfin-
dung.* Raum und Zeit bilden die „subjektive Beschaffenheit
der Sinnlichkeit" 323; subjektive Bedingungen 66, 42, 49;
Raum subjektive Vorstellung 44; Zeit subjektive Realität 53;
subjektive Beschaffenheit der Sinne 59, hinsichtlich Empfindung 44, A 28, A 29; subjektive Realität der Modifikationen
der Sinnlichkeit 242.
3. Subjektiv in bezug auf Verstand, Kategorie. Kategorien subjektive Bedingungen des Denkens 122; subjektive Quellen
188, A 115; subjektive Gründe A 125; subjektive und formale
Bedingungen 283, A 396; subjektive Seite der Deduktion
A XI.
4. Reflexionsbegriffe als subjektive Bedingungen 316.
5. Subjektive Einheit des Bewußtseins s. Bewußtsein, Apperzeption, vgl. 139.
6. Subjektiv in bezug auf Vernunft. Subjektive Realität der
reinen Vernunftbegriffe 397; subjektive Bedeutung eines
Grundsatzes der reinen Vernunft 544; subjektive Deduktion
der Ideen (Ableitung) 393; subjektive Grundsätze, Maximen
694, 708, 840; Vernunft (subjektiv) ein System 766; „subjektives Gesetz der Haushaltung mit dem Vorrate unseres
Verstandes" 362; vgl. 353, 354.
7. Subjektive Prinzipien der Willkür s. Wille, Willkür, vgl.
577.

Subordiniert, untergeordnet.
„Denn Akzidenzen sind (sofern sie einer einigen Substanz
inhärieren) einander koordiniert und machen keine Reihe aus.

In Ansehung der Substanz aber sind sie derselben eigentlich
nicht subordiniert, sondern die Art zu existieren der Substanz
selber" 441; die Reihe der über einander geordneten Ursachen
besteht als Reihe subordinierter Vorstellungen nur im dynamischen Regressus, nicht an sich selbst 533, 534; die Teile
des Raumes sind einander nicht untergeordnet, sondern beigeordnet; denn der Raum ist ein Aggregat und macht an sich
keine Reihe aus 439.

Subreption.

1. Begriff und Ursprung. [Subreption eine irrtümliche logische
Erschleichung 820 (ohne Absicht) einer vermeintlichen Erkenntnis (Denkfehler, Begriffsunterschiebung)]; ,,alle Fehler
der Subreption sind jederzeit einem Mangel der Urteilskraft,
niemals aber dem Verstande oder der Vernunft zuzuschreiben
671.

2. Die Subreptionen der Empfindung bestehen in der dogma-
tischen Annahme der naiven Weltansicht, daß Geschmack,
Geruch, Farbe, Wärme usw. objektive Bestimmungen der
Dinge sind, vgl. 53, 44, A 28, A 29.

3. Subreptionen hinsichtlich der Gesamterfahrung, Ideen. Mittels
einer transzendentalen Subreption wird ,,das empirische Prinzip unserer Begriffe der Möglichkeit der Dinge, als E r s c h e i-
n u n g e n, durch Weglassung dieser Einschränkung für ein
transzendentales Prinzip der Möglichkeit der Dinge überhaupt"
gehalten 610, 611; das bloß regulative formale Prinzip des
Ideals des höchsten Wesens wird hypostatisch gedacht 647;
Subreption des hypostasierten Bewußtseins A 402; einer Idee,
welche bloß zur Regel dient, wird objektive Realität beige-
messen 537; das Subjektive unserer Vorstellungen dem Objektiven, nämlich der Erkenntnis desjenigen, was am Gegenstande ist, unterschieben 819, vgl. 820.

Subsistenz.

Der reine Verstandesbegriff (Kategorie) der Inhärenz und Subsistenz (substantia et accidens) ist das erste Moment der Kategorie der Relation 106, Pr. § 21, gehört zur dynamischen
Kategorienklasse 110; Subsistenz bedeutet die ,,Notwendig-
keit davon . . ., daß dem Dasein der Dinge ein Subjekt zum
Grunde liege, das selbst kein Prädikat von irgendeinem anderen Dinge sein könne" Pr. § 27; Ausdehnung ist keine ,,auch
ohne unsere Sinnlichkeit subsistierende Eigenschaft äußerer

Dinge" A 384; das Substantiale „als Begriff vom Gegenstande
überhaupt, welcher, subsistiert, sofern man an ihm bloß das
transzendentale Subjekt ohne alle Prädikate denkt" 441;
Subsistenz heißt das Dasein der Substanz 230; s. Substanz,
Substantiale.

Substantia phaenomenon = Erscheinung, Gegenstand der sinnlichen Anschauung im Raume 321; „die Materie ist substantia
phaenomenon" 333; s. Phaenomenon.

Substantiale bedeutet nichts anderes, „als den Begriff vom
Gegenstande überhaupt, welcher subsistiert, so fern man
an ihm bloß das transzendentale Subjekt ohne alle Prädikate
denkt" 441; totum substantiale phaenomenon 469; das Substantiale und das Selbstbewußtsein Pr. § 46 vgl. § 43.

Substantialität und Kraftbegriff 251; erster Paralogismus:
der Substantialität (rationale Seelenlehre) A 348 ff.; vgl. A 365;
empirisches Kriterium der Substantialität 232; s. Paralogismen.

Substanz.

1. Verschiedene Bedeutung von „Substanz". Zunächst und
wesentlich bedeutet Substanz den kritischen Begriff der Substanz als eines reinen Verstandesbegriffs ohne jeden empirischen
Gehalt, d. i. die Kategorie; es wird aber an verschiedenen
Stellen auch von einer Substanz bzw. von Substanzen (vgl.
111, 231, 261, 279, 321, 330, 333, 706, A 385) im Sinne des
realen Gegenstandes im Raume gesprochen; aus dem Zusammenhang ist leicht zu ersehen, ob die Kategorie gemeint ist
oder die „substantia phaenomenon" 333, 321.

2. Kategorie, Schema, Grundsatz der Substanz (Beharrlichkeit).
Die Kategorie der Substanz: „Der Inhärenz und Subsistenz
(substantia et accidens)" 106, Pr. § 21, erstes Moment der
Kategorie der Relation, gehört zur dynamischen Klasse der
Kategorien 110; „das Schema der Substanz ist die Beharr-
lichkeit des Realen in der Zeit, d. i. die Vorstellung desselben
als eines Substratum der empirischen Zeitbestimmung über-
haupt, welches also bleibt, indem alles andere wechselt." 183;
Grundsatz der Beharrlichkeit der Substanz: „Bei allem
Wechsel der Erscheinungen beharrt die Substanz und das
Quantum derselben wird in der Natur weder vermehrt noch
vermindert" 224.

3. Substanz als Gegenstand, Erscheinung, im Raume. „Die

inneren Bestimmungen einer substantia phaenomenon im Raume nichts als Verhältnisse..." 321; „die Substanz im Raume kennen wir nur durch Kräfte..." 321; „die Materie ist substantia phaenomenon" 333; „alle Substanzen, so fern sie im Raume als zugleich wahrgenommen werden können, sind in durchgängiger Wechselwirkung" 256; Dasein der Dinge (Substanzen) 279; „Substanzen (in der Erscheinung) sind die Substrate aller Zeitbestimmungen" 231; „... Kausalität einer Substanz, welche Kraft genannt wird" 676; Substanz und Kausalität 259; „von jedem Dinge überhaupt kann ich sagen, es sei Substanz, so fern ich es von bloßen Prädikaten und Bestimmungen der Dinge unterscheide" A 349; „das beharrliche Objekt der sinnlichen Anschauung" 800; „beharrliches Bild der Sinnlichkeit" 553, 554.

4. Objektive Realität hat der Substanzbegriff (wie alle anderen Kategorien) nur durch empirische Anschauung 291; s. Kategorie, Grundsätze des reinen Verstandes, objektive Gültigkeit, Erfahrung; vgl. 126, 137, 159, 179, 194—197, 243, 256, 288, 296, 300, 304, 305, 327, 335, 345, 595, A 96, A 125, A 127—130, XXVI A, Pr. §§ 21, 25, 39.

5. Substanz und Zeit, Veränderung, Wechsel, Kausalität, Erfahrungseinheit. „Der Zeit also ... korrespondiert in der Erscheinung das Unwandelbare im Dasein, d. i. die Substanz, und bloß an ihr kann die Folge und das Zugleichsein der Erscheinungen der Zeit nach bestimmt werden" 183; Schema der Substanz ist „die Beharrlichkeit des Realen in der Zeit..." 183; „Substanzen (in der Erscheinung) sind die Substrate aller Zeitbestimmungen" 231; „nur in dem Beharrlichen sind also Zeitverhältnisse möglich ..., d. i. das Beharrliche ist das Substratum der empirischen Vorstellung der Zeit selbst, an welchem alle Zeitbestimmung allein möglich ist" 226; „die Beharrlichkeit drückt überhaupt die Zeit, als das beständige Korrelatum alles Daseins der Erscheinungen, alles Wechsels und aller Begleitung, aus" 226; „durch das Beharrliche allein bekommt das Dasein in verschiedenen Teilen der Zeitreihe nach einander eine Größe, die man Dauer nennt" 226; vgl. 225; „alle Zeitbestimmung setzt etwas Beharrliches in der Wahrnehmung voraus" 275, vgl. 277, 278; „bei allen Veränderungen in der Welt bleibt die Substanz, und nur die Akzidenzen wechseln" 227; „bei allem Wechsel der Er-

scheinungen beharrt die Substanz und das Quantum derselben wird in der Natur weder vermehrt noch vermindert"
224; Entstehen und Vergehen sind nicht Veränderungen desjenigen, was entsteht oder vergeht. Veränderung ist eine Art
zu existieren, welche auf eine andere Art zu existieren eben
desselben Gegenstandes erfolgt. Daher ist alles, was sich verändert, bleibend, und nur sein Zustand wechselt ..." 230;
wir können „in einem etwas paradox scheinenden Ausdruck
sagen: nur das Beharrliche (die Substanz) wird verändert,
das Wandelbare erleidet keine Veränderung, sondern einen
Wechsel, da einige Bestimmungen aufhören und andere
anheben" 231; s. Veränderung, Wechsel; „das erste Subjekt
der Kausalität alles Entstehens und Vergehens" 251; die
Kausalität einer Substanz wird Kraft genannt 676; „also
muß jede Substanz ... die Kausalität gewisser Bestimmungen
in der anderen und zugleich die Wirkungen von der Kausalität der anderen in sich enthalten ..." (Wechselwirkung)
259; „alle Substanzen, sofern sie im Raume als zugleich
wahrgenommen werden können, sind in durchgängiger Wechselwirkung" 256; „die Substanz im Raume kennen wir nur durch
Kräfte, die in demselben wirksam sind ..." (Anziehung,
Zurückstoßung usw.) 321; s. Kausalität; das Entstehen trifft
„nicht die Substanz (denn die entsteht nicht), sondern ihren
Zustand" 251; Schöpfung als Begebenheit unter den Erscheinungen kann nicht zugelassen werden; „indem ihre Möglichkeit allein schon die Einheit der Erfahrung aufheben
würde" 251; vgl. 229; 231, 232 Einheit der Zeit.
6. Substanz als Substrat, letztes Subjekt alles Wandelbaren. „Es
ist aber das Substrat alles Realen d. i. zur Existenz der Dinge
Gehörigen die Substanz, an welcher alles, was zum Dasein
gehört, nur als Bestimmung kann gedacht werden" 225; „weil
nun alle Wirkung in dem besteht, was geschieht, mithin im
Wandelbaren, was die Zeit der Sukzession nach bezeichnet,
so ist das letzte Subjekt desselben das Beharrliche, als das
Substratum alles Wechselnden, d. i. die Substanz" 250;
„Substanz, was in Beziehung auf die Anschauung das letzte
Subjekt aller anderen Bestimmungen sein muß" A 246; Sub-
stanz als Bedingung aller Verhältnisse 230; vgl. Pr. § 46;
Substrat alles Wechsels 225; s. Substantiale, Substratum.
7. Denkende Substanz, Seele. s. Seele, Ich, Paralogismen;

vgl. 402, 403, 407, 408, 874, A 348 ff., A 350, A 351, A 379, A 385, A 386.

8. Antinomie, zweiter Widerstreit. Thesis: „Eine jede zusammengesetzte Substanz in der Welt besteht aus einfachen Teilen ...“ 462; Antithesis 463.

9. Neue Begriffe von Substanzen, Kräften, ohne von Beispielen der Erfahrung auszugehen, sind lauter Hirngespinste 269.

10. Substanzgrundsatz widerstreitet nicht dem Begriff einer obersten Weltursache; denn dieser Grundsatz bezieht sich nur auf Erscheinungen, 229.

Substratum.

1. Raum. „Die bloße allgemeine Form der Anschauung, die Raum heißt, ist also wohl das Substratum aller auf besondere Objekte bestimmbaren Anschauungen ...“ Pr. § 38.

2. Zeit, Zeitbestimmung. „Folglich muß in den ... Erscheinungen das Substrat anzutreffen sein, welches die Zeit überhaupt vorstellt ...“ 225; „das Beharrliche ist das Substratum der empirischen Vorstellung der Zeit selbst, an welchem alle Zeitbestimmung allein möglich ist“ 226; das Beharrliche an den Erscheinungen das Substratum aller Zeitbestimmung 226; vgl. 183, 228, 231.

3. Die Substanz als Substrat alles Realen 225, alles Wechsels 225, 227.

4. Substratum der Materie „durch gar keine anzugebenden Prädikate“ erkennbar A 359.

5. Substratum der Erscheinungen. Beharrliche Erscheinung im Raume „das erste Substratum aller äußeren Wahrnehmung“ 340; etwaiges transzendentales Substratum äußerer Erscheinungen A 383; s. Ding an sich, Ursache, intelligibel, Substantiale, Noumenon.

6. Substratum der Akzidenzen das Ding (äußerer Gegenstand) selbst A 399, vgl. 339.

7. Substratum des denkenden Selbst (Ich) unbekannt A 383, vgl. A 350.

8. Höchstes Wesen, All an Realität das gemeinschaftliche Substratum aller Dinge 606, vgl. 724, 725, 603.

Subsumieren, Subsumtion.

Urteilskraft das Vermögen, unter Regeln zu subsumieren, d. i. zu unterscheiden, ob etwas unter einer gegebenen Regel stehe oder nicht 171; in allen Subsumtionen eines Gegenstandes unter einen Begriff muß der Begriff dasjenige enthalten, was in dem darunter zu subsumierenden Gegenstand vorgestellt wird 176; subsumieren im Vernunftschluß 360, 357; Urteilskraft und Subsumtion 304, 674, 171, 172; unter Verstandesbegriffe subsumieren 176, vgl. Pr. §§ 22, 25.

Sukzession.

1. Ursprung des Begriffs der Sukzession; Sukzession und Beharrliches, Substanzbegriff. ,,Bewegung, als Handlung des Subjekts ... folglich die Synthesis des Mannigfaltigen im Raume, wenn wir von diesem abstrahieren und bloß auf die Handlung Acht haben, dadurch wir den inneren Sinn seiner Form gemäß bestimmen, bringt sogar den Begriff der Sukzession zuerst hervor" 154, 155, nur in dem Beharrlichen (Substanz) sind Zeitverhältnisse (Simultaneität und Sukzession) möglich 226; ,,Veränderungen, d. i. ein sukzessives Sein und Nichtsein der Bestimmungen der Substanz 232.

2. Sukzession und Zeit, Zahl, innerer Sinn. ,,Wollte man der Zeit selbst eine Folge nach einander beilegen, so müßte man noch eine andere Zeit denken, in welcher diese Folge möglich wäre" 226; ,,denn der Wechsel trifft die Zeit selbst nicht, sondern nur die Erscheinungen in der Zeit ..." 226; allerdings sind die Teile der Zeit ,,alle nach einander" 226; ,,Simultaneität und Sukzession sind die einzigen Verhältnisse in der Zeit" 226; die Zahl ist eine Vorstellung, ,,die die sukzessive Addition von Einem zu Einem (Gleichartigen) zusammenbefaßt" 182; die Zahl ist ,,nichts anderes, als die Einheit der Synthesis des Mannigfaltigen einer gleichartigen Anschauung überhaupt, dadurch, daß ich die Zeit selbst in der Apprehension der Anschauung erzeuge" 182; s. Zeit; sukzessive Bestimmung des inneren Sinnes 154, s. innerer Sinn, Bestimmung.

3. Sukzession und Einbildungskraft, Synthesis, Apprehension, Kausalität, subjektive und objektive Folge. Die bloß sukzessive Verknüpfung der Vorstellungen ist ,,das Produkt eines synthetischen Vermögens der Einbildungskraft" 233; die empirische Synthesis ist ,,notwendig sukzessiv" 528; die Apprehension des Mannigfaltigen ist jederzeit sukzessiv 225, 234, 243, 235, 246; dadurch allein aber ist noch nicht das objektive Verhältnis der einander folgenden Erscheinungen bestimmt 234; die ,,Nötigung" durch die Verstandesregel der Kausalität ist es eigentlich, „was die Vorstellung einer Sukzession im Objekt allererst möglich macht" 242, die subjektive Folge von der objektiven unterscheidet 241, 242, vgl. 246, 249, 239, 240.

4. Das Schema der Ursache, Kausalität besteht „in der Sukzession des Mannigfaltigen, insofern sie einer Regel unterworfen ist" 183.

5. Sukzession und Veränderung s. Veränderung, vgl. 232, 233.

6. Ein Regressus ist sukzessive Synthesis 444, s. Regressus.

7. Reine Vernunft, als bloß intelligibles Vermögen, ist den Bedingungen der Zeitfolge nicht unterworfen 579, vgl. 567, 568, 581.

Supponieren, Supposition.
Supponiert per hypothesin, postuliert per thesin 661; Supposition von einem höchsten Wesen 707, vgl. 713, 714; suppositio relativa, absoluta hinsichtlich eines regulativen Prinzips 704.

Syllogismus, syllogistisch, s. Episyllogismus, Prosyllogismus; Lehre von den vier syllogistischen Figuren betrifft nur die kategorischen Vernunftschlüsse 141 A.

Symbolisch.
Die Buchstabenrechnung (Mathematik) ist eine symbolische Konstruktion 745; symbolischer Anthropomorphismus Pr. § 57 s. letzteren.

Synopsis des Mannigfaltigen a priori durch den Sinn A 94; der Synopsis korrespondiert jederzeit eine Synthesis A 97.

Synthesis.
1. Allgemeines über den Begriff der Synthesis. „Ich verstehe aber unter Synthesis in der allgemeinsten Bedeutung die Handlung, verschiedene Vorstellungen zu einander hinzuzutun, und ihre Mannigfaltigkeit in einer Erkenntnis zu begreifen" 103; Synthesis ist „dasjenige, was eigentlich die Elemente zu Erkenntnissen sammelt, und zu einem gewissen Inhalte vereinigt" 103; „die Synthesis überhaupt ist ... die bloße Wirkung der Einbildungskraft, einer blinden, obgleich unentbehrlichen Funktion der Seele ..." 104.

2. Reine und empirische Synthesis im allgemeinen. Eine Synthesis „ist rein, wenn das Mannigfaltige nicht empirisch, sondern a priori gegeben ist (wie das im Raum und in der Zeit)" 103; transzendental, also auch rein, ist die Synthesis, wenn sie „bloß auf die Verbindung des Mannigfaltigen a priori geht" A 118; Erfahrung, als empirische Synthesis, gibt aller anderen Synthesis Realität 196; empirische Synthesis ist die „Synthesis der Erscheinungen" 434.

3. Synthesis und reine Anschauung, Zeit, Raum, Mathematik s. letztere.

4. Synthesis und Verstand, Apperzeption, Vernunft. Alle Verbindung ist ein „Aktus der Spontaneität", eine „Verstandeshandlung, die wir mit der allgemeinen Benennung Synthesis belegen werden . . ." 130; diese Handlung (der Synthesis) ist „ursprünglich einig und für alle Verbindung gleichgeltend" 130; ein reiner Verstandesbegriff ist eine „Synthesis möglicher Anschauungen" 747, vgl. A 401; synthetische Einheit der Apperzeption s. Apperzeption; „die reine Synthesis, allgemein vorgestellt, gibt ñun den reinen Verstandesbegriff" 104; s. Verstand, Kategorie; die Vernunft sucht „von der bedingten Synthesis, an die der Verstand jederzeit gebunden bleibt, zur unbedingten aufzusteigen . . ." 390; Unbedingtes der kategorischen, hypothetischen, disjunktiven Synthesis 379; s. Idee, Vernunft, transzendentale Dialektik.

5. Synthesis und Einbildungskraft. „Die Synthesis überhaupt ist . . . die bloße Wirkung der Einbildungskraft . . ." 104; Affinität aller Erscheinungen ist „eine notwendige Folge einer Synthesis in der Einbildungskraft, die a priori auf Regeln gegründet ist" A 123; transzendentale Synthesis der Einbildungskraft, reine Synthesis A 118, A 119, A 123, A 124; s. Einbildungskraft.

6. Synthesis intellectualis ist die in der bloßen Kategorie gedachte transzendentale Synthesis 151, 152.

7. Synthesis speciosa, figürliche Synthesis ist die den inneren Sinn bestimmende 150, 152, 153, 154 „Synthesis des Mannigfaltigen der sinnlichen Anschauung, die a priori möglich und notwendig ist" 151; s. Einbildungskraft.

8. Synthesis und empirische Anschauung, Erfahrung. Eine Erkenntnis von Gegenständen beruht „lediglich auf der Synthesis der Vorstellungen" 194; Erfahrung ist eine „synthetische Verbindung der Anschauungen" 12, eine „Synthesis der Wahrnehmungen" 218, 792; Erfahrung eine empirische Synthesis 196; Erfahrung beruht auf der synthetischen Einheit der Erscheinungen 195, besteht in der synthetischen Verknüpfung der Erscheinungen (Wahrnehmungen) Pr. § 22;

s. Anschauung, Wahrnehmung, Erfahrung, Apprehension, Erkenntnis.

9. Willkürliche Synthesis in den mathematischen Begriffen enthalten 757.

10. Regressive, progressive Synthesis s. regressiv, progressiv, Regressus, Progressus.

Synthetisch.

I. Synthetische Einheit des Bewußtseins s. Bewußtsein, Apperzeption, Verstand.

II. Die Arten der synthetischen Urteile. 1. Synthetische Urteile a priori: a) durch den Verstand; zu diesen gehören zunächst die Grundsätze des reinen Verstandes als Bedingungen möglicher Erfahrung, ferner auch die Urteile der reinen Mathematik und reinen Naturwissenschaft; b) durch die Vernunft; die Ideen sind synthetische Sätze a priori, freilich ohne objektive Gültigkeit, vgl. 691, 708, 764. — 2. Synthetische Urteile a posteriori, d. i. Erfahrungsurteile, s. diese.

III. Unterschied der synthetischen und analytischen Urteile. „In allen Urteilen, worinnen das Verhältnis eines Subjekts zum Prädikat gedacht wird, . . . ist dieses Verhältnis auf zweierlei Art möglich. Entweder das Prädikat B gehört zum Subjekt A als etwas, was in diesem Begriffe A (verstreckter Weise) enthalten ist; oder B liegt ganz außer dem Begriff A, ob es zwar mit demselben in Verknüpfung steht. Im ersten Fall nenne ich das Urteil analytisch, in dem anderen synthetisch." 10; analytische Urteile kann man Erläuterungsurteile, synthetische Urteile Erweiterungsurteile heißen 11; vgl. Pr. § 2; Kr. A 8, 667, 749, 792, 189ff., 193ff.

IV. Synthetische Urteile a priori. 1. Das Faktum dieser Urteile. „Wir sind wirklich im Besitz synthetischer Erkenntnis a priori, wie dieses die Verstandesgrundsätze . . . dartun" 790; synthetische Sätze a priori sind „mit unstreitiger Gewißheit wirklich gegeben" Pr. § 5; „in allen theoretischen Wissenschaften der Vernunft sind synthetische Urteile a priori als Prinzipien enthalten" 14; vgl. 15, 17, 18. — 2. Oberster Grundsatz aller synthetischen Urteile; ihre Möglichkeit. „Das oberste Prinzipium aller synthetischen Urteile ist also: ein jeder Gegenstand steht unter den notwendigen Bedingungen der synthetischen Einheit des Mannig-

faltigen der Anschauung in einer möglichen Erfahrung" 197;
„wenn man von einem Begriffe synthetisch urteilen soll, so
muß man aus diesem Begriffe hinausgehen, und zwar zur
Anschauung [reinen oder empirischen], in welcher er gegeben
ist" 749, vgl. 792, 793; das „Medium aller synthetischen
Urteile" 194, 315; die Möglichkeit synthetischer Urteile a
priori 197, Pr. §§ 2, 5; „alle synthetische Erkenntnis a priori
nur dadurch möglich, daß sie die formalen Bedingungen einer
möglichen Erfahrung ausdrückt" 666; eigentliche Aufgabe der
reinen Vernunft: „Wie sind synthetische Urteile a priori
möglich?" 19ff., Pr. § 5. — 3. S y n t h e t i s c h e E r k e n n t n i s
a p r i o r i d u r c h V e r s t a n d u n d V e r n u n f t s. Grundsätze
des reinen Verstandes, Idee, Zeit, Raum, Mathematik, a
priori. — 4. S y n t h e t i s c h e S ä t z e a p r i o r i a u s r e i n e r
V e r n u n f t vgl. 764 weder beweisbar, noch zu widerlegen, s.
Beweis.

V. Synthetisches Urteil und Existenzbegriff, Erfahrung, s.
Existenz, Erfahrung.

VI. Synthetischer Satz und mundus intelligibilis 461, Unbedingtes 364.

VII. Synthetische und analytische Methode in der Kritik und
den Prolegomenen, vgl. Pr. Vorrede, §§ 4, 5.

System, systematisch.
*1. Vernunft als System, systematische Einheit, selber system-
bildend.* „Denn unsere Vernunft (subjektiv) ist selbst ein
System, aber in ihrem reinen Gebrauche, vermittelst bloßer
Begriffe, nur ein System der Nachforschung nach Grundsätzen
der Einheit, zu welcher E r f a h r u n g allein den Stoff hergeben
kann" 766; „die Vernunfteinheit ist die Einheit des Systems,
und diese systematische Einheit dient . . . als Maxime, um sie
[Vernunfteinheit] über alles mögliche empirische Erkenntnis
der Gegenstände zu verbreiten" 708; Vernunft kann dem
empirischen Verstandesgebrauch systematischen Zusammenhang geben 708; Vernunft sucht das Systematische der Erkenntnis zustandezubringen, d. i. den Zusammenhang derselben aus einem Prinzip 673; Vernunft setzt „eine gewisse
kollektive Einheit zum Ziele der Verstandeshandlungen" 672;
„die menschliche Vernunft ist ihrer Natur nach architektonisch,
d. i. sie betrachtet alle Erkenntnisse als gehörig zu einem möglichen System . . ." 502; das architektonische Interesse der

Vernunft fordert „reine Vernunfteinheit a priori" 503; vgl.
Pr. § 56; die systematische oder Vernunfteinheit der mannigfaltigen Verstandeserkenntnisse ist ein logisches Prinzip 676;
vgl. 692, 688, 709, 719, 720, 860; s. Architektonik der reinen
Vernunft.

2. *System und Wissenschaft*, s. letztere.

3. *System der Grundsätze des reinen Verstandes* 187 ff.

4. *System der Zwecke*, s. Zweck.

5. *System der Freiheit* 843, s. Freiheit.

6. *System der Transzendentalphilosophie*, s. letztere.

7. *Das Systematische der Naturerkenntnis* erst möglich durch
das transzendentale Gesetz von der Kontinuität der Arten,
lex continui in natura 688.

T

Tätig, Tätigkeit.

Einbildungskraft als „tätiges Vermögen" A 120; nach seinem
intelligiblen Charakter würde der Mensch als tätiges Wesen
in seinen Handlungen von aller Naturnotwendigkeit unabhängig und frei sein 569; Freiheit als absolute Selbsttätigkeit
446; Handlung, Tätigkeit, Kraft, Kausalität, Substanz 250,
251; s. Spontaneität.

Taler.

„Hundert wirkliche Taler enthalten nicht das Mindeste mehr,
als hundert mögliche" 627 (Erörterung des Existenzbegriffes).

Tautologie, tautologisch.

Auf alle das Ich betreffende Fragen kann man nur „tauto-
logische Beantwortungen" geben A 366; Möglichkeit, Dasein,
Notwendigkeit nur durch „offenbare Tautologie" erklärbar
302; der Satz: cogito, ergo sum (Cartesius) ist tautologisch:
denn cogito = ich existiere denkend A 355.

Täuschung, s. Irrtum, Schein, Sinn, Sinnlichkeit, Illusion,
focus imaginarius.

Teil, Teilung.

1. *Raum, Zeit und ihre Teile*, s. Zeit, Raum; vgl. 211, 439,
440, 463, 466, 468.

2. *Vorstellung der Teile in extensiver Größe*, s. extensiv, vgl. 203.

3. *Teil und Kontinuität.* „Die Eigenschaft der Größen, nach

welcher an ihnen kein Teil der kleinstmögliche (kein Teil einfach) ist, heißt die Kontinuität derselben" 211.

4. Der äußere Gegenstand und seine Teile. Jede Erscheinung ist „als Anschauung eine extensive Größe, indem sie nur durch sukzessive Synthesis (von Teil zu Teil) in der Apprehension erkannt werden kann" 204; vgl. Antinomie, Thesis 462, Antithesis 463; „die Menge der Teile in einer gegebenen Erscheinung ist an sich weder endlich noch unendlich, weil Erscheinung nichts an sich selbst Existierendes ist, und die Teile allererst durch den Regressus der dekomponierenden Synthesis und in demselben gegeben werden, welcher Regressus niemals schlechthin g a n z weder als endlich, noch als unendlich gegeben ist" 533; vgl. Pr. § 52 c.

5. Teilung als bloße Regel eines Regressus. „. . . so ist die Realität im Raume, d. i. die Materie, ein Bedingtes, dessen innere Bedingungen seine Teile und die Teile der Teile die entfernten Bedingungen sind, so daß hier eine regressive Synthesis stattfindet, deren absolute Totalität die Vernunft fordert . . ." 440; vgl. 533, 540, 541, 551, 552, 554, 555.

Teleologie, teleologisch.

Teleologie soll bloß dazu dienen, „um die Natureinheit nach allgemeinen Gesetzen zu ergänzen" 720; mit Bezug auf das Ideal eines Philosophen „ist Philosophie die Wissenschaft von der Beziehung aller Erkenntnis auf die wesentlichen Zwecke der menschlichen Vernunft (teleologia rationis humanae)" 867; es kann vorkommen, daß wir da, wo wir einen teleologischen Zusammenhang (nexus finalis) erwarteten, nur einen mechanischen oder physischen (nexus effectivus) antreffen 715; teleologische Verknüpfung als regulatives Prinzip 719, vgl. 714, 715, 716.

Theist.

Der Theist nimmt eine „natürliche Theologie" 659 an und glaubt „einen lebendigen Gott" 661, einen „Welturheber" 660, der Deist nur eine Weltursache überhaupt.

Theologie.

1. Gegenstand der Theologie ist „das Ding, welches die oberste Bedingung der Möglichkeit von allem, was gedacht werden kann, enthält (das Wesen aller Wesen)" 391; Theologie Erkenntnis des Urwesens 659.

2. Theologia revelata aus Offenbarung 659.

3. Theologia rationalis 874 aus bloßer Vernunft teilt sich in die **transzendentale** und die **natürliche** Theologie 659.

4. Die transzendentale Theologie denkt sich ihren Gegenstand „bloß durch reine Vernunft, vermittelst lauter transzendentaler Begriffe (ens originarium, realissimum, ens entium)" 659; der Anhänger der transzendentalen Theologie heißt Deist 659; der Deist gibt zu, daß wir das Dasein eines Urwesens durch bloße Vernunft erkennen können, wovon aber unser Begriff bloß transzendental sei; das Urwesen hat alle Realität, ist aber nicht näher zu bestimmen 659; Urgrund aller Dinge eine „WelturBsache" 659; der Gegenstand einer transzendentalen Theologie ist das „Ideal der reinen Vernunft" 608; vgl. 392 theologia transcendentalis, vgl. 668 beständige Zensur unserer Vernunft; Deist glaubt einen Gott, Theist einen „lebendigen Gott" 661; Frage nach Gott im Sinne der transzendentalen Theologie 723 ff., s. Deismus.

5. Die natürliche Theologie denkt sich das Urwesen „durch einen Begriff, den sie aus der Natur (unserer Seele) entlehnt hat, als die höchste Intelligenz" 659; Anhänger der natürlichen Theologie heißt Theist 659; die natürliche Theologie glaubt, das Urwesen nach der Analogie mit der Natur näher bestimmen zu können, „als ein Wesen, das durch Verstand und Freiheit den Urgrund aller anderen Dinge in sich enthalte" 659, als „Welturheber" 660, als „lebendigen Gott" 661, vgl. 71; die natürliche Theologie teilt sich in die Physikotheologie und Moraltheologie 660.

6. Physikotheologie heißt die natürliche Theologie, wenn sie von dieser Welt zur höchsten Intelligenz aufsteigt, als dem Prinzip aller **natürlichen** Ordnung und Vollkommenheit 660; s. Physikotheologie.

7. Moraltheologie heißt die natürliche Theologie, wenn sie von dieser Welt zur höchsten Intelligenz aufsteigt, als dem Prinzip aller **sittlichen** Ordnung und Vollkommenheit 660; s. Moraltheologie.

8. Kritik aller Theologie aus spekulativen Prinzipien der Vernunft 659 ff.

Theoretischer und praktischer Vernunftgebrauch 661; theoretische Erkenntnis 869, 661; theoretisch erkennen XXIX; theoretisches Fürwahrhalten 853; theoretische Erkenntnis unserer selbst, 426; theoretische Wissenschaften 14.

Thesis s. Antinomie, Thesis, Antithesis 454 ff.; postuliert per thesin, supponiert per hypothesin 661.

Thetik „ein jeder Inbegriff dogmatischer Lehren" 448; s. Antithetik.

Tierische Willkür (arbitrium brutum) 562, 830; beim Menschen freie Willkür (arbitrium liberum); leblose oder bloß „tierischbelebte Natur" kein Vermögen der Freiheit 574.

Tollens; modus tollens 818, 819, s. ponens.

Topik.

1. Topik der Logik 86.

2. Transzendentale Topik. Die Stelle, welche wir einem Begriffe entweder in der Sinnlichkeit oder im reinen Verstande erteilen, heißt der „transzendentale Ort" 324; transzendentale Topik ist „die Beurteilung dieser Stelle, die jedem Begriffe nach Verschiedenheit seines Gebrauchs zukommt, und die Anweisung nach Regeln, diesen Ort allen Begriffen zu bestimmen" 324; die transzendentale Topik enthält „vier Titel aller Vergleichung und Unterscheidung" 325, nämlich: Einerleiheit und Verschiedenheit; Einstimmung und Widerstreit; Inneres und Äußeres; Bestimmbares und Bestimmung (Materie, Form) 317 ff.; s. Amphibolie der Reflexionsbegriffe.

3. Topik der rationalen Seelenlehre 402, s. Paralogismen.

4. Logische Topik des Aristoteles 324, 107, Pr. § 39.

5. Logischer Ort. „Man kann einen jeden Begriff, einen jeden Titel, darunter viele Erkenntnisse gehören, einen logischen Ort nennen" 324.

Totalität.

1. Totalität als qualitative Vollständigkeit eines Begriffs 114.

2. Totalität, absolute, unbedingte der regressiven Synthesis, des Regressus hinsichtlich der Ideen. Allheit (universitas) oder Totalität der Bedingungen 379; „der Schritt zu der absoluten Totalität ist durch den empirischen Weg ganz und gar unmöglich" 656; Vernunft sucht die absolute Totalität der Bedingungen nur im Regressus, nicht im Progressus 438; absolute Totalität 434, 436, 440, 515, 525, 533, 534, 571, 656, 801; unbedingte Totalität 434, 490, 509, 787.

Totum.

„Den Raum sollte man eigentlich nicht Compositum, sondern Totum nennen, weil die Teile desselben nur im Ganzen und nicht das Ganze durch die Teile möglich ist" 466; totum substantiale phaenomenon der empirisch angeschaute Gegenstand (als Ganzes) im Raume 469.

Trägheit als Begriff der Naturwissenschaft ist kein reiner Begriff, sondern aus der Erfahrung abgezogen Pr. § 15; desgl. die Begriffe der Bewegung, Undurchdringlichkeit u. a. m.

Transzendent.

1. Begriff des Transzendenten; unterschieden von transzendental. „. . . die Ausdehnung der Prinzipien möglicher Erfahrung auf die Möglichkeit der Dinge überhaupt ist eben sowohl transzendent, als die Behauptung der objektiven Realität solcher Begriffe, welche ihre Gegenstände nirgend als außerhalb der Grenze aller möglichen Erfahrung finden können" 809; ein Grundsatz, der die Schranken der Erfahrung „wegnimmt, ja gar sie zu überschreiten gebietet, heißt transzendent" 353; transzendente Begriffe d. i. bloß denken und dichten 497; transzendente Erkenntnisse: glänzender, aber trüglicher Schein 730; „überfliegend" in Ansehung der gesamten möglichen Erfahrung 352, 671; transzendente Begriffe „übersteigen die Grenze aller Erfahrung" 384; transzendental und transzendent sind nicht einerlei 352; eine t r a n s z e n d e n t a l e Erkenntnis a priori ist gerade die B e d i n g u n g m ö g l i c h e r Erfahrung, s. transzendental.

2. Transzendenz hinsichtlich des Verstandes. Grundsätze, welche die Grenzen möglicher Erfahrung „überfliegen sollen" sind transzendent; die Grundsätze des reinen Verstandes sind nur von immanentem Gebrauch 352, 353, vgl. 809; s. Verstand, Kategorie, Gebrauch.

3. Transzendenz hinsichtlich der Vernunft. „Denn nicht die Idee an sich selbst, sondern bloß ihr Gebrauch kann . . . transzendent oder . . . immanent sein" 671; es sind die Ideen, welche dem Verstande (Vernunft) einen „transzendenten Gebrauch ablocken" Pr. § 45; transzendente Vernunft 731; vgl. 873; der objektive Gebrauch der reinen Vernunftbegriffe ist transzendent 383, vgl. 384; transzendente Grundsätze der reinen Vernunft 365; transzendente Ideen 593; Zensur der Vernunft gegen transzendenten Gebrauch der Grundsätze 788.

Transzendental.

1. Transzendentale Hauptfrage der Kritik: „Wie sind synthetische Sätze a priori möglich?" Pr. § 5.

2. Begriff der transzendentalen Erkenntnis. „Ich nenne alle

Erkenntnis transzendental, die sich nicht sowohl mit Gegenständen, sondern mit unserer Erkenntnisart von Gegenständen, sofern diese a priori möglich sein soll, überhaupt beschäftigt" 25; das Wort „transzendental" bedeutet „niemals eine Beziehung unserer Erkenntnis auf Dinge, sondern nur aufs Erkenntnisvermögen Pr. § 13 A III; transzendental bedeutet etwas, was „zu nichts Mehrerem bestimmt ist, als lediglich Erfahrungserkenntnis möglich zu machen" Pr. Anhang: Probe eines Urteils usw.; transzendentale Erkenntnis eine solche, „woraus die Möglichkeit anderer synthetischer Erkenntnisse a priori eingesehen werden kann" 40; transzendental ist die „Untersuchung der Möglichkeit einer jeden Erfahrung 401; „Synthetische Sätze, die auf Dinge überhaupt, deren Anschauung sich a priori gar nicht geben läßt, gehen, sind transzendental," 748; „der Unterschied des Transzendentalen und Empirischen gehört also nur zur Kritik der Erkenntnisse und betrifft nicht die Beziehung derselben auf ihren Gegenstand" 81; ein jeder transzendentale Satz geht „bloß von einem Begriffe aus und sagt die synthetische Bedingung der Möglichkeit des Gegenstandes nach diesem Begriffe" 815.

3. Transszendentale Erörterung, Deduktion. Transzendentale Erörterung ist „die Erklärung eines Begriffs als eines Prinzips, woraus die Möglichkeit anderer synthetischer Erkenntnisse a priori eingesehen werden kann" 40; eine transzendentale Betrachtung hat es bloß mit Begriffen zu tun 586; eine transzendentale Deduktion ist allgemein: „die Erklärung der Art, wie sich Begriffe a priori auf Gegenstände beziehen können" 117; in der transzendentalen Deduktion der Kategorien ist „die Möglichkeit derselben als Erkenntnisse a priori von Gegenständen einer Anschauung überhaupt dargestellt" 159.

4. Transszendental und a priori. Zu beachten ist: „daß nicht eine jede Erkenntnis a priori, sondern nur die, dadurch wir erkennen, daß und wie gewisse Vorstellungen (Anschauungen oder Begriffe) lediglich a priori angewandt werden, oder möglich sind, transzendental (d. i. die Möglichkeit der Erkenntnis oder der Gebrauch derselben a priori) heißen müsse" 80; „nur die Erkenntnis, daß diese Vorstellungen [z. B. Raum, Zeit] gar nicht empirischen Ursprungs sind, und die Möglichkeit, wie sie sich gleichwohl a priori auf Gegenstände der Erfahrung beziehen können, kann transzendental heißen" 81; Prädikate transzendental erwägen, ,,d. i. nach ihrem Inhalte, der an ihnen a priori gedacht werden kann" 602; die Einheit der Apperzeption heißt transzendental, ,,um die Möglichkeit der Erkenntnis a priori aus ihr zu bezeichnen" 132; das Bewußtsein a priori der durchgängigen Identität unserer selbst hinsichtlich aller Vorstellungen ist das ,,transzendentale Prinzip der Einheit alles Mannigfaltigen unserer Vorstellungen . . ." A 116; s. Apperzeption.

5. Transzendental und Notwendigkeit, Gesetzmäßigkeit der Erkenntnis. ,,Aller Notwendigkeit liegt jederzeit eine transzendentale Bedingung zum Grunde" A 106; s. Notwendigkeit; die Einheit der Apperzeption ist ,,der transzendentale Grund der notwendigen Gesetzmäßigkeit aller Erscheinungen in einer Erfahrung" A 127.

6. Der Unterschied des Transzendentalen und des Empirischen gehört nur ,,zur Kritik der Erkenntnisse und betrifft nicht die Beziehung derselben auf ihren Gegenstand" 81.

7. Transzendentaler und empirischer Gebrauch der Kategorien s. Kategorie, Gebrauch.

8. Beweise für transzendentale Sätze s. Beweis, Grundsätze des reinen Verstandes, vgl. 666, 814 ff, 642.

9. Transzendental und transzendent s. transzendent, vgl. 352, 353.

10. Transzendentaler Grund ist ein solcher, der bloß dem reinen Verstande denkbar ist 724; transzendentaler Grund der Gesetzmäßigkeit aller Erscheinungen A 127; s. Grund, Ursache, intelligibel, Substrat, Erscheinung, Welt, Gott, All der Realität.

11. Transzendentale Wahrheit eines Begriffes ist seine objektive Realität 269, vgl. 185.

12. Transzendentaler Inhalt. Der Verstand bringt, ,,vermittelst der synthetischen Einheit des Mannigfaltigen in der Anschauung überhaupt, in seine Vorstellungen einen transzendentalen Inhalt, weswegen sie reine Verstandesbegriffe heißen . . ." 105.

13. Transzendentale Realität, die subjektive, der Ideen beruht darauf, daß wir ,,durch einen notwendigen Vernunftschluß auf solche Ideen gebracht werden" 397, s. Idee.

14. Dynamisch - transzendentale, mathematisch - transzendentale Ideen s. Idee, dynamisch.

15. Verwechselung der logischen u. transszendentalen Möglichkeit 638.

Transszendentale Ästhetik, der erste Teil der „Transszendentalen Elementarlehre" der Kritik der reinen Vernunft, ist keine „Kritik des Geschmacks", keine „kritische Beurteilung des Schönen" 35 A, sondern „eine Wissenschaft von allen Prinzipien der Sinnlichkeit a priori" 35, „die Wissenschaft der Regeln der Sinnlichkeit überhaupt" 76; sie enthält „die Prinzipien . . ., nach welchen Raum und Zeit die Bedingungen der Möglichkeit aller Dinge als Erscheinungen sind . . ." 188; vgl. Pr. §§ 32, 36; „wir haben in der transszendentalen Ästhetik hinreichend bewiesen, daß alles, was im Raume oder der Zeit angeschaut wird, . . . nichts als Erscheinungen, d. i. bloße Vorstellungen sind, die . . . außer unseren Gedanken keine an sich gegründete Existenz haben" 518, 519; die Sinnlichkeit geht nicht auf Dinge an sich selbst, sondern nur auf die Art, „wie uns, vermöge unserer subjektiven Beschaffenheit, Dinge e r s c h e i n e n. Dies war das Resultat der ganzen transzendentalen Ästhetik" A 251; vgl. A 357; Bestätigung der Lehren der transzendentalen Ästhetik durch die Antinomie der reinen Vernunft 534, 535; vgl. „Gegenprobe" XIX, XX.

Transzendentale Analytik.
Die beiden Hauptteile der Kritik der reinen Vernunft sind die transzendentale Elementarlehre und die transzendentale Methodenlehre; die Elementarlehre enthält die transzendentale Ästhetik und die transzendentale Logik; die transzendentale Logik teilt sich in die transzendentale Analytik und die transzendentale Dialektik; die transzendentale Analytik gliedert sich wiederum in die „Analytik der Begriffe" und die „Analytik der Grundsätze". „Der Teil der transzendentalen Logik also, der die Elemente der reinen Verstandeserkenntnis vorträgt, und die Prinzipien, ohne welche überall kein Gegenstand g e d a c h t werden kann, ist die transzendentale Analytik, und zugleich eine L o g i k d e r W a h r h e i t" 87, vgl. 170; die transzendentale Analytik enthält die Ableitung und Deduktion der Kategorien, den Schematismus, das System der Grundsätze, das Hauptstück über· Phaenomena und Noumena, ferner die „Amphibolie der Reflexionsbegriffe"; Resultat der transzendentalen Analytik 303, vgl. 90, 91, 170, 171, 377, 378, 730, 731.

Transzendentale Antithetik 448 ff., s. Antithetik.

Transzendentale Apperzeption s. Apperzeption.

Transzendentale Bejahung s. Bejahung, Sachheit, Realität.

Transzendentaler Beweis s. Beweis, Grundsätze des reinen Verstandes; vgl. 814 ff.

Transzendentales Bewußtsein s. Bewußtsein; vgl. A 117 Anm.

Transzendentale Deduktion s. Deduktion, Kategorie.

Transzendentale Dialektik, die zweite Abteilung der „Transzendentalen Logik", handelt vom transzendentalen (dialektischen, 88) Schein, der durch gewisse dialektische Schlüsse als „natürliche und unvermeidliche Illusion" 354 erzeugt wird. Die transzendentale Dialektik, als „eine Kritik dieses dialektischen Scheines" 88, soll den Schein transzendenter Urteile 354 aufdecken, die in der rationalen Lehre von Seele, Welt und Gott ausgesprochen sind; es sind Urteile, die keine bestimmte objektive Gültigkeit, sondern nur eine „subjektive Notwendigkeit" 353 haben. — Die Vernunft, in ihrem Bestreben, die mannigfaltigen Verstandeserkenntnisse „auf die kleinste Zahl der Prinzipien (allgemeiner Bedingungen) zu bringen und dadurch die höchste Einheit derselben zu bewirken" 361 gelangt auf dem Wege des Prosyllogismus 364 zu der Forderung des Unbedingten zu dem „bedingten Erkenntnisse des Verstandes" 364; diese logische Maxime führt zur Annahme: „wenn das Bedingte gegeben ist, so sei auch die ganze Reihe einander untergeordneter Bedingungen . . . gegeben" 364; diese Reihe müsse mithin selbst unbedingt sein 364; diese Annahme ist ein synthetischer Grundsatz der reinen Vernunft 364, freilich „in Ansehung aller Erscheinungen transzendent" 365. — Das Verhältnis eines Schlußsatzes zu seinem Obersatz ist dreifach, nämlich (entsprechend den Urteilen der Relation) in kategorischem, hypothetischem, disjunktivem Sinne. Entsprechend den drei Arten des Verhältnisses 379, die der Verstand in den Kategorien denkt (Substanz, Kausalität, Gemeinschaft), wird es auch so vielerlei reine Vernunftbegriffe geben: 1. ein Unbedingtes der kategorischen Synthesis, 2. ein Unbedingtes der hypothetischen Synthesis, 3. ein Unbedingtes der disjunktiven Synthesis; innerhalb jeder dieser drei Synthesen schreitet nun die Vernunft fort (durch dialektische Schlüsse, Prosyllogismen) 1. zum Subjekt, das selbst nicht mehr Prädikat ist, 2. zur Voraussetzung,

die selber nichts mehr voraussetzt, 3. zu einem Aggregat der
Glieder der Einteilung, zu welchem nichts weiter erforderlich
ist, um die Einteilung eines Begriffs zu vollenden 379, 380.
Da ferner das Allgemeine aller Beziehung, die unsere Vorstellungen haben können, folgendes ist: 1. das Verhältnis
oder die Beziehung auf das Subjekt, 2. das Verhältnis zum
Mannigfaltigen des Objekts in der Erscheinung, 3. zu allen
Dingen überhaupt, und da es alle Begriffe der reinen Vernunft
„mit der unbedingten synthetischen Einheit aller Bedingungen
überhaupt zu tun haben 391, so wird es drei Klassen von transzendentalen Ideen geben: 1. absolute Einheit des denkenden
Subjekts, 2. absolute Einheit der Reihe der Bedingungen der
Erscheinung, 3. absolute Einheit der Bedingung aller Gegenstände des Denkens überhaupt, 391. „Das denkende Subjekt ist der Gegenstand der Psychologie, der Inbegriff aller
Erscheinungen (die Welt) der Gegenstand der Kosmologie,
und das Ding, welches die oberste Bedingung der Möglichkeit von allem, was gedacht werden kann, enthält (das Wesen
aller Wesen), der Gegenstand der Theologie" 391. So gibt
die reine Vernunft die Idee zu einer transzendentalen (rationalen) Seelenlehre, zu einer „transzendentalen Welt-
wissenschaft" und einer „transzendentalen Gotteser-
kenntnis" an die Hand, 391, 392. — Obiger Einteilung entsprechend gibt es drei Klassen von dialektischen Vernunftschlüssen: 1. transzendentaler Paralogismus, 2. Antinomie
der reinen Vernunft, 3. Ideal der reinen Vernunft 397, 398.
— Über „das Resultat der ganzen transzendentalen Dialektik" 708ff.; „von der Endabsicht der natürlichen Dialektik
der menschlichen Vernunft" 697ff.; über die Einteilung der
Dialektik Pr. § 43; „vorläufige Bemerkung zur Dialektik der
reinen Vernunft" Pr. § 45, vgl. §§ 46—56. — S. Idee, Vernunft,
Paralogismen, Antinomie, Ideal der reinen Vernunft, Kosmologie, Freiheit, Seele, Gott, Schema, Dialektik, dialektisch.

Transzendentales Ding.
Die Vernunft kann die Idee der systematischen Einheit in
der Verknüpfung aller Dinge der Sinnenwelt nicht anders
denken, als daß sie dieser Idee, als bloß regulativem Prinzip,
einen Gegenstand gibt, der aber in keiner Erfahrung gegeben
werden kann: ein bloßes Schema jenes regulativen Prinzips,
ein Vernunftwesen 709, ein „transzendentales Ding" 710.

Transzendentale Doktrin der Urteilskraft (oder Analytik der Grundsätze 176) ist ein „Kanon für die Urteilskraft . . .", der sie lehrt, die Verstandesbegriffe, welche die Bedingung zu Regeln a priori enthalten, auf Erscheinungen anzuwenden" 171; diese Doktrin enthält 175 den Schematismus und das System der Grundsätze des reinen Verstandes; s. Doktrin.

Transzendentaler Dualismus s. Dualismus, vgl. A 367, A 376, A 379, A 380, 389, 391.

Transzendentale Einbildungskraft s. Einbildungskraft.

Transzendentale Freiheit s. Freiheit.

Transzendentaler Gebrauch s. Kategorie, Idee, Gebrauch.

Transzendentaler Gegenstand (transzendentales Objekt).

1. Als Korrelat der Einheit der Apperzeption. Die Erscheinungen, als bloße Vorstellungen, bezieht „der Verstand auf ein Etwas, als den Gegenstand der sinnlichen Anschauung; aber dieses Etwas ist in so fern nur das transzendentale Objekt . . . = X, wovon wir gar nichts wissen . . ., sondern welches nur als ein Correlatum der Einheit der Apperzeption zur Einheit des Mannigfaltigen in der sinnlichen Anschauung dienen kann, vermittelst deren der Verstand dasselbe in den Begriff eines Gegenstandes vereinigt" A 250; vgl. A 109.

2. Transzendentaler Gegenstand keine Substanz oder reale Größe. Das transzendentale Objekt „weder als Größe, noch als Realität, noch als Substanz usw." zu denken 344; nicht Erscheinung 344; unbekannt, ob in uns oder außer uns anzutreffen 344; unbekannt „sowohl in Ansehung der inneren als äußeren Anschauung" A 372; kein Gegenstand der Erkenntnis A 251; dessen Realität anzunehmen wir nicht berechtigt sind 593, 594; keine Realität 707; Beschaffenheit unbekannt 506 A; weder Materie noch ein denkend Wesen an sich selbst A 379, A 380.

3. Transzendentaler Gegenstand und Beziehung auf den Gegenstand. Der Verstand bezieht die anschaulichen Vorstellungen „auf ein Etwas, als den Gegenstand der sinnlichen Anschauung; aber dieses Etwas ist in so fern nur das transzendentale Objekt . . . = X, wovon wir gar nichts wissen . . ." A 250; „nur die Vorstellung der Erscheinungen unter dem Begriffe eines Gegenstandes überhaupt, der durch das Mannigfaltige derselben bestimmbar ist" A 251; „der reine Begriff von diesem transzendentalen Gegenstande (der wirklich bei allen unseren Erkenntnissen immer einerlei = X ist) ist das, was allen unseren empirischen Begriffen überhaupt Beziehung auf einen Gegenstand, d. i. objektive Realität verschaffen kann" A 109; der Begriff vom transzendentalen Gegenstand betrifft nur die Einheit in einem Mannigfaltigen, „sofern es in Beziehung auf einen Gegenstand steht" A 109.

4. Transzendentaler Gegenstand und Kategorie. Keine Kategorie anwendbar 707, 344, 345, 593, 594, 506—507 A, vgl. 304.

5. Der nichtempirische transzendentale Gegenstand = X (Synthesis der Rekognition) A 109, A 104 ff.

6. Transzendentales Objekt als Grenzbegriff (Noumenon) 344, 345.

7. Transzendentales Ding s. dieses (nicht identisch mit dem transzendentalen Gegenstand).

8. Transzendentaler Gegenstand als Substrat, Grund, Ursache der Erscheinungen, Materie 333, 344, 593, 594, 566, 567, 572, 573, 641, 522, A 379, A 380, A 393, A 394.

9. Transzendentaler Gegenstand und Ding an sich sind nicht identisch; s. Ding an sich.

10. Seele, „ein Name für den transzendentalen Gegenstand des inneren Sinnes" A 361.

11. Gottesbegriff als transzendentaler Gegenstand 707.

Transzendentaler Grund s. Grund.

Transzendentale Hypothese s. Hypothese.

Transzendentaler Idealismus s. Idealismus.

Transzendentale Idee s. Idee, transzendentale Dialektik.

Transzendentale Logik s. Logik, Analytik, transzendentale Analytik.

Transzendentale Methodenlehre s. Methode, Methodenlehre.

Transzendentales Objekt s. transzendentaler Gegenstand.

Transzendentaler Ort s. Topik; vgl. 324, 325.

Transzendentalphilosophie.

1. Begriff, Problemkreis, Methode der Transzendental-Philosophie. „Sie ist das System aller Prinzipien der reinen Vernunft" 27; „eine Weltweisheit der reinen bloß spekulativen Vernunft" 29; „die Idee einer Wissenschaft, wozu die Kritik der reinen Vernunft den ganzen Plan . . . entwerfen soll" 27; die ganze Transzendental-Philosophie selbst nichts anderes, als „bloß die vollständige Auflösung der . . . Frage": „Wie sind synthetische Erkenntnisse a priori möglich?" Pr. § 5;

Grundsätze, Grundbegriffe der Moralität gehören nicht zur
Transzendental-Philosophie 28, 29, 829 A; „das eigentümliche
Geschäft" der Transzendental-Philosophie ist „Zergliederung
des Verstandesvermögens selbst, um die Möglichkeit der Begriffe a priori dadurch zu erforschen, daß wir sie im Verstande
allein, als ihrem Geburtsorte, aufsuchen und dessen reinen
Gebrauch überhaupt analysieren" 90; sogar die Möglichkeit
der Mathematik muß in der Transzendental-Philosophie ge-
zeigt werden 761; die Transzendental-Philosophie „betrachtet
nur den Verstand und Vernunft selbst in einem System aller
Begriffe und Grundsätze, die sich auf Gegenstände überhaupt
beziehen . . ." 873; Transzendental-Philosophie hat es lediglich
mit reinen Erkenntnissen a priori zu tun 829 A; die Frage von
der Möglichkeit der Freiheit ficht die Psychologie zwar an,
muß aber die Transzendental-Philosophie beschäftigen, da sie
auf dialektischen Argumenten beruht 563.

2. Die Kritik der reinen Vernunft ist noch kein eigentliches
System der Transzendental-Philosophie 25, 26, 27.

3. Alle Fragen der Transzendental-Philosophie auflösbar. Es
gibt Wissenschaften, in denen jede Frage „schlechthin be-
antwortlich sein muß, weil die Antwort aus denselben Quellen
entspringen muß, aus denen die Frage entspringt . . ." 504;
die Transzendental-Philosophie hat das Eigentümliche, „daß
gar keine Frage, welche einen der reinen Vernunft gegebenen
Gegenstand betrifft . . . unauflöslich sei . . ., weil eben derselbe
Begriff, der uns in den Stand setzt, zu fragen, durchaus uns
auch tüchtig machen muß, auf diese Frage zu antworten, indem der Gegenstand außer dem Begriffe gar nicht angetroffen
wird" 505, vgl. 506, 507, 723, 509, 510; „von den transzendentalen Aufgaben der reinen Vernunft, in so fern sie schlechterdings müssen aufgelöst werden können" 504 ff.

Transzendentaler Realismus s. Realismus.

Transzendentale Realität s. Realität (Realität und Idee).

Transzendentale Reflexion s. Amphibolie der Reflexionsbegriffe.

Transzendentaler Schein s. Schein, Transzendentale-Dialek-
tik, Idee.

Transzendentales Subjekt s. Subjekt.

Transzendentale Synthesis s. Synthesis, Einbildungskraft,
Apperzeption.

Transszendentale Topik s. Topik.

Transszendentale Überlegung s. Amphibolie der Reflexionsbegriffe, vgl. 316, 317, 319, 325, 351.

Transszendentale Urteilskraft s. Urteilskraft.

Transszendentale Verneinung s. Verneinung.

Transszendentale Wahrheit eines reinen Verstandesbegriffs (Kategorie) ist seine objektive Realität 269, vgl. 185.

Traum.

1. Traum und empirische Wahrheit, Wirklichkeit. ,,In dem Raume aber und der Zeit ist die empirische Wahrheit der Erscheinungen genugsam gesichert und von der Verwandtschaft mit dem Traume hinreichend unterschieden, wenn beide nach empirischen Gesetzen in einer Erfahrung richtig und durchgängig zusammenhängen" 520, 521; ,,der Unterschied aber zwischen Wahrheit und Traum wird nicht durch die Beschaffenheit der Vorstellungen, die auf Gegenstände bezogen werden, ausgemacht, denn die sind in beiden einerlei, sondern durch die Verknüpfung derselben nach den Regeln, welche den Zusammenhang der Vorstellungen in dem Begriffe eines Objekts bestimmen, und wiefern sie in einer Erfahrung beisammen stehen können oder nicht" Pr. § 13 A III; vgl. Kr. 479, A ~76.

2. Träumender Idealismus Pr. § 13 A III.

Trugschluß.

,,Der logische Schein ... (der Schein der Trugschlüsse) entspringt lediglich aus einem Mangel der Achtsamkeit auf die logische Regel" 353; s. Schein, vgl. Kants Logik (Jäsche) § 90.

Tugendlehre kann ,,niemals eine wahre und demonstrierte Wissenschaft abgeben ..., weil sie empirische und psychologische Prinzipien bedarf" 79.

Tun und Lassen.

Die Metaphysik der Sitten enthält ,,die Prinzipien, welche das Tun und Lassen a priori bestimmen und notwendig machen" 869, vgl. 835.

U

Übel.

Nach Leibniz sind „alle Übel nichts als Folgen von den Schranken der Geschöpfe, d. i. Negationen, weil diese das einzige Widerstreitende der Realität sind" 329; Kant weist nach, daß hier eine Verwechslung des logischen Widerstreits mit dem realen vorliegt 329, 330.

Überhaupt.

[Alle Termini mit dem Zusatz „überhaupt", wie z. B. Natur überhaupt, Erfahrung überhaupt, Sinnlichkeit überhaupt, Objekt überhaupt, Anschauung überhaupt, Mannigfaltiges überhaupt, Ding überhaupt, beziehen sich nicht auf empirische Erkenntnisse oder Gegenstände, sondern stets auf reine die empirische Erkenntnis erst begründende Elemente des Anschauens oder des Denkens.]

Überlegung,

reflexio, transzendentale Überlegung, zu welcher Erkenntniskraft (Sinnlichkeit oder Verstand) ein Begriff gehört 316, 317, 319, 325, 351, s. Amphibolie der Reflexionsbegriffe, vgl. 316—319, 324, 325.

Übernatürlich

s. Assistenz, hyperphysisch, intelligibel, Kausalität, Freiheit, Gott, Idee, prästabilierte Harmonie.

Überredung.

Hat ein „Fürwahrhalten" 848 „nur in der besonderen Beschaffenheit des Subjekts seinen Grund, so wird es Überredung genannt. Überredung ist ein bloßer Schein, weil der Grund des Urteils, welcher lediglich im Subjekte liegt, für objektiv gehalten wird. Daher hat ein solches Urteil auch nur Privatgültigkeit . . ." 848, vgl. 849, 850.

Überzeugung.

1. Logische Überzeugung. Wenn das Fürwahrhalten „für jedermann gültig ist, so fern er nur Vernunft hat, so ist der Grund desselben objektiv hinreichend, und das Fürwahrhalten heißt alsdann Überzeugung 848; „das sowohl subjektiv als objektiv zureichende Fürwahrhalten" heißt das Wissen. Die subjektive Zulänglichkeit heißt Überzeugung (für mich selbst), die objektive Gewißheit (für jederman) 850; „ich kann nichts behaupten, d. i. als ein für jedermann notwendig gültiges Urteil aussprechen, als was Überzeugung wirkt" 850; s. meinen, wissen, glauben.

2. *Überzeugung und moralische Gewißheit* 857.

Unabhängig in bezug auf: Mensch (intelligibler Charakter) 569; Welt (Regressus) 533; Freiheit, intelligibel 569, 581, 582, 592, 831; Erfahrung, Sinnlichkeit, Anschauung (Erkenntnisse a priori, Mathematik usw.) 2, 3, 4, 8, 117, 119, 121, 137, 144, 538, 740, 799, A 1, A 2, A 391, Pr. §§ 4, 6, 36; Gegenstand, Materie A 252, A 369, A 391; Mannigfaltiges unabhängig vom Verstande gegeben 68, 122, 123, 132, 145, 508, 609, 610, A 127, A 375 (Erdichtung).

Unbedingt, Unbedingtes.

1. Begriff und Ursprung des Unbedingten. In jedem Vernunftschluß „sucht die Vernunft in ihrem logischen Gebrauche die allgemeine Bedingung ihres Urteils (des Schlußsatzes), und der Vernunftschluß ist selbst nichts anderes als ein Urteil, vermittelst der Subsumtion seiner Bedingung unter eine allgemeine Regel (Obersatz). Da nun diese Regel wiederum eben demselben Versuche der Vernunft ausgesetzt ist . . . vermittelst eines Prosyllogismus . . . so sieht man wohl, der eigentümliche Grundsatz der Vernunft überhaupt (im logischen Gebrauche) sei: zu dem bedingten Erkenntnisse des Verstandes das Unbedingte zu finden, womit die Einheit desselben vollendet wird" 364; das Problem, die Idee des Unbedingten, der absoluten Totalität 443, 444) der Reihe der Bedingungen überhaupt „liegt doch in der Vernunft, unangesehen der Möglichkeit oder Unmöglichkeit, ihr adäquat empirische Begriffe zu verknüpfen" 444; „denn das, was uns notwendig über die Grenze der Erfahrung und aller Erscheinungen zu gehen treibt, ist das Unbedingte, welches die Vernunft . . . verlangt" XX; drei Arten des Unbedingten: der kategorischen, hypothetischen, disjunktiven Synthesis 379 ff., s. transzendentale Dialektik, Idee, Paralogismen, Antinomie, Ideal der reinen Vernunft; die Totalität der Bedingungen (zu jedem Bedingten) oder das Unbedingte ist der „gemeinschaftliche Titel aller Vernunftbegriffe" 380; das Unbedingte ist „jederzeit in der absoluten Totalität der Reihe, wenn man sie sich in der Einbildung vorstellt, enthalten" 444, „welches niemals in der Erfahrung, sondern nur in der Idee angetroffen wird" 436.

2. Das Unbedingte und Naturursache, Naturnotwendigkeit. „Da heißt nun die Bedingung von dem, was geschieht, die Ursache, und die unbedingte Kausalität der Ursache in der Erscheinung die Freiheit, die bedingte dagegen heißt im engeren Verstande Naturursache. Das Bedingte im Dasein überhaupt heißt zufällig und das Unbedingte notwendig. Die unbedingte Notwendigkeit der Erscheinungen kann Naturnotwendigkeit heißen" 447; s. Notwendigkeit, Natur, Kausalität, Freiheit.

3. Das Unbedingte als problematischer Begriff. „Das absolute Ganze der Reihe von Bedingungen zu einem gegebenen Bedingten ist jederzeit unbedingt, weil außer ihr [ihm, dem Ganzen] keine Bedingungen mehr sind . . . Allein dieses absolute Ganze einer solchen Reihe ist nur eine Idee oder vielmehr ein problematischer Begriff . . ." 445 A.

4. Die Begriffe des Unbedingten als Ideen der reinen Vernunft sind die denkende Natur, Seele (710, Psychologie, Paralogismen); der Weltbegriff überhaupt (712, Kosmologie, Antinomie); die Idee von Gott (713, Theologie, Ideal der reinen Vernunft; s. Idee; über Ableitung des Unbedingten als transzendentaler Idee (Vernunftbegriff) 377 ff.

5. Das Unbedingte und der Begriff der Erfahrung. Die Vernunft erzeugt eigentlich keinen Begriff, sondern macht den Verstandesbegriff „von der unvermeidlichen Einschränkung einer möglichen Erfahrung frei" und führt ihn „über die Grenzen des Empirischen, doch aber in Verknüpfung mit demselben" 435; Fortsetzung der empirischen Synthesis bis zum Unbedingten, welches aber niemals in der Erfahrung angetroffen wird 436; Vernunft schwingt sich zu den „erhabenen Ideen" (dem Unbedingten) auf, „indem sie von dem Felde der Erfahrungen anhebt" 491; Idee bloße „Richtschnur des empirischen Gebrauchs der Vernunft" 703; „unter Erscheinungen keine Bedingung, die selbst empirisch unbedingt wäre" 559 A.

6. Das Selbstbewußtsein überhaupt ist „Bedingung aller Einheit und doch selbst unbedingt" A 401.

Unbewußtsein = „psychologische Dunkelheit", absoluter Mangel an Bewußtsein; es ist keine Wahrnehmung möglich, welche einen absoluten Mangel an Bewußtsein bewiese Pr. § 24.

Unding.

Eine als „für sich bestehende Realität" angenommene Zeit ist ein Unding 71; leerer Raum und leere Zeit sind Undinge

461; „der Gegenstand eines Begriffs, der sich selbst widerspricht, ist Nichts, weil der Begriff Nichts ist, das Unmögliche, wie etwa die geradlinige Figur von zwei Seiten (nihil negativum) 348; das Unding ist der Möglichkeit entgegengesetzt, indem sogar schon der Begriff sich aufhebt; ein Gedankending ist zwar auch nicht unter die Möglichkeiten (für uns) zu zählen 347, aber doch an sich darum nicht für unmöglich auszugeben.

Undurchdringlichkeit.

1. Kein ganz reiner Begriff des Verstandes. „. . . nicht ganz rein und von Erfahrungsquellen unabhängig ist: als der Begriff der Bewegung, der Undurchdringlichkeit . . . der Trägheit" Pr. § 15.

2. Der empirische Begriff der Materie beruht auf der Undurchdringlichkeit Pr. § 15; Undurchdringlichkeit ist das Korrelat der Materie als empirischer Anschauung 278; „eine beharrliche Erscheinung im Raume (undurchdringliche Ausdehnung)" enthält lauter Verhältnisse 340; Ausdehnung und Undurchdringlichkeit machen zusammen den Begriff von Materie aus 646.

3. Undurchdringlichkeit und Kraftbegriff. „Daher sind alle realen Eigenschaften, dadurch wir Körper erkennen, lauter Akzidenzen, sogar die Undurchdringlichkeit, die man sich immer nur als die Wirkung einer Kraft vorstellen muß, dazu uns das Subjekt fehlt" Pr. § 46; „die Substanz im Raume kennen wir nur durch Kräfte, die in demselben wirksam sind, entweder andere dahin zu treiben (Anziehung) oder vom Eindringen in ihn abzuhalten (Zurückstoßung und Undurchdringlichkeit) . . ." 321, 646.

4. Undurchdringlichkeit und Körper, Einheit der Erscheinungen. Undurchdringlichkeit, Ausdehnung, Gestalt gehören zu den analytischen Merkmalen des Begriffs: Körper (nicht aber die Schwere) 12, A 8; „in der Tat ist auch Ausdehnung und Undurchdringlichkeit . . . das oberste empirische Prinzipium der Einheit der Erscheinungen" 646.

5. Ohne Undurchdringlichkeit sich eine neue Art von Substanz vorzustellen, ist keine erlaubte Hypothese 798.

Unendlich, Unendlichkeit.

1. Der mathematische und der transzendentale Begriff des Unendlichen; das Unendliche und der Zahlbegriff. Unendlich ist

eine Größe, über die keine größere (d. i. über die darin ent-
haltene Menge einer gegebenen Einheit) möglich ist 458;
unter einem unendlichen Ganzen wird „nicht vorgestellt, wie
groß es sei, mithin ist sein Begriff auch nicht der Begriff eines
Maximum, sondern es wird dadurch nur sein Verhältnis zu
einer beliebig anzunehmenden Einheit, in Ansehung deren
dasselbe größer ist als alle Zahl, gedacht" 458, 460; der Begriff einer Zahl ist „nicht immer möglich, wo die Begriffe der
Menge und der Einheit sind (z. B. in der Vorstellung des
Unendlichen)" 111; „von einer geraden Linie kann man mit
Recht sagen, sie könne ins Unendliche verlängert werden,
und hier würde die Unterscheidung des unendlichen und des
unbestimmbar weiten Fortgangs ... eine leere Subtilität
sein" 539; „der wahre (transzendentale) Begriff der Unendlichkeit ist, daß die sukzessive Synthesis der Einheit in der
Durchmessung eines Quantum niemals vollendet sein kann"
460; „dieses [Quantum] enthält dadurch eine Menge (von
gegebener Einheit), die größer ist als alle Zahl; welches der
mathematische Begriff des Unendlichen ist" 460 A.

2. Regulatives Prinzip hinsichtlich eines unendlichen Regressus.
Hinsichtlich des Weltbegriffs überhaupt bleibt „für die reine
Vernunft nichts übrig, als Natur überhaupt und die Vollständigkeit der Bedingungen in derselben nach irgend einem
Prinzip. Die absolute Totalität der Reihen dieser Bedingungen
in der Ableitung ihrer Glieder ist eine Idee, die zwar im empirischen Gebrauche der Vernunft niemals völlig zu Stande
kommen kann, aber doch zur Regel dient, wie wir in Ansehung derselben verfahren sollen, nämlich in der Erklärung
gegebener Erscheinungen (im Zurückgehen oder Aufsteigen)
so, als ob die Reihe an sich unendlich wäre d. i. in indefinitum ..." 712, 713.

3. Unendlichkeit im Regressus der Teilung s. Teil, Teilung,
vgl. 541, 542, 554, 555.

4. Unendlichkeit in bezug auf Zeit, Raum, Welt s. Zeit, Raum,
Welt, vgl. Pr. § 52, Kr. 549, 550, 40, 47, 48.

5. Unendlichkeit und Artbegriff 684, 689.

6. Unendliche Urteile s. Urteil, vgl. 95, 97.

7. Lauter transzendentale Prädikate sind die Begriffe der Unendlichkeit, Ewigkeit ohne Bedingungen der Zeit ..." 669,
670.

Unerforschlich bleiben uns „viele Kräfte der Natur, die ihr Dasein durch gewisse Wirkungen äußern", ebenso das „den Erscheinungen zum Grunde liegende transzendentale Objekt" 641, 642; vgl. 333, 334; transzendentale Aufgaben der reinen Vernunft müssen schlechterdings aufgelöst werden können 504, 505, 506; s. Frage, Beweis, Transzendental-Philosophie, Gewißheit, Natur.

Unglaube ist „jederzeit gar sehr dogmatisch" XXX.

Universalitas.
„Demnach restringieren wir in der Konklusion eines Vernunftschlusses ein Prädikat auf einen gewissen Gegenstand, — nachdem wir es vorher in dem Obersatz in seinem ganzen Umfange unter einer gewissen Bedingung gedacht haben. Diese vollendete Größe des Umfanges, in Beziehung auf eine solche Bedingung, heißt die A l l g e m e i n h e i t (Universalitas). Dieser entspricht in der Synthesis der A n s c h a u u n g e n die A l l h e i t (universitas) oder Totalität der Bedingungen" 378, 379; vgl. 600 A.

Universitas s. Universalitas.

Unlauterkeit in der menschlichen Natur, seine wahre Gesinnungen zu verhehlen und angenommene vorzutäuschen (auch in bloß spekulativen Urteilen) 775, 776.

Unmöglichkeit.
Der reine Verstandesbegriff der Unmöglichkeit ist das Korrelat zur Kategorie der Möglichkeit 106, gehört mit dieser zur dynamischen Klasse 110 der Kategorien .— „Darin besteht . . . das logische Merkmal der Unmöglichkeit eines Begriffs, daß unter desselben Voraussetzung zwei widersprechende Sätze zugleich falsch sein würden, mithin, weil kein Drittes zwischen ihnen gedacht werden kann, durch jenen Begriff gar nichts gedacht wird" Pr. § 52 b; „denn ich kann mir nicht den geringsten Begriff von einem Dinge machen, welches, wenn es mit allen seinen Prädikaten aufgehoben würde, einen Widerspruch zurück ließe; und ohne den Widerspruch habe ich durch bloße reine Begriffe a priori kein Merkmal der Unmöglichkeit" 623, 624; s. Möglichkeit.

Unsterblichkeit.
Unvermeidliche Aufgaben der reinen Vernunft sind G o t t, F r e i h e i t und U n s t e r b l i c h k e i t 7; „die Endabsicht, worauf die Spekulation der Vernunft im transzendentalen Gebrauche

zuletzt hinausläuft, betrifft drei Gegenstände: die Freiheit des Willens, die Unsterblichkeit der Seele, und das Dasein Gottes" 826; ,,die Metaphysik hat zum eigentlichen Zwecke ihrer Nachforschung nur drei Ideen: Gott, Freiheit und Unsterblichkeit" 395 A; die Vernunft, als praktisches Vermögen, ist an sich selbst, ohne auf die Bedingungen der Naturordnung eingeschränkt zu sein, berechtigt, die Ordnung der Zwecke ,,und mit ihr unsere eigene Existenz über die Grenzen der Erfahrung und des Lebens hinaus zu erweitern" 425; einen ,,weisen Urheber und Regierer" der intelligiblen (moralischen) Welt ,,samt dem Leben in einer solchen Welt, die wir als eine künftige ansehen müssen, sieht sich die Vernunft genötigt, anzunehmen oder die moralischen Gesetze als leere Hirngespinste anzusehen" 839; der Mensch fühlt sich innerlich dazu berufen, ,,sich durch sein Verhalten in dieser Welt", mit Verzichtleistung ,,auf viele Vorteile zum Bürger einer besseren, die er in der Idee hat, tauglich zu machen" 426; ,,dieser mächtige, niemals zu widerlegende Beweisgrund" bleibt ,,immer noch übrig, wenn wir es gleich aufgeben müssen, die notwendige Fortdauer unserer Existenz aus der bloß theoretischen Erkenntnis unserer selbst einzusehen" 426, vgl. 421; Pr. §§ 47, 48; ,,Befugnis, ja gar die Notwendigkeit der Annehmung eines künftigen Lebens . . ." 424; theoretisch kann nicht ,,auf die besondere Beschaffenheit des künftigen Zustandes Rechnung gemacht werden, weil unser Begriff einer unkörperlichen Natur bloß negativ ist" 826, 827; Unsterblichkeit ist weder zu beweisen noch zu widerlegen 769, 770, vgl. 781, A 393, 394; doktrinaler Unsterblichkeitsglaube 853, 854; praktisches Interesse, daß ,,mein denkendes Selbst einfacher und daher unverweslicher Natur" sei 494, vgl. 491 (unteilbare und unzerstörliche Einheit); Hoffnung eines künftigen Lebens als Naturanlage XXXII.

Untersatz s. Vernunftschluß, Obersatz, minor, vgl. 101, 360, 361, 386.

Unwissenheit.

Hinsichtlich der Fragen der Transzendental-Philosophie darf nicht etwa eine ,,unvermeidliche Unwissenheit" vorgeschützt werden 505, s. Frage, Transzendental-Philosophie; Unwissenheit, Mangel an Gelehrsamkeit, ist noch keineswegs ein Zeichen von Dummheit; ,,der Mangel an Urteilskraft ist eigentlich

das, was man Dummheit nennt" vgl. 172 A, 173 A; die Astronomie hat uns „den Abgrund der Unwissenheit" aufgedeckt . . .,
den die menschliche Vernunft ohne diese Kenntnis sich niemals so groß hätte vorstellen können 603 A; „der Unwissende
hat keinen Begriff von seiner Unwissenheit, weil er keinen Begriff von der Wissenschaft hat" 603; „das Bewußtsein meiner
Unwissenheit . . . statt daß es meine Untersuchungen endigen
sollte, ist vielmehr die eigentliche Ursache, sie zu erwecken.
Alle Unwissenheit ist entweder die der Sachen oder der Bestimmung und Grenzen meiner Erkenntnis" 786; wir sind
in völliger Unwissenheit wegen der Existenz eines Urwesens
607; die „durch Kritik der Vernunft selbst allein mögliche Erkenntnis seiner Unwissenheit ist also Wissenschaft"
786; der Skeptizismus ein Grundsatz „einer kunstmäßigen
und scientifischen Unwissenheit" 451; der Skeptizismus kann
uns „gar überall" nichts versprechen, „auch nicht einmal
den Ruhestand einer erlaubten Unwissenheit" Pr. § 4.

Urbild aller Vernunft (Gott) 700, 701; Ideal des Philosophen
als Urbild 867; Ideal der reinen Vernunft, All der Realität als
Urbild (Prototypon) aller Dinge 606, s. Ideal der reinen Vernunft; ein Ideal dient „zum Urbilde der durchgängigen Bestimmung des Nachbildes" 597, vgl. 374.

Urgrund der Welteinheit 725; höchstes Wesen als Urgrund
von Allem 669; Idee (Plato) des göttlichen Verstandes als
Urgrund aller Nachbilder in der Erscheinung 596.

Urheber,
Der Verstand ist durch seine Begriffe a priori selbst der „Urheber der Erfahrung" 127; Welturheber 660, 725 s. Gott.

Ursache.
1. Kategorie, Schema, Grundsatz s. Kausalität; Allgemeines:
„Daher der Synthesis der Ursache und Wirkung auch eine
Dignität anhängt, die man gar nicht empirisch ausdrücken
kann, nämlich daß die Wirkung nicht bloß zu der Ursache
hinzu komme, sondern durch dieselbe gesetzt sei und aus
ihr erfolge" 124; der Begriff der Ursache besagt, daß etwas
so beschaffen sei, „daß, wenn es gesetzt ist, dadurch auch etwas
Anderes notwendig gesetzt werden müsse" Pr. Vorrede;
in der Welt als Natur „heißt nun die Bedingung von dem,
was geschieht, die Ursache" 447; in der dynamischen Reihe
der Veränderungen der Sinnenwelt steht „eine jede unter

einer anderen als ihrer Ursache" 587; der Begriff einer Ursache ist „nichts anderes, als eine Synthesis (dessen, was in der Zeitreihe folgt, mit anderen Erscheinungen) nach Begriffen . . ." A 112.

2. Beim Schluß von der Wirkung auf die Ursache bleibt es immer zweifelhaft, „ob die letztere in uns oder außer uns sei" A 372; der Schluß „aus gegebenen Wirkungen auf bestimmte Ursachen" ist unzuverlässig 276, ist unsicher, „weil die Wirkung aus mehr als einer Ursache entsprungen sein kann" A 368, vgl. 663; s. Wirkung.

3. Ursache und Zeit. Die synthetische Einheit, als Bedingung a priori, unter der ich das Mannigfaltige einer Anschauung überhaupt verbinde, ist die „Kategorie der Ursache, durch welche ich, wenn ich sie auf meine Sinnlichkeit anwende, alles, was geschieht, in der Zeit überhaupt seiner Relation nach bestimme" 163; der Begriff der Ursache ist eine Synthesis dessen, was in der Zeitreihe folgt, mit anderen Erscheinungen A 112; „demnach ist die Zeitfolge allerdings das einzige empirische Kriterium der Wirkung in Beziehung auf die Kausalität der Ursache, die vorhergeht" 249; „vermittelst des Begriffs der Ursache gehe ich wirklich aus dem empirischen Begriffe von einer Begebenheit (da etwas geschieht) heraus . . . zu den Zeitbedingungen überhaupt . . ." 750 A; die Kausalität der Erscheinungen beruht auf Zeitbedingungen 560.

4. Ursache und Erfahrung, Notwendigkeit. „Daß alles, was geschieht, eine Ursache habe, kann gar nicht aus dem Begriffe dessen, was überhaupt geschieht, geschlossen werden; vielmehr zeigt der Grundsatz, wie man allererst von dem, was geschieht, einen bestimmten Erfahrungsbegriff bekommen könne" 357; durch die Kategorie der Ursache, wenn ich sie auf meine Sinnlichkeit anwende, bestimme ich „alles, was geschieht, in der Zeit überhaupt seiner Relation nach" 163; vermittelst des Begriffs der Ursache gehe ich aus dem empirischen Begriffe einer Begebenheit heraus „zu den Zeitbedingungen überhaupt, die in der Erfahrung dem Begriffe der Ursache gemäß gefunden werden möchten" 750 A; wir können „völlig a priori, aber in Beziehung auf ein drittes, nämlich mögliche Erfahrung, also doch a priori das Gesetz der Verknüpfung mit anderen Dingen erkennen" 794; die Kategorie der Ursache dient dazu, eine dynamische Verknüpfung, „wo sie in der Erfahrung angetroffen wird, zu verstehen" 798; das Kriterium der Notwendigkeit liegt „lediglich in dem Gesetze der möglichen Erfahrung . . ., daß alles, was geschieht, durch seine Ursache in der Erscheinung a priori bestimmt sei" 280; im Begriff einer Ursache ist der Begriff einer Notwendigkeit der Verknüpfung mit einer Wirkung und einer strengen Allgemeinheit der Regel enthalten 5; jede Ursache setzt eine Regel voraus, darnach gewisse Erscheinungen als Wirkungen folgen, und jede Regel erfordert eine Gleichförmigkeit der Wirkungen, die den Begriff der Ursache (als eines Vermögens) gründet, welchen wir seinen empirischen Charakter heißen können 577, vgl. 567, 574.

5. Ursache und Synthesis. Der Begriff einer Ursache ist „nichts anderes, als eine Synthesis (dessen, was in der Zeitreihe folgt, mit anderen Erscheinungen)' nach Begriffen" A 112; der Begriff der Ursache bedeutet „;eine besondere Art der Synthesis . . ., da auf etwas A was ganz verschiedenes B nach einer Regel gesetzt wird" 122; die Kategorie der Ursache ist die „synthetische Einheit, als Bedingung a priori, unter der ich das Mannigfaltige einer Anschauung überhaupt verbinde, wenn ich von der beständigen Form meiner inneren Anschauung, der Zeit, abstrahiere" 163.

6. Ursache und Kausalität. Kausalität einer Ursache ist der Zustand der Ursache, in welchem sie wirkt Pr. § 53; jede wirkende Ursache muß „einen Charakter haben, d. i. ein Gesetz ihrer Kausalität, ohne welches sie gar nicht Ursache sein würde" 567; es ist „die Kausalität der Ursache dessen, was geschieht oder entsteht, auch entstanden und bedarf nach dem Verstandesgrundsatze selbst wiederum einer Ursache" 560, 561, vgl. 570; in der Welt als einem dynamischen Ganzen „heißt nun die Bedingung von dem, was geschieht, die Ursache, und die unbedingte Kausalität der Ursache in der Erscheinung die Freiheit, die bedingte dagegen heißt im engeren Verstande Naturursache" 447; die Zeit zwischen der Kausalität der Ursache und deren unmittelbaren Wirkung kann verschwindend (sie also zugleich) sein; aber das Verhältnis der einen zur anderen bleibt doch immer der Zeit nach bestimmbar" 248; Kausalität der Ursache d. i. „die Handlung, da sie in der Zeit vorhergeht" 570, vgl. 483 A, 253, 572, s. Kausalität.

7. Ursache und Daseinsbegriff, Existenz s. Dasein, Existenz, vgl. 264.

8. Ursache und hypothetisches Urteil. ,,Die Möglichkeit eines Dinges überhaupt aber als einer Ursache sehe ich gar nicht ein, und zwar darum, weil der Begriff der Ursache ganz und gar keine den Dingen, sondern nur der Erfahrung anhängende Bedingung andeutet, nämlich, daß diese nur eine objektiv-gültige Erkenntnis von Erscheinungen und ihrer Zeitfolge sein könne, sofern die vorhergehende mit der nachfolgenden nach der Regel hypothetischer Urteile verbunden werden kann'' Pr. § 29.

9. Intelligible Ursache der Erscheinungen, Kausalität, Vernunft, Freiheit. Wir können ,,die bloß intelligible Ursache der Erscheinungen überhaupt das transzendentale Objekt nennen'' 522; Annahme einer intelligiblen Bedingung 590; intelligible Ursache nicht ausgeschlossen 592; intelligible Ursache unseres Wollens 826; intelligible und sensible Kausalität 566, vgl. 572; das Intelligible, das der äußeren Erscheinung (Materie) zugrunde liegt A 360; die unbedingte Kausalität der Ursache in der Erscheinung heißt die Freiheit 447; Ideen der Vernunft können ,,wirkende Ursachen (der Handlungen und ihrer Gegenstände) werden, nämlich im Sittlichen'' 374; hier zeigt ,,die menschliche Vernunft wahrhafte Kausalität'' 374, vgl. Pr. § 53; s. Freiheit, Vernunft.

10. Ursache und Subjektbegriff, Ich. ,,Wenn ich mich ... als **Subjekt** der Gedanken oder auch als **Grund** des Denkens vorstelle, so bedeuten diese Vorstellungsarten nicht die Kategorien der Substanz oder der Ursache; denn diese sind jene Funktionen des Denkens (Urteilens) schon auf unsere sinnliche Anschauung angewandt, welche freilich erfordert werden würden, wenn ich mich **erkennen** wollte'' 429.

11. Oberste Ursache, Weltursache. ,,Das Ideal des höchsten Wesens ist ... nichts anderes als ein **regulatives Prinzip** der Vernunft, alle Verbindung in der Welt so anzusehen, **als ob** sie aus einer allgenugsamen notwendigen Ursache entspränge ... und ist nicht eine Behauptung einer an sich notwendigen Existenz'' 647; s. Gott, Welt, Deismus, Theist; vgl. ferner Substanz, Kausalität, Veränderung, Bewegung, **Kraft**, Materie, Erscheinung, Grund.

Ursprung, ursprünglich.

1. In bezug auf Erkenntnis überhaupt, Apperzeption, Synthesis.
Die transzendentale Logik geht „auf den Ursprung unserer
Erkenntnisse von Gegenständen, so fern er nicht den Gegenständen zugeschrieben werden kann" 80; drei ursprüngliche
Quellen, als Bedingungen der Möglichkeit aller Erfahrung
und selbst nicht ableitbar, sind: Sinn, Einbildungskraft,
Apperzeption A 94; ursprüngliche Erkenntnisquellen als Gründe
der Möglichkeit, überhaupt ein Objekt zu erkennen A 125,
A 126; die Kritik der reinen Vernunft ist ein System, „was . . .
ohne sich auf irgendein Faktum zu stützen, die Erkenntnis
aus ihren ursprünglichen Keimen zu entwickeln sucht" Pr.
§ 4; „erste Quellen" des Denkens A 114; „das erste reine Verstandeserkenntnis . . ., worauf sein ganzer übriger Gebrauch
sich gründet . . . ist nun der Grundsatz der ursprünglichen
synthetischen Einheit der Apperzeption" 137; von keiner
Vorstellung weiter abgeleitet 132, „der höchste Punkt" der
Transzendental-Philosophie 134 A; Synthesis „das erste, worauf wir Acht zu geben haben, wenn wir über den ersten Ursprung unserer Erkenntnis urteilen wollen." 103.

2. Sinnlichkeit, Zeit, Raum. Im inneren Sinn „liegt das Geheimnis des Ursprungs unserer Sinnlichkeit" 334; Raum und
Zeit sind die „zwei ursprünglichen Formen der Sinnlichkeit" 58.

3. Kategorien, Grundsätze, Ideen. Elemente der reinen Verstandeserkenntnis sind der „Teil des Denkens", der lediglich
seinen Ursprung im Verstande hat 87; die Kategorien entspringen unabhängig von Sinnlichkeit bloß im Verstande 144,
vgl. 305; Ursprung der Kategorien in den vier logischen Funktionen aller Urteile Pr. § 43; Verstand als Geburtsort der
Begriffe a priori 90; die Grundsätze des reinen Verstandes
sind ihrem Ursprunge nach „nichts weniger als Erkenntnis
aus Begriffen" 357; Ursprung der Ideen in den drei Funktionen der Vernunftschlüsse Pr. § 43, vgl. Kr. 378.

4. Verstand als „Ursprung der allgemeinen Ordnung der Natur"
Pr. § 38, vgl. § 36, Kr. 165, 263, A 125, A 126; s. Natur,
Verstand.

*5. Natur und ursprüngliche Handlung 572; Ursprung aus
nichts 251*, vgl. 229.

6. Vernunft als Ursprung gewisser Begriffe und Grundsätze
355, von Handlungen vgl. 572.

7. Ursprüngliche, schöpferische Vernunft 700; All der Realität
als ursprünglich 606.

8. Begriffsdefinition 755.

Urteil.

1. Begriff des Urteils überhaupt. Denken ist: ,,Vorstellungen
in einem Bewußtsein vereinigen"; ,,die Vereinigung der Vorstellungen in einem Bewußtsein ist das Urteil. Also ist Denken
soviel als Urteilen oder Vorstellungen auf Urteile überhaupt
beziehen" Pr. § 22; ,,das Urteil ist also die mittelbare Erkenntnis eines Gegenstandes, mithin die Vorstellung einer Vorstellung desselben" 93; ,,alle Urteile sind demnach Funktionen
der Einheit unter unseren Vorstellungen . . ." 94; ,,Urteil
d. i. ein Verhältnis, das objektiv gültig ist" 142.

2. Tafel der Urteile; logische Funktionen der Urteile; Kategorie.
,,Die logische Tafel der Urteile" 95, Pr. 21 enthält in vier
Titeln mit je drei Momenten folgende Urteilsarten: I. Quantität der Urteile: allgemeine, besondere, einzelne. II. Qualität der Urteile: bejahende, verneinende, unendliche. III. Relation der Urteile: kategorische, hypothetische, disjunktive. IV. Modalität der Urteile: problematische, assertorische, apodiktische. — ,,Die logischen Momente aller Urteile
sind soviel mögliche Arten, Vorstellungen in einem Bewußtsein zu vereinigen. Dienen aber ebendieselben als Begriffe
[Kategorien], so sind sie Begriffe von der notwendigen Vereinigung derselben in einem Bewußtsein, mithin Prinzipien
objektiv gültiger Urteile" Pr. § 22; ,,dieselbe Funktion, welche
den verschiedenen Vorstellungen in einem Urteile Einheit
gibt, die gibt auch der bloßen Synthesis verschiedener Vorstellungen in einer Anschauung Einheit, welche, allgemein
ausgedrückt, der reine Verstandesbegriff heißt" 104, 105;
,,nun sind aber die Kategorien nichts anderes, als eben die
Funktionen zu urteilen, so fern das Mannigfaltige einer gegebenen Anschauung in Ansehung ihrer bestimmt ist" 143;
,,alle Verhältnisse des Denkens in Urteilen sind die a) des
Prädikats zum Subjekt, b) des Grundes zur Folge, c) der
eingeteilten Erkenntnis und der gesammelten Glieder der
Einteilung unter einander" 98; Bemerkungen über die einzelnen Urteilsarten 96 ff.

3. Urteil und Verstand, Apperzeption, Denken. ,,Wir können
aber alle Handlungen des Verstandes auf Urteile zurückführen,

so daß der Verstand überhaupt als ein Vermögen zu urteilen
vorgestellt werden kann" 94; die Verhältnisse des Denkens
in Urteilen 98; „von der logischen Funktion des Verstandes
in Urteilen" 95 ff.; von seinen Begriffen kann „der Verstand
keinen anderen Gebrauch machen, als daß er dadurch urteilt"
93; „Denken ist das Erkenntnis durch Begriffe. Begriffe aber
beziehen sich, als Prädikate möglicher Urteile, auf irgend eine
Vorstellung von einem noch unbestimmten Gegenstande"
94; „derselbe Verstand also, und zwar durch ebendieselben
Handlungen, wodurch er in Begriffen, vermittelst der analytischen Einheit, die logische Form eines Urteils zu Stande
brachte, bringt auch vermittelst der synthetischen Einheit
des Mannigfaltigen in der Anschauung überhaupt, in seine
Vorstellungen einen transzendentalen Inhalt, weswegen sie
reine Verstandesbegriffe heißen ..." 105; das Vermögen zu
urteilen ist eben so viel, als das Vermögen zu denken 106;
denken ist so viel, als urteilen Pr. § 22; ein Urteil ist nichts
anderes, „als die Art, gegebene Erkenntnisse zur objektiven
Einheit der Apperzeption zu bringen" 141 vgl. 143; „die
logische Form aller Urteile besteht in der objektiven Einheit
der Apperzeption der darin enthaltenen Begriffe" 140; die
Grundsätze des reinen Verstandes sind synthetische Urteile
a priori 187.

4. Die Urteile der Mathematik s. Mathematik, Geometrie,
Arithmetik.

5. Der Satz vom Widerspruch als negative Bedingung aller
Urteile überhaupt 189 ff.

6. Urteil und Wahrheit, Schein, Irrtum s. letztere.

7. Wahrnehmungs- und Erfahrungsurteile s. diese.

8. Analytische und synthetische Urteile s. analytisch, synthetisch.

9. Urteil und Sein, Existenz, Erfahrung s. Beweis, Sein, Existenz, Erfahrung, Gewißheit, Wirklichkeit.

10. Urteil und Begriff s. Begriff.

11. Urteil und Vernunftschluß 378, s. Vernunftschluß.

12. Urteil und praktischer Vernunftgebrauch 829 A.

13. Transzendente Urteile s. Idee, Vernunft, Antinomie, transzendentale Dialektik, transzendent.

14. Plurative Urteile s. Vielheit.

15. Urteile als Regeln s. Pr. § 23.

16. Notwendigkeit der Urteile und Notwendigkeit der Sachen
621, 622.

Urteilskraft.

„Die allgemeine Logik ist über einem Grundrisse erbaut, der
ganz genau mit der Einteilung der oberen Erkenntnisvermögen zusammentrifft. Diese sind: Verstand, Urteilskraft
und Vernunft. Jene Doktrin handelt daher in ihrer Analytik
von Begriffen, Urteilen und Schlüssen . . .'' 169; Urteilskraft
ist das Vermögen, unter Regeln zu subsumieren, d. i. zu unterscheiden, ob etwas unter einer gegebenen Regel . . . stehe oder
nicht'' 171, vgl. 674; die transzendentale Logik hat die Aufgabe, „die Urteilskraft im Gebrauch des reinen Verstandes,
durch bestimmte Regeln zu berichtigen und zu sichern'' 174;
die transzendentale Doktrin der Urteilskraft enthält zwei
Hauptstücke: Schematismus und Grundsätze (synthetische
Urteile a priori) des reinen Verstandes 175, vgl. 187; Schema
ist die „Bedingung der Urteilskraft'' 304; „von der transzendentalen Urteilskraft überhaupt'' 171; „Mangel an Urteilskraft ist eigentlich das, was man Dummheit nennt'' 172 A;
Urteilskraft und Subreption 671, s. letztere.

Urwesen.

Nur dem Urwesen (Gott) kann eine ursprüngliche Anschauungsart zukommen, „durch die selbst das Dasein des
Objekts der Anschauung gegeben wird'' 72; ens originarium
606; Urwesen und Begriff der höchsten Realität 608.

V

Vacuum.

Das Prinzip der Kontinuität verbietet „in der Reihe der Erscheinungen (Veränderungen) allen Absprung (in mundo non
datur saltus), aber auch in dem Inbegriff aller empirischen
Anschauungen im Raume alle Lücke . . . zwischen zwei Erscheinungen (non datur hiatus); denn so kann man den Satz
ausdrücken: daß in die Erfahrung nichts hineinkommen kann,
was ein vacuum bewiese . . .'' 281; s. leer.

Vehikel.

Das Urteil: „ich denke'' ist bloß das Vehikel aller Begriffe
überhaupt 399, vgl. 406, 674.

Veränderung.

1. Allgemeines über den Begriff der Veränderung. Veränderung ist „Übergang eines Dinges aus einem Zustande in den anderen" 213; ist „Verbindung kontradiktorisch einander entgegengesetzter Bestimmungen im Dasein eines und desselben Dinges" 291, vgl. 48, „ein sukzessives Sein und Nichtsein der Bestimmungen der Substanz" 232, vgl. 58, „Wechsel des Seins und Nichtseins eines gegebenen Zustandes eines Dinges" 290 A, „eine Art zu existieren, welche auf eine andere Art zu existieren eben desselben Gegenstandes erfolgt" 230.

2. Veränderung kein Begriff a priori. „Wie nun überhaupt etwas verändert werden könne . . . davon haben wir a priori nicht den mindesten Begriff" 252; also liegt „die Kausalität einer Veränderung überhaupt ganz außerhalb der Grenzen einer Transzendental-Philosophie" 213, kann nicht unter die „Data a priori" gezählt werden 58.

3. Veränderung und Zeit, Raum. „Die Zeit selbst verändert sich nicht, sondern etwas, das in der Zeit ist" 58; Bewegung ist „Veränderung im Raume" 291; Entstehen und Vergehen von Substanzen [ohne Veränderung] würde die empirische Einheit der Zeit aufheben 231; Grenzen der Zeit einer Veränderung 253, 254; Begriff der Veränderung „nur durch und in der Zeitvorstellung möglich" 48, vgl. 520; Bewegung eine Veränderung des Orts im Raume 48, 67; Veränderung erheischt dynamische Zeitbestimmung 569; Zeit als „formale Bedingung der Möglichkeit der Veränderungen 480 A".

4 Veränderung und Erfahrung, Gegenstand, Anschauung. Kausalität einer Veränderung setzt empirische Prinzipien voraus 213, vgl. 252, 58; Veränderlichkeit betrifft „nur gewisse Bestimmungen der Erscheinungen . . ., welche die Erfahrung allein lehren kann" 213, vgl. 3; ohne Anschauung nicht verständlich zu machen 292; setzt etwas Beharrliches in der Anschauung voraus 292, selbst für Veranschaulichung innerer Veränderungen 292; nur an Substanzen wahrzunehmen 231.

5. Veränderung und Substanzbegriff. „Berichtigung des Begriffs von Veränderung". vgl. 230, 231, 232.

6. Veränderung und Kausalität, Ursache. „Alle Veränderungen geschehen nach dem Gesetze der Verknüpfung der Ursache und Wirkung" 232 (Gesetz der Kausalität); als solche nur durch eine Ursache möglich 291; eine „dem Begriffe der Kausalität korrespondierende Anschauung" 291, vgl. 280, 213, 253.

7. Veränderung und Wechsel nicht gleichbedeutend, vgl. 230, 231, 233, 290 A; s. Wechsel.

8. Veränderung und Bewegung s. letztere, vgl. 66, 67, 292, 291, 48, 252.

9. Veränderung und Kontinuität s. letztere, vgl. 253, 254, 281, 282.

Verbindung.

1. Verbindung, Zusammensetzung, Verknüpfung. „Alle V e r -
b i n d u n g (conjunctio) ist entweder Z u s a m m e n s e t z u n g
(compositio) oder V e r k n ü p f u n g (nexus). Die erstere ist die
Synthesis des Mannigfaltigen, was n i c h t n o t w e n d i g zu einander gehört . . . Die zweite Verbindung (nexus) ist die Synthesis des Mannigfaltigen, so fern es n o t w e n d i g zu einander
gehört . . ." 201 A.

2. Verbindung als Verstandeshandlung, spontan, ursprünglich.
Ein Aktus der Spontaneität, eine Verstandeshandlung 129,
130; eine „Verrichtung des Verstandes, der selbst nichts weiter
ist, als das Vermögen, a priori zu verbinden" 135; Aktus der
Selbsttätigkeit des Subjekts 130; als Denkhandlung „ursprünglich einig und für alle Verbindung gleichgeltend" 130;
Verbindung als Synthesis ist Voraussetzung für die Analysis,
ihr Gegenteil; „denn wo der Verstand vorher nichts verbunden
hat, da kann er auch nichts auflösen" 130.

3. Verbindung, Mannigfaltiges, Synthesis, Einheit. „Der Begriff der Verbindung führt außer dem Begriffe des M a n n i g -
f a l t i g e n und der S y n t h e s i s desselben noch den der E i n h e i t
desselben bei sich. Verbindung ist Vorstellung der synthetischen Einheit des Mannigfaltigen. Die Vorstellung dieser
Einheit kann also nicht aus der Verbindung entstehen, sie
macht vielmehr dadurch, daß sie zur Vorstellung des Mannigfaltigen hinzukommt, den Begriff der Verbindung allererst
möglich" 130, 131, vgl. 137, 138; vereinigen 137, 139, Pr.
§§ 22, 23.

Verdinglichen s. hypostasieren.

Verfahren s. Methode, Kritik der reinen Vernunft, Prolegomena.

Vergangenheit.

Es bedeuten „alle seit undenklicher Zeit her vor meinem Dasein verflossenen Begebenheiten doch nichts anderes . . ., als die Möglichkeit der Verlängerung der Kette der Erfahrung von der gegenwärtigen Wahrnehmung an aufwärts zu den Bedingungen, welche diese der Zeit nach bestimmen" 523, vgl. 524, 548; s. Regressus, Progressus.

Vergehen s. Entstehen, Veränderung, Substanz, Vergangenheit, vgl. 231, 523, 524.

Vergleichen.
Die Begriffe können logisch verglichen werden ohne Rücksicht darauf, ob sie bzw. ihre Objekte zur Sinnlichkeit oder zum Verstande gehören. ,,Wenn wir aber mit diesen Begriffen zu den Gegenständen gehen wollen, so ist zuvörderst transzendentale Überlegung nötig, für welche Erkenntniskraft sie Gegenstände sein sollen, ob für den reinen Verstand oder die Sinnlichkeit" 325; ohne diese Überlegung ist der Gebrauch dieser Begriffe unsicher; es entspringen ,,vermeinte synthetische Grundsätze", die sich ,,auf einer transzendentalen Amphibolie, d. i. einer Verwechslung des reinen Verstandesobjekts mit der Erscheinung gründen" 326; vgl. 601 (Ideal der reinen Vernunft); s. Amphibolie der Reflexionsbegriffe; Erkenntnis ist ein ,,Ganzes verglichener und verknüpfter Vorstellungen" A 97 Kritik an der Methode Leibniz', ,,die Gegenstände der Sinne als Dinge überhaupt 326, 327 bloß im Verstande unter einander" zu vergleichen (intellektuelles System der Welt) 326 ff.

Vergleichungsbegriffe in kritisch zulässigem Sinne sind die Reflexionsbegriffe (Einerleiheit und Verschiedenheit, Einstimmung und Verschiedenheit, Inneres und Äußeres, Materie und Form, 317) ohne weiteres nicht; erst die transzendentale Reflexion (Überlegung) ,,enthält den Grund der Möglichkeit der objektiven Komparation der Vorstellungen unter einander" 319, vgl. 318.

Verhältnis.
Kategorien ,,des realen Verhältnisses unter den Erscheinungen" 441 sind Substanz, Kausalität, Wechselwirkung; Substanzbegriff ist die logische Bedingung aller realen Verhältnisse 230; Ursache, Kausalität ,,unser Verstandesbegriff von Verhältnissen selbst" 342; dynamisches Verhältnis (Dasein) der Erscheinungen Pr. § 25; Handlung, Subjekt, Kausalität 250; Verhältnis der Zeit zur Apperzeption 263; Zeit bestimmt

das Verhältnis der Vorstellungen im inneren Zustande 50, vgl. 37; Verhältnisse des Denkens in Urteilen 98; ,,Verhältniswörtchen: ist" 141; Urteil, Apperzeption 141, 142; Materie lauter Verhältnisse 341, vgl. 321, 333, 340, 339; Verhältnis des Einflusses, der Wechselwirkung 257, 258; Form der Anschauung nichts als Verhältnisse 66, 67, 34; Raum enthält ,,Prinzipien der Verhältnisse" 42; Möglichkeit der Gegenstände ein Verhältnis zum Denken 609; Kategorien der Relation drücken die Verhältnisse der Wahrnehmungen aus 269; Erscheinung im Verhältnis des Objekts zum Subjekt anzutreffen 70 A; Verhältnis der Erscheinungen durch Einbildungskraft noch nicht objektiv 233, 234; Verhältnis der Erscheinungen in der Reihenfolge der Zeit durch den Satz vom zureichenden Grunde bestimmt 246; Verhältnis der Vorstellungen zum Verstand, zur Sinnlichkeit (Amphibolie) 316 ff.; Verhältnis des Objektbegriffs zum Erkenntnisvermögen (Modalität) 266; Wahrheit, Irrtum im Verhältnis des Gegenstandes zum Verstande 350; Verhältnis der Kategorien zur Sinnlichkeit überhaupt (Grundsätze) 187; Analogie und Verhältnisbegriff Pr. § 58, vgl. § 57); allgemeine Logik betrachtet nur die logische Form im Verhältnisse der Erkenntnisse 79; Verhältnis menschlicher Handlungen zu objektiven Vernunftgründen kein Zeitverhältnis Pr. § 53.

Verknüpfung (nexus) eine Verbindung, ,,Synthesis des Mannigfaltigen, so fern es notwendig zu einander gehört" 201 A s. Verbindung; Verknüpfung der Wahrnehmungen 219, Pr. §§ 26, 20, 21 a; teleologische Verknüpfung 719; nexus finalis, effectivus 715.

Vermögen, [Fähigkeit, Handlung des Verstandes usw. sollen keine psychologische Funktion, keine psychologischen Vorgänge im empirischen Einzelsubjekt bedeuten, sondern lediglich transzendentallogisch-funktionale Zusammenhänge rein ideeller Art; untersucht wird in der Kritik nicht das Denken (als Ablauf der Vorstellungen), sondern das Gedachte (Wissenschaft) seiner logischen Struktur nach; vgl. Pr. § 21 a; gewissermaßen ein logisch-anatomischer Sektionsbefund]; Vermögen bzw. Fähigkeit 33, 34, 74, 75, 94, 164, 197, 199, 305, 356, 359, 386, 522, A 94.

Verneinung.

1. Das verneinende Urteil ist in der Urteilstafel 95, Pr. § 21 das zweite Moment des Urteil-Titels der Qualität der Urteile (bejahende, verneinende, unendliche Urteile); der Urteilsfunktion der Verneinung entspricht in der Kategorien-Tafel die Kategorie der Negation, 106.

2. *Logische und transzendentale Verneinung.* Die logische Verneinung, lediglich durch das Wörtchen „nicht", läßt allen Inhalt an sich unberührt, „hängt eigentlich niemals einem Begriffe, sondern nur dem V e r h ä l t n i s s e desselben zu einem a n d e r e n im Urteile an, und kann also . . . nicht hinreichend sein, einen Begriff in Ansehung seines I n h a l t e s zu bezeichnen" 602; „eine transzendentale Verneinung bedeutet dagegen das Nichtsein an sich selbst" 602; es „kann sich niemand eine Verneinung bestimmt denken, ohne daß er die entgegengesetzte Bejahung zum Grunde liegen habe" 603; Unterschied von „nicht sterblich" und „nichtsterblich" 97, 98.

3. *Verneinung und das All der Realität* 604, 606.

Vernünftelnde Lehrsätze 449, vernünftelnde d. i. dialektische Begriffe 672; vernünftelndes Argument 525; vernünftelnde Behauptungen 490; leere Vernünfteleien 88; Vernünftler 797.

Vernünftig.
„Es ist niemals zu spät, vernünftig und weise zu werden; es ist aber jederzeit schwerer, wenn die Einsicht spät kommt, sie in Gang zu bringen" Pr. Vorrede.

Vernunft.
1. *Begriff und allgemeine Aufgabe der Vernunft als methodischer Richtung des Denkens; die Arten des Vernunftgebrauchs.* Vernunft im weitesten Sinne ist der zusammenfassende Ausdruck für die funktionale Einheit a l l e r Grunderkenntnisse a priori: Zeit, Raum, Kategorien, Ideen. Sieht man von Zeit und Raum (Sinnlichkeit) ab, so ist Vernunft das „ganze obere Erkenntnisvermögen", das „Rationale" (gegenüber dem Empirischen 863), das Verstand und Vernunft im engeren Sinne (als zwei besondere Methoden des Denkens) umfaßt vgl. 355; V e r n u n f te r k e n n t n i s, im engeren Sinne, als besondere Denkrichtung ist eine „Erkenntnis aus Prinzipien (an sich selbst)" 358 und „ganz etwas anderes . . . als bloße Verstandeserkenntnis" 358; „der Verstand mag ein Vermögen der Einheit der Erscheinungen vermittelst der Regeln [Grundsätze] sein, so ist die Vernunft das Vermögen der Einheit der Verstandesregeln

unter Prinzipien. Sie geht also niemals zunächst auf Erfahrung oder auf irgend einen Gegenstand, sondern auf den Verstand, um den mannigfaltigen Erkenntnissen desselben Einheit a priori durch Begriffe zu geben ..." 359; der Inbegriff der transzendentalen Ideen ist ,,die eigentliche Aufgabe der natürlichen reinen Vernunft" Pr. § 60; die Gesetzgebung der menschlichen Vernunft hat nun zwei Gegenstände, Natur und Freiheit 868; das Geschäft der Vernunft ist: ,,die Einheit aller möglichen empirischen Verstandeshandlungen systematisch zu machen" 692; Vernunft ist selbst ,,ein System der Nachforschung nach Grundsätzen der Einheit" 766; ,,alle unsere Erkenntnis hebt von den Sinnen an, geht von da zum Verstande und endigt bei der Vernunft, über welche nichts Höheres in uns angetroffen wird ..." 355; Vernunft ist das Vermögen der Prinzipien A 405; ein Vermögen, ,,das Besondere aus dem Allgemeinen abzuleiten" 674; das Vermögen, zu schließen 355, 386; Einteilung der Vernunft in ein logisches und ein transzendentales Vermögen 355, 356; Vernunft als oberster Gerichtshof über alle Streitigkeiten 768; die reine spekulative Vernunft enthält ,,einen wahren Gliederbau" XXXVII, vgl. XXIII, ihrer Natur nach architektonisch 502; der erste Schritt in Sachen der reinen Vernunft ist dogmatisch, der zweite skeptisch, der dritte kritisch (Kritik der Vernunft selbst) 789; alles Interesse der Vernunft vereinigt sich in drei Fragen: was kann ich wissen; was soll ich tun; was darf ich hoffen? 833; die ,,unvermeidlichen Aufgaben der reinen Vernunft selbst sind Gott, Freiheit und Unsterblichkeit" 7, vgl. 826, 395 A, 828. Arten des Vernunftgebrauchs: logischer (Schließen) 355, 364, 392, vgl. 359 ff.; realer (Erzeugung von Ideen) 355, 396; empirischer 592, 593, 671; immanenter 671, 847; reiner, spekulativer 730, 764, 797, 823, 824; theoretischer 661; transzendenter 383, 384, 671, 847; transzendentaler 170, vgl. 543; objektiver 383; dialektischer A 397; regulativer 672; moralischer, praktischer XXV, 421, 661, 824, 825, 828, 836, 844, apodiktischer und hypothetischer 674, 675; polemischer 766 ff; dogmatischer 740 ff.; s. immanent, transzendent, regulativ, Idee.

2. *Vernunft gegenüber Verstand, Spontaneität der Vernunft; der kritische Begriff des Subjektiven der Vernunftgesetzlichkeit.* Der Verstand ist ein Vermögen der Regeln, die Vernunft ein

Vermögen der Prinzipien 356; Verstand ein Vermögen der
Einheit der Erscheinungen vermittelst der Regeln, Vernunft
das „Vermögen der Einheit der Verstandesregeln unter Prinzipien" 359; Verstand geht auf Erfahrung, Vernunft geht
„niemals zunächst auf Erfahrung oder auf irgend einen Gegenstand, sondern auf den Verstand, um den mannigfaltigen Erkenntnissen desselben Einheit a priori durch Begriffe zu
geben" 359; der Verstand macht für die Vernunft eben so
einen Gegenstand aus, als die Sinnlichkeit für den Verstand
692; „Die Einheit aller möglichen empirischen Verstandeshandlungen systematisch zu machen, ist ein Geschäft der Vernunft" 692, vgl. 362, 361; es ist der eigentümliche Grundsatz
der Vernunft im logischen Gebrauche: „zu dem bedingten
Erkenntnisse des Verstandes das Unbedingte zu finden, womit
die Einheit desselben vollendet wird" 364; die reine Vernunft
ist nur mit sich selbst beschäftigt, „weil ihr nicht die Gegenstände zur Einheit des Erfahrungsbegriffs, sondern die Verstandeserkenntnisse zur Einheit des Vernunftbegriffs, d. i.
des Zusammenhanges in einem Prinzip gegeben werden" 708;
„die Vernunft hat also eigentlich nur den Verstand und dessen
zweckmäßige Anstellung zum Gegenstande . . . indem sie eine
gewisse kollektive Einheit zum Ziele der Verstandeshandlungen
setzt, welche sonst nur mit der distributiven Einheit beschäftigt
sind" 672; die Vernunft dient eigentlich mehr dazu, „den
Verstand zu begrenzen, als ihn auf neue Gegenstände zu erweitern" 620; „die Vernunft bezieht sich niemals geradezu
auf einen Gegenstand, sondern lediglich auf den Verstand"
671, vgl. 392; Gesetz der „Haushaltung mit dem Vorrate
unseres Verstandes" 362; Vernunft bezieht sich mittels des
Verstandes auf ihren eigenen empirischen Gebrauch 671;
vgl. noch 550, 690, 679. — Spontaneität der Vernunft vgl.
430, 473, 474, 476, 561, 576. — Das Subjektive als kritischer
Begriff in bezug auf Vernunftgesetzlichkeit 122, 188, 283,
353, 354, 362, 393, 397, 544, 577, 694, 708, 840, 864, 865,
A 115, A 125, A 396, A X, A XI; s. subjektiv.
3. Kausalität der Vernunft (Freiheit) s. Freiheit, Kausalität,
vgl. 374, 385, 447, 564, 566, 571, 572, 575, 578; der Zeit nicht
unterworfen 561, 565, 567, 568, 569, 579, 580, 581, 582, 584.
4. Vernunft und Zeit s. vorher Punkt 3.
5. Vernunft und Gegenstand der Erfahrung; das Realität-Gebiet

der Vernunft selbst. Vernunft geht „niemals zunächst auf Erfahrung oder auf irgend einen Gegenstand, sondern auf den Verstand . . ." 359, „schreibt den Objekten kein Gesetz vor" 362, vgl. 363; im Schließen beschäftigt sich die Vernunft nur mittelbar mit Gegenständen; Vernunfteinheit ist nicht Einheit einer möglichen Erfahrung 363; Vernunft schafft keine Begriffe von Objekten, sondern ordnet sie nur 671, bezieht sich „niemals geradezu auf Gegenstände, sondern auf die Verstandesbegriffe von denselben" 392; vgl. 708; Vernunft keiner synthetischen Urteile fähig, die objektive Realität hätten 764, s. oben Punkt 2; Ideen der Vernunft haben objektive, aber unbestimmte Gültigkeit, vgl. 691, 693, 694, 697, 708; selbst Erkenntnisse über die Erfahrung hinaus haben ihre Realität und sind „keineswegs bloße Hirngespinste" (in bezug auf Platos Ideen) 371; „transzendentale (subjektive) Realität der reinen Vernunftbegriffe" 397; vgl. 597 (Ideale); „demnach haben die Prinzipien der reinen Vernunft in ihrem praktischen, namentlich aber dem moralischen Gebrauche objektive Realität" 836; „die Idee einer moralischen Welt hat daher objektive Realität" 836, allerdings ohne einen ihr entsprechenden wirklichen Gegenstand, s. Moral.

6. Unterschied zwischen dem philosophischen und mathematischen Vernunftgebrauch s. Mathematik, vgl. „die Disziplin der reinen Vernunft im dogmatischen Gebrauche" 740 ff.

7. Vernunft und der Begriff des Schema s. Schematismus, vgl. 692, 693, 698, 710, 711, 727.

8. Vernunfteinheit, Vernunft als System und als systembildende Funktion, systematische Einheit, Natur als System. Vernunft geht nicht „zunächst auf Erfahrung oder auf irgend einen Gegenstand, sondern auf den Verstand, um den mannigfaltigen Erkenntnissen desselben Einheit a priori durch Begriffe zu geben, welche V e r n u n f t e i n h e i t heißen mag und von ganz anderer Art ist, als sie von dem Verstande geleistet werden kann" 359; Vernunft „behält sich allein die absolute Totalität im Gebrauche der Verstandesbegriffe vor und sucht die synthetische Einheit, welche in der Kategorie gedacht wird, bis zum Schlechthinunbedingten hinauszuführen. Man kann daher diese die V e r n u n f t e i n h e i t der Erscheinungen, so wie jene, welche die Kategorie ausdrückt, V e r s t a n d e s - e i n h e i t nennen" 383; kollektive Einheit als Ziel der Ver-

standeshandlungen (mittels der Vernunft) 672; „die Vernunfteinheit ist die Einheit des Systems" 708; „Einheit der Prinzipien eine Forderung der Vernunft" 362; Vermögen der Einheit der Verstandesregeln unter Prinzipien 359; Vollendung
der Einheit des Verstandes durch das Unbedingte, das Vernunft
finden will 364; reine spekulative Vernunft „in Ansehung der
Erkenntnisprinzipien eine ganz abgesonderte, für sich bestehende Einheit" XXIII. — „Denn unsere Vernunft . . .
ist selbst ein System, aber in ihrem reinen Gebrauche,
vermittelst bloßer Begriffe, nur ein System der Nachforschung
nach Grundsätzen der Einheit, zu welcher Erfahrung allein
den Stoff hergeben kann" 766; die reine spekulative Vernunft
enthält „einen wahren Gliederbau . . ., worin alles Organ ist"
XXXVII, vgl. XXIII; „die menschliche Vernunft ist ihrer
Natur nach architektonisch, d. i. sie betrachtet alle Erkenntnis als gehörig zu einem System" 502; „unter der Regierung
der Vernunft dürfen unsere Erkenntnisse überhaupt keine
Rhapsodie, sondern sie müssen ein System ausmachen" 860;
Vernunft sucht die Einheit der Verstandeserkenntnisse nach
Ideen 690; „die Einheit aller möglichen empirischen Verstandeshandlungen systematisch zu machen, ist ein Geschäft der
Vernunft" 692; die Anwendung der Verstandesbegriffe auf
das Schema der Vernunft ist „nur eine Regel oder Prinzip
der systematischen Einheit alles Verstandesgebrauchs" 693;
„die größte systematische, folglich auch die zweckmäßige
Einheit ist die Schule und selbst die Grundlage der Möglichkeit des größten Gebrauchs der Menschenvernunft" 722;
das Gesetz der Vernunft, Natureinheit nach Prinzipien zu
suchen, ist notwendig, weil wir ohne jenes Gesetz gar keine
Vernunft, keinen zusammenhängenden Verstandesgebrauch,
„kein zureichendes Merkmal empirischer Wahrheit haben
würden" 679; der bloße Erfahrungsgebrauch, auf welchen
der Verstand eingeschränkt ist, erfüllt nicht die eigene ganze
Bestimmung der Vernunft, ist „nur ein Teil von der ganzen
Sphäre ihres Gebietes"; die Vernunftbegriffe, Ideen gehen
auf das absolute Ganze aller möglichen Erfahrung, auf die
kollektive Einheit derselben Pr. § 40; die Idee systematischer
Einheit ist „mit dem Wesen unserer Vernunft unzertrennlich
verbunden" 722, 723; vgl. oben Punkt 2; Natur als System s. Natur, System; s. Wissenschaft, Architektonik der reinen Vernunft.

9. Transzendenz in bezug auf Vernunft. ,,Die Vernunft wird
durch einen Hang ihrer Natur getrieben, über den Erfahrungsgebrauch hinauszugehen..." 825; sie geht, ,,durch eigenes Bedürfnis getrieben bis zu solchen Fragen fort", die durch Erfahrung nicht zu beantworten sind 21; Vernunft fordert das
Unbedingte 592, dem ,,kein kongruierender Gegenstand in
den Sinnen gegeben werden kann" 383; ,,mancherlei unbe-
gründete Anmaßungen der Erweiterung unserer Erkenntnis
durch reine Vernunft" 255; Behauptungen der reinen Vernunft, die ,,über die Bedingungen aller möglichen Erfahrung
hinausgehen" 778, 779; Vernunft in ihren Versuchen, die Erkenntnis ,,über die Grenzen möglicher Erfahrung zu erweitern,
ist ganz und gar dialektisch" 170, 171, ,,schon durch die Richtung ihrer Natur dialektisch" 877; ,,Hang zur Erweiterung
über die engen Grenzen möglicher Erfahrung" 739; transzendenter Gebrauch 383, 384, 671, 847; dialektischer Gebrauch
A 397; vgl. 365, 371, 377, 435, 593, 671, 731, 873, Pr. §§ 45,
57, 59, 60; s. transzendent.

*10. Grenzbestimmung der reinen Vernunft; alle Fragen der
reinen Vernunft auflösbar.* Die Grenzbestimmung unserer Vernunft kann ,,nur nach Gründen a priori geschehen" 786,
weil die Frage, ob ,,meine Unwissenheit schlechthin notwendig sei . . . sich nicht empirisch, aus Beobachtung, sondern
allein kritisch, durch Ergründung der ersten Quellen unserer
Erkenntnis ausmachen" läßt 786; durch Kritik unserer Vernunft wissen wir endlich so viel, ,,daß wir in ihrem rei nen
und spekulativen Gebrauche in der Tat gar nichts wissen
können" 797; [denn die reinen Vernunftbegriffe, Ideen sind
keine konstitutiven, sondern lediglich regulative Prinzipien
der Erkenntnis; s. konstitutiv, regulativ, Idee]; ,,unsere Vernunft ist nicht etwa eine unbestimmbar weit ausgebreitete
Ebene, deren Schranken man nur so überhaupt erkennt,
sondern muß vielmehr mit einer Sphäre verglichen werden,
deren Halbmesser . . . daraus aber auch der Inhalt und die
Begrenzung derselben mit Sicherheit sich angeben läßt" 790;
eine vollendete Kritik überzeugt, ,,daß alle Vernunft im
spekulativen Gebrauche . . . niemals über das Feld möglicher
Erfahrung hinauskommen könne . . ., außerhalb welcher
für uns nichts als leerer Raum ist" 730; vgl. Pr. III. Teil,
,,von der Grenzbestimmung der reinen Vernunft"; s. Verstand,

Zeit, Raum, Grenzbegriff, Grenze, Kritik, Kritik der reinen
Vernunft; über Auflösbarkeit aller Fragen der reinen Vernunft
s. Beweis, Frage, Gewißheit, Transzendental-Philosophie.
*11. Dialektik, Antinomie, Paralogismen, Ideal der reinen Ver-
nunft* s. diese.
*12. Vernunft im praktischen Gebrauche; theoretischer gegenüber
dem praktischen Gebrauch.* Der praktische Gebrauch der reinen
Vernunft ist der moralische XXV, s. praktisch, Freiheit,
Moral, Moralität, Sittlichkeit, Sittengesetz. Der theoretische
Gebrauch der Vernunft ist „derjenige, durch den ich a priori
(als notwendig) erkenne, daß etwas sei, der praktische aber,
durch den a priori erkannt wird, was geschehen solle"
661; theoretische Erkenntnis eine solche, „wodurch ich erkenne, was da ist, die praktische aber, dadurch ich mir vorstelle, was dasein soll" 661; „die Philosophie der Natur
geht auf alles, was da ist, die der Sitten nur auf das, was
da sein soll" 868, vgl. 575 s. Sollen.
13. Vereinigung der praktischen Vernunft mit der spekulativen.
„Aber diese systematische Einheit der Zwecke in dieser Welt
der Intelligenzen ... moralische Welt ... führt unausbleiblich auch auf die zweckmäßige Einheit aller Dinge ... und
vereinigt die praktische Vernunft mit der spekulativen" 843.
*14. Von dem letzten Zweck des reinen Gebrauchs unserer Ver-
nunft* 825 ff. „Die Endabsicht, worauf die Spekulation der
Vernunft im transzendentalen Gebrauche zuletzt hinausläuft, betrifft drei Gegenstände: die Freiheit des Willens, die
Unsterblichkeit der Seele, und das Dasein Gottes" 826.
15. Vernunft und Zweckbegriff s. Zweck; das der Vernunft
eigentümliche Gebiet ist „die Ordnung der Zwecke" 425; in
den letzten Zwecken müssen sich alle,, Vernunftbemühungen"
endlich vereinigen 491.
16. Vernunft und Charakter des Menschen s. Charakter, Freiheit.
17. Höchste Vernunft s. Gott.
18. Vernunft und Kritik als Richter, Gerichtshof 780, A V, 281,
697, 767, 768, 779.
19. Architektonik der reinen Vernunft 860 ff.
20. Geschichte der reinen Vernunft. (Ein „flüchtiger Blick auf
das Ganze") 880 ff.
Vernunftbegriff = Idee s. Idee, Vernunft, transzendentale
Dialektik, Antinomie. — „Vernunftbegriffe dienen zum Be-

greifen, wie Verstandesbegriffe [Kategorien] zum Verstehen
(der Wahrnehmungen)" 367; ein Vernunftbegriff will sich
nicht innerhalb der Erfahrung beschränken lassen 367, betrifft
,,etwas, worunter alle Erfahrung gehört, welches selbst aber
niemals ein Gegenstand der Erfahrung ist: etwas, worauf
die Vernunft in ihren Schlüssen aus der Erfahrung führt . . .,
welches aber niemals ein Glied der empirischen Synthesis
ausmacht" 367; Begriffe der reinen Vernunft sollen ,,trans-
zendentale Ideen" heißen 368; Idee ein notwendiger Vernunftbegriff 383, in der Natur der menschlichen Vernunft
gegründet 380; Vernunftbegriffe sind bloße Ideen und haben
keinen Gegenstand in der Erfahrung, sind aber keineswegs
erdichtet 799, 384, 490, sondern ,,durch die Natur der Vernunft selbst aufgegeben" 384; s. Naturanlage, Metaphysik,
Vernunft; vgl. Pr. § 40 ff.

Vernunfterkenntnis.

,,Alle Vernunfterkenntnis ist nun entweder die aus Begriffen,
oder aus der Konstruktion der Begriffe; die erstere heißt
philosophisch, die zweite mathematisch" 865; ,,die philosophische Erkenntnis ist die Vernunfterkenntnis aus Begriffen,
die mathematische aus der Konstruktion der Begriffe" 741;
über den Unterschied der beiden Erkenntnisse s. Mathematik, vgl. 741 ff. (Disziplin der reinen Vernunft im dogmatischen Gebrauche)

Vernunftgebrauch.

Die Arten desselben s. unter Gebrauch, Vernunft.

Vernunftglaube, der moralische, gründet sich ,,auf die Voraussetzung moralischer Gesinnungen" 857, vgl. 856, 857; s.
Glaube.

Vernunftschluß, schließen.

1. Schließen und unmittelbares Erkennen. ,,Man macht einen
Unterschied zwischen dem, was unmittelbar erkannt, und dem,
was nur geschlossen wird" 359; ,,weil wir des Schließens beständig bedürfen . . . bemerken wir zuletzt diesen Unterschied
nicht mehr und halten oft, wie bei dem sogenannten Betruge
der Sinne, etwas für unmittelbar wahrgenommen, was wir
doch nur geschlossen haben" 359.

2. Die Arten der Vernunftschlüsse. ,,Der formale Unterschied
der Vernunftschlüsse macht die Einteilung derselben in kategorische, hypothetische und disjunktive notwendig". Pr. § 43;

„das Verhältnis also, welches der Obersatz, als die Regel, zwischen einer Erkenntnis und ihrer Bedingung vorstellt, macht die verschiedenen Arten der Vernunftschlüsse aus. Sie sind also gerade dreifach, so wie alle Urteile überhaupt, so fern sie sich in der Art unterscheiden, wie sie das Verhältnis des Erkenntnisses im Verstande [vgl. „Verhältnisse des Denkens in Urteilen" 98] ausdrücken, nämlich kategorische oder hypothetische oder disjunktive Vernunftschlüsse" 361.

3. Form und Funktion des Vernunftschlusses. „Der Vernunftschluß ist selbst nichts anderes als ein Urteil, vermittelst der Subsumtion seiner Bedingung unter eine allgemeine Regel (Obersatz)" 364; „die Funktion der Vernunft bei ihren Schlüssen besteht in der Allgemeinheit der Erkenntnis nach Begriffen, und der Vernunftschluß selbst ist ein Urteil, welches a priori in dem ganzen Umfange seiner Bedingung bestimmt wird" 378; „so ist denn ein jeder Vernunftschluß eine Form der Ableitung einer Erkenntnis aus einem Prinzip. Denn der Obersatz gibt jederzeit einen Begriff, der da macht, daß alles, was unter der Bedingung desselben subsumiert wird, aus ihm nach einem Prinzip erkannt wird" 357; „Vernunft . . . ist das Vermögen zu schließen, d. i. mittelbar (durch die Subsumtion der Bedingung eines möglichen Urteils unter die Bedingung eines gegebenen) zu urteilen. Das gegebene Urteil ist die allgemeine Regel (Obersatz, Major). Die Subsumtion der Bedingung eines anderen möglichen Urteils unter die Bedingung der Regel ist der Untersatz (Minor). Das wirkliche Urteil, welches die Assertion der Regel in dem subsumierten Falle aussagt, ist der Schlußsatz (Conclusio) 386, vgl. 360, 361 ; „man sieht daraus, daß die Vernunft im Schließen die große Mannigfaltigkeit der Erkenntnis des Verstandes auf die kleinste Zahl der Prinzipien (allgemeiner Bedingungen) zu bringen und dadurch die höchste Einheit derselben zu bewirken suche" 361, vgl. 364 (zu dem bedingten Erkenntnisse des Verstandes das Unbedingte zu finden).

4. Ableitung der Ideen (Vernunftbegriffe) aus der logischen Funktion der Vernunftschlüsse s. Idee, transzendentale Dialektik.

Verschiedenheit und Einerleiheit sind Reflexionsbegriffe zur Vergleichung der Begriffe v o r allen 317 objektiven Urteilen, um bestimmen zu können, zu welcher Erkenntniskraft sie

gehören 316, zum Verstande oder zur Sinnlichkeit; s. Amphibolie der Reflexionsbegriffe; numerische Verschiedenheit 319; Kritik am Leibniz'schen Satze des ,,Nichtzuunterscheidenden" 320.
Verstand.
1. Begriff und Aufgabe (Funktion) des Verstandes im allgemeinen.
Drei Arten von Verstand können unterschieden werden: erstens
der ,,reine" Verstand als transzendentallogischer Gesetzes-
Inbegriff (der eigentlich kritische Begriff des Verstandes),
zweitens ,,unser" Verstand im menschlichen Subjekt (nicht
wesentlich zum kritischen Problemkreis gehörend), drittens
ein ganz problematisch angenommener 310, 311, 312 Verstand,
,,intuitiv in einer nichtsinnlichen Anschauung seinen Gegenstand zu erkennen", ,,selbst ein Problema" 311, 312; [der
reine Verstand ist kein psychologisches ,,Vermögen", wenn
auch dieser Ausdruck sich in der Kritik häufig findet; Vermögen in kritischem Sinne bedeutet wesentlich nur eine
ideelle Funktion, einen Inbegriff von rein logischen
funktionalen Zusammenhängen; der reine Verstand ist ein
Inbegriff synthetischer Funktionen, die alles Erkennen bedingen; er bedeutet nichts anderes als eine besondere Richtung, Methode der allgemeinen Vernunftgesetzlichkeit überhaupt und — in der Darstellung seiner einzelnen Teilfunktionen — nur eine methodische Abstraktion]. Die drei ,,oberen
Erkenntnisvermögen" sind: Verstand, Urteilskraft, Vernunft
169; Verstand ist eine ,,absolute Einheit" 92; frei und ausge-
sondert ,,von allem Empirischen", ,,sogar von aller Sinnlichkeit" ist der Verstand ,,eine für sich selbst beständige, sich selbst
genugsame und durch keine äußerlich hinzukommenden Zusätze zu vermehrende Einheit" 89, 90; der Inbegriff seiner
Erkenntnis macht ,,ein unter einer Idee zu befassendes und zu
bestimmendes System" aus 90; ,,ein formales und synthetisches
Prinzipium aller Erfahrungen" A 119; der reine Verstand ist
ein Vermögen: zu denken A 126; der Regeln 171, 197, 356,
A 126, A 127; der Begriffe 199 A 126; der Erkenntnisse 137;
zu urteilen 94; der Urteile A 126; Vorstellungen selbst hervorzubringen 75; a priori zu verbinden 135, 153; der Einheit
der Erscheinungen vermittelst der Regeln 359; der Verstand
verknüpft das Mannigfaltige der Erscheinungen durch Begriffe und bringt es unter empirische Gesetze 692; er vereinigt ,,das Mannigfaltige im Objekt durch Begriffe" 672;

er bringt ,,das Mannigfaltige der Anschauung unter Begriffe und dadurch jene in Verknüpfung'' 362; faßt ,,alle Erscheinungen unter seine eigene Gesetze'' und bringt dadurch allererst Erfahrung, ihrer Form nach, a priori zustande Pr. § 38, vgl. § 34; der reine Verstand hat es nur mit Gegenständen einer möglichen Erfahrung zu tun 365; der Verstand hat die Aufgabe, ,,die Form einer möglichen Erfahrung überhaupt zu antizipieren'', kann freilich mehr als dieses nicht leisten 303; ,,die Sache der Sinne ist, anzuschauen; die des Verstandes, zu denken'' Pr. § 22; Verstand allein bestimmt ,,die Einheit der Objekte'' Pr. § 38; Prinzip möglicher Erfahrung Pr. § 60; an sich ist der reine Verstand ,,die bloße Form des Denkens ohne Anschauung'' Pr. § 57.

2. *Verstand und Apperzeption, Bewußtsein überhaupt, Synthesis, Einbildungskraft.* [Verstand ist nicht ohne weiteres der Apperzeption gleich zu setzen; letztere, als Bewußtsein überhaupt, umschließt als Inbegriff der ganzen Vernunftgesetzlichkeit den Verstand und die Vernunft, wenn auch die synthetische Einheit der Apperzeption als ,,der Verstand selbst'' gelegentlich bezeichnet wird, vgl. 134 A]. ,,Der Grundsatz der synthetischen Einheit der Apperzeption ist das oberste Prinzip alles Verstandesgebrauchs'' 136 (Überschrift § 17); der ganze Verstandesgebrauch gründet sich auf die ursprüngliche synthetische Einheit der Apperzeption 137, vgl. 153; der Verstand bringt das Mannigfaltige gegebener Vorstellungen ,,unter eine Apperzeption überhaupt'' 143, 135; die ,,notwendige Apperzeption'' liegt dem Verstand und allem Denken zugrunde Pr. § 36; Verstand, Apperzeption, Zeit, Ursache 256; Apperzeption ,,der höchste Punkt, an dem man allen Verstandesgebrauch ... heften muß'' 134 A. — ,,Die reine Synthesis, allgemein vorgestellt, gibt nun den reinen Verstandesbegriff'' 104; die Synthesis a priori, welche ,,in Ansehung des Mannigfaltigen einer Anschauung überhaupt in der bloßen Kategorie gedacht würde'' heißt Verstandesverbindung (synthesis intellectualis) 151; das Vermögen, a priori zu verbinden 135, vgl. 102, 129, 130, 153, verknüpft, vereinigt das Mannigfaltige 362, 692, 672; ursprünglich reine Begriffe der Synthesis (Kategorien), die der Verstand a priori in sich enthält 106; ein synthetisches Prinzipium aller Erfahrungen A 119; die Begriffe, die der reinen Synthesis Ein-

heit geben (Kategorien), beruhen auf dem Verstande 104; die
Synthesis auf Begriffe bringen ist eine Funktion, die dem Verstande zukommt 104; das Gesetz der synthetischen Einheit
aller Erscheinungen ist der reine Verstand A 128; ein Verstandesbegriff enthält „die Synthesis möglicher Anschauungen"
747; der Verstand hat in sich zwei Momente der Erkenntnis:
Synthesis und auch Einheit, denn „die E i n h e i t der Apperzeption in Beziehung auf die Synthesis der Einbildungskraft
ist der V e r s t a n d, und eben dieselbe Einheit, beziehungsweise
auf die t r a n s z e n d e n t a l e Synthesis der Einbildungskraft,
der r e i n e Verstand" A 119; der Verstand ist die Einheitsfunktion für die Synthesis, denn er b e z i e h t sich auf die
Synthesis der Einbildungskraft 383; die Einbildungskraft
hängt „der E i n h e i t ihrer intellektuellen Synthesis nach"
vom Verstande ab 164, vgl. 150; Verstand als Relation
zwischen Apperzeption und Einbildungskraft vgl. auch 153,
154; Einbildungskraft gibt den Verstandesbegriffen „eine korrespondierende Anschauung" 151; die Einheit der möglichen
Erfahrung hat ihren Ursprung in „der synthetischen E i n h e i t,
welche der Verstand der Synthesis der Einbildungskraft in
Beziehung auf die Apperzeption ursprünglich und von selbst
erteilt" 296; Kategorie und Synthesis vgl. 104, 122, 131,
199, 223, 224, 308, 490, 557, 747, 750, A 401; s. Apperzeption,
Bewußtsein, Synthesis, Einbildungskraft, Kategorie.

3. *Verstand und Kategorie, Urteil, Verstandeseinheit, Möglich-
keit des Verstandes, seine Spontaneität.* Der Verstand ist das
Vermögen der Begriffe 199; „die Funktionen des Verstandes
[Kategorien] können also insgesamt gefunden werden, wenn
man die Funktionen der Einheit in den Urteilen vollständig
darstellen kann" 94; die Tafel der Kategorien 106 ist „die
Verzeichnung aller ursprünglich reinen Begriffe der Synthesis,
die der Verstand a priori in sich enthält" 106; „d i e s e l b e
F u n k t i o n, welche den verschiedenen Vorstellungen in einem
U r t e i l e Einheit gibt, die gibt auch der bloßen Synthesis verschiedener Vorstellungen in einer A n s c h a u u n g Einheit,
welche, allgemein ausgedrückt, der reine Verstandesbegriff
heißt" 104, 105; es ist eine und dieselbe Verstandeshandlung,
welche hier, „vermittelst der a n a l y t i s c h e n Einheit, die
logische Form eines Urteils" zustandebringt, dort „vermittelst
der s y n t h e t i s c h e n Einheit des Mannigfaltigen in einer An-

schauung überhaupt, in seine Vorstellungen einen transzendentalen Inhalt" bringt 105; über Ableitung der Kategorien aus der Urteilsfunktion s. Kategorie, vgl. 143, 159; „der reine Verstand ist also in den Kategorien das Gesetz der synthetischen Einheit aller Erscheinungen, und macht dadurch Erfahrung i h r e r F o r m n a c h allererst und ursprünglich möglich" A 128; durch die Kategorien allein kann der Verstand „etwas bei dem Mannigfaltigen der Anschauung v e r s t e h e n, d. i. ein Objekt derselben d e n k e n" 106; Verstandeseinheit ist die synthetische Einheit des Mannigfaltigen, die in der Kategorie gedacht wird 383; Verstandeseinheit ist die „Einheit einer möglichen Erfahrung" 363, vgl. 359; Einheit des Verstandes und Unbedingtes vgl. 380, s. Vernunft, Idee, Unbedingtes; Verstand „eine für sich selbst beständige, sich selbst genugsame und durch keine äußerlich hinzukommenden Zusätze zu vermehrende Einheit" 89, 90; M ö g l i c h k e i t d e s V e r s t a n d e s, d e r K a t e g o r i e n: die Deduktion der reinen Verstandesbegriffe der 1. Auflage in bezug auf Apprehension, Reproduktion, Rekognition betrachtet „den reinen Verstand selbst, nach seiner Möglichkeit . . . in subjektiver Beziehung" A X, A XI; die Einheit des Bewußtseins ist „dasjenige, was allein die Beziehung der Vorstellungen auf einen Gegenstand, mithin ihre objektive Gültigkeit, folglich, daß sie Erkenntnisse werden, ausmacht und worauf folglich selbst die Möglichkeit des Verstandes beruht" 137; „das, was den inneren Sinn bestimmt, ist der Verstand und dessen ursprüngliches Vermögen, das Mannigfaltige der Anschauung zu verbinden d. i. unter eine Apperzeption (als worauf selbst seine Möglichkeit beruht) zu bringen" 153; wie die „eigentümliche Eigenschaft" des Verstandes und der Apperzeption möglich sei, „läßt sich nicht weiter auflösen und beantworten . . ." Pr. § 36; „die Apperzeption ist selbst der Grund der Möglichkeit der Kategorien" A 401; reine Verstandesbegriffe sind nur darum a priori möglich und notwendig, „weil unser Erkenntnis mit nichts als Erscheinungen zu tun hat, deren Möglichkeit in uns selbst liegt . . ." A 130. — Der Verstand ist eine S p o n t a n e i t ä t der Erkenntnis A 126; Spontaneität des Erkenntnisses 75; „ein Aktus der Spontaneität der Vorstellungskraft . . . Verstand" 130; Spontaneität der Begriffe 74; Verstand als Spontaneität 150; s. Spontaneität.

4. Die Grundsätze des reinen Verstandes s. diese, Kategorie.

5. Verstand und Zeit, Raum s. Zeit, Raum.

6. Verstand und Sinnlichkeit. ,,Wollen wir die Rezeptivität unseres Gemüts, Vorstellungen zu empfangen, sofern es auf irgend eine Weise affiziert wird, Sinnlichkeit nennen, so ist dagegen das Vermögen, Vorstellungen selbst hervorzubringen, oder die Spontaneität des Erkenntnisses der Verstand'' 75; keine dieser Eigenschaften — Verstand, Sinnlichkeit — ist der anderen vorzuziehen 75; Sinnlichkeit und Verstand ,,können auch ihre Funktionen nicht vertauschen. Der Verstand vermag nichts anzuschauen und die Sinne nichts zu denken. Nur daraus, daß sie sich vereinigen, kann Erkenntnis entspringen.'' 75; ,,Gedanken ohne Inhalt sind leer, Anschauungen ohne Begriffe sind blind'' 75; der Synopsis korrespondiert jederzeit eine Synthesis ,,und die Rezeptivität kann nur mit Spontaneität verbunden Erkenntnisse möglich machen'' A 97; ,,ohne Sinnlichkeit würde uns kein Gegenstand gegeben, und ohne Verstand keiner gedacht werden'' 75; die Kategorien, ohne Schemate, sind ,,nur Funktionen des Verstandes zu Begriffen, stellen aber keinen Gegenstand vor. Diese Bedeutung kommt ihnen von der Sinnlichkeit, die den Verstand realisiert, indem sie ihn zugleich restringiert'' 187; die Kategorien des Verstandes ,,sind es eben, deren Beziehung auf mögliche Erfahrung alle reine Verstandeserkenntnis a priori ausmachen muß, und deren Verhältnis zur Sinnlichkeit [s. Schematismus] überhaupt um deswillen alle transzendentalen Grundsätze des Verstandesgebrauchs vollständig und in einem System darlegen wird'' 187, 188; das Mannigfaltige für die Anschauung wird durch die Sinnlichkeit, d. i. Zeit und Raum ,,noch vor der Synthesis des Verstandes und unabhängig von ihr gegeben'', ,,wie aber, bleibt hier unbestimmt'' 145; das Verhältnis des Verstandes zur Sinnlichkeit ist also: daß er ,,für sich gar nichts erkennt, sondern nur den Stoff zum Erkenntnis, die Anschauung, die ihm durchs Objekt gegeben werden muß, verbindet und ordnet'' 145; die Schemate der Sinnlichkeit realisieren den Verstand (die Kategorien), indem sie ihn gleichwohl auch restringieren, d. i. ,,auf Bedingungen einschränken, die außer dem Verstande liegen (nämlich in der Sinnlichkeit)'' 185, 186; das Mannigfaltige durch die Sinnlichkeit (Anschauung) unabhängig vom Denken gegeben, vgl. 68, 122, 123, 132, 145, 508, 609, 610, A 127, A 375; „die Sinnlichkeit, dem Verstande untergelegt, als das Objekt, worauf dieser seine Funktion anwendet, ist der Quell realer Erkenntnis" 351 A; ein „von allen Eindrücken der Sinne unabhängiges Erkenntnis" nennt man a priori, 2; den reinen Erkenntnissen a priori ist „nichts Empirisches beigemischt" 3; die Begriffe des reinen Verstandes sind „weder empirischen noch ästhetischen Ursprungs" 81, stammen nicht aus der Sinnlichkeit; die reine Verstandeserkenntnis gehört nicht zur Anschauung und zur Sinnlichkeit, sondern zum Denken 89; die Kategorien entspringen „unabhängig von Sinnlichkeit bloß im Verstande" 144; Verstand und Sinnlichkeit sind „zwei ganz verschiedene Quellen von Vorstellungen, die aber nur in Verknüpfung objektiv-gültig von Dingen urteilen können" 327; die Zeitverhältnisse (auch die des Raumes) liegen „ganz außerhalb der eigentlichen Verstandesbegriffe" 159; durch Sinnlichkeit werden uns Gegenstände gegeben, durch den Verstand werden sie gedacht 29; alles, was nur immer unseren Sinnen vorkommen mag, muß unter den Gesetzen stehen, die „a priori aus dem Verstande allein entspringen" 160; Sinnlichkeit und Verstand sind die „zwei Stämme" der menschlichen Erkenntnis, die vielleicht „aus einer gemeinschaftlichen, aber uns unbekannten Wurzel entspringen" 29; „die Möglichkeit der Gegenstände der Sinne ist ein Verhältnis derselben zu unserem Denken" 609; das Denken eines Gegenstandes überhaupt durch einen reinen Verstandesbegriff kann „bei uns nur Erkenntnis werden, so fern dieser auf Gegenstände der Sinne bezogen wird" 146; s. Sinn, Sinnlichkeit.

7. Verstand und Wahrheit, Wirklichkeit, Schein, Irrtum, s. letztere.

8. Verstand und Mathematik, reine Naturwissenschaft. „Es gibt ... reine Grundsätze a priori, die ich gleichwohl doch nicht dem reinen Verstande eigentümlich beimessen möchte, darum, weil sie nicht aus reinen Begriffen, sondern aus reinen Anschauungen (obgleich vermittelst des Verstandes) gezogen sind ... aber ihre Anwendung [nämlich der mathematischen Grundsätze] auf Erfahrung, mithin ihre objektive Gültigkeit, ja die Möglichkeit solcher synthetischen Erkenntnis a priori (die Deduktion derselben) beruht doch immer auf dem reinen

Verstande" 198, 199; die als objektiv geltenden synthetischen Urteile wären unmöglich, „wäre nicht über die von der Anschauung abgezogenen Begriffe noch ein reiner Verstandesbegriff hinzugekommen, unter dem jene Begriffe subsumiert und so allererst in einem objektiv gültigen Urteile verknüpft worden. Selbst die Urteile der reinen Mathematik in ihren einfachsten Axiomen sind von dieser Bedingung nicht ausgenommen" Pr. § 20, s. Mathematik, Natur, Naturwissenschaft, Erfahrung, vgl. Pr.: „Wie ist reine Naturwissenschaft möglich" § 14 ff.; die Gesetze a priori der reinen Naturwissenschaft und Mathematik sind enthalten in den „Grundsätzen des reinen Verstandes", s. diese.

9. *Verstand und empirische Synthesis, Erfahrung, Erfahrungsgebrauch.* Erfahrung enthält „zwei sehr ungleichartige Elemente . . ., nämlich eine Materie zur Erkenntnis aus den Sinnen und eine gewisse Form, sie zu ordnen, aus dem inneren Quell des reinen Anschauens und Denkens" 118; „Erfahrung ist ohne Zweifel das erste Produkt, welches unser Verstand hervorbringt, indem er den rohen Stoff sinnlicher Eindrücke bearbeitet" A 1, zu einer Erkenntnis der Gegenstände verarbeitet, die Erfahrung heißt, 1; der reine Verstand hat es nur mit Gegenständen möglicher Erfahrung zu tun 364, 365; der reine Verstand ist „ein formales und synthetisches Prinzipium aller Erfahrungen" A 119; „das Gesetz der synthetischen Einheit aller Erscheinungen, und macht dadurch Erfahrung ihrer Form nach allererst und ursprünglich möglich" A 128; der Verstand kann a priori niemals mehr leisten, „als die Form einer möglichen Erfahrung überhaupt zu antizipieren" 303; alles, was der Verstand aus sich selbst schöpft, ohne es von der Erfahrung zu borgen, hat er dennoch zu keinem anderen Behuf, als lediglich zum Erfahrungsgebrauch 295; der Verstand ist durch seine reinen Begriffe „selbst Urheber der Erfahrung, worin seine Gegenstände angetroffen werden 127; der Verstand ist jederzeit an die bedingte, also empirische Synthesis gebunden 390; empirische Synthesis ist die Synthesis der Erscheinungen, vgl. 434; empirische Synthesis (Erfahrung) 367; der Verstand ist „das Vermögen, den Gegenstand sinnlicher Anschauung zu denken 75; Verstand verknüpft das Mannigfaltige der Erscheinungen durch Begriffe und bringt es unter empirische Gesetze 692; das ganze

Vermögen des Verstandes besteht im Denken, d. i. in der Handlung, die Synthesis des Mannigfaltigen der Anschauung zur Einheit der Apperzeption zu bringen, den anschaulichen Stoff zur Erkenntnis zu verbinden und zu ordnen 145; „die Kategorie [also der Verstand] hat keinen anderen Gebrauch zum Erkenntnisse der Dinge, als ihre Anwendung auf Gegenstände der Erfahrung 146; der Verstand kann von allen seinen Grundsätzen a priori, von allen seinen Begriffen „keinen anderen als empirischen, niemals aber einen transzendentalen Gebrauch machen" 297 vgl. 298; s. Erfahrung.

10. Die Arten überhaupt des Verstandesgebrauchs. L o g i s c h e r Gebrauch: urteilen 94; r e a l e r Gebrauch: Beziehung der Verstandesbegriffe, Kategorien auf Erfahrung, Gegenstände 80, 81, 104, 105; der Grundsatz der synthetischen Einheit der Apperzeption ist das oberste Prinzip alles Verstandesgebrauchs 136ff.; o b j e k t i v e r, empirischer, Erfahrungsgebrauch 146, 200, 223, 295, 297, 298; i m m a n e n t e r Gebrauch der Kategorien, Grundsätze 352, 353, 365, 383, 664, 666, Pr. § 40; t r a n s z e n d e n t a l e r Gebrauch 303, 304, 305, 352, 353, 543, vgl. 297, 298, A 403; m a t e r i a l e r Gebrauch 88; t r a n s z e n d e n t e r Gebrauch 664, 788, 809, vgl. 352, 353; Verstandesgebrauch gegenüber dem Vernunftgebrauch 383.

11. Verstand und Natur. „Der Verstand schöpft seine Gesetze (a priori) nicht aus der Natur, sondern schreibt sie dieser vor" Pr. § 36; der Verstand ist „der Ursprung der allgemeinen Ordnung der Natur, indem er alle Erscheinungen unter seine eigenen Gesetze faßt und dadurch allererst Erfahrung (ihrer Form nach) a priori zustande bringt" Pr. § 38; die oberste Gesetzgebung der Natur liegt in uns selbst, d. i. in unserem Verstande Pr. § 36; „die Möglichkeit der Erfahrung [d. i. das System der Grundsätze des reinen Verstandes] ist also zugleich das allgemeine Gesetz der Natur, und die Grundsätze der ersteren sind selbst die Gesetze der letzteren" Pr. § 36; „die Ordnung und Regelmäßigkeit also an den Erscheinungen, die wir Natur nennen, bringen wir selbst hinein [wir = Verstand], und würden sie auch nicht darin finden können, hätten wir sie nicht oder die Natur unseres Gemüts ursprünglich hineingelegt" A 125; Verstand „ist selbst die Gesetzgebung für die Natur, d. i. ohne Verstand würde es überall nicht Natur, d. i. synthetische Einheit des Mannigfaltigen der Er-

scheinungen nach Regeln geben" A 126, A 127; ,,die Einheit
der Apperzeption ist ... der transzendentale Grund der notwendigen Gesetzmäßigkeit aller Erscheinungen in einer Erfahrung" A 127; ,,der Verstand ist selbst der Quell der Gesetze der Natur, und mithin der formalen Einheit der Natur"
A 127; ,,der reine Verstand ist also in den Kategorien das Gesetz der synthetischen Einheit aller Erscheinungen, und macht
dadurch Erfahrung ihrer Form nach allererst und ursprünglich möglich" A 128; der Verstand in den Kategorien schreibt
der Natur gleichsam das Gesetz vor und macht sie sogar erst
möglich 159; von den Kategorien hängt die Natur, bloß als
Natur überhaupt (natura formaliter spectata) betrachtet, als
dem ursprünglichen Grunde ihrer notwendigen Gesetzmäßigkeit ab 165; vgl. Natur, Erscheinung, Gegenstand, Erkenntnis,
a priori, Denken, Erfahrung.
12. *Verstand und Vernunft in gegenseitiger Beziehung.* ,,Die
Vernunft bezieht sich niemals geradezu auf einen Gegenstand,
sondern lediglich auf den Verstand und vermittelst desselben
auf ihren eigenen empirischen Gebrauch" 671, indem sie die
Verstandeserkenntnisse nach Prinzipien ordnet; ,,die Vernunft
hat also eigentlich nur den Verstand und dessen zweckmäßige
Anstellung zum Gegenstande, und wie dieser das Mannigfaltige im Objekt durch Begriffe vereinigt, so vereinigt jene
ihrerseits das Mannigfaltige der Begriffe durch Ideen, indem
sie eine gewisse kollektive Einheit zum Ziele der Verstandeshandlungen setzt, welche sonst nur mit der distributiven Einheit beschäftigt sind" 672; ,,der Verstand macht für die Vernunft eben so einen Gegenstand aus, als die Sinnlichkeit für
den Verstand. Die Einheit aller möglichen empirischen Verstandeshandlungen systematisch zu machen, ist ein Geschäft
der Vernunft" 692, vgl. 693 ff.; Vernunft dient eigentlich
mehr dazu, ,,den Verstand zu begrenzen, als ihn auf neue
Gegenstände zu erweitern" 620; die Vernunft erzeugt eigentlich gar keinen Begriff, sondern macht den Verstandesbegriff
nur frei von den Einschränkungen einer möglichen Erfahrung
und sucht ihn über die Grenzen des Empirischen, aber doch
in Verknüpfung mit demselben zu erweitern 435, vgl. 436,
379, 383; Vernunft (Idee der Vernunfteinheit) postuliert ,,voll-
ständige Einheit der Verstandeserkenntnis, wodurch diese
nicht bloß ein zufälliges Aggregat, sondern ein nach notwen-

digen Gesetzen zusammenhängendes System wird" 673; Vernunft „behält sich allein die absolute Totalität im Gebrauche der Verstandesbegriffe vor und sucht die synthetische Einheit, welche in der Kategorie gedacht wird, bis zum Schlechthinunbedingten hinauszuführen" 383 (Vernunfteinheit und Verstandeseinheit); die Ideen der Vernunft haben keinen anderen Nutzen, „als den Verstand in die Richtung zu bringen, darin sein Gebrauch ... mit sich selbst durchgehends einstimmig gemacht wird" 380; Vernunftbegriffe als „Aufgaben, um die Einheit des Verstandes wo möglich bis zum Unbedingten fortzusetzen 380; die transzendentalen Ideen beziehen sich auf den ganzen Verstandesgebrauch 384; Vernunft schreibt dem Verstande die Richtung auf eine gewisse Einheit vor, die darauf hinausgeht, „alle Verstandeshandlungen in Ansehung eines jeden Gegenstandes in ein absolutes Ganzes zusammen zu fassen" 383.

13. Grenzbestimmung des Verstandes. Der bloß mit seinem empirischen Gebrauche beschäftigte Verstand, der über die Quellen seiner eigenen Erkenntnis nicht nachsinnt, kann sich selbst die Grenzen seines Gebrauchs nicht bestimmen 297; die Kategorien des Verstandes werden durch die Schemate der Sinnlichkeit zwar erst realisiert, aber doch zugleich restringiert, d. i. auf Bedingungen eingeschränkt, die außer dem Verstande liegen, nämlich in der Sinnlichkeit 185, 186; nach Absonderung aller sinnlichen Bedingung bleibt den reinen Verstandesbegriffen „eine,, aber nur logische Bedeutung der bloßen Einheit der Vorstellungen" 186, ohne Objekt; die Kategorien sind im Denken an sich durch die Bedingungen unserer sinnlichen Anschauung nicht eingeschränkt, wohl aber sind sie und damit der Verstand im Erkennen an Zeit und Raum gebunden, sofern ein Objekt bestimmt werden soll 166 A; die Kategorien „dienen nur zur Möglichkeit empirischer Erkenntnis" 147; der Gebrauch der Grundsätze des reinen Verstandes ist völlig immanent, indem sie „nur die Möglichkeit der Erfahrung zu ihrem Thema haben" 365; alles, was der Verstand aus sich selbst schöpft, ohne es von der Erfahrung zu borgen, hat er dennoch zu keinem anderen Behuf, als nur zum Erfahrungsgebrauch 295; Nutzen der Untersuchung über die Amphibolie der Reflexionsbegriffe, um „die Grenzen des Verstandes zuverlässig zu bestimmen und zu sichern" 336; die Kategorien für sich selbst sind nichts als logische Funktionen und bedürfen zur Bestimmung eines Objekts der sinnlichen Anschauung Pr. § 39; die Kategorien haben „ohne die Bedingung der sinnlichen Anschauung, dazu sie die Synthesis enthalten, gar keine Beziehung auf irgend ein bestimmtes Objekt ... folglich an sich selbst keine Gültigkeit objektiver Begriffe" A 246; die Grundsätze des reinen Verstandes können „nur in Beziehung auf die allgemeinen Bedingungen einer möglichen Erfahrung, auf Gegenstände der Sinne ... bezogen werden" 303, sie sind nur von empirischem, niemals aber von transzendentalem Gebrauch 297, 304; der objektive Gebrauch der reinen Verstandesbegriffe muß jederzeit immanent sein 383; der reine Verstand hat es nur mit Gegenständen einer möglichen Erfahrung zu tun, deren Erkenntnis und Synthesis jederzeit bedingt ist 365; der Verstand kann a priori niemals mehr leisten, „als die Form einer möglichen Erfahrung überhaupt zu antizipieren" 303; „die Kritik dieses reinen Verstandes erlaubt es also nicht, sich ein neues Feld von Gegenständen, außer denen, die ihm als Erscheinungen vorkommen können, zu schaffen und in intelligible Welten ... auszuschweifen" 345; der Verstand kann die Schranken der Sinnlichkeit, innerhalb deren uns allein Gegenstände gegeben werden, niemals überschreiten 303; die Grundsätze der Modalität sind „zugleich Restriktionen aller Kategorien auf den bloß empirischen Gebrauch" 266; die Grenzbestimmung unserer Vernunft kann nur nach Gründen a priori geschehen 786; „sondere ich aber den Verstand von der Sinnlichkeit ab, um einen reinen Verstand zu haben: so bleibt nichts als die bloße Form des Denkens ohne Anschauung übrig, wodurch allein ich ... keinen Gegenstand erkennen kann" Pr. § 57; die transzendentale Logik hat den Zweck, „den Umfang und die Grenzen des reinen Verstandes zu bestimmen" 193; Vernunft dient eigentlich mehr dazu, „den Verstand zu begrenzen, als ihn auf neue Gegenstände zu erweitern" 620; eine vollendete Kritik überzeugt, daß Vernunft mit Anschauungen, Begriffen, Ideen in ihrem spekulativen Gebrauch „niemals über das Feld möglicher Erfahrung hinauskommen könne" 730; „alle Erkenntnis von den Dingen aus bloßem reinen Verstande oder reiner Vernunft ist nichts als lauter Schein, und nur in der Erfahrung ist Wahrheit" Pr.

Anhang, Probe eines Urteils usw.; Verstand und Sinnlichkeit
können nur in Verknüpfung objektivgültig von Dingen urteilen 327, vgl. 342, A 97; „wir können daher das Feld der
Gegenstände unseres Denkens über die Bedingungen unserer
Sinnlichkeit darum noch nicht positiv erweitern und außer
den Erscheinungen noch Gegenstände des reinen Denkens,
d. i. Noumena annehmen . . ." 343.

14. Begriff des „gesunden Menschenverstandes". In Fragen der
Erkenntniskritik sich trotzig auf den gesunden Menschenverstand berufen, ist „eine Zuflucht, die jederzeit beweist, daß
die Sache der Vernunft verzweifelt ist" 811, 812; in Sachen
der Metaphysik als Wissenschaft verbittet sich Kant erstens
„das Spielwerk von Wahrscheinlichkeit und Mutmaßung",
zweitens „die Entscheidung vermittelst der Wünschelrute des
sogenannten gesunden Menschenverstandes, die nicht jedermann schlägt, sondern sich nach persönlichen Eigenschaften
richtet" Pr. III. Teil: „Wie ist Metaphysik als Wissenschaft
möglich?"; gesunder Verstand sowohl als spekulativer, beide
in ihrer Art brauchbar, aber in der Metaphysik hat „der sich
selbst, aber oft per antiphrasin so nennende gesunde Verstand
ganz und gar kein Urteil; „zum Kupferstechen muß man die
Radiernadel brauchen" (nicht Meißel und Schlägel) Pr. Vorrede; der Naturalist und die „gesunde Vernunft" 883; die
höchste Philosophie kann es in Ansehung der wesentlichen
Zwecke der menschlichen Natur nicht weiterbringen, „als die
Leitung, welche sie auch dem gemeinsten Verstande hat angedeihen lassen" 859.

15. Andere Art von Verstand als der menschliche. Das Noumenon bedeutet „den problematischen Begriff von einem Gegenstande für eine ganz andere Anschauung und einen ganz anderen
Verstand als der unsrige, der mithin selbst ein Problem ist"
343, 344; der Begriff eines Noumenon, bloß problematisch
genommen, ist nicht etwa „ein besonderer intelligibler Gegenstand für unseren Verstand; sondern ein Verstand, für den
es gehörte, ist selbst ein Problema, nämlich nicht diskursiv
durch Kategorien, sondern intuitiv, in einer nichtsinnlichen
Anschauung seinen Gegenstand zu erkennen . . ." 311, 312;
es wäre eine Ungereimtheit, wenn wir unseren diskursiven Verstand „für das Urbild von jedem möglichen Verstande ausgeben wollten" Pr. § 57; „derjenige Verstand, durch dessen

Selbstbewußtsein zugleich das Mannigfaltige der Anschauung gegeben würde, ein Verstand, durch dessen Vorstellung zugleich die Objekte dieser Vorstellung existierten, würde einen besonderen Aktus der Synthesis des Mannigfaltigen zu der Einheit des Bewußtseins nicht bedürfen, deren der menschliche Verstand, der bloß denkt, nicht anschaut, bedarf" 138, 139; wir können uns weder von einem anschauenden Verstande, noch von einem, der „wenn gleich eine sinnliche Anschauung, aber doch von anderer Art als die im Raume und in der Zeit, zum Grunde liegend besäße", den mindesten Begriff machen 139; für einen anschauenden Verstand, etwa einen göttlichen, würden die Kategorien gar keine Bedeutung haben, da durch dessen Vorstellungen die Gegenstände selbst zugleich gegeben würden 145; vgl. 135.

16. Verstandesschluß und Vernunftschluß. „Liegt das geschlossene Urteil schon so in dem ersten, daß es ohne Vermittlung einer dritten Vorstellung daraus abgeleitet werden kann, so heißt der Schluß unmittelbar (consequentia immediata); ich möchte ihn lieber den Verstandesschluß nennen. Ist aber außer der zum Grunde gelegten Erkenntnis noch ein anderes Urteil nötig, um die Folge zu bewirken, so heißt der Schluß ein Vernunftschluß" 360.

Verstandesbegriff.
Der reine Verstandesbegriff ist die Kategorie A 119; s. Kategorie, Verstand.

Verstandesgebrauch.
„Von dem logischen Verstandesgebrauche überhaupt" 92, 93, 94; s. Verstand, Gebrauch.

Verstandesregeln.
„Wissenschaft der Verstandesregeln überhaupt," d. i. die Logik 76; Verstandesregeln sind „a priori wahr" und „sogar der Quell aller Wahrheit, d. i. der Übereinstimmung unserer Erkenntnis mit Objekten, dadurch, daß sie den Grund der Möglichkeit der Erfahrung ... in sich enthalten" 296; „Sinnlichkeit gibt uns Formen, (der Anschauung) der Verstand aber Regeln" A 126; der Verstand ist „das Vermögen der Regeln" A 126; die Kategorie ist eine Regel der Synthesis der Wahrnehmungen, vgl. 750 A; eine „Regel der Einheit nach Begriffen überhaupt" 181; s. Kategorie, Verstand, Regel.

Verstandeswesen.
Von einem Verstande, „der unmittelbar Dinge anschaute"
[also ohne Sinnlichkeit], haben wir „nicht den mindesten
Begriff, mithin auch nicht von den Verstandeswesen, auf die
er gehen soll" Pr. § 34 Anm.; Noumena = Verstandeswesen
Pr. §§ 32, 45, vgl. § 53, Gedankenwesen § 56; ganz unbestimmter Begriff, als von „einem Etwas überhaupt außer
unserer Sinnlichkeit" 307; s. Noumenon, Gedankending, intelligibel.

Vielfarbiges Selbst 134.

Vielheit.

1. Die Kategorie der Vielheit ist in der Kategorien-Tafel 106,
Pr. § 21 das zweite Moment der Titel-Kategorie der Quantität (Einheit, Vielheit, Allheit), gehört zur mathematischen
110 Klasse der Kategorien.

2. Qualitative Vielheit der Merkmale, die zu einem Begriffe
als einem gemeinschaftlichen Grunde gehören (nicht in ihm
als Größe gedacht werden), d. i. „je mehr wahre Folgen aus
einem gegebenen Begriffe, desto mehr Kennzeichen seiner objektiven Realität" 114.

3. Vielheit und intensive Größe. „Nun nenne ich diejenige
Größe, die nur als Einheit apprehendiert wird und in welcher
die Vielheit nur durch Annäherung zur Negation = 0 vorgestellt werden kann, die intensive Größe" 210.

4. Vielheit und Raum. „Die Verschiedenheit der Örter macht
die Vielheit und Unterscheidung der Gegenstände als Erscheinungen, ohne weitere Bedingungen, schon für sich nicht
allein möglich, sondern auch notwendig" 328 (Kritik am
System von Leibniz).

5. Plurative Urteile. „Der Grundsatz: die gerade Linie ist
die kürzeste zwischen zwei Punkten, setzt voraus, daß die
Linie unter den Begriff der Größe subsumiert werde, welcher ... dazu dient, die Anschauung (der Linie) in Absicht
auf die Urteile, die von ihr gefällt werden mögen, in Ansehung
der Quantität derselben, nämlich der Vielheit (als judicia
plurativa) zu bestimmen, indem unter ihnen verstanden wird,
daß in einer gegebenen Anschauung vieles Gleichartige enthalten sei" Pr. § 20, s. Anm.

Vollkommenheit.
„Vollständige zweckmäßige Einheit ist Vollkommenheit

(schlechthin betrachtet)" 722; „durch den einzigen Zug einer allbefassenden Vollkommenheit" kommt der Begriff einer höchsten Kausalität in einem höchsten Wesen sehr leicht, aber dogmatisch zustande 618; Vollkommenheit eines Begriffs besteht darin, daß die qualitative Vielheit eines Begriffs (s. Vielheit) „zusammen auf die Einheit des Begriffes zurückführt und zu diesem und keinem anderen völlig zusammenstimmt, welches man die qualitative Vollständigkeit (Totalität) nennen kann" 114; Schulbegriff der Philosophie als Begriff von der systematischen Einheit der Erkenntnis als logischer Vollkommenheit der Erkenntnis 866.

Vollständig, Vollständigkeit.

1. In bezug auf Erfahrung, Erkenntnis. Mögliche Erfahrung in ihrer absoluten Vollständigkeit 524; Vollständigkeit aller Erkenntnis (logisches Prinzip der Gattung) 683; die Ideen gehen „auf die Vollständigkeit d. i. die kollektive Einheit der ganzen möglichen Erfahrung hinaus" Pr. § 40.

2. Vollständigkeit des Verstandesgebrauchs hinsichtlich der Prinzipien, nicht der Gegenstände, ist eine Forderung der reinen Vernunft Pr. § 44.

3. Qualitative Vollständigkeit eines Begriffs s. Vollkommenheit, vgl. 114, 115.

4. Die Vollständigkeit der Zergliederung eines Begriffs kann niemals apodiktisch gewiß sein, sofern es sich um einen philosophischen Begriff, nicht um einen mathematischen, handelt 758; s. Definition, Mathematik.

5. Das Absolutvollständige, absolute Vollständigkeit in bezug auf reine Vernunft, Idee 443, 444, 543, 693, Pr. § 44, s. Ideal der reinen Vernunft, Idee.

Volumen = extensive Größe einer Erscheinung 215.

Vorstellung.

1. Als Oberbegriff für alle „Modifikationen des Gemüts" (A 99 d. i. des Bewußtseins, vgl. 74 (Anschauungen und Begriffe, rein oder empirisch), 376, 235, A 98, A 99.

2. „Stufenleiter" der Vorstellungen: Vorstellung überhaupt; Perzeption als bloße Modifikation des Zustandes eines Subjekts heißt Empfindung; objektive Perzeption ist Erkenntnis; diese ist entweder Anschauung oder Begriff; Begriff entweder rein oder empirisch; Begriff aus Begriffen (reinen) heißt Vernunftbegriff, Idee 376, 377, vgl. 33, 34, 137, 243, A 99.

3. Beziehung der Vorstellungen auf den Gegenstand s. Gegenstand, Beziehung vgl. 63, 137, 195, 242, 243, 74, 517, A 104, A 105.

W

Wahrheit.

1. Der Begriff der Wahrheit als kritische Frage. „Die alte und berühmte Frage . . . Was ist Wahrheit? Die Namenerklärung der Wahrheit, daß sie nämlich die Übereinstimmung der Erkenntnis mit ihrem Gegenstande sei, wird hier geschenkt und vorausgesetzt; man verlangt aber zu wissen, welches das allgemeine und sichere Kriterium der Wahrheit einer jeden Erkenntnis sei" 82. Nun: „wenn Wahrheit in der Übereinstimmung einer Erkenntnis mit ihrem Gegenstande besteht, so muß dadurch dieser Gegenstand von anderen unterschieden werden; denn eine Erkenntnis ist falsch, wenn sie mit dem Gegenstande, worauf sie bezogen wird, nicht übereinstimmt, ob sie gleich etwas enthält, was wohl von anderen Gegenständen gelten könnte. Nun würde ein allgemeines Kriterium der Wahrheit dasjenige sein, welches von allen Erkenntnissen, ohne Unterschied ihrer Gegenstände, gültig wäre. Es ist aber klar, daß, da man bei demselben von allem Inhalt der Erkenntnis (Beziehung auf ihr Objekt) abstrahiert, und Wahrheit gerade diesen Inhalt angeht, es ganz unmöglich und ungereimt sei, nach einem Merkmale der Wahrheit dieses Inhalts der Erkenntnis zu fragen, und daß also ein hinreichendes, und doch zugleich allgemeines Kennzeichen der Wahrheit unmöglich angegeben werden könne" 83; die allgemeine Logik, da sie von allem Inhalt der Erkenntnis abstrahiert, ist nur ein „negativer Probierstein" der Wahrheit 84; sie kann nicht „materielle (objektive) Wahrheit" ausmachen 85; dagegen kann die transzendentale Logik eine „Logik der Wahrheit" 87, 170 heißen, insofern, als sie sich mit dem Ursprung unserer Erkenntnis von Gegenständen 81 beschäftigt; die reinen Verstandesbegriffe (Kategorien) führen „zur Wahrheit d. i. der Übereinstimmung unserer Begriffe mit dem Objekte" 670, da sie selbst das Objekt der logischen Form, nicht dem Dasein nach, erzeugen (vgl. 125, 126, 147, 202, 299, 196, 303, 367, 609, A 110, A 125, A 127,

A 128, A 129, A 130, Pr. § 38), weil sie Prinzipien des Denkens sind, ,,ohne welche überall kein Gegenstand gedacht werden kann'' 87; freilich handelt es sich hier stets nur um ,,die formalen Bedingungen empirischer Wahrheit'' 236.

2. *Mathematische Wahrheit.* Wenn Urteile ,,unmittelbar gewiß sind: z. B. zwischen zwei Punkten kann nur eine gerade Linie sein, so läßt sich von ihnen kein noch näheres Merkmal der Wahrheit, als das sie selbst ausdrücken, anzeigen'' 317; reine Mathematik führt ,,durch und durch apodiktische Gewißheit, d. i. absolute Notwendigkeit bei sich'' Pr. § 6; s. Mathematik, Definition, Beweis, Gewißheit; ,,mathematische Definitionen können niemals irren'' 759.

3. *Gegenständliche, empirische Wahrheit.* Die Verstandesregeln (Grundsätze) sind nicht allein a priori wahr, sondern ,,sogar der Quell aller Wahrheit, d. i. der Übereinstimmung unserer Erkenntnis mit Objekten, dadurch, daß sie den Grund der Möglichkeit der Erfahrung als des Inbegriffes aller Erkenntnis, darin uns Objekte gegeben werden mögen, in sich enthalten'' 296; die Kategorien führen ,,zur Wahrheit d. i. der Übereinstimmung unserer Begriffe mit dem Objekte'' 670; die transzendentale Logik ist eine ,,Logik der Wahrheit'' 87, 170, weil sie die Prinzipien vorträgt, ohne welche überall kein Gegenstand gedacht werden kann'' 87; Wahrheit einer vorgestellten Begebenheit, d. i. ihre objektive Gültigkeit 816; das Verhältnis der Ursache zur Wirkung ist ,,die Bedingung der objektiven Gültigkeit unserer empirischen Urteile, in Ansehung der Reihe der Wahrnehmungen, mithin der empirischen Wahrheit derselben, und also der Erfahrung'' 247; Wahrheit ist Übereinstimmung der Erkenntnis mit dem Objekt 236; ,,mögliche Erfahrung ist das, was unseren Begriffen allein Realität geben kann; ohne das ist aller Begriff nur Idee, ohne Wahrheit und Beziehung auf einen Gegenstand'' 517; Wahrheit, Irrtum, Schein sind nur ,,in dem Verhältnisse des Gegenstandes zu unserem Verstande anzutreffen'' 350 (im Urteil); ,,in Betracht der Natur gibt uns Erfahrung die Regel an die Hand und ist der Quell der Wahrheit'' 375; außerhalb den Bedingungen einer möglichen Erfahrung wird ,,kein Dokument der Wahrheit irgendwo angetroffen'' 779; ,,in dem Raume aber und der Zeit ist die empirische Wahrheit der Erscheinungen genugsam gesichert und von der

Verwandschaft mit dem Traume hinreichend unterschieden, wenn beide nach empirischen Gesetzen in einer Erfahrung richtig und durchgängig zusammenhängen" 520, 521; s. Wirklichkeit, objektiv, Existenz, Realität, Beweis, Gewißheit.

4. Wahrheit und Falschheit, Schein, Irrtum, Traum, Möglichkeit s. diese.

5. Empirische Wahrheit und Einheit der Natur. Das Gesetz der Vernunft, systematische Einheit der Natur, als den Objekten selbst anhängend, zu suchen, ist notwendig, ,,weil wir ohne dasselbe keine Vernunft, ohne diese aber keinen zusammenhängenden Verstandesgebrauch, und in dessen Ermangelung kein zureichendes Merkmal empirischer Wahrheit haben würden . . ." 679.

6. Fürwahrhalten s. dieses.

7. Transzendentale Wahrheit eines Begriffs ist seine objektive Realität 269; ,,in dem Ganzen aller möglichen Erfahrung liegen aber alle unsere Erkenntnisse, und in der allgemeinen Beziehung auf dieselbe besteht die transzendentale Wahrheit, die vor aller empirischen vorhergeht und sie möglich macht" 185.

8. Logik der Wahrheit s. Logik, transzendentale Analytik, vgl. 87, 170.

9. Modus ponens, tollens und Wahrheit, Hypothese 818, 819.

10. Wahrheit und analytisches Urteil, Satz vom Widerspruch. ,,Denn wenn das Urteil analytisch ist, es mag nun verneinend oder bejahend sein, so muß dessen Wahrheit jederzeit nach dem Satze des Widerspruchs hinreichend können erkannt werden" 190, weil analytisch lediglich geurteilt wird von dem, ,,was in der Erkenntnis des Objekts schon als Begriff liegt" 190; freilich ist der Satz vom Widerspruch (keinem Dinge kommt ein Prädikat zu, welches ihm widerspricht, 190) nur ein ,,bloß negatives Kriterium aller Wahrheit" 190, weil dieser Satz keinen Bestimmungsgrund der Wahrheit unserer Erkenntnis abgeben kann 191.

11. Der direkte oder ostensive Beweis ist in aller Art der Erkenntnis derjenige, welcher mit der Überzeugung von der Wahrheit zugleich Einsicht in die Quellen derselben verbindet" 817; s. Beweis, ostensiv, apagogisch.

Wahrnehmung.

1. Wahrnehmung und Bewußtsein, Apperzeption, Verstand,

Synthesis, Einbildungskraft. ,,Wahrnehmung ist das empirische Bewußtsein, d. i. ein solches, in welchem zugleich Empfindung ist" 207; ,,die objektive Einheit alles (empirischen) Bewußtseins in einem Bewußtsein (der ursprünglichen Apperzeption) ist also die notwendige Bedingung sogar aller möglichen Wahrnehmung, und die Affinität aller Erscheinungen . . . eine notwendige Folge einer Synthesis in der Einbildungskraft, die a priori auf Regeln gegründet ist" A 123; ,,das Bewußtsein seiner selbst, nach den Bestimmungen unseres Zustandes bei der inneren Wahrnehmung, ist bloß empirisch, jederzeit wandelbar . . . und wird gewöhnlich der innere Sinn genannt oder die empirische Apperzeption" A 107; ,,das erste, was uns gegeben wird, ist Erscheinung, welche, wenn sie mit Bewußtsein verbunden ist, Wahrnehmung heißt" A 119, A 120; eine bloß zeitliche Verknüpfung von Wahrnehmungen ist auch schon ,,kein Werk des bloßen Sinnes" 233, sondern ,,das Produkt eines synthetischen Vermögens der Einbildungskraft, die den inneren Sinn in Ansehung des Zeitverhältnisses bestimmt" 233, vgl. 68, 150, 152, 153, 155; Wahrnehmung ist ,,eigentlich nur die Bestimmung der Apperzeption" A 368; da alle Wahrnehmung, als empirische Synthesis, von der transzendentalen Synthesis (Verstand bzw. produktive Einbildungskraft, vgl. 153, 154) abhängt, ,,so müssen alle möglichen Wahrnehmungen, mithin auch alles, was zum empirischen Bewußtsein immer gelangen kann, d. i. alle Erscheinungen der Natur, ihrer Verbindung nach, unter den Kategorien stehen . . ." 164, 165, vgl. 143, 144; ,,die durchgängige und synthetische Einheit der Wahrnehmungen macht . . . die Form der Erfahrung aus" A 110; Einbildung ein ,,notwendiges Ingredienz der Wahrnehmung selbst" A 120 Anm.; Zeit und Raum als synthetische Funktionen (bereits in der bloßen Wahrnehmung) vgl. 136 A, 160, 161, 160 A, 161 A, 162; Verbindung liegt nicht ,,in den Gegenständen, und kann von ihnen nicht etwa durch Wahrnehmung entlehnt und in den Verstand dadurch allererst aufgenommen werden, sondern ist allein eine Verrichtung des Verstandes" 134, 135; die Kategorien der Relation drücken a priori ,,die Verhältnisse der Wahrnehmungen in jeder Erfahrung" aus 269; Wahrnehmung = Synthesis der Empfindung 184; Wahrnehmung ist empirisches Bewußtsein einer Anschauung als Erscheinung

160; Erfahrung eine ,,Synthesis der Wahrnehmungen, die selbst nicht in den Wahrnehmungen enthalten ist" 218.

2. Apprehension, Reproduktion, Assoziation, Affinität s. diese.

3. Wahrnehmung und Zeit, Raum. ,,Die Zeit ist die formale Bedingung a priori aller Erscheinungen überhaupt" 50, eine ,,notwendige Vorstellung, die allen Anschauungen zum Grunde liegt" 46, vgl. 52; mit allen möglichen Wahrnehmungen bleibt man doch stets unter Bedingungen des Raumes oder der Zeit und kommt an nichts Unbedingtes 511; ,,alle äußere Wahrnehmung also beweist unmittelbar etwas Wirkliches im Raume oder ist vielmehr das Wirkliche selbst" A 375, vgl. 147; im Raume kann ,,nur das als wirklich gelten, was in ihm vorgestellt wird, und umgekehrt, was in ihm gegeben, d. i. durch Wahrnehmung vorgestellt wird, ist in ihm auch wirklich" A 374, A 375, vgl. A 376; Wahrnehmung stellt etwas Wirkliches im Raume vor A 374; s. Zeit, Raum, Wirklichkeit.

4. Wahrnehmung und Empfindung, Reales, Antizipationen der Wahrnehmung. ,,Wahrnehmung ist das empirische Bewußtsein, d. i. ein solches, in welchem zugleich Empfindung ist" 207; Wahrnehmungen sind mit Empfindung begleitete anschauliche Vorstellungen 147, aber noch keine kategorial geordnete Vorstellungen, weil ,,durch die bloße Wahrnehmung das o b j e k t i v e Verhältnis der einander folgenden Erscheinungen unbestimmt" 234 bleibt; ,,dieses Materielle oder Reale, dieses Etwas, was im Raume angeschaut werden soll, setzt notwendig Wahrnehmung voraus" A 373; Empfindung, welche ,,auf einen Gegenstand überhaupt, ohne diesen zu bestimmen, angewandt wird", heißt Wahrnehmung A 374; Wahrnehmung zeigt die Wirklichkeit von Etwas im Raume an A 373; alle Realität in der Wahrnehmung hat einen Grad 214; Empfindung als Materie der Wahrnehmung 209; Antizipationen der Wahrnehmung 207 ff.; das Prinzip derselben: ,,In allen Erscheinungen hat das Reale, was ein Gegenstand der Empfindung ist, intensive Größe, d. i. einen Grad" 207; alle Erscheinungen sind ,,der bloßen Wahrnehmung (Empfindung und mithin Realität) nach als intensive Größen" 212 auch kontinuierliche Größen 212; es ist keine Wahrnehmung möglich, ,,die einen gänzlichen Mangel alles Realen in der Erscheinung, es sei unmittelbar oder mittelbar . . . bewiese, d. i. es kann aus der Erfahrung niemals ein Beweis vom leeren Raume oder einer leeren Zeit gezogen werden" 214; s. Empfindung, real.

5. Wahrnehmungs- und Erfahrungsurteile. Alle Erfahrungsurteile sind empirisch, d. i. sie haben „ihren Grund in der unmittelbaren Wahrnehmung der Sinne"; aber nicht umgekehrt sind alle empirischen Urteile auch ohne weiteres schon objektivgültige Erfahrungsurteile Pr. § 18; „empirische Urteile, sofern sie objektive Gültigkeit haben, sind Erfahrungsurteile; die aber, so nur subjektiv gültig sind, nenne ich bloße Wahrnehmungsurteile: Die letzteren bedürfen keines reinen Verstandesbegriffs, sondern nur der logischen Verknüpfung in einem denkenden Subjekt. Die ersteren aber erfordern jederzeit über die Vorstellungen der sinnlichen Anschauung noch besondere, im Verstande ursprünglich erzeugte Begriffe, welche es eben machen, daß das Erfahrungsurteil objektiv gültig ist." Pr. § 18; objektive Gültigkeit des Erfahrungsurteils bedeutet „nichts anderes als die notwendige Allgemeingültigkeit desselben" Pr. § 18; „alle unsere Urteile sind zuerst bloße Wahrnehmungsurteile" Pr. § 18; zur Erfahrung gehört Anschauung und das Urteilen, das bloß dem Verstande zukommt; „dieses Urteilen kann nun zwiefach sein: erstlich, indem ich bloß die Wahrnehmungen vergleiche und in einem Bewußtsein meines Zustandes, oder zweitens, da ich sie in einem Bewußtsein überhaupt verbinde. Das erstere Urteil ist bloß ein Wahrnehmungsurteil . . ." Pr. § 20; das Erfahrungsurteil muß noch einen „Begriff von derjenigen synthetischen Einheit der Anschauungen, die nur durch eine gegebene logische Funktion der Urteile vorgestellt werden kann", hinzufügen Pr. § 21 a; vgl. Pr. §§ 22, 25.

6. Wahrnehmung und Erscheinung. Wahrnehmung die Materie der Erscheinung 223; „denn an sich selbst sind die Erscheinungen, als bloße Vorstellungen, nur in der Wahrnehmung wirklich, die in der Tat nichts anderes ist als die Wirklichkeit einer empirischen Vorstellung, d. i. Erscheinung" 521; s. Erscheinung.

7. Wahrnehmung und Wirklichkeit s. Wirklichkeit.

8. Wahrnehmung und Schließen, Irrtum, Schein s. letztere.

9. Wahrnehmung und Erklärungsbedingung. „Die Erscheinungen verlangen nur erklärt zu werden, so weit ihre Erklärungsbedingungen in der Wahrnehmung gegeben sind, alles

aber, was jemals an ihnen gegeben werden mag, in einem
absoluten Ganzen zusammengenommen, ist selbst keine
Wahrnehmung" 511, 512; mit allen möglichen Wahrnehmungen
bleibt man doch immer unter den Bedingungen des Raumes
oder der Zeit und kommt an nichts Unbedingtes 511.

Wahrnehmungsurteile s. Wahrnehmung.

Wahrscheinlichkeit eine durch unzureichende Gründe er-
kannte Wahrheit 349; ein Fürwahrhalten aus unzureichenden
Gründen, die aber zu den zureichenden Gründen ein größeres
Verhältnis haben, als die Gründe des Gegenteils, Kants Logik
(Jäsche) S. 90 unter X.

Wechsel.
Der Wechsel trifft die Zeit selbst nicht, nur die Erscheinungen
in der Zeit 226; die Zeit bleibt und wechselt nicht 224, 225;
bei allem Wechsel der Erscheinungen beharrt die Substanz
224; durchgängige Einheit allen Wechsels durch die Identität
des Substratum, der Substanz (Begriff) 229; Wechsel und
Veränderung 233, 230, 231; Wechsel und Beharrliches, Beharrlichkeit 226, 227.

Wechselseitige Kausalität in der dynamischen Beziehung
der Substanzen s. Gemeinschaft, Wechselwirkung, commercium, Grundsatz der Wechselwirkung (Gemeinschaft)
256 ff.

Wechselwirkung.
Kategorie, Schema, Grundsatz der Wechselwirkung, Gemeinschaft 256 ff. s. Gemeinschaft, vgl. Pr. § 27.

Welt, Weltbegriff.
*1. Das Weltganze ein logisches Problem, nicht gegebenes Ganze,
eine Idee, nur Aufgabe der Erkenntnis.* ,,Nun habe ich das
Weltganze jederzeit nur im Begriffe, keineswegs aber (als
Ganzes) in der Anschauung" 546, 547, vgl. 550, 551; die Welt
existiert ,,gar nicht an sich (unabhängig von der regressiven
Reihe meiner Vorstellungen)" 533, ,,weder als ein an sich
unendliches, noch als ein an sich endliches Ganzes" 533; die
Weltidee ist für den empirischen Regressus entweder zu groß
oder zu klein 517; der Regressus in der Reihe aller Bedingungen
zu einem gegebenen Bedingten ist niemals ganz gegeben, sondern nur **aufgegeben** 526, vgl. 536; die Welt nur ein ,,In-
begriff aller Erscheinungen" 391, d. i. Vorstellungen; der
Weltbegriff überhaupt ist eine ,,regulative Idee der bloß

spekulativen Vernunft" 712, vgl. 713; der Gegenstand aller möglichen Erfahrung heißt Welt 633.

2. *Welt als mathematisches und als dynamisches Ganze; Welt im transzendentalen Verstande; kosmologische Ideen.* Welt bedeutet „das mathematische Ganze aller Erscheinungen und die Totalität ihrer Synthesis, im Großen sowohl, als im Kleinen, d. i. sowohl in dem Fortschritt derselben [Synthesis] durch Zusammensetzung als durch Teilung. Eben dieselbe Welt wird aber Natur genannt, so fern sie als ein dynamisches Ganzes betrachtet wird, und man nicht auf die ... Größe ... sondern auf die Einheit im Dasein der Erscheinungen sieht" 446; Welt im transzendentalen Verstande bedeutet „die absolute Totalität des Inbegriffs existierender Dinge" (Vollständigkeit der Synthesis nur im Regressus zu den Bedingungen) 447; kosmologische Ideen als Weltbegriffe und Naturbegriffe 447, 448; s. Antinomie, Idee, Kosmologie.

3. *Welt als Erscheinung. Inbegriff aller Erscheinungen; Größe, Grenzen der Welt.* Die ganze Körperwelt ist nichts „als die Erscheinung in der Sinnlichkeit unseres Subjekts und eine Art Vorstellungen desselben" A 383; existiert „gar nicht an sich (unabhängig von der regressiven Reihe meiner Vorstellungen)" 533, vgl. 534, 510, 511, 512, 546, 547; nur ein Inbegriff aller Erscheinungen 391, 447; die Sinnenwelt „nichts als eine Kette nach allgemeinen Gesetzen verknüpfter Erscheinungen, sie hat also kein Bestehen für sich" Pr. § 57; vgl. Pr. § 52c; „die Sinnenwelt hat keine absolute Größe, sondern der empirische Regressus ... hat seine Regel" 549, zu immer entfernteren Bedingungen fortzuschreiten; die Welt existiert „weder als ein an sich unendliches, noch als ein an sich endliches Ganzes" 533; das Weltganze habe ich „jederzeit nur im Begriffe, keineswegs aber (als Ganzes) in der Anschauung" 546, 547; von der Weltgröße an sich können wir gar nichts sagen; eine absolute Grenze sollen wir nirgend annehmen 547; man kann weder sagen, daß die Welt der vergangenen Zeit oder dem Raume nach unendlich, noch daß sie endlich sei 548, vgl. 550, 551; die absolute Totalität der Reihe der Bedingungen als regulative Idee, „als ob die Reihe an sich unendlich wäre" vgl. 712, 713; vgl. „Skeptische Vorstellung der kosmologischen Fragen .." 513 ff.; im empirischen Regressus „keine Erfahrung von einer absoluten Grenze" 545; die Welt

ist ,,selbst weder bedingt noch auf unbedingte Art begrenzt" 550.

4. Die Einheit des Weltganzen und der Grundsatz der Gemeinschaft 265 A.

5. Weltursache, Weltschöpfer. Der Deist stellt sich unter dem Urwesen ,,bloß eine Weltursache, (ob durch die Notwendigkeit seiner Natur oder durch Freiheit, bleibt unentschieden)", der Theist einen Welturheber vor 659, 660, einen ,,lebendigen Gott" 661; ,,die Welt muß als aus einer Idee entsprungen vorgestellt werden" 843, 844; Idee einer höchsten Intelligenz 838, die nach moralischen Gesetzen gebietet (höchste Vernunft); notwendiges Weltgesetz, Ursache 843; ,,selbständige Vernunft, mit aller Zulänglichkeit einer obersten Ursache ausgerüstet" 842, 618; der Weltschöpfer macht mit der Welt nicht ein Ganzes aus 112; das Urwesen nicht ein bloßes Aggregat von abgeleiteten Wesen 607; s. Gott, als ob.

6. Intelligible Welt, moralische Welt s. intelligibel, Moral, Unsterblichkeit, Freiheit.

7. Weltbegriff der Philosophie s. Philosophie.

Weltbaumeister, Welturheber, Weltschöpfer s. Welt, Deist, Theist, Gott, als ob, Physikotheologie (Weltbaumeister noch kein Weltschöpfer 655).

Weltgrenzen s. Welt, Antinomie.

Weltweisheit.
Die Transzendental-Philosophie ist ,,eine Weltweisheit der reinen bloß spekulativen Vernunft" 29.

Wert der Erkenntnisse a priori 7, 26; der Kopula 100; moralischer Wert, oberster Weltwille 843; dogmatische Metaphysik, Wert der Wissenschaft 491; Wert der Mittel zum letzten Zweck 825; der kritische Einwurf läßt einen Satz ,,in seinem Werte oder Unwerte unangetastet" und ficht nur den Beweis an A 388.

Wesen.
Das Selbst als denkendes Wesen A 370; Körper als ausgedehnte Wesen A 371; Mensch als tätiges Wesen 569; Seele als beharrliches Wesen (in der Idee) 710, 711; Natur unseres denkenden Wesens 403; idealisches Wesen (Gott) 630, vgl. 702; intelligible Wesen 800; Noumena als Verstandeswesen, Gedankenwesen Pr. §§ 45, 57; immaterielle Wesen Pr. § 57; absolutnotwendiges, schlechthinnotwendiges Wesen 620, 480,

481, 618; Wesen aller Wesen (Gott) 398 (Ideal der reinen
Vernunft); höchstes Wesen 629.

Wetten als Probierstein der Überzeugung, 852, 853.

Widerlegung des materialen Idealismus (Descartes, Berkeley) 274 ff. (Zusatz XXXIX Anm.); Widerlegung des Mendelssohn'schen Beweises der Beharrlichkeit der Seele 413 ff.;
Sätze, die weder zu beweisen noch zu widerlegen sind s. Beweis.

Widerspruch.

1. Der Satz vom Widerspruch, als oberster Grundsatz aller
analytischen Urteile 189 ff., lautet: ,,Keinem Dinge kommt
ein Prädikat zu, welches ihm widerspricht'' 190; er ist ,,ein
allgemeines, obzwar bloß negatives Kriterium aller Wahrheit''
190, da ihm zwar keine Erkenntnis zuwider sein darf, er aber
keinen ,,Bestimmungsgrund der Wahrheit unserer Erkenntnis'' abgeben kann 191; er ist ein bloß logischer 192,
nicht transzendentallogischer Grundsatz; ein synthetischer
Satz kann ,,allerdings nach dem Satze des Widerspruchs eingesehen werden, aber nur so, daß ein anderer synthetischer
Satz vorausgesetzt wird, aus dem er gefolgert werden kann,
niemals aber an sich selbst'' 14, was sowohl für synthetische
Sätze a priori als auch für solche a posteriori gilt, Pr. § 2
unter c); der Satz vom Widerspruch darf nicht ,,durch die
Bedingung der Zeit affiziert'' sein 191, darf ,,seine Aussprüche
gar nicht auf die Zeitverhältnisse einschränken'' 192 (erläuterndes Beispiel 192), vgl. Pr. § 2 unter b und c.

2. Widerspruch und Möglichkeit. Der sich nicht widersprechende
Begriff beweist noch lange nicht die Möglichkeit des Gegenstandes selbst 624, der durch den Begriff gedacht wird; denn
,,der Begriff ist allemal möglich, wenn er sich nicht widerspricht. Das ist das logische Merkmal der Möglichkeit ...''
624 A; die objektive Realität der Synthesis, dadurch der
Begriff erzeugt wird, beruht auf Prinzipien möglicher Erfahrung, nicht aber ,,auf dem Grundsatze der Analysis (dem
Satze des Widerspruchs)'' 624 A; vgl. XXVI Anm.

Widerstreit.

1. Als Reflexionsbegriff dient der Begriff des Widerstreits,
mit ,,Einstimmung'' einen der ,,vier Titel 325 aller Vergleichung und Unterscheidung'' bildend, zur Vergleichung von
Vorstellungen ,,vor allen objektiven Urteilen 317, indem allererst bestimmt werden muß, zu welcher Erkenntniskraft 316,

317 die gegebenen Begriffe gehören, zur Sinnlichkeit oder zum Verstande, s. Amphibolie der Reflexionsbegriffe; über Widerstreit im Realen und über Realität, nur durch den reinen Verstand vorgestellt (Kritik gegen Leibniz), vgl. 320, 321, 328, 329, 330, 338.

2. Widerstreit der Vernunft s. Antinomie, Anthitetik, transzendentale Dialektik, Vernunft.

Wille, Willkür.

1. „Die Endabsicht, worauf die Spekulation der Vernunft im transzendentalen Gebrauche zuletzt hinausläuft, betrifft drei Gegenstände: die Freiheit des Willens, die Unsterblichkeit der Seele, und das Dasein Gottes" 826, vgl. 7, 395 A.

2. Wille kein Erkenntnismittel. Weder das Gefühl der Lust und Unlust, noch auch der Wille gehören zum kritischen Begriff der Anschauung, sind auch „gar nicht Erkenntnisse" 66.

3. Der kritische Begriff der Willkür [hat nicht den Nebensinn des Launenhaften, sprunghafter Triebhandlung, sondern bedeutet lediglich: Wille überhaupt bzw. Möglichkeit der bewußten Wahl von Willenshandlungen, gleichviel welcher Art].

4. Wille, Willkür und Vernunft, Charakter, Freiheit. „Die Freiheit im praktischen Verstande ist die Unabhängigkeit der Willkür von der Nötigung durch Antriebe der Sinnlichkeit" 562; „eine Willkür nämlich ist bloß tierisch (arbitrium brutum), die nicht anders als durch sinnliche Antriebe . . . bestimmt werden kann" 830; die Willkür, die unabhängig von sinnlichen Antrieben nur durch Vernunft bestimmt werden kann, heißt freie Willkür (arbitrium liberum) 830, vgl. 562; derselbe Wille, in der Erscheinung dem Naturgesetz unterworfen und demnach nicht frei, aber „als einem Ding an sich selbst angehörig, jenem nicht unterworfen, mithin als frei gedacht", XXVII, XXVIII; Freiheit im kosmologischen Verstande, transzendentale Idee der Freiheit 561, 562; s. Freiheit, Charakter, Vernunft.

5. Begriff des Willens und Gottesbegriff. Der Begriff des Willens ist ein Begriff menschlicher Erfahrung und kann als solcher nicht einem höchsten Wesen als Eigenschaft beigelegt werden Pr. § 57, vgl. Kr. 846, 847.

6. Willkürliche Synthesis ist auch die mathematische Synthesis, die ihre Gegenstände selber erzeugt 757; willkürliche Bestimmungen des Raumes (Zirkelgestalt) Pr. § 38.

7. Willkürliches Problem der reinen Vernunft ist die progressive Synthesis auf der Seite des Bedingten von der
nächsten Folge zu den entfernteren, (die regressive Synthesis ist ein der Vernunft notwendig anhängendes Problem
438) „weil wir zur vollständigen Begreiflichkeit dessen, was
in der Erscheinung gegeben ist, wohl der Gründe, nicht aber
der Folgen bedürfen" 438.

8. Die Ideen sind „nicht willkürlich erdacht" 490, 384, 449 s.
Naturanlage, Vernunft, Metaphysik, Idee.

Willensfreiheit s. Wille, Freiheit, Charakter, Vernunft,
Kausalität, Mensch.

Wirklich, Wirklichkeit.

1. Kategorie, Schema, Grundsatz der Wirklichkeit. Die Kategorie: Dasein (Wirklichkeit) mit dem Korrelat „Nichtsein"
ist das zweite Moment der Titelkategorie der Modalität (Möglichkeit, Dasein, Notwendigkeit), 106, Pr. § 21, gehört zur
dynamischen Klasse 110 der Kategorien; „das Schema der
Wirklichkeit ist das Dasein in einer bestimmten Zeit" 184;
der Grundsatz (Postulat) der Wirklichkeit: „Was mit den
materialen Bedingungen der Erfahrung (der Empfindung)
zusammenhängt, ist wirklich" 266.

*2. Wirklichkeit und Raum, Zeit, Empfindung, Sinne, Wahr-
nehmung, Materie, Erfahrung.* In der Zeit „allein ist alle
Wirklichkeit der Erscheinungen möglich" 46; in dem Raume
und der Zeit ist „die empirische Wahrheit der Erscheinungen
genugsam gesichert und von der Verwandtschaft mit dem
Traume hinreichend unterschieden, wenn beide nach empirischen Gesetzen in einer Erfahrung richtig und durchgängig
zusammenhängen" 520, 521; Wirklichkeit der Zeit selbst als
„wirklicher Form der inneren Anschauung" 53; mit allen möglichen Wahrnehmungen bleibt man immer unter Bedingungen
des Raumes oder der Zeit und kommt an nichts Unbedingtes
511; in der Erscheinung, also einer Vorstellung in Raum und
Zeit, werden die Objekte jederzeit als „etwas wirklich Gegebenes angesehen" 69; Raum und Zeit als „Bedingungen
der Möglichkeit, wie uns Gegenstände gegeben werden können
148; mir kann ein Ding doch niemals anders vorkommen
als in der Erscheinung, also in Raum und Zeit 333; Dinge im
Raume und in der Zeit „werden nur gegeben, sofern sie Wahrnehmungen (mit Empfindung begleitete Vorstellungen) sind,

mithin durch empirische Vorstellung" 147; Wahrnehmung (äußere Anschauung) stellt „etwas Wirkliches im Raume vor" A 374; das „Materielle oder Reale, dieses Etwas, was im Raume angeschaut werden soll . . ." A 373; Wahrnehmung zeigt „die Wirklichkeit von Etwas im Raume" an A 373; da der Raum die Form der äußeren Anschauung ist und „ohne Gegenstände in demselben es gar keine empirische Vorstellung geben würde, so können und müssen wir darin ausgedehnte Wesen als wirklich annehmen, und eben so ist es auch mit der Zeit" 520; vgl. „Widerlegung des Idealismus" 274 ff.; „sinnliche Anschauung ist entweder reine Anschauung (Raum und Zeit) oder empirische Anschauung desjenigen, was im Raum und der Zeit unmittelbar als wirklich, durch Empfindung vorgestellt wird" 147; „die Wirklichkeit im Raume, als einer bloßen Vorstellung", ist nichts „anderes als die Wahrnehmung selbst" A 376; „das Reale äußerer Erscheinungen ist also wirklich nur in der Wahrnehmung" A 376; eine Wahrnehmung wird dadurch wirklich, „wenn ich die Erscheinung ihrer Stelle nach in der Zeit als bestimmt, mithin als ein Objekt ansehe, welches nach einer Regel im Zusammenhange der Wahrnehmungen jederzeit gefunden werden kann" 245; „alle äußere Wahrnehmung also beweist unmittelbar etwas Wirkliches im Raume, oder ist vielmehr das Wirkliche selbst" A 375; Wahrnehmung ist die Vorstellung einer Wirklichkeit, „so wie Raum die Vorstellung einer bloßen Möglichkeit des Beisammenseins" A 374; der Raum ist „selbst nichts anderes als bloße Vorstellung, mithin kann in ihm nur das als wirklich gelten, was in ihm vorgestellt wird, und umgekehrt, was in ihm gegeben, d. i. durch Wahrnehmung vorgestellt wird, ist in ihm auch wirklich" A 374, A 375; „es korrespondiert unseren äußeren Anschauungen etwas Wirkliches im Raume. Freilich ist der Raum selbst, mit allen seinen Erscheinungen, als Vorstellungen, nur in mir; aber in diesem Raume ist doch gleichwohl das Reale, oder der Stoff aller Gegenstände äußerer Anschauung wirklich und unabhängig von aller Erdichtung gegeben . . ." A 375; Erscheinungen (Vorstellungen) bedeuten als Wahrnehmungen nur dann einen wirklichen Gegenstand, „wenn nämlich diese Wahrnehmung mit allen anderen nach den Regeln der Erfahrungseinheit zusammenhängt" 523, vgl. 273, 521, 610, 628, 629; s. Kontext; „an sich selbst sind die

Erscheinungen, als bloße Vorstellungen, nur in der Wahrnehmung wirklich, die in der Tat nichts anderes ist als die Wirklichkeit einer empirischen Vorstellung, d. i. Erscheinung" 521; ,,die Wahrnehmung aber, die den Stoff zum Begriff hergibt, ist der einzige Charakter der Wirklichkeit" 273; vor der Wahrnehmung eine Erscheinung ein wirkliches Ding nennen, bedeutet entweder, daß wir im Fortgange der Erfahrrung auf eine solche Wahrnehmung treffen müssen, oder es hat gar keine Bedeutung" 521; vor aller meiner Erfahrung existierende Dinge vgl. 523, 524; Wirklichkeit und Materie s. letztere, vgl. 340, 341, 321.

3. Wirklichkeit und Schließen. ,,Man macht einen Unterschied zwischen dem, was unmittelbar erkannt, und dem, was nur geschlossen wird. Weil wir des Schließens beständig bedürfen und es dadurch endlich ganz gewohnt werden, so bemerken wir zuletzt diesen Unterschied nicht mehr und halten oft, wie bei dem sogenannten Betruge der Sinne, etwas für unmittelbar wahrgenommen, was wir doch nur geschlossen haben" 359.

4. Wirklichkeit und Möglichkeit. Das Wirkliche enthält — im Begriffe des Gegenstandes — nichts mehr, als das Mögliche; ,,hundert wirkliche Taler enthalten nicht das Mindeste mehr, als hundert mögliche" 627; ,,durch die Wirklichkeit eines Dinges setze ich freilich mehr, als die Möglichkeit, aber nicht in dem Dinge" 287 A, d. i. in seinem Begriff; s. Möglichkeit.

5. Wirklichkeit und Idealität der äußeren Dinge s. Erscheinung, Idealität.

6. Wirklichkeit und Seele, Ich s. letztere.

7. Vgl. Existenz, Wahrheit, Schein, Irrtum, Urteil, Traum, Fiktion, Hypothese, Freiheit, Fürwahrhalten, Meinen, Glaube, Beweis, Gewißheit, Wissen, Kritik, Frage.

Wirkung.

1. Wirkung und Ursache, Zeitfolge, Kriterium der Wirkung. Wirkung ist das Korrelat der Kategorie der Kausalität (Kausalität und Dependenz, Ursache und Wirkung 106, Pr. § 21); s. Ursache, Kausalität; zweite Analogie: Grundsatz der Zeitfolge nach dem Gesetze der Kausalität: ,,Alle Veränderungen geschehen nach dem Gesetze der Verknüpfung der Ursache und Wirkung" 232 ff.; die Zeit zwischen der Kausalität der

Ursache und deren unmittelbaren Wirkung kann verschwindend (sie also zugleich) sein; aber das Verhältnis der einen
zur anderen bleibt doch immer der Zeit nach bestimmbar"
248 (Beispiel der Kugel auf dem Kissen); ,,demnach ist die
Zeitfolge allerdings das einzige empirische Kriterium der
Wirkung, in Beziehung auf die Kausalität der Ursache, die
vorhergeht" 249.

2. Aus gegebenen Wirkungen auf bestimmte Ursachen zu
schließen, ist allemal unzuverlässig 276; ,,der Grundsatz, von
dem, was geschieht, (dem Empirischzufälligen) als Wirkung,
auf eine Ursache zu schließen, ist ein Prinzip der Naturerkenntnis, aber nicht der spekulativen" 663; ,,alle Gesetze des Über-
ganges von Wirkungen zu Ursachen" haben nur in Beziehung
auf Gegenstände der Sinnenwelt eine Bedeutung 649; Beispiel des schmelzenden Wachses, Kritik an Hume 794.

3. Wirkung und Veränderung s. letztere, vgl. 254.

4. Wirkung und Wandelbares, Substanz 250, *Materie* 333.

*5. Wirkung, Gegenwirkung, Regel, Gleichförmigkeit, Gemein-
schaft.* In aller Mitteilung der Bewegung müssen Wirkung
und Gegenwirkung einander gleich sein 17; jede Ursache setzt
eine Regel voraus, darnach gewisse Erscheinungen als Wirkungen folgen, und jede Regel erfordert eine Gleichförmigkeit der Wirkungen, allerdings je nach den Bedingungen ,,in
veränderlichen Gestalten" 577; reale Gemeinschaft der Substanzen d. i. Wirkung und Gegenwirkung 293; — Grundsatz
des Zugleichseins nach dem Gesetze der Wechselwirkung oder
Gemeinschaft: ,,Alle Substanzen, sofern sie im Raume als
zugleich wahrgenommen werden können, sind in durchgängiger
Wechselwirkung" 256 ff.

6. Wirkung, Noumenon (Mensch) Freiheit 569, 572, 574, 576.

Wissen.

1. Das eigentliche spekulative (theoretische) Wissen hat ,,überall
keinen anderen Gegenstand, als den der Erfahrung" 499;
,,alles Wissen (wenn es einen Gegenstand der bloßen Vernunft
betrifft) kann man mitteilen" 857; ,,das sowohl subjektiv
als objektiv zureichende Fürwahrhalten" heißt das Wissen
850; ,,ich darf mich niemals unterwinden zu meinen, ohne
wenigstens etwas zu wissen, vermittelst dessen das an sich
bloß problematische Urteil eine Verknüpfung mit Wahrheit
bekommt, die, ob sie gleich nicht vollständig, doch mehr als

willkürliche Erdichtung ist" 850; vgl. „Vom Meinen, Wissen und Glauben" 848 ff.; vgl. auch Pr. § 5; durch Kritik unserer Vernunft wissen wir endlich so viel, „daß wir in ihrem reinen und spekulativen Gebrauche in der Tat gar nichts wissen können" 797; durch Kritik wird „unserem Urteil der Maßstab zugeteilt, wodurch Wissen von Scheinwissen mit Sicherheit unterschieden werden kann ..." Pr. Anhang: Vorschlag zu einer Untersuchung usw.

2. *Wissen und Glaube.* In Sachen des praktischen (moralischen) Interesses „bleibt euch noch genug übrig, um die vor der schärfsten Vernunft gerechtfertigte Sprache eines festen Glaubens zu sprechen, wenn ihr gleich die des Wissens habt aufgeben müssen" 772, 773; vgl. 856, 857; „ich mußte also das Wissen aufheben, um zum Glauben Platz zu bekommen" XXX; vgl. Pr. § 5.

Wissenschaft.

1. *Notwendigkeit logischer Grundlagen für jede Wissenschaft.* Sofern in Wissenschaften „Vernunft sein soll ... muß darin etwas a priori erkannt werden" IX; Logik ist gleichsam der „Vorhof der Wissenschaften" IX; Metaphysik (als Wissenschaft) „betrachtet die Vernunft nach ihren Elementen und obersten Maximen, die selbst der Möglichkeit einiger Wissenschaften und dem Gebrauche aller zum Grunde liegen müssen" 879; s. a priori, Logik, Begriff, Erkenntnis, Denken.

2. *Wissenschaft als System nach einem Prinzip (Idee).* Der Gang einer Wissenschaft darf kein „bloßes Herumtappen" sein (wie die Metaphysik es gewesen ist) vgl. VII, XI, XV; „niemand versucht es, eine Wissenschaft zu Stande zu bringen, ohne daß ihm eine Idee zum Grunde liege" 862; die Idee einer Wissenschaft „bedarf zur Ausführung ein Schema, d. i. eine a priori aus dem Prinzip des Zwecks bestimmte wesentliche Mannigfaltigkeit und Ordnung der Teile" 861; nur „architektonisch, um der Verwandtschaft willen und der Ableitung von einem einigen obersten und inneren Zwecke, der das Ganze allererst möglich macht, kann dasjenige entspringen, was wir Wissenschaft nennen, dessen Schema den Umriß ... und die Einteilung des Ganzen in Glieder der Idee gemäß, d. i. a priori enthalten ... muß" 861, 862; „das Systematische der Erkenntnis d. i. der Zusammenhang derselben aus einem Prinzip. Diese Vernunfteinheit setzt jederzeit eine Idee vor-

aus, nämlich die von der Form eines Ganzen der Erkenntnis, welches vor der bestimmten Erkenntnis der Teile vorhergeht und die Bedingungen enthält, jedem Teile seine Stelle und Verhältnis zu den übrigen a priori zu bestimmen" 673; ,,diese Idee postuliert . . . ein nach notwendigen Gesetzen zusammenhängendes System" 673; ,,wenn man eine Erkenntnis als Wissenschaft darstellen will, so muß man zuvor das Unterscheidende, was sie mit keiner anderen gemein hat und was ihr also eigentümlich ist, genau bestimmen können" Pr. § 1; ,,Idee der möglichen Wissenschaft und ihres Territoriums" Pr. § 1; das Ganze muß gegliedert sein und nicht bloß ,,gehäuft"; s. System.

3. Reine Vernunftwissenschaften. ,,Außer der Transzendentalphilosophie gibt es noch zwei reine Vernunftwissenschaften, eine bloß spekulativen, die andere praktischen Inhalts: reine Mathematik und reine Moral" 508.

4. Beantwortung wissenschaftlicher Fragen s. Frage, Transzendentalphilosophie, Natur, Vernunft, Beweis, Gewißheit.

5. Beurteilung einer Wissenschaft wesentlich nach ihrer Idee, nicht bloß nach der Beschreibung des Urhebers, da dieser sich in der Ausarbeitung hier und da irren kann, 862.

6. Die rationale Seelenlehre wird fälschlich für eine Wissenschaft der reinen Vernunft von der Natur unseres denkenden Wesens gehalten 403.

7. Die eigentliche Tugendlehre, da sie empirischer, psychologischer Prinzipien bedarf, kann ,,niemals eine wahre und demonstrierte Wissenschaft abgeben" 79, vgl. 28, 29.

8. Unwissenheit als Wissenschaft. Die durch Kritik der Vernunft selbst allein mögliche Erkenntnis der Unwissenheit ist Wissenschaft 786.

Wolff, Christian (bei Kant: Wolf); der berühmte Wolf, der größte unter allen dogmatischen Philosophen XXXVI, vgl. 61, 329, 884.

Wollen, jederzeit bedingt; Naturgründe, die mich zum Wollen antreiben, können nicht das Sollen, das die Vernunft ausspricht, hervorbringen 576; s. Sollen, Wille, Willkür, Freiheit, Imperativ, Charakter.

Würdig, Würdigkeit.

,,Tue das, wodurch du würdig wirst, glücklich zu sein" 836, vgl. 833, 834; s. Glückseligkeit; ohne den moralischen Ver-

nunftgebrauch würden „wir uns selbst der Vernunft unwürdig
halten" 844.

X

X s. transzendentaler Gegenstand, vgl. A 8, A 104, A 105,
A 109, A 110, A 250, A 251, A 253.

Z

Zahl, zählen.
1. Zahl und Synthesis, Zeit, Methode. „Also ist die Zahl nichts
anderes, als die Einheit der Synthesis des Mannigfaltigen
einer gleichartigen Anschauung überhaupt, dadurch, daß ich
die Zeit selbst in der Apprehension der Anschauung erzeuge"
182; „vergesse ich im Zählen, daß die Einheiten, die mir
vor Sinnen schweben, nach und nach zu einander von mir
hinzugetan worden sind, so würde ich nicht die Erzeugung
der Menge, durch diese sukzessive Hinzutuung von Einem zu
Einem, mithin auch nicht die Zahl erkennen; denn dieser
Begriff besteht lediglich in dem Bewußtsein dieser Einheit
der Synthesis" A 103 (Rekognition im Begriffe); „das Allgemeine der Synthesis von einem und demselben in der Zeit
und dem Raume, und die daraus entspringende Größe einer
Anschauung überhaupt (Zahl) zu erkennen, das ist ein Ver-
nunftgeschäft durch Konstruktion der Begriffe und heißt
mathematisch" 752; Zahlbegriff „bleibt immer a priori erzeugt, samt den synthetischen Grundsätzen oder Formeln
aus solchen Begriffen" 299; „mathematische Urteile sind insgesamt synthetisch" Pr. § 2, s. Mathematik; „Arithmetik
bringt selbst ihre Zahlbegriffe durch sukzessive Hinzusetzung
der Einheiten in der Zeit zustande" Pr. § 10, s. Arithmetik;
„so ist unser Zählen (vornehmlich ist es in größeren Zahlen
merklicher) eine Synthesis nach Begriffen, weil sie nach einem
gemeinschaftlichen Grunde der Einheit geschieht (z. E. der
Dekadik). Unter diesem Begriffe wird also die Einheit in der
Synthesis des Mannigfaltigen notwendig" 104; bei aller Zahl
muß Einheit zugrunde liegen 212; Zahl ist eine Vorstellung,

welche „die sukzessive Addition von Einem zu Einem (Gleichartigen) zusammenbefaßt" 182; gleichförmige Synthesis (Mathematik) 751, vgl. 205, 748; Zahl als „Vorstellung einer Methode" 179.

2. Zahl und Unendlichkeit s. letztere.

3. Zahl und quantum discretum. — „Sobald aber etwas als quantum discretum angenommen wird, so ist die Menge der Einheiten darin bestimmt, daher auch jederzeit einer Zahl gleich" 555, vgl. 554 (Regressus der Teilung).

4. Zahl und Axiom. Axiome sollen synthetische Sätze a priori sein. „Dagegen sind die evidenten Sätze der Zahlverhältnisse zwar allerdings synthetisch, aber nicht allgemein, wie die der Geometrie, und eben um deswillen auch nicht Axiome, sondern können Zahlformeln genannt werden" 205.

5. Zahl und Größenbegriff, Schema der Größe. Der Begriff einer Zahl gehört zur Kategorie der Allheit 111; der Begriff der Größe sucht in der Mathematik „seine Haltung und Sinn in der Zahl" 299; ein Begriff von Raum und Zeit „als Quantis, läßt sich entweder zugleich mit der Qualität derselben (ihre Gestalt), oder auch bloß ihre Quantität (die bloße Synthesis des Gleichartigmannigfaltigen) durch Zahl a priori in der Anschauung darstellen, d. i. konstruieren" 748; „. . . oder bloß das Allgemeine der Synthesis von einem und demselben in der Zeit und dem Raume, und die daraus entspringende Größe einer Anschauung überhaupt (Zahl) . . ." 752; Schema der Größe 182 s. Größe.

6. Wahrscheinlichkeits-Rechnung (calculus probabilium) enthält nicht wahrscheinliche, sondern ganz gewisse Urteile über den Grad der Möglichkeit gewisser Fälle unter gegebenen gleichartigen Bedingungen, die in der Summe aller möglichen Fälle ganz unfehlbar der Regel gemäß zutreffen müssen . . ." Pr. III. Teil: „Wie ist Metaphysik als Wissenschaft möglich?"

Zeit.

1. Metaphysische und transzendentale Erörterung über die Zeit in der transzendentalen Ästhetik. Die metaphysische Erörterung 38 des Begriffs der Zeit 46, 47, 48 stellt die Zeit als a priori gegeben dar; a) „die Zeit ist kein empirischer Begriff, der von irgend einer Erfahrung abgezogen worden"; ein Zugleichsein oder Aufeinanderfolgen könnte nicht wahrgenommen werden, wenn „die Vorstellung der Zeit nicht a priori zum Grunde läge" 46; — b) „die Zeit ist eine notwendige Vorstellung, die allen Anschauungen zum Grunde liegt"; man kann die Erscheinungen aus der Zeit wegdenken, aber die Zeit selbst nicht; die Zeit ist also a priori gegeben 46; — c) die Zeit hat nur eine Dimension; verschiedene Zeiten sind nicht zugleich, sondern nach einander 47; — d) die Zeit ist kein diskursiver, allgemeiner Begriff, sondern eine reine Form der Anschauung (reine Anschauung selbst 50, 34, 35); „verschiedene Zeiten sind nur Teile eben derselben Zeit" 47; — e) „die Unendlichkeit der Zeit bedeutet nichts weiter, als daß alle bestimmte Größe der Zeit nur durch Einschränkungen einer einigen zum Grunde liegenden Zeit möglich sei" 47, 48. — Die transzendentale 40 Erörterung der Zeit bedeutet die Erklärung derselben „als eines Prinzips, woraus die Möglichkeit anderer synthetischer Erkenntnisse a priori eingesehen werden kann"; auf die Notwendigkeit a priori der Zeit „gründet sich auch die Möglichkeit apodiktischer Grundsätze von den Verhältnissen der Zeit, oder Axiomen von der Zeit überhaupt" 47; die Begriffe der Veränderung und der Bewegung sind „nur durch und in der Zeitvorstellung möglich" 48; der Zeitbegriff erklärt „die Möglichkeit so vieler synthetischer Erkenntnisse a priori, als die allgemeine Bewegungslehre [Mechanik] ... darlegt" 49.

2. *Die Zeit und der Raum als synthetische Funktionen; ihre Beziehungen zur Synthesis* s. Raum, Punkt 2, vgl. 121, 136 A, 150, 155 A, 160, 161, 160 A, 161 A, 162, 162 A, 163, 182, 202, 203, 206, A 99, A 100, A 101, A 102, A 107.

3. *Zeit und Apperzeption, Schematismus, Synthesis, Kausalität, Einheit der Zeit.* Die ursprüngliche synthetische Einheit der Apperzeption ist die Form des Verstandes in Beziehung auf Raum und Zeit, als ursprüngliche Formen der Sinnlichkeit 169; „selbst die reinste objektive Einheit, nämlich die der Begriffe a priori (Raum und Zeit)" ist nur durch Beziehung der Anschauungen auf die transzendentale Apperzeption möglich A 107; die Analogien der Erfahrung stellen eigentlich „die Natureinheit im Zusammenhange aller Erscheinungen unter gewissen Exponenten dar, welche nichts anderes ausdrücken, als das Verhältnis der Zeit (so fern sie alles Dasein in sich begreift) zur Einheit der Apperzeption, die nur in der Synthesis nach Regeln stattfinden kann" 263;

s. Apperzeption. — Die Schemate sind ,,nichts als Zeitbestimmungen a priori nach Regeln, und diese gehen nach der
Ordnung der Kategorien auf die Zeitreihe, den Zeitinhalt,
die Zeitordnung, endlich den Zeitinbegriff in Ansehung aller
möglichen Gegenstände 184, 185; Zeitbegriff in den einzelnen
Schematen s. Schematismus und die einzelnen Kategorien,
vgl. 182, 183, 184; — Zeit und Kausalität, Ursache s.
letztere. — Einheit der Zeit (und des Raumes) nur durch
Beziehung der Anschauungen auf die Apperzeption möglich
A 107; wollten wir neue Dinge der Substanz nach entstehen
lassen, ,,fiele dasjenige weg, welches die Einheit der Zeit
allein vorstellen kann, nämlich die Identität des Substratum,
als woran aller Wechsel allein durchgängige Einheit hat" 229,
231, 232.

4. *Ein wesentlicher Unterschied zwischen Raum und Zeit* ist:
,,Die Zeit ist die formale Bedingung a priori aller Erscheinungen überhaupt" 50, während der Raum als die reine Form
aller äußeren Anschauung und als Bedingung a priori ,,bloß
auf äußere Erscheinungen eingeschränkt" ist 50.

5. *Zeit und innerer Sinn.* ,,Die Zeit ist nichts anderes, als
die Form des inneren Sinnes d. i. des Anschauens unserer
selbst und unseres inneren Zustandes" 49, 194; die Bestimmung
des inneren Sinnes durch die transzendentale Synthesis der
Einbildungskraft (Verstand 153, 154, 155) ermöglicht erst
die Synthesis des Mannigfaltigen im Raume und damit auch
den Begriff der Sukzession 155; die Zeit bestimmt ,,das Verhältnis der Vorstellungen in unserem inneren Zustande" 50;
formale Bedingung der inneren Anschauung 50; wenn wir
von unserer Art, uns selbst innerlich anzuschauen, abstrahieren,
so ist die Zeit nichts 51; die Form des inneren Sinnes ist ,,das
Verhältnis des mannigfaltigen empirischen Bewußtseins in
der Zeit" 220; alle unsere Erkenntnisse zuletzt doch der formalen Bedingung des inneren Sinnes, nämlich der Zeit, unterworfen A 99; Zeit ,,die wirkliche Form der inneren Anschauung
53; ,,die Zeit, als die formale Bedingung des Mannigfaltigen
des inneren Sinnes, mithin der Verknüpfung aller Vorstellungen,
enthält ein Mannigfaltiges a priori in der reinen Anschauung"
177; Raum und Zeit ,,bloß subjektive Bedingungen aller
unserer Anschauung" 66; Raum und Zeit sind beide nur in
uns anzutreffen A 373; die Zeit, mithin alles, was im inneren

Sinne ist, fließt beständig 291; alles, was zu den inneren Bestimmungen gehört, wird in Verhältnissen der Zeit vorgestellt 37; Raum und Zeit lauter Formen unserer Sinnlichkeit 522; reine Form der Sinnlichkeit A 128; vgl. Pr. §§ 9,
10, 49.

6. Zeit und Mathematik, reine Naturwissenschaft (Mechanik,
Bewegungslehre). ,,Arithmetik bringt selbst ihre Zahlbegriffe
durch sukzessive Hinzusetzung der Einheiten in der Zeit
zustande, vornehmlich aber reine Mechanik kann ihre Begriffe
von Bewegung nur vermittelst der Vorstellung der Zeit zu-
standebringen" Pr. § 10; der Zeitbegriff erklärt ,,die Möglichkeit so vieler synthetischer Erkenntnisse a priori, als die
allgemeine Bewegungslehre ... darlegt" 49; Möglichkeit der
reinen Mathematik nur durch Raum und Zeit, als reine Anschauungen Pr. §§ 10, 11, 12, 13; die Zahl ist ,,nichts anderes,
als die Einheit der Synthesis des Mannigfaltigen einer gleichartigen Anschauung überhaupt, dadurch, daß ich die Zeit
selbst in der Apprehension der Anschauung erzeuge" 182;
das Medium aller synthetischen Urteile, also auch der mathematischen, ist die Zeit als Form des inneren Sinnes 194; reine
Anschauung a priori als Grundlage der Mathematik vgl. 147,
198, 199, 739, 810; die Zeitfolge stellen wir uns durch eine
ins Unendliche fortgehende Linie vor 50; die Zeit können
wir uns nicht anders vorstellig machen, als unter dem Bilde
einer Linie, so fern wir sie ziehen 156, vgl. 154, 292; ,,die Unendlichkeit der Zeit bedeutet nichts weiter, als daß alle bestimmte Größe der Zeit nur durch Einschränkungen einer
einigen zum Grunde liegenden Zeit möglich sei" 47, 48; ,,Zeit
und Raum sind demnach zwei Erkenntnisquellen, aus denen
a priori verschiedene Erkenntnisse geschöpft werden können,
wie vornehmlich die reine Mathematik in Ansehung der Erkenntnisse vom Raume und dessen Verhältnissen ein glänzendes Beispiel gibt" 55; ,,nun sind Raum und Zeit diejenigen
Anschauungen, welche die reine Mathematik allen ihren Erkenntnissen und Urteilen, die zugleich als apodiktisch und
notwendig auftreten, zum Grunde legt ..." Pr. § 10; Zeit,
Raum, Größe, Grad vgl. Pr. §§ 24, 26; s. Mathematik, Geometrie, Arithmetik, Zahl, Größe, Quantum, Raum, Sukzession.

7. Teile der Zeit; Kontinuität der Zeit. ,,Verschiedene Zeiten

sind nur Teile eben derselben Zeit" 47, vgl. 232; verschiedene
Zeiten sind nicht zugleich, sondern nacheinander, so wie verschiedene Räume nicht nacheinander, sondern zugleich sind
47; Raum und Zeit bestehen nicht aus einfachen Teilen 468;
die Teile sind nur im Ganzen und nicht ist das Ganze erst
durch die Teile möglich, vgl. 466; die ursprüngliche Vorstellung:
Zeit ist uneingeschränkt gegeben; alle Teile, als bestimmte
Größen, sind nur Einschränkungen „einer einigen zum Grunde
liegenden Zeit" 47, 48; die Zeit macht kein Aggregat von
Teilen (wie der Raum 439) aus, sondern eine Reihe 438; aus
bloßen Stellen, als aus Bestandteilen, die noch vor dem Raume
oder der Zeit gegeben werden könnten, kann weder Raum
noch Zeit zusammengesetzt werden 211; Kontinuität der
Zeit: „Raum und Zeit sind quanta continua, weil kein Teil derselben gegeben werden kann, ohne ihn zwischen Grenzen (Punkten und Augenblicken) einzuschließen, mithin nur so, daß dieser
Teil selbst wiederum ein Raum oder eine Zeit ist. Der Raum
besteht also nur aus Räumen, die Zeit aus Zeiten. Punkte
und Augenblicke sind nur Grenzen d. i. bloße Stellen ihrer
Einschränkung" 211, vgl. 253, 254 (Kontinuität und Veränderung); die Kontinuität der Zeit pflegt man durch den Ausdruck des Fließens (Verfließens) zu bezeichnen (fließende
Größen) 211, 212; die Kontinuität im Zusammenhange der
Zeiten können wir nur an der Hand der Begebenheiten empirisch erkennen 244; weder die Zeit noch auch die Erscheinung
in der Zeit bestehen aus Teilen, die die kleinsten sind 254;
die Zeit enthält „die sinnliche Bedingung a priori von der
Möglichkeit eines kontinuierlichen Fortganges des Existierenden zu dem Folgenden" 256.

*8. Zeitbestimmung und Bewegung, Veränderung, Beharrliches,
Substanz.* Alle Zeitbestimmung nehmen wir vor „nur durch
den Wechsel in äußeren Verhältnissen (die Bewegung) in Beziehung auf das Beharrliche im Raume" 277; Beharrlichkeit
der Materie (als dem Substanzbegriff untergelegte Anschauung)
„a priori als notwendige Bedingung aller Zeitbestimmung"
vorausgesetzt 278; „Substanzen (in der Erscheinung) sind
die Substrate aller Zeitbestimmungen" 231; nur im Beharrlichen sind Zeitverhältnisse möglich 226; „das Beharrliche
ist das Substratum der empirischen Vorstellung der Zeit selbst,
an welchem alle Zeitbestimmung allein möglich ist" 226;

der gegenwärtige Augenblick entspringt nur durch die verflossene Zeit oder vielmehr durch das Verfließen der vorhergehenden Zeit 439; die vorhergehende Zeit bestimmt die folgende notwendig, indem man zur folgenden nur durch die vorhergehende gelangen kann 244; vgl. 439, 239, s. Gegenwart; „alle Zeitbestimmung setzt etwas Beharrliches in der Wahrnehmung voraus" 275; die Erscheinungen müssen einander ihre Stellen in der Zeit bestimmen (Grundsatz der Kausalität) 245; „zugleich sind Dinge, wenn in der empirischen Anschauung die Wahrnehmung des einen auf die Wahrnehmung des anderen wechselseitig folgen kann" 256, 257; wir müssen „die Bestimmung der Zeitlänge, oder auch der Zeitstellen für alle inneren Wahrnehmungen, immer von dem hernehmen ..., was uns äußere Dinge veränderliches darstellen" 156; Zeit als „formale Bedingung der Möglichkeit der Veränderungen" 480 A; s. Substanz, Veränderung, Wechsel, Bewegung; Zeit und Substanz 183, 225, 226, 231, 275, 277, 278.

9. *Leere Zeit.* In einer leeren Zeit ist „kein Entstehen irgend eines Dinges möglich, weil kein Teil einer solchen Zeit vor einem anderen irgend eine unterscheidende Bedingung des Daseins vor der des Nichtseins an sich hat" 455; vgl. 231; „denn eine Wirklichkeit, die auf eine leere Zeit folgte, mithin ein Entstehen, vor dem kein Zustand der Dinge vorhergeht, kann eben so wenig als die leere Zeit selbst apprehendiert werden" 237; Erscheinungen „können nicht durch einen leeren Raum außer denselben begrenzt werden. Eben dieses gilt auch von der Zeit" 459, 461; zwei „Undinge": leerer Raum, leere Zeit 461; vgl. 548, 549; „es kann aus der Erfahrung niemals ein Beweis vom leeren Raume oder einer leeren Zeit gezogen werden" 214, vgl. 281, 282 in mundo non datur saltus, non datur hiatus; s. leer, Kontinuität.

10. *Zeit und Realität, Idealität, Wirklichkeit, Wahrnehmung.* Die Zeit ist etwas Wirkliches nur als „die wirkliche Form der inneren Anschauung. Sie hat also subjektive Realität in Ansehung der inneren Erfahrung, d. i. ich habe wirklich die Vorstellung von der Zeit und meinen Bestimmungen in ihr." 53, 54; die Zeit hat empirische Realität, „d. i. objektive Gültigkeit in Ansehung aller Gegenstände, die jemals unseren Sinnen gegeben werden mögen" 52; „dagegen bestreiten wir

der Zeit allen Anspruch auf absolute Realität, daß sie nämlich ... schlechthin den Dingen als Bedingung oder Eigenschaft anhinge" 52; ,,hierin besteht also die transzendentale Idealität der Zeit, nach welcher sie, wenn man von den
subjektiven Bedingungen der sinnlichen Anschauung abstrahiert, gar nichts ist und den Gegenständen an sich selbst
(ohne ihr Verhältnis auf unsere Anschauung) weder subsi-
stierend noch inhärierend beigezählt werden kann" 52, vgl.
51; die absolute Realität kann der Zeit nicht zugestanden
werden 54; die Zeit ist an sich ,,außer dem Subjekte nichts"
51; ,,die Zeit ist nicht etwas, was für sich selbst bestünde
oder den Dingen als objektive Bestimmung anhinge, mithin
übrig bliebe, wenn man von allen subjektiven Bedingungen
der Anschauung derselben abstrahiert" 49; durch Raum und
Zeit wird der Gegenstand, das Mannigfaltige der empirischen
Anschauung, allein gegeben, vgl. 33, 42, 50, 66, 74, 75, 120,
121, 122, 123, 125, 146, 147, 148, 158, 188, 206, 730, 747,
A 111, A 127, XXV, Pr. § 38; die Zeit an sich selbst kann
nicht wahrgenommen werden, vgl. 225, 226, 233, 262, 347;
Zeit und Wahrnehmung s. Wahrnehmung, Apprehension,
Anschauung, Empfindung, Gegenstand, Wirklichkeit, Erfahrung; Zeit als Inbegriff von allem Sein 262, 263, 300.
11. Modi der Zeit. ,,Die drei modi der Zeit sind Beharrlichkeit, Folge und Zugleichsein" 219; die Zeit ,,enthält schon
Verhältnisse des Nacheinander —, des Zugleichseins und dessen,
was mit dem Nacheinander zugleich ist (des Beharrlichen)
67; verschiedene Zeiten sind nicht zugleich, sondern nacheinander 47; ,,Simultaneität und Sukzession sind die einzigen Verhältnisse in der Zeit" 226; Mannigfaltiges a priori
der Zeit s. Mannigfaltiges; Bemerkungen zu den modis:
,,der Wechsel trifft die Zeit selbst nicht, sondern nur die
Erscheinungen in der Zeit (so wie das Zugleichsein nicht ein
modus der Zeit selbst ist, als in welcher gar keine Teile zugleich, sondern alle nach einander sind)" 226; ,,wollte man
der Zeit selbst eine Folge nacheinander beilegen, so müßte
man noch eine andere Zeit denken, in welcher diese Folge
möglich wäre" 226; die Zeitfolge ist das ,,einzige empirische
Kriterium der Wirkung" 249; ,,die Zeit verläuft sich nicht,
sondern in ihr verläuft sich das Dasein des Wandelbaren"
183; die Zeit selbst ist ,,unwandelbar und bleibend" 183; ,,die

Zeit selbst verändert sich nicht, sondern etwas, das in der Zeit ist" 58; Zeit als „beharrliche Form der inneren Anschauung" 224; „die Zeit also, in der aller Wechsel der Erscheinungen gedacht werden soll, bleibt und wechselt nicht, weil sie dasjenige ist, in welchem das Nacheinander — oder Zugleichsein nur als Bestimmungen derselben vorgestellt werden können" 225; „die Zeit ist an sich selbst eine Reihe" 438; die Zeit, mithin alles, was im inneren Sinne ist, „fließt beständig" 291; „Verfließen der vorhergehenden Zeit" 439; „fließende Größe", Fließen (Verfließen) der Zeit 211, 212; modi der reinen Sinnlichkeit bei Aristoteles 107; s. zugleich, Zugleichsein, Gleichzeitigkeit.

12. Zeit und Unendlichkeit. „Die Unendlichkeit der Zeit bedeutet nichts weiter, als daß alle bestimmte Größe der Zeit nur durch Einschränkungen einer einigen zum Grunde liegenden Zeit möglich sei" 47, 48; Weltgröße der Zeit oder dem Raume nach s. Welt, Antinomie, Unendlichkeit, vgl. Pr. § 52.

13. Zeit und Vernunft, Kausalität der Vernunft, Freiheit. „Sie, die Vernunft, ist allen Handlungen des Menschen in allen Zeitumständen gegenwärtig und einerlei, selbst aber ist sie nicht in der Zeit und gerät etwa in einen neuen Zustand, darin sie vorher nicht war; sie ist bestimmend, aber nicht bestimmbar in Ansehung desselben" 584; Vernunft verstattet keine der Zeit nach vorhergehende Bedingungen über sich 582; „die Kausalität der Vernunft im intelligiblen Charakter entsteht nicht, oder hebt nicht etwa zu einer gewissen Zeit an, um eine Wirkung hervorzubringen" 579, 580; „die reine Vernunft, als ein bloß intelligibles Vermögen, ist der Zeitform, und mithin auch den Bedingungen der Zeitfolge nicht unterworfen" 579, in ihr findet keine Zeitfolge statt 581, vgl. 561, 565, 567, 568, 569.

14. Zeit und Reihenbegriff. „Die Zeit ist an sich selbst eine Reihe (und die formale Bedingung aller Reihen)" 438; s. Reihe vgl. 482.

15. Die absolute Zeit ist kein Gegenstand der Wahrnehmung 262.

16. Gegenwart, Vergangenheit, Augenblick, Anfang s. diese.

17. Geltungsbereich, Geltungsgrenze der Zeit. „Raum und Zeit gelten, als Bedingungen der Möglichkeit, wie uns Gegenstände gegeben werden können, nicht weiter, als für Gegenstände der Sinne, mithin nur der Erfahrung" 148; die aus der reinen Anschauung von Raum und Zeit gezogenen synthetischen Urteile a priori gelten „nur für Objekte möglicher Erfahrung" 73; Grenzen von Zeit und Raum: „nämlich daß sie bloß auf Gegenstände gehen, sofern sie als Erscheinungen betrachtet werden" 56; vgl. 188, 333, 511; s. Sinn, Sinnlichkeit, Erscheinung, Ding an sich, Mathematik, Geometrie; die reine Vernunft nicht der Zeit unterworfen, s. oben Punkt 13; die ursprüngliche Einheit der transzendentalen Apperzeption ist ebenfalls der Zeit nicht unterworfen, da die Apperzeption allen Begriffen a priori zugrunde liegt, vgl. A 107;

Zeitalter.
„Unser Zeitalter ist das eigentliche Zeitalter der Kritik, der sich alles unterwerfen muß" A V Anm.

Zeno, ein subtiler Dialektiker 530 (sein Urteil über Gott bzw. Welt).

Zensur der Vernunft ist ein Verfahren, „die Fakta der Vernunft der Prüfung und nach Befinden dem Tadel zu unterwerfen" 788, 789, 792; s. Kritik, Skeptizismus, skeptisch.

Zergliedern, Zergliederung.
„Ein großer Teil, und vielleicht der größte, von dem Geschäfte unserer Vernunft besteht in Zergliederungen der Begriffe, die wir schon von Gegenständen haben" 9, vgl. 18; Analytik der Begriffe = Zergliederung des Verstandesvermögens selbst 90; vgl. 758; Pr. §§ 2, 20.

Zero = Null, gänzliche Negation 210, 253, 338.

Zinnober.
Das an die Lehre von der „Synthesis der Reproduktion in der Einbildung" anknüpfende Beispiel: „würde der Zinnober bald rot bald schwarz bald leicht bald schwer sein . . ." A 100, A 101.

Zufall, zufällig, Zufälligkeit.
1. Zufälligkeit ist in der Kategorientafel das Korrelat zur Kategorie der Notwendigkeit 106, Pr. § 21, gehört zur dynamischen 110 Kategorienklasse.

2. Zufälligkeit der empirischen Urteile, Regeln, Bedingungen.
Ein empirisches Urteil ist zufällig 142; empirische d. i. an sich zufällige Regeln 793; durchgängige Zufälligkeit der empirischen Bedingungen 592.

3. Zufälligkeit der Verstandeserkenntnisse. Die Idee von dem Systematischen aller Erkenntnis „postuliert demnach vollständige Einheit der Verstandeserkenntnis, wodurch diese nicht bloß ein zufälliges Aggregat, sondern ein nach notwendigen Gesetzen zusammenhängendes System wird" 673.
4. Zufällig, Zufälligkeit und Ursache, Gegenstand, Dasein, Nichtsein, Notwendigkeit, Erfahrung, Intelligibles. „In der Tat, wenn wir Beispiele vom zufälligen Dasein geben sollen, berufen wir uns immer auf V e r ä n d e r u n g e n und nicht bloß auf die Möglichkeit des G e d a n k e n s vom G e g e n t e i l. Veränderung aber ist Begebenheit, die als solche nur durch eine Ursache möglich, deren Nichtsein also für sich möglich ist, und so erkennt man die Zufälligkeit daraus, daß etwas nur als Wirkung einer Ursache existieren kann; wird daher ein Ding als zufällig angenommen, so ist's ein analytischer Satz, zu sagen, es habe eine Ursache" 290, 291; der Satz: „alles zufällig — existierende hat eine Ursache" kann aus bloßen reinen Verstandesbegriffen nicht bewiesen werden 289; „der Grundsatz, von dem, was geschieht (dem Empirischzufälligen), als Wirkung, auf eine Ursache zu schließen, ist ein Prinzip der Naturerkenntnis, aber nicht der spekulativen" 663; der Begriff der Ursache wie der des Zufälligen verliert im bloß⁻ spekulativen Gebrauche alle Bedeutung 663; „objektive Zufälligkeit" existierender Substanzen d. i. „die Möglichkeit ihres Nichtseins an sich selbst" 302; „das B e d i n g t e im Dasein überhaupt heißt z u f ä l l i g und das Unbedingte notwendig" 447; alle Dinge der Sinnenwelt durchaus zufällig, mithin immer nur von empirisch bedingter Existenz 588, vgl. 594; alles Bedingte der Erfahrung zufällig 662; vgl. 484, 486, 488; Erscheinungen als „zufällige Vorstellungsarten intelligibler Gegenstände" 594; das Zufällige lernen wir „nicht anders als durch Erfahrung kennen" 594; was man „nur nach Erfahrungsprinzipien denken und annehmen mag" ist von durchgängiger Zufälligkeit und Abhängigkeit" Pr. § 57.
5. Das empirische Bewußtsein in seiner Einheit durch Assoziation betrifft selbst eine Erscheinung und ist ganz zufällig, stets wandelbar 140, vgl. A 107.

Zugleich, Zugleichsein.
Grundsatz des Zugleichseins, nach dem Gesetze der Wechselwirkung oder Gemeinschaft 256ff.: „Alle Substanzen, so-

fern sie im Raume als zugleich wahrgenommen werden können, sind in durchgängiger Wechselwirkung", vgl. 259; das Zugleichsein der Substanzen im Raume kann „nicht anders in der Erfahrung erkannt werden, als unter Voraussetzung einer Wechselwirkung derselben unter einander" 258; „Dinge sind zugleich, so fern sie in einer und derselben Zeit existieren" 258; „wenn in der empirischen Anschauung die Wahrnehmung des einen auf die Wahrnehmung des anderen wechselseitig folgen kann" 256, 257; das Zugleichsein ist „die Existenz des Mannigfaltigen in derselben Zeit" 257; um das Zugleichsein als objektiv vorzustellen, dazu wird ein reiner Verstandesbegriff (der Wechselwirkung) erfordert 257; „sofern die Gegenstände als zugleichexistierend verknüpft vorgestellt werden sollen, so müssen sie ihre Stelle in einer Zeit wechselseitig bestimmen und dadurch ein Ganzes ausmachen" 261; s. Zeit, Gleichzeitigkeit.

Zukunft.
„Eine besondere Grundkraft unseres Gemüts, das Künftige zum voraus anzuschauen (nicht etwa bloß zu folgern) . . ., das sind Begriffe, deren Möglichkeit ganz grundlos ist, weil sie nicht auf Erfahrung und deren bekannte Gesetze gegründet werden kann . . ." 270.

Zusammensetzung s. Verbindung, Apprehension, Synopsis, compositio, Mannigfaltiges, vgl. 201 A, 160, 215.

Zustand.
Alles Entstehen betrifft „nicht die Substanz (denn die entsteht nicht), sondern ihren Zustand. Es ist also bloß Veränderung, und nicht Ursprung aus Nichts" 251; Kausalität ist der Zustand der Ursache, in dem sie wirkt Pr. § 53; vgl. 584 (Vernunft zeitlos), 560 (Kausalität, Zeitbedingungen).

Zwacken.
„An einzelnen Stellen läßt sich jeder philosophische Vortrag zwacken" XLIV.

Zweck.
1. Allgemeines: Zweck, Idee, Vernunft. Ein Entwurf nach einer Idee d. i. „aus dem Hauptzwecke der Vernunft" 861; wo etwas nur zufolge einer Idee entspringt, da gibt die Vernunft die Zwecke a priori auf und erwartet sie nicht empirisch 861; von allen möglichen Prinzipien der Einheit, also

Ideen der Vernunft, ist „die der Zwecke die vornehmste" 730;
Verknüpfung nach Zwecken d. i. nach Ideen 375.

*2. Zweck, Zweckeinheit und Systembegriff, Wissenschaft, Natur,
Gottesbegriff.* „Unter der Regierung der Vernunft" müssen
die Erkenntnisse „ein System ausmachen, in welchem sie
allein die wesentlichen Zwecke derselben unterstützen und
befördern können" 860; nicht aus zufälligen äußeren Gründen,
„sondern architektonisch, um der Verwandtschaft willen und
der Ableitung von einem einigen obersten und inneren Zwecke,
der das Ganze allererst möglich macht, kann dasjenige entspringen, was wir Wissenschaft nennen" 861; „die größte
systematische, folglich auch die zweckmäßige Einheit ist die
Schule und selbst die Grundlage der Möglichkeit des größten
Gebrauchs der Menschenvernunft. Die Idee derselben ist
also mit dem Wesen unserer Vernunft unzertrennlich verbunden" 722, 723; „das regulative Prinzip [der höchsten
Zweckmäßigkeit in der Natur] verlangt, die systematische
Einheit als Natureinheit, welche nicht bloß empirisch erkannt,
sondern a priori ... vorausgesetzt wird, schlechterdings,
mithin als aus dem Wesen der Dinge folgend, vorauszusetzen"
721; systematische Einheit der Zwecke (moralische Welt)
843; die Ordnung der Zwecke ist zugleich eine Ordnung der
Natur 425; Idee der zweckmäßigen Einheit eine „Bedingung
der Anwendung der Vernunft auf Natur" 854; vgl. 730; „die
höchste formale Einheit, welche allein auf Vernunftbegriffen
beruht, ist die zweckmäßige Einheit der Dinge, und das spekulative Interesse der Vernunft macht es notwendig, alle An-
ordnung in der Welt so anzusehen, als ob sie aus der Absicht
einer allerhöchsten Vernunft entsprossen wäre" 714; vgl.
715; aus dem Gesichtspunkt der Zwecke die „systematische
Einheit der Natur, in Beziehung auf die Idee einer höchsten
Intelligenz, ganz allgemein machen" 719; Teleologie soll dazu
dienen, „um die Natureinheit nach allgemeinen Gesetzen zu
ergänzen" 720; Naturforschung nach der Form eines Systems
der Zwecke 844, vgl. 854, 722; „denn das regulative Gesetz
der systematischen Einheit will, daß wir die Natur so studieren
sollen, als ob allenthalben ins Unendliche systematische und
zweckmäßige Einheit bei der größtmöglichen Mannigfaltigkeit angetroffen würde" 728; „vollständige zweckmäßige Einheit ist Vollkommenheit (schlechthin betrachtet) 722; „alles,

was die Natur selbst anordnet, ist zu irgend einer Absicht gut" 771; nichts Unzweckmäßiges in der Natur vgl. 425; „ein uns unbekanntes Substratum der systematischen Einheit, Ordnung und Zweckmäßigkeit der Welteinrichtung" 725 (Idee eines von der Welt unterschiedenen höchsten Wesens 724, 725); s. System, Wissenschaft, Natur, Teleologie, Gott.

3 Zweckbegriff und Moralität. „Die höchsten Zwecke aber sind die der Moralität, und diese kann uns nur reine Vernunft zu erkennen geben" 844; moralische Welt als systematische Einheit der Zwecke 843; die Idee einer moralischen Welt „führt unausbleiblich auch auf die zweckmäßige Einheit aller Dinge" 843; die letzte Absicht der Natur bei der Einrichtung unserer Vernunft ist „eigentlich nur aufs Moralische gestellt" 829, vgl. 828, 826, 868.

4. Endzweck, höchste, wesentliche, subalterne Zwecke. Der Endzweck ist „kein anderer als die ganze Bestimmung des Menschen, und die Philosophie über dieselbe heißt Moral" 868; „wesentliche Zwecke sind darum noch nicht die höchsten"; neben dem Endzweck gibt es nur „subalterne Zwecke" 868; Philosophie als „Wissenschaft von der Beziehung aller Erkenntnis auf die wesentlichen Zwecke der menschlichen Vernunft" 867; die höchsten Zwecke sind die der Moralität 844; in den letzten Zwecken müssen sich „alle Vernunftbemühungen endlich vereinigen" 491; der Mensch allein enthält in sich den letzten Endzweck aller Natur- und Zweckordnung 425; hinsichtlich der wesentlichen Zwecke der menschlichen Natur kann es die höchste Philosophie nicht weiter bringen, als der gemeinste Verstand 859.

5. Der Naturzweck der Naturanlage des Menschen zu transzendenten Begriffen (Ideen): um frei von den Fesseln der Erfahrung die praktischen Prinzipien der Moral zu suchen Pr. § 60.

Zweifel s. Beweis, Frage, Gewißheit, Irrtum, Schein, Skeptizismus, skeptisch, Urteil, Wahrheit, Wirklichkeit.

Die **Enzyklopädie Philosophie** erörtert in systematischer und geschichtlicher Darstellung Termini und Begriffe der Philosophie einschließlich der disziplinübergreifenden Randgebiete. Auf Darstellungen zu einzelnen Philosophen und Werken wurde verzichtet. Berücksichtigung fanden jedoch alle für das Verständnis der Philosophie wesentlichen Schulen, Strömungen und Richtungen. In der Regel sind die einzelnen Artikel wie folgt gegliedert:

1. Zum Begriff. Philosophische, ggf. wissenschaftliche, ggf. alltagssprachliche Verwendung des Begriffs / der Begriffsverbindungen.

2. Zur Begriffs- und Problemgeschichte. Darstellung signifikanter Momente der Problem- und Begriffsentwicklung.

3. Stand der Forschung. Bibliographie (Angaben zu zitierten Quellen und Literatur), Anmerkungen (Bibliographische Kurznachweise).

Enzyklopädie Philosophie
Unter Mitwirkung von
D. Pätzold, A. Regenbogen
und P. Stekeler-Weithofer
hrsg. von H. J. Sandkühler.
2 Bände im Schuber.
1999. XXX, 1.902 Seiten.
- Gebundene Ausgabe
  (3-7873-1452-0),
- kart. Sonderausgabe
  (3-7873-1453-9),
- kt. Sonderausg. mit CD-
  Rom (3-7873-1629-9),
- nur auf CD-ROM
  (3-7873-1627-2).

„Zu der hervorragenden Gesamtqualität des Werkes trägt auch der erhalten gebliebene hohe Grad an nicht nur politischer Wachheit und reflexiver Subversivität bei. [...] ist sie zu einem hochkonzentriert substantiellen Nachschlagewerk gereift, das man in Hinblick auf seinen Preis guten Gewissens empfehlen kann." F. A. Z.

FELIX MEINER VERLAG
RICHARDSTRASSE 47
D–22081 HAMBURG

Bitte fordern Sie unser aktuelles Gesamtverzeichnis an und besuchen Sie uns im Netz

WWW.MEINER.DE